住院医师规范化培训精品案例教材

总主审：王成增　　总主编：姜　勇

医学法律法规

本册主编　黄　艳　田　华

郑州大学出版社

图书在版编目(CIP)数据

医学法律法规／黄艳，田华主编. -- 郑州：郑州大学出版社，2024.3
住院医师规范化培训精品案例教材／姜勇总主编
ISBN 978-7-5773-0194-5

Ⅰ.①医…　Ⅱ.①黄…②田…　Ⅲ.①卫生法-中国-职业培训-教材　Ⅳ.①D922.16

中国国家版本馆 CIP 数据核字(2024)第 009675 号

医学法律法规
YIXUE FALU FAGUI

项目负责人	孙保营　李海涛	封面设计	苏永生
策划编辑	陈文静	版式设计	苏永生
责任编辑	刘莉	责任监制	李瑞卿
责任校对	吕笑娟		

出版发行	郑州大学出版社	地　址	郑州市大学路40号(450052)
出 版 人	孙保营	网　址	http://www.zzup.cn
经　销	全国新华书店	发行电话	0371-66966070
印　刷	河南大美印刷有限公司		
开　本	850 mm×1 168 mm　1／16		
印　张	15.5	字　数	451 千字
版　次	2024 年 3 月第 1 版	印　次	2024 年 3 月第 1 次印刷
书　号	ISBN 978-7-5773-0194-5	定　价	62.00 元

本书如有印装质量问题,请与本社联系调换。

编委会名单

总主审　王成增

总主编　姜　勇

编　委　（以姓氏笔画为序）

丁德刚　　王　叩　　王　悦　　王　薇　　王义生　　王成增

王金合　　王伊龙　　王秀玲　　王怀立　　王坤正　　车　璐

艾艳秋　　卢秀波　　田　华　　兰　超　　邢丽华　　邢国兰

朱　涛　　朱长举　　刘　丹　　刘　红　　刘升云　　刘刚琼

刘会范　　刘冰熔　　刘淑娅　　刘献志　　闫东明　　许予明

许建中　　李　莉　　李向楠　　李淑英　　余祖江　　宋东奎

宋永平　　宋学勤　　张　大　　张　磊　　张英剑　　张国俊

张金盈　　张建江　　陈志敏　　范应中　　岳松伟　　郎　艳

房佰俊　　赵　松　　赵　杰　　赵占正　　赵先兰　　姜　勇

姜中兴　　贺玉杰　　秦贵军　　贾　勐　　贾延劼　　徐　敬

高剑波　　高艳霞　　郭瑞霞　　黄　艳　　曹　钰　　符　洋

董建增　　程敬亮　　曾庆磊　　窦启峰　　魏新亭

秘　书　王秀玲

作者名单

主　编　黄　艳　田　华

副主编　王秀玲　苏迎春　孔祥东

　　　　　吕先萍　王晓茹

编　委（以姓氏笔画为序）

　　　　　马宗瑞［北京大成（郑州）律师事务所］

　　　　　王　荷（郑州大学第一附属医院）

　　　　　王　涌（郑州大学第一附属医院）

　　　　　王玉珏（郑州大学第一附属医院）

　　　　　孔慧娟（郑州大学第一附属医院）

　　　　　田莉峰（江西省妇幼保健院）

　　　　　宁世杰（郑州大学第一附属医院）

　　　　　刘　欣（郑州大学第一附属医院）

　　　　　芦雪峰（上海交通大学医学院附属第九人民医院）

　　　　　李丽玮（上海市第六人民医院）

　　　　　杨巧妮（中国医科大学附属盛京医院）

　　　　　张玉林（郑州大学第二附属医院）

　　　　　陈加军（郑州大学公共卫生学院）

　　　　　邵　明（郑州大学第一附属医院）

　　　　　赵　磊（郑州大学第一附属医院）

　　　　　赵峻洁（郑州大学第一附属医院）

　　　　　焦智慧（郑州大学第一附属医院）

前　言

　　对于广大医务人员而言,他们从事的是一个对道德要求特别高的特殊职业,这是因为他们面对的是一个个鲜活的生命。生命是最宝贵的,医疗救助的伟大之处就在于超越了功利性。这也是从希波克拉底誓言以来的各种医学誓言,不断强调行业规范和职业道德重要性的缘由所在。随着全面依法治国战略的深入实施,法治中国建设步伐的加快,科学立法、严格执法、公正司法、全民守法的理念越来越深入人心。依法行医不仅是对医务人员的必然要求,也是医务人员维护自身合法权益的手段,更是构建医患互信的重要基石。

　　当前,医疗卫生事业正处于高质量发展的新阶段,各种医疗法律、法规逐步完善和建立,对医务人员依法行医提出了更高的要求。因此,提高医务人员依法执业意识,将依法行医的理念贯穿其医疗活动的始终,在住院医师规范化培训阶段进行系统、完整的医学法律法规学习是必不可少的环节之一。

　　郑州大学第一附属医院作为全国住院医师规范化培训基地、河南省专科医师培训中心,在住院医师规范化培训工作中,法律、法规的学习是培养优秀住培医师的重要内容之一。编写《医学法律法规》分册的目的主要是使住培医师更详细地了解医疗相关政策、法规,通过对政策、法规的介绍,辅以40余个临床典型案例,加深大家对有关规定的理解,以提高依法执业意识。本书内容共9章,包括卫生法基本理论、医疗机构管理法律制度、执业医师法律制度、医疗事故与损害法律制度、母婴保健法律制度、传染病防治法律制度、药品及处方管理法律制度、血液管理法律制度、突发公共卫生事件的应急条例。

　　本书的编委由多专业人员组成,包括医院临床科室及职能部门的专业人员,如生殖医学中心的苏迎春教授、产前诊断中心的孔祥东教授、输血科的吕先萍主任等;还包括担当河南省内多家大型医院法律顾问的北京大成(郑州)律师事务所的田华与马宗瑞律师;有来自河南省内外兄弟单位的专业人士,如江西省妇幼保健院、上海交通大学医学院附属第九人民医院、上海市第六人民医院、中国医科大学附属盛京医院、郑州大学公共卫生学院、郑州大学第二附属医院的各位专家。

　　我们力求在本书的编写过程中,将所涉及的法律、法规做到尽善尽美、通俗易懂,能够引导各位医务工作者查典循法,在“规矩”的框架内开展医疗工作,增进医患互信,减少医疗纠纷,更好地服务广大患者,为健康中国、法治中国建设贡献积极力量! 由于编者水平有限,教材内容可能存在不足之处,恳请广大师生及医学相关专业同仁们提出宝贵意见,以便进一步完善。

郑州大学第一附属医院　黄艳

2023 年 9 月

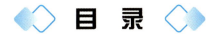

目 录

第一章　卫生法基本理论

第一节　卫生法概述 ……………………………………………………… 001

第二节　卫生法的基本原则 ……………………………………………… 005

第三节　卫生法的地位与作用 …………………………………………… 007

第四节　卫生法律关系 …………………………………………………… 010

第五节　卫生法的制定 …………………………………………………… 012

第六节　卫生法的实施 …………………………………………………… 015

第二章　医疗机构管理法律制度

第一节　医疗机构概述 …………………………………………………… 021

第二节　医疗机构管理法律体系 ………………………………………… 022

第三节　医疗机构的规划布局与设置批准 ……………………………… 024

第四节　医疗机构的登记与执业 ………………………………………… 025

第三章　执业医师法律制度

第一节　执业医师概述 …………………………………………………… 029

第二节　医师的权利 ……………………………………………………… 038

第三节　医师的义务 ……………………………………………………… 042

第四节 医师的执业规则 ··· 046

第五节 保障医师合法权益的措施 ································· 054

第四章 医疗事故与损害法律制度

第一节 医疗事故与损害概述 ··· 058

第二节 医疗事故与损害的预防 ····································· 061

第三节 医疗事故与损害的处置 ····································· 072

第五章 母婴保健法律制度

第一节 母婴保健概述 ··· 089

第二节 婚前保健 ·· 090

第三节 孕产期保健 ·· 095

第四节 产前诊断 ·· 097

第五节 禁止非医学需要的胎儿性别鉴定和选择性别人工终止妊娠 ··· 103

第六节 新生儿疾病筛查和儿童保健 ······························ 108

第六章 传染病防治法律制度

第一节 传染病防治概述 ··· 111

第二节 传染病的预防 ··· 114

第三节 传染病疫情报告、通报和公布 ····························· 127

第四节 传染病疫情控制 ··· 131

第五节 传染病医疗救治 ··· 133

第六节 传染病防治保障措施 ··· 136

第七节 几种有专门规定的传染病的防治 ························· 138

第七章　药品及处方管理法律制度

第一节　药品及处方管理概述 …………………………………………………… 144

第二节　特殊药品的管理 …………………………………………………………… 147

第三节　处方的管理 ………………………………………………………………… 155

第四节　药品不良反应报告与监测 ………………………………………………… 164

第五节　抗菌药物临床应用管理 …………………………………………………… 171

第六节　抗肿瘤药物临床应用管理 ………………………………………………… 175

第八章　血液管理法律制度

第一节　国内外血液管理体系 ……………………………………………………… 179

第二节　无偿献血 …………………………………………………………………… 182

第三节　采供血 ……………………………………………………………………… 189

第四节　临床用血 …………………………………………………………………… 194

第五节　血液制品 …………………………………………………………………… 201

第九章　突发公共卫生事件法律制度

第一节　突发公共卫生事件概述 …………………………………………………… 204

第二节　应急组织体系 ……………………………………………………………… 210

第三节　预防与应急准备 …………………………………………………………… 215

第四节　报告与信息发布 …………………………………………………………… 221

第五节　应急处理 …………………………………………………………………… 225

第六节　终止与善后 ………………………………………………………………… 230

参考文献 ……………………………………………………………………………… 235

第一章 卫生法基本理论

【案例与思考】

　　案例简介：2007年某日，妊娠9个月的李某在某医院呼吸内科门诊就诊，因病情危重，医院决定将其收入院治疗。其间为挽救母子生命，医院建议行剖宫产术，但因家属拒绝签字而未能施行。在当晚7时25分，因病情危重救治无效，李某母子双亡。对于该事件中医院是否承担法律责任存在两种不同的观点：一种观点认为，家属在患者生命垂危时签字"拒绝手术，后果自负"，已经明确了家属对医疗行为的选择，因此医院和医生只能尊重患者家属的知情选择，医院不负法律责任；另一种观点认为，按照现行卫生法规定，在该事件中，医院是有责任的，属于一种不作为造成的损害，其是由我国医疗急救制度不完善及医疗机构对本身过于原则的法律规定集体误解、僵化处置共同造成的，"拒绝手术签字"行为并非主因。

　　思考问题：①该事件中医院是否应承担法律责任？②上述事件对我们有何启发意义？

第一节　卫生法概述

一、卫生法的概念

　　卫生法是由国家制定或认可的，以国家强制力保证实施的，旨在调整并规范与人体生命健康相关活动中形成的各种社会关系的法律规范的总称，在中国特色社会主义法治体系中具有重要地位。卫生法通过对特定的社会关系的主体设定权利义务，维护卫生法律秩序，保护、促进、捍卫公民的健康权益。

　　卫生法的概念有广义与狭义之分。广义的卫生法，是指国家机关根据《中华人民共和国立法法》（以下简称《立法法》）的规定制定的卫生法律规范的总和，主要包括全国人民代表大会（以下简称全国人大）及其常务委员会制定的卫生法律、中华人民共和国国务院（以下简称国务院）制定的卫生行政法规、地方人民代表大会及其常务委员会制定的地方性卫生法规和民族自治卫生条例或单行条例、国务院有关部委制定的部门规章，以及地方人民政府制定的地方政府规章等。狭义的卫生法，是指享有国家立法权的全国人大及其常务委员会制定的卫生法律。其中包括卫生基本法律和卫生基本法律之外的卫生法律，卫生基本法律即2020年6月1日实施的《中华人民共和国基本医疗卫生与健康促进法》（以下简称《基本医疗卫生与健康促进法》）。卫生基本法律以外的卫生法律，主要有《中华人民共和国药品管理法》（以下简称《药品管理法》）、《中华人民共和国传染病防治法》

（以下简称《传染病防治法》）、《中华人民共和国食品安全法》（以下简称《食品安全法》）、《中华人民共和国中医药法》（以下简称《中医药法》）、《中华人民共和国医师法》（以下简称《医师法》）、《中华人民共和国执业药师法》（以下简称《药师法》）、《中华人民共和国义务献血法》（以下简称《献血法》）、《中华人民共和国母婴保健法》（以下简称《母婴保健法》）等。

另外，卫生法还有形式意义上与实质意义上的区分。形式意义上的卫生法是指国家立法机关制定的统一的卫生法，而实质意义上的卫生法与前述广义的卫生法相同。

二、卫生法的调整对象

卫生法的调整对象是指各种卫生法律规范所调整的社会关系。在我国实施健康中国战略过程中，卫生法有其特定的调整对象。从卫生法调整的社会关系的性质上看，卫生法的调整对象包括以下几个方面。

（一）卫生民事服务法律关系

卫生民事服务法律关系是指在医疗服务活动中发生的医疗机构及其医务人员与服务对象的自然人、法人、其他组织之间形成的社会关系。卫生民事服务法律关系是一种平等主体之间的社会关系，以提供服务与接受服务为核心内容。例如疾病预防服务关系、保健服务关系、疾病诊断服务关系、疾病治疗服务关系、康复治疗服务关系等。绝大多数卫生服务关系基于医患双方的共同意愿而产生，少数的特殊卫生服务关系基于卫生法的直接规定而产生，如对具有自伤或者伤人倾向的严重精神障碍患者的治疗。在我国当前，绝大部分卫生服务关系是具有公益性质的有偿服务关系，也有部分卫生服务关系是等价有偿的服务关系，例如医学美容服务。

（二）卫生刑事法律关系

卫生刑事法律关系是指对于在医药行政管理活动中，食品安全、公共卫生、疾病防控，或是在应对突发公共卫生事件的应急管理活动中发生有关人员因故意或过失行为给国家、社会或者公民个人造成损害，对于构成刑事犯罪的，应承担相应的法律责任。例如，在传染病防控管理活动中，实施造成疫情扩散、暴力抗拒执法、故意殴打执法人员、阻挠执法活动等行为，构成刑事犯罪的，应当承担相应的刑事责任。

（三）卫生行政管理关系

卫生行政管理是卫生行政机关的职权，是国家为保障卫生事业的健康发展、维护与促进国民的健康水平对卫生工作实施的管理。卫生行政管理关系是卫生行政机关在履行职责过程中与其他国家机关、卫生服务机构、其他企事业单位、社会团体、公民之间发生的社会关系。这种关系在性质上属于管理与被管理的关系，是一种纵向的社会关系，在权利义务上表现为管理者具有依法指挥、命令的权利，被管理者则负有服从指挥、命令的义务。卫生管理关系具体表现为卫生行政许可关系、卫生监督关系、卫生处罚关系等；还包括卫生行政部门对医药卫生机构及其人员的设置、职业资格的审批和监督，以及对与人体生命安全相关产品的生产、销售所设置的市场准入制度和市场监督等。

（四）国际卫生关系

国际卫生关系是我国卫生行政机关、各类医疗服务机构、医药生产经营单位在与其他国家、国际组织、国外医疗机构、外国人进行卫生工作合作、提供医疗服务等卫生工作中发生的社会关系。卫生法所调整国际卫生关系是加强国际卫生合作、开展国际医疗服务工作的有力保障。目前，我国已签署众多国际卫生方面的条约。例如，世界卫生组织制定了第一部国际公共卫生条约——《烟草控制框架公约》。我国2003年签署《烟草控制框架公约》，2005年经第十届全国人大常务委员会第十七次会议批准,2006年1月在我国正式生效。

三、卫生法的特征

我国卫生法属于行政法范畴,是行政法这一法律部门的特殊组成部分,除具有行政法所特有的性质外,也有自身的一些特点,主要表现在以下几个方面。

(一)卫生法在形式上的特点

1. 卫生法没有统一的法典　在形式上,卫生法是由宪法、法律、行政法规等众多的法律文件所构成,是卫生法律规范的总和。卫生法的这一特征,是由其自身的特殊性所决定的。在卫生领域,需要卫生法调整的范围十分广泛、内容十分繁杂,卫生特别是医疗卫生事项烦琐多变,与卫生有关的法律、法规甚多而又修改频繁,这都使卫生法难以在目前对卫生问题做出统一的规定,无法制定一部统一的卫生法。再者,对疾病本身的认识还需一定时间,如新型冠状病毒感染突发突而至,制定带有前瞻性的法律、法规并不符合客观规律。

2. 卫生法稳定性较差　由于卫生法是以有关卫生防疫、医疗、卫生事务为调整对象,而这些事项本身经常变化,并时有突发性的、"史无前例"的公共卫生事件发生,因而其调整的范围也就具有了不稳定性的特征,导致卫生法不得不随着卫生事业事项的变更而变更。并且,卫生行政法规和规章是为卫生行政机关基于实施法律、执行职务和适应实际需要而制定,这些法规、规章的制定和修改的程序与基本法相比较宽松,因此修改就较频繁,并不稳定。卫生法这一特征,随着社会主义法治的健全,也正在改变。

3. 卫生法的法律形式表现为多样化　从我国卫生立法的现状来看,我国卫生法体系中的多数单行法律、法规,都是近年取得的成果。从法律形式上看,卫生法表现为法、条例、规范、办法、规定等。而地方风俗习惯,在一定条件下、一定范围内也在起着法的作用。例如《中华人民共和国民法典》(以下简称《民法典》)第10条就明确规定:"处理民事纠纷,应当依照法律;法律没有规定的,可以适用习惯,但是不得违背公序良俗。"可以说,不违背公序良俗的社会习惯在民事活动中是适用的,在卫生法律关系中也同样适用。

(二)卫生法在内容上的特点

1. 卫生法的规定具有广泛性　卫生法的内容在卫生行政组织、卫生行政管理、卫生行政监督、医院管理、医护资格、计划生育、母婴保健、卫生行政执法、卫生类学校的设置等方面都有规定,可称得上是包罗万象。并且,卫生系统的管理体制也与其他系统的管理体制有所不同,因此也导致了卫生法内容的广泛性,其涉及的是社会的多个领域。卫生法是行政法律规范与民事法律规范相结合的法律,采用多种手段调整社会关系,不仅包含行政法律规范,如卫生行政许可、卫生行政处罚、卫生行政强制等,还包括民事法律规范,如医患所签订的平等自愿的协议等,卫生法运用行政和民事法律手段对调整对象进行规制,具有多元性的特征。

2. 卫生法的内容具有易变性　一般地讲,法律应具有相对稳定性。但是,由于我国卫生行政法治建设起步晚,相当大的一部分卫生方面的事务还在靠政策来调整。

3. 与自然科学紧密相关　医疗水平的进步必然伴随着科学技术的提高。有了科学技术的迅猛发展和自然科学的重大突破,才有了现代的"基因重组技术""纳米机器人""细胞和基因疗法"等先进医学手段。自然科学的每一次飞跃,都会对医疗卫生事业产生巨大影响。同时,在医学实验室或者大量的临床试验等实践过程中获得的宝贵经验和教训,也会促进自然科学的进步,催生新的技术手段,便可以在更广阔的范围内造福人类,增进人类福祉,提高人类的生活水平,二者相互影响、相互促进。

4. 实体法与程序法相互交织　在我国,民法与民事诉讼法、刑法与刑事诉讼法,都是分别作为实体法和诉讼法分开制定的,而卫生法则不然。首先,卫生行政法和其他行政法一样,其程序性规范并不仅限于诉讼领域,它还包括卫生行政管理活动程序的规范,即卫生行政程序法。其次,我国的行政诉讼法虽然可以独立成法,成为我国三大诉讼法之一,但由于我国没有统一的、名称叫"行政法"的法典,而行政诉讼与行政法有关实体内容密不可分,这就使行政诉讼法包含了许多实体性条文,而实体法也包含许多程序法方面的规定。

四、卫生法的渊源

卫生法的渊源是指卫生法的具体表现形式,通俗讲就是各种卫生法律规范在具体法律文本中的存在形式。我国卫生法的具体表现形式主要如下。

(一)宪法

《中华人民共和国宪法》(以下简称《宪法》)是我国的根本大法,是国家最高权力机关——全国人大制定的具有最高法律效力的规范性法律文件。《宪法》是我国一切立法的根据,《宪法》中对我国卫生事业的规定是我国卫生法的重要渊源。《宪法》第 21 条规定:国家发展医疗卫生事业,发展现代医药和我国传统医药,鼓励和支持农村集体经济组织、国家企业事业组织和街道组织举办各种医疗卫生设施,开展群众性的卫生活动,保护人民健康。第 25 条规定:国家推行计划生育,使人口的增长同经济和社会发展计划相适应。上述《宪法》规定是我国卫生事业发展的根本制度保障。

(二)卫生法律

法律在我国是指由全国人大及其常务委员会制定的效力仅低于宪法的规范性文件。全国人大及其常务委员会制定的专门调整卫生关系的规范性文件是我国卫生法的重要渊源。例如《药品管理法》、《中华人民共和国国境卫生检疫法》(以下简称《国境卫生检疫法》)、《传染病防治法》、《中华人民共和国红十字会法》、《母婴保健法》、《食品安全法》等。

(三)卫生行政法规

行政法规是我国最高行政机关——国务院依法制定的规范性文件。国务院制定的调整卫生关系的规范性文件也是卫生法的重要渊源。卫生行政法规是指国务院制定颁布的有关卫生方面的专门行政法规。国务院是我国的最高行政机关,为了在全国范围内贯彻党的卫生工作方针和政策,执行我国的卫生法律,完成国家的卫生工作任务和卫生管理职能,国务院有权依照宪法和法律规定发布或批准发布专门的卫生行政法规,其法律效力低于卫生基本法和卫生法律。例如《医疗事故处理条例》《公共场所卫生管理条例》《中华人民共和国药品管理法实施条例》《突发公共卫生事件应急条例》《医疗废物管理条例》《乡村医生从业管理条例》等。

(四)卫生行政规章

卫生行政规章是指国务院各部委根据法律、行政法规制定的规范性文件。作为卫生法渊源的卫生行政规章主要是中华人民共和国国家卫生健康委员会(简称国家卫健委)、国家药品监督管理局制定的规范性文件。国家卫健委是国务院的卫生行政部门,按照宪法的规定,国家卫健委有权根据法律和国务院的卫生行政法规、决定和命令,在其权限内制定规章。卫生行政规章的法律地位和法律效力低于宪法、卫生法律和卫生行政法规。例如《精神疾病司法鉴定暂行规定》《公共场所卫生管理条例实施细则》《性病防治管理办法》《结核病防治管理办法》《卫生监督员管理办法》《灾害事故医疗救援工作管理办法》《预防性健康检查管理办法》等。

(五)地方性法规

地方性法规是指由省、自治区、直辖市及设区的市的人民代表大会及其常务委员会依法制定的规范性文件。地方性法规仅在本行政区域内有效。地方性法规中调整卫生关系的规范性文件也是卫生法的渊源之一,例如《河南省基本医疗卫生与健康促进条例》《河南省人口与计划生育条例》《河南省禁止非医学需要胎儿性别鉴定和选择性别人工终止妊娠条例》《河南省中医药条例》等。

(六)地方政府规章

地方政府规章是指由省、自治区、直辖市和设区的市、自治州的人民政府依法制定的规范性文件。地方性规章中调整卫生关系的规范性文件也是卫生法的渊源之一,例如《河南省人体器官捐献与获取管理规定》《郑州市社会急救医疗管理规定》《河南省医疗纠纷预防与处理办法》《河南省公共场所卫生许可告知承诺管理办法》等。

(七)国际卫生条约

国际条约是两国或者多个国家之间签订的共同遵守的规范性文件。国际条约虽然不属于国内法,但与国内法具有同样的约束力。国际条约中调整卫生关系的规范也是卫生法的渊源之一。我国已经加入的卫生国际条约是我国卫生法的渊源,例如《世界卫生组织法》《国际卫生条例》《1961 年麻醉品单一公约》《1971 年精神药物公约》《儿童权利公约》等。

第二节　卫生法的基本原则

卫生法的基本原则是连接卫生法价值与卫生法制度、规则的桥梁,其效力贯穿整个卫生法律体系,贯穿立法、执法、司法等各个法律环节,集中体现卫生法的价值、目标和理念,对卫生法的制定与实施具有普遍的指导作用。

一、生命健康权保障原则

生命健康权保障原则是卫生法的首要基本原则,要求卫生法对于人的生命健康权予以充分、优先的保障,该项原则集中体现了卫生法的根本目的、核心理念和价值追求。党的二十大报告指出,人民健康是民族昌盛和国家富强的重要标志。把保障人民健康放在优先发展的战略位置,完善人民健康促进政策。人民至上、生命至上的理念,体现了党和国家对人民生命健康的高度重视,对生命健康权的保障也是卫生法治建设的应有之义、立法之本。《宪法》第 21 条明确规定:国家发展医疗卫生事业……保护人民健康。《医师法》第 1 条规定:为了保障医师合法权益,规范医师执业行为,加强医师队伍建设,保护人民健康,推进健康中国建设,制定本法。《传染病防治法》第 1 条规定:为了预防、控制和消除传染病的发生与流行,保障人体健康和公共卫生,制定本法。《医疗机构管理条例》第 1 条规定:为了加强对医疗机构的管理,促进医疗卫生事业的发展,保障公民健康,制定本条例。上述卫生法律、法规的立法目的也直接体现了卫生法"生命健康权保障原则"的要求。

二、预防为主的原则

疾病是威胁人类健康的一大顽敌。人类在与疾病顽强抗争的过程中,既有惨痛的教训又有宝贵的经验。我们知道,大多数疾病通过提前预防是可以极大地降低患病概率的。党的十九大做出了实施健康中国战略的重大决策部署——健康中国行动。2019 年国家发布《健康中国行动(2019—2030 年)》,坚持预防为主、防治结合的原则。二十大报告指出,促进优质医疗资源扩容和区域均衡布局,坚持预防为主,加强重大慢性病健康管理,提高基层防病治病和健康管理能力。要充分保障公民生命健康权,应当坚持以预防为主的原则。长期以来,预防为主是我国卫生工作的基本方针,也应当是我国卫生法的基本原则。例如《医师法》第 45 条规定:国家加强疾病预防控制人才队伍建设,建立适应现代化疾病预防控制体系的医师培养和使用机制。《食品安全法》第3条规定:食品安全工作实行预防为主、风险管理、全程控制、社会共治,建立科学、严格的监督管理制度。《传染病防治法》《中华人民共和国职业病防治法》(以下简称《职业病防治法》)更有专章做了规定。

三、科技促进与伦理约束原则 ▶▶▶

党的二十大报告指出,加快实施创新驱动发展战略,加快实现高水平科技自立自强,以国家战略需求为导向,积聚力量进行原创性引领性科技攻关,坚决打赢关键核心技术攻坚战,加快实施一批具有战略性全局性前瞻性的国家重大科技项目,增强自主创新能力。党的十八大以来,我国不断提升人民生活条件和环境改善的科技支撑能力,持续保障人民高质量生活。科技有效保障了人民生命安全和身体健康。新型冠状病毒感染疫情(简称新冠疫情)发生后,我国在7天之内分离病毒毒株,短短几个月的实践就筛选出"三药三方"等临床有效的治疗办法,并开展多条技术路线研发疫苗,为疫情防控提供了有力的科技支撑。"科技促进"对卫生法的意义在于,引导科学技术朝着提高人的生命健康水平的方向发展。同时科学技术是一把双刃剑,发展方向偏斜或者运用不当,将会产生非常严重的后果,甚至带来灭顶之灾。如生化武器、基因武器,以及瘦肉精、毒奶粉等有害食品,无不对生命健康造成严重威胁。生命科技发展带来的伦理问题,如基因编译、代孕、克隆等将严重冲击现有社会制度,甚至人类文明的核心价值。因此,这急需伦理规范加以引导和制约。在科学技术迅猛发展的背景下,为了使医疗卫生事业朝着科学、合理、规范的轨道发展,朝着造福人类社会的方向进步,科学技术的研发、运用要始终受到相应的伦理约束。

四、中西医协调发展的原则 ▶▶▶

中西医结合是将传统的中医中药知识和方法与西医西药的知识和方法结合起来,在提高临床疗效的基础上阐明机制,进而获得新的医学认识。中华人民共和国自成立以来,一直坚持中西医结合的卫生工作方针,1950年第一届全国卫生会议确定了"面向工农兵""预防为主""团结中西医"为卫生工作的三大原则。1991年,第七届全国人大第四次会议提出了新时期卫生工作方针:"贯彻预防为主,依靠科技进步,动员全社会参与,中西医并重,为人民健康服务"。1997年,《中共中央、国务院关于卫生改革与发展的决定》提出新时期卫生工作方针是"以农村为重点,预防为主,中西医并重,依靠科技和教育,动员全社会参与,为人民健康服务,为社会主义现代化建设服务"。2016年8月全国卫生与健康大会后通过的《"健康中国2030"规划纲要》明确新时期卫生与健康工作方针是:"以基层为重点,以改革创新为动力,预防为主,中西医并重,将健康融入所有政策,人民共建共享。"2017年7月1日起实施的《中医药法》也规定,中医药事业是我国医药卫生事业的重要组成部分。国家大力发展中医药事业,实行中西医并重的方针,建立符合中医药特点的管理制度,充分发挥中医药在我国医药卫生事业中的作用。2019年末,突如其来的新冠疫情再一次彰显出中医药优势,以及中西医结合的强大活力。2020年9月8日习近平总书记在全国抗击新冠疫情表彰大会上的讲话也指出:我们全力以赴救治患者,不遗漏每一位感染者,不放弃每一位病患者,坚持中西医结合,费用全部由国家承担,最大程度提高了治愈率、降低了病亡率。由此可见,坚持中西医并重和优势互补是我国医学科学最大的优势。2022年3月29日,国务院办公厅印发《"十四五"中医药发展规划》(以下简称《规划》),对"十四五"时期中医药工作进行全面部署。《规划》明确提出"十四五"期间从多方位提高中西医结合水平,完善西医学习中医制度。在医疗活动中,正确处理中国传统医学与西方医学的关系,坚持中西医并重,传承发展中医药事业。因此,坚持中西医协调发展的原则理应作为卫生法的基本原则。

五、国家卫生监督原则 >>>

卫生监督是指国家卫生行政机关或法律、法规授权的组织及其工作人员执行和适用卫生法律、法规和规章的规定,对公民、法人和其他组织贯彻卫生法规的情况进行督促检查,处理具体卫生行政事务的活动。卫生监督手段是指卫生行政机关和法律、法规授权组织贯彻卫生法律规范,实施卫生监督过程中所采取的措施和方法。主要有卫生法治宣传教育、卫生行政许可、卫生监督检查、卫生行政奖励、卫生行政处罚、卫生行政强制。卫生事业的健康发展离不开国家的监督和管理。

六、患者权利自主原则 >>>

患者权利自主原则是指在医疗服务中患者在医方充分告知的前提下,最终有权对自己的生命健康权益做出选择。《民法典》第 1219 条规定:"医务人员在诊疗活动中应当向患者说明病情和医疗措施。需要实施手术、特殊检查、特殊治疗的,医务人员应当及时向患者具体说明医疗风险、替代医疗方案等情况,并取得其明确同意;不能或者不宜向患者说明的,应当向患者的近亲属说明,并取得其明确同意。医务人员未尽到前款义务,造成患者损害的,医疗机构应当承担赔偿责任。"《医疗机构管理条例》第 32 条规定:"医务人员在诊疗活动中应当向患者说明病情和医疗措施。需要实施手术、特殊检查、特殊治疗的,医务人员应当及时向患者具体说明医疗风险、替代医疗方案等情况,并取得其明确同意;不能或者不宜向患者说明的,应当向患者的近亲属说明,并取得其明确同意。因抢救生命垂危的患者等紧急情况,不能取得患者或者其近亲属意见的,经医疗机构负责人或者授权的负责人批准,可以立即实施相应的医疗措施。"上述规定表明,我国卫生法也应将患者权利自主原则作为卫生法的基本原则(紧急医疗除外)。

第三节 卫生法的地位与作用

一、卫生法的地位 >>>

卫生法是自然科学和社会科学相互渗透交融的一门新兴边缘交叉学科。从医学角度看,它属于理论医学范畴。而从法学角度看,它是法律科学中一门有关医药卫生问题的应用学科。卫生法学是研究旨在保护和增进个人和人群健康的卫生法律、法规及其发展状况和发展规律的一门法律科学。

(一)在社会经济生活中的地位

进入新时代以来,以习近平同志为核心的党中央做出了"推进健康中国建设"的重大决策,在第一次全国卫生与健康大会,明确了"把以治病为中心转变为以人民健康为中心"的新时代国家卫生与健康工作方针。从《"健康中国 2030"规划纲要》发布,到十九大报告对"实施健康中国战略"做出全面部署,二十大报告强调"推进健康中国建设",健康中国建设的顶层设计、总体战略和实施路径不断明确,卫生法在我国社会经济生活中的地位更为凸显,在医疗保障、社会救济、疾病预防、权益保护、资格审查、医学伦理、责任落实等方面都具有重要的作用。卫生法在社会生活中扮演着不可替代的角色,对于现有的社会关系的规范和调整具有不可或缺的作用。例如,2022 年 3 月,安吉县卫生健康局行政执法人员根据美团 APP 显示的某"公寓式酒店"地址,在省卫生监督管理系统内进行查询,未发现该公司的卫生许可证信息。随即对该公司进行现场检查,发现该公司涉嫌存在未取得公共场所卫生许可证擅自营业等违法行为。经进一步调查,查实该公司存在未取得公共场所卫生许可证擅自经营住宿场所等违法行为,违反了《公共场所卫生管理条例》《公共场所卫生管理条例实施细则》的相关规定,依法予以该公司警告,罚款5 000元的行政处罚。

随着经济发展,"公寓式酒店"作为热门的"网红"住宿场所不断兴起,由于该类场所的经营形式新颖,部分负责人就会忽视办证这件事。作为提供经营性住宿服务的公共场所,基于卫生法做出的相关规定,"公寓式酒店"也必须要在取得卫生许可证后,方可营业。本案明确了"公寓式酒店"经营者的主体责任,也对该类公共场所的经营主体起到了警示作用。同时,本案充分利用执法信息平台和网络商家平台所提供的线索,发现涉嫌违法的无证经营行为,锁定无证单位,提高了行政执法人员的执法效率,也为今后更好地监管该类公共场所提供了执法方向。如果没有卫生法的相关规定,无证经营将会严重扰乱市场秩序,破坏市场规则,甚至损害顾客的合法权益。

卫生事业的发展需要不断推进卫生管理体制和卫生服务体系及医疗卫生机构内部运行机制的改革和创新。各项改革措施的实施,势必遇到许多新情况、新矛盾,将会更加尖锐地触动体制性、结构性、机制性等深层次的问题。卫生管理迫切要求更加严格的依法管理,需要更加良好的法治环境。实施健康中国战略,卫生法的地位会随着全面依法治国的深入推进不断提升。

(二)在我国法律体系中的地位

在我国,《宪法》具有最高的法律地位,任何机关团体、组织和个人都无法逾越《宪法》,都必须遵守《宪法》。《宪法》是一切社会组织和公民的活动准则。任何法律与《宪法》相抵触的,均为无效。卫生法是我们国家法律体系当中一个十分重要的领域,也是一个亟待进一步完善和发展的法律领域。在新型冠状病毒感染暴发前,可能法学界的学者很少有专家特别关注卫生健康及其发展,甚至怀疑有没有这样一个领域或者部门。通过疫情防控,社会已经形成了一定的共识,卫生法已经是我国法律体系当中的一个重要组成部分,既关系到每一个公民和家庭的健康、和谐,又关系到民族昌盛和国家富强,是人民幸福生活的重要的组成部分。

目前,我国以《基本医疗卫生与健康促进法》和其他一些以公共卫生与医政管理为主的单个法律法规共同构成了一个相对完整的卫生法体系。医疗方面主要是由《医师法》《母婴保健法》及其实施办法、《献血法》《医疗机构管理条例》及其实施细则、《护士条例》等法律、法规构成。

二、卫生法的作用

卫生法作为我国行政法的一个分支,其除了具有我国行政法的一般作用和功能外,还具有其自身的作用和功能。这些作用和功能主要表现在以下几个方面。

(一)保障人民群众生命健康和安全

卫生法是关于卫生健康事业的法律,卫生法十分重视人民群众的健康问题,致力于消除各类致病因素、维护人民群众的身体健康。而且卫生法规定了各医疗机构和医护工作者的工作规范和工作职责等,都是为了保障人民群众的身体健康。我国在卫生法的指导下建立了一系列人民群众保健制度和医疗费用福利政策等,这些都有利于人们养成健康的生活方式,提高人们的生活质量和保障人民群众的身体健康。

近些年,随着新的社会形势的出现,国家又着手制定了一些新的卫生法规,例如为了保护环境,国家制定了环境卫生法规;为了保障患者权利,国家制定了医护工作中的具体责任问题的法规,并规定了判定死亡的新标准;为保证合理用药,制定了关于化学制剂和药物的使用规范法规;为了保证新兴的医疗手段的规范进行,制定了关于人造器官、安乐死等新兴医疗方式的法规;为了预防艾滋病等传染病,制定了相应的预防性卫生法规等,这些都是与人们的日常生活息息相关的,对保障人民群众的健康有良好的作用。

（二）实现卫生行政管理的有序化、科学化

卫生行政立法在卫生行政管理方面的作用,主要表现在它规定了卫生行政机关管理卫生、医疗、医药、卫生检疫等方面的义务或职责,以及与其职责相适应的职权,以保证卫生行政管理坚持依法履行(义务)职责、行使职权,真正做到有序化、科学化。任何国家要想对卫生事业进行有效的服务与管理,就必须把国家的卫生行政管理置于牢固的法治化的基础上,使卫生行政机关转变职能、发挥作用。具体表现在明确卫生行政的管理者。在我国,卫生方面的立法明确了卫生事业的各个方面的管理者,使之在法律规定的范围内依法履行义务(职责)、行使职权。我国目前的卫生管理体制实行的是"多线并行、分级交叉管理"和"垂直领导"。

1. "多线并行、分级交叉管理"　"多线并行、分级交叉管理"是指我国把卫生事业的事项(卫生检疫、医疗卫生、医药管理、计划生育、职业病防治、卫生知识教育、核设施放射卫生防护等)分到多个部门管理或者共同(交叉)管理。

(1)国家把国境卫生检疫、核设施放射卫生防护工作交由国家卫生行政部门管理。如《传染病防治法》第6条第1款规定:国务院卫生行政部门主管全国传染病防治及其监督管理工作。县级以上地方人民政府卫生行政部门负责本行政区域内的传染病防治及其监督管理工作。

(2)国家把行业的准入、疾病的防治、医疗卫生方面的主要工作、职业病的防治等大部分工作交由国家卫生健康主管部门管理。如《医师法》第4条规定:国务院卫生健康主管部门负责全国的医师管理工作。国务院教育、人力资源社会保障、中医药等有关部门在各自职责范围内负责有关的医师管理工作。县级以上地方人民政府卫生健康主管部门负责本行政区域内的医师管理工作。此外,《传染病防治法》、《中华人民共和国护士管理办法》(以下简称《护士管理办法》)等也都有相应规定。

(3)国家把医药、药械的管理工作主要交由国家药品监督管理系统管理。如《药品管理法》第8条规定:国务院药品监督管理部门主管全国药品监督管理工作。国务院有关部门在各自职责范围内负责与药品有关的监督管理工作。省、自治区、直辖市人民政府药品监督管理部门负责本行政区域内的药品监督管理工作。

(4)国家把计划生育工作主要交由国家卫生健康主管部门管理。如2021年修正的《中华人民共和国人口与计划生育法》(以下简称《人口与计划生育法》)第6条规定:国务院卫生健康主管部门负责全国计划生育工作和与计划生育有关的人口工作。县级以上地方各级人民政府卫生健康主管部门负责本行政区域内的计划生育工作和与计划生育有关的人口工作。

(5)国家把学校卫生管理、卫生知识教育工作交由国家卫生行政、教育系统共同管理。例如,《学校卫生工作条例》第4条规定:教育行政部门负责学校卫生工作的行政管理。卫生行政部门负责对学校卫生工作的监督指导。又例如,2021年1月21日教育部联合国家卫健委印发通知,公布《儿童入托、入学预防接种证查验办法》(以下简称《办法》),该办法是根据《学校卫生工作条例》《托儿所幼儿园卫生保健管理法》制定,目的是落实《传染病防治法》《中华人民共和国疫苗管理法》的要求,进一步规范儿童入托、入学预防接种证查验工作,提高适龄儿童国家免疫规划疫苗接种率,加强托育机构、幼儿园和学校传染病防控。《办法》对组织机构及职责做了详细规定:①卫生健康行政部门负责管理辖区托育机构预防接种证查验工作,会同教育行政部门管理辖区幼儿园、学校预防接种证查验工作,督促疾病预防控制机构和接种单位及时为预防接种证查验提供技术支持,组织开展预防接种证查验工作的检查和考核;②教育行政部门负责对幼儿园和学校预防接种证查验工作的管理,督促辖区幼儿园和学校完成预防接种证查验相关工作。

2. "垂直领导"　"垂直领导"是指我国的卫生事业管理由国家卫健委全面负责,县级以上各级卫生行政部门在自己所辖的行政区域内各负其责;县级以上卫生行政机关受当地政府和上级卫生行政部门双重领导,向上级卫生行政部门负责和报告工作。在发生疫情或特殊时期,县级以上卫生

行政部门应当按照法律、法规的规定和上级卫生行政部门的政策,负责本辖区的卫生防疫、医疗卫生等工作,并按最新政策向上级报告。如《国境卫生检疫法》第 5 条规定:国境卫生检疫机关发现检疫传染病或者疑似检疫传染病时,除采取必要措施外,必须立即通知当地卫生行政部门,同时用最快的方法报告国务院卫生行政部门,最迟不得超过 24 小时。邮电部门对疫情报告应当优先传送。

第四节　卫生法律关系

一、卫生法律关系的概念

卫生法律关系是指国家机关、企事业单位、社会团体、公民个人相互之间在卫生健康活动中,依据卫生法所形成的权利和义务关系。卫生法律关系是一种特殊的社会关系,具有以下特征。

(一)具有国家意志性

法的国家意志性是指法律是以国家名义创制的,在国家主权范围内实施。法是国家创制的,这是法有别于其他社会规范的首要之处。制定、认可、解释是法律创制的主要方式。卫生法是由国家制定、认可或解释的社会规范,卫生法律关系是由卫生法调整而形成的关系,由此具有国家意志性。

(二)以权利和义务为内容

法是以权利和义务为基本内容的社会规范。仅有法是通过权利、义务的双向规定来调整社会关系的。卫生法是以权利义务为内容的社会关系,通过权利义务来调整卫生法主体之间的行为,有一定的预测、指引、规范作用。

(三)以国家强制力为保障

法的国家强制性是法的重要属性之一,指法体现国家权力并由国家强制力保证实施的属性。国家强制力的保证是法律这种特殊的社会行为规范与其他社会行为规范如习惯、道德和非国家的社会组织纪律等明显不同之处,也是它比其他社会行为规范更有力的原因所在。卫生法律关系便是以国家强制力为保障的社会关系。

二、卫生法律关系的种类

(一)横向卫生法律关系

所谓"横向卫生法律关系",也称平向卫生法律关系、平权型卫生法律关系,是存在于法律地位平等的当事人之间的卫生法律关系。与人体生命健康相关产品的制造者或经营者同相关产品的消费者之间形成的法律关系,从事医药保健服务活动的服务者与被服务者之间的法律关系,是平向卫生法律关系。在横向卫生法律关系中,各当事人之间的法律地位应当是平等的,他们相互之间的权利和义务也是对等的。

(二)纵向卫生法律关系

所谓"纵向卫生法律关系",也称隶属型卫生法律关系,是一方当事人依据职权而直接要求对方当事人做出或不做出一定行为的法律关系。纵向卫生法律关系又分为两种:一种是存在于医药卫生行政机关或医药企事业单位内部的具有职务关系的上下级之间的隶属关系;另一种是依法享有国家卫生行政管理职权的机关与其职权管辖范围内的各种行政相对人之间形成的卫生行政法律关系。在纵向卫生法律关系中,占绝大多数的是卫生行政法律关系。

三、卫生法律关系的构成要素

卫生法律关系的构成要素是指任何一个卫生法律关系必须具备的因素。任何法律关系都必须具备主体、客体、内容3个方面,卫生法律关系也不例外。

(一)卫生法律关系的主体

卫生法律关系的主体是指卫生法律关系的参与者,即在卫生法律关系中享有权利或者承担义务的人。其中享有权利的人是权利主体,承担义务的人是义务主体。这里的"人"包括自然人和法人。具体而言,我国卫生法律关系的主体有以下几种。

1. 国家机关　国家机关主要是作为纵向卫生法律关系的一方当事人,即行政管理人。根据卫生法涉及的主要内容,国家机关主体主要有各级卫生行政部门、各级药政监督管理部门、卫生检疫部门、劳动与社会保障管理部门等,其中各级卫生行政部门在卫生法的国家机关主体中占大多数。

2. 法人　法人主要包括企业、事业法人和社会团体法人。法人主体既可以作为被管理者,成为纵向卫生法律关系的一方当事人,即行政相对人;也可以作为卫生服务或者健康产品的提供者或者接受者,成为横向卫生法律关系的主体。作为卫生法主体的企事业单位主要是各级医疗机构,各种药品与医疗器械的生产者、经营者,各种与健康有关的产品生产者、经营者。作为卫生法主体的社会团体主要包括红十字会、各种卫生行业协会等。

3. 自然人　自然人包括中国公民、外国公民和无国籍人。自然人主体既可以是纵向卫生法律关系的主体,也可以是横向卫生法律关系的主体。

(二)卫生法律关系的内容

卫生法律关系的内容是指卫生法主体依法享有的权利和应承担的义务。卫生权利和卫生义务是卫生法律关系的两个不同方面,两者相互依存、密不可分。

1. 卫生权利　卫生权利是指卫生法规定的卫生法律关系主体根据自己的意愿实现某种利益的可能性。它包含3项内容:①权利主体有权在卫生法规定的范围内,根据自己的意愿为一定行为或不为一定行为;②权利主体有权在卫生法规定的范围内,要求义务主体为一定行为或不为一定行为,以便实现自己的某种利益;③当权利主体的卫生权利遭受侵害或义务主体不履行卫生义务时,它可以依法请求人民法院给予法律保护。

2. 卫生义务　卫生义务是卫生法律关系中的义务主体依照卫生法规定,为了满足权利主体的某种利益而为一定行为或不为一定行为的必要性。它也包含3项内容:①义务主体应当依据卫生法的规定,为一定行为或不为一定行为,以使权利主体的某种利益得以实现;②义务主体仅在卫生法规定的范围内为一定行为或不为一定行为,对于权利主体超出法定范围的要求,义务主体不承担义务;③卫生义务是一种法定义务,如果义务主体不履行或不适当履行这种义务,就会带来某种不利后果,承担相应的法律责任。

(三)卫生法律关系的客体

卫生法律关系的客体是指卫生法律关系主体的权利和义务共同指向的对象,即权利与义务的物质载体。

卫生法律关系的客体具有多层次性,包括以下几种形式:①以物的形式存在的客体,包括食品、药品、医疗器械、保健品、化妆品、中药材、生物制品、饮用水等,这是最常见的卫生法律关系的客体;②以智力成果形式存在的客体,包括卫生领域的专利、专有技术、商业秘密、注册商标、著作权;③以行为的形式存在的客体,包括卫生监督行为、提供医疗服务、接受医疗服务;④以人身利益存在的客体,包括患者的生命、人身健康。在我国,公民的生命健康权利、卫生管理秩序、医疗预防保健服务行为、医药知识产权、药品和医疗器械,以及视频、化妆品、保健品、公共场所等物品中的卫生质量,均可成为卫生法律关系的客体。其中,公民的生命健康权利是各种卫生法律的共同客体,也是最高层次的客体,其他几个方面则是各种卫生法律关系的具体客体。

四、卫生法律关系的产生、变更和消灭

(一)相关概念

1.卫生法律关系的产生　卫生法律关系的产生是指卫生法律关系主体间的权利义务关系的确立和形成。

2.卫生法律关系的变更　卫生法律关系的变更是指构成某一卫生法律关系的要素发生了变化,如主体、客体或权利义务的内容发生了变化。

3.卫生法律关系的消灭　卫生法律关系的消灭是指卫生法律关系主体间的权利义务关系的终止。

(二)依据

卫生法律关系产生、变更和消灭的条件有两个:一是卫生法律规范的规定;二是卫生法律事实的出现。

1.卫生法律规范和卫生法律事实的关系　在卫生法律关系的产生、变更和消灭中,卫生法律规范是前提条件,卫生法律事实是必要条件,两者缺一不可。卫生法律事实必须是卫生法律规范规定的法定情形,例如食品的销售、患者到医院就医等。不是卫生法律规范规定的事实,即使出现,也不能对卫生法律关系的产生、变更和消灭产生影响。反之,仅有卫生法律规范的规定,没有一定的卫生法律事实的出现,也不能产生、变更和消灭卫生法律关系。

2.卫生法律事实的种类　卫生法律事实是指由卫生法律规范规定的,能够引起卫生法律关系产生、变更和消灭的客观事实。根据卫生法律事实是否与当事人的意志有关,卫生法律事实可以分为卫生法律事件和卫生法律行为。

(1)卫生法律事件:所谓卫生法律事件,是指与当事人的意志无关,不是由当事人的行为引起的,能够引起卫生法律关系产生、变更和消灭的客观事实。卫生法律事件分为两种:一种是自然事件,如地震、水灾等;另一种是社会事件,如战争、突发公共卫生事件、人的出生死亡及国家有关医药卫生政策的调整等。

(2)卫生法律行为:所谓卫生法律行为,是指与当事人的意志有关,由当事人的行为引起的,能够引起卫生法律关系产生、变更和消灭的客观事实。例如,患者到医院的挂号就诊行为,导致医师与患者之间的医疗服务法律关系的形成。再如因医疗事故的发生导致医患之间形成医疗损害赔偿法律关系。

第五节　卫生法的制定

一、卫生法制定的概念及特征

(一)概念

卫生法的制定又称卫生立法活动,是指有立法权的国家机关依照法定的权限与程序创制、修改、废止、调整卫生关系的规范性文件活动。

（二）特征

1. 制定机关必须具有立法权 根据我国《立法法》的规定，具有卫生立法权的国家机关包括全国人大及其常务委员会、国务院、省级人民代表大会及其常务委员会、较大的市的人民代表大会及其常务委员会、自治州和自治县的人民代表大会、国家卫健委及有关部委、省级和较大的市的人民政府，其他任何国家机关没有卫生立法权。

2. 包括创制、修改、废止行为 卫生法的制定不仅包括创制新的卫生法律、法规、规章，还包括对已有卫生法律、法规、规章的修改活动，废止已经不适应现实需要的卫生法律、法规、规章。

3. 要依照法定的立法程序 法治在现代社会的作用越来越重要，任何一项立法都会对社会产生深远的影响，因此必须严格遵循立法程序以保障立法的科学，卫生法的制定也一样。任何有卫生立法权的国家机关制定卫生法律、法规、规章都必须严格遵守《立法法》规定的立法程序，否则卫生立法因违反立法程序的规定而无效。

二、卫生法制定的原则

卫生法制定的原则是指在卫生立法活动中必须遵守的准则。卫生立法遵守的原则除了《立法法》规定的立法的一般原则外，还有其自身特有的原则。我国卫生立法应遵循的原则如下。

（一）体现人民意志的原则

卫生立法就是我国广大人民通过有权制定卫生法的国家机关，按照法定程序，把自己在卫生方面的共同意志上升为国家意志的过程。我国卫生法是由有权制定卫生法的国家机关创制的，这就要求这些国家机关在制定卫生法的过程中走群众路线，做到在卫生法的起草、审议的过程中，广泛听取广大人民群众的意见，实行立法机关和实际工作部门、专家学者相结合的模式，吸收专家和有经验的实际工作者参与卫生法的起草论证工作，严格依照立法程序办事，听取建议意见。卫生立法要体现广大人民的意志还要求卫生立法机应以广大人民共同利益为标准，立足全局，统筹兼顾，克服部门、行业保护主义的狭隘意识。

（二）维护法制统一和尊严的原则

维护法制统一和尊严的原则是指我国卫生法与其他各法律之间，各项卫生法律、法规之间，以及卫生法律规范之间互相衔接，协调一致，避免互相的重复和矛盾，维护法律的尊严。

第一，卫生立法必须以《宪法》中的有关卫生工作的法律原则为依据。

第二，各立法机关应严格依照《宪法》和《立法法》规定的立法权限和程序立法；严格遵循各法律渊源间的效力从属关系，地方卫生立法不得与中央立法相违背，低层次卫生立法不得与高层次立法相违背。

第三，保持卫生法的连续性、稳定性和及时立、改、废、释相结合，这是法制统一的必然要求。卫生法作为规范应保持其连续性、稳定性，但当卫生法已不适应变化了的卫生法律关系，或当卫生法与其他法律之间、卫生法律体系各层次之间、不同的卫生法律文件之间及卫生法律规范之间出现了严重冲突时，应及时地进行立、改、废，维护法制的统一与尊严。

第四，提高立法技术，科学地构建卫生法框架体系，避免卫生立法中的互相冲突、重复和产生立法盲点，形成我国科学协调的卫生法律体系。

（三）保护公民健康权益的原则

保护公民健康权益的原则是指卫生立法应以保障和促进公民的健康权益为目的，卫生立法应有助于保障和促进公民的健康权益。公民的健康权益是卫生工作的永恒主题，卫生立法旨在通过法治来保障、促进卫生事业健康发展，最终也是为了公民的健康权益。卫生立法遵循保护公民的健康权益原则是卫生事业的当然要求。保护公民健康权益原则作为卫生法的基本原则,自然也是卫生立法应遵循的原则。

(四)尊重医学规律的原则

卫生立法在本质上是国家立法者以法的形式将卫生工作中经过实践证明正确的做法加以肯定,从而规范卫生行业的活动,使卫生工作更好地服务于公民的健康权益。医学规律是医学实践中发现的客观规律,卫生立法是立法者发挥主观能动性的创造性活动,自然要尊重医学规律,以医学规律为基础,因此尊重医学规律原则应作为卫生立法的原则。尊重医学规律的原则要求卫生立法者认识医学规律,在卫生立法中体现医学规律,使卫生立法成为卫生事业发展进步的助推器。

(五)立足本土现实与借鉴域外经验相结合的原则

1. 立足本土现实　从实际出发是指我国卫生立法应立足于我国实际,根据我国的国情和经验及卫生改革和发展的现状来制定我国的卫生法。我国还处于社会主义初级阶段,人口多,经济还不发达,各地之间经济文化和卫生事业的发展也不平衡。在制定卫生法时应从这些实际情况出发,而不是从主观意愿出发,科学合理地规定卫生行政机关的职权、公民组织的权利和义务。制定卫生法既要考虑必要性,又要考虑现实可行性,不贪大求全,成熟一个制定一个。对于制定卫生法条件不成熟而又亟须做出规定的,可先制定卫生行政法规、卫生行政规章或者地方性法规,积极总结经验,为制定卫生法做好准备工作。随着形势的发展,需要不断完善卫生法律,形成有中国特色的社会主义卫生法律体系。

2. 借鉴域外经验　制定卫生法在立足于我国实际的基础上,还应借鉴外国先进的、成熟的卫生立法经验。一方面,随着对外开放的深入,我国卫生事业与世界各国的交往日益频繁,我国的卫生立法应符合国际卫生公约、条约和惯例的要求,同国际卫生法接轨;另一方面,西方资本主义国家在几百年的法制历史中形成了较为完善的法律体系,在卫生立法领域中也有许多有益的经验。因此,对外国卫生法,我们应加以分析研究,对其中反映卫生事业发展规律共性的内容和有利于卫生事业发展的管理经验,应根据我国国情加以借鉴和吸收,绝不能简单地照搬、照抄。

(六)原则性与灵活性相结合的原则

原则性是指在卫生立法中必须坚持卫生法的性质、根本任务、方向及有关卫生法体系的科学性与和谐性统一的原则。灵活性是指在整体上坚持以上原则的前提下,在特定情况和条件允许下在一定范围和程度上做灵活变通的规定,在立法上留有余地。

我国卫生立法必须坚持原则性与灵活性相结合的原则。原则性要求我们在卫生立法中把我国卫生事业发展中一些带有根本性、全局性的问题确定下来。包括卫生工作的性质,卫生工作在我国社会主义建设中的地位,卫生工作的基本方针、原则,卫生管理的原则和制度,卫生行政机关的设立、职权、活动原则等主要问题。对这些问题做出原则性的规定,不仅有利于在全国范围内达成共识,统一行动,保证我国卫生事业的顺利发展,而且有利于我国卫生法制的统一与协调。但是我们还应看到,我国幅员辽阔、民族众多,各地卫生事业的发展很不平衡,又正处在政治经济和卫生体制改革时期,卫生事业迅速发展带来了卫生法律关系的急速变化。这一切又决定了我们在制定卫生法时对有些内容的规定不能太过具体,根据各地在各个时期的实际情况做出灵活变通规定。这就是卫生法制定的灵活性,但这种灵活性必须是在坚持原则性的前提下。

三、卫生立法程序

卫生立法程序是有卫生立法权的国家机关制定卫生法时应遵守的步骤、时限、行为方式等的总称,是卫生立法内容科学的重要保障。以下以《立法法》规定的全国人大制定法律的立法程序为例介绍卫生立法程序。

（一）法律草案的提出

在全国人大会议期间，全国人大主席团、全国人大常务委员会、国务院、中央军事委员会、最高人民法院、最高人民检察院、全国人大各专门委员会、1个代表团或30名以上的代表联名有权向全国人大提出法律立法草案。在全国人大闭会期间，上述主体有权向全国人大常务委员会提出法律立法草案。

（二）法律草案的审议

向全国人大提出的立法草案，先由有关的专门委员会审议、提出是否列入会议议程的意见，由主席团决定列入会议议程。全国人大宪法和法律委员会根据各代表团和有关的专门委员会的审议意见，对法律案进行统一审议，向主席团提出法律草案修改稿。列入议程的法律草案在交付表决前，提案人请求撤回的，经主席团同意，并向大会报告，对该法律草案的审议即行终止。列入全国人大会议议程的法律案，必要时，主席团常务主席可以召开各代表团团长会议，就法律案中的重大问题听取各代表团的审议意见，进行讨论，并将讨论的情况和意见向主席团报告。

主席团常务主席也可以就法律案中的重大的专门性问题，召集代表团推选的有关代表进行讨论，并将讨论的情况和意见向主席团报告。

（三）法律草案的表决通过

法律草案经过各代表团体审议，由法律委员会根据各代表团的审议意见修改提出法律草案表决稿，由主席团提请大会全体会议表决。法律表决案由全国人大全体代表的过半数通过。

（四）法律的公布

全国人大通过的法律由国家主席签署主席令予以公布。

其他有卫生立法权的国家机关制定卫生法的立法程序与上述全国人大制定法律的程序大体相同。但某些有卫生立法权的国家机关的立法程序依法要向上级国家机关申请批准或者备案，如《立法法》规定：行政法规报全国人大常务委员会备案；省、自治区、直辖市的人民代表大会及其常务委员会制定的地方性法规，报全国人大常务委员会和国务院备案；设区的市、自治州的人民代表大会及其常务委员会制定的地方性法规，由省、自治区的人民代表大会常务委员会报全国人大常务委员会和国务院备案；自治州、自治县的人民代表大会制定的自治条例和单行条例，由省、自治区、直辖市的人民代表大会常务委员会报全国人大常务委员会和国务院备案；部门规章和地方政府规章报国务院备案；地方政府规章应当同时报本级人民代表大会常务委员会备案；设区的市、自治州的人民政府制定的规章应当同时报省、自治区的人民代表大会常务委员会和人民政府备案；根据授权制定的法规应当报授权决定规定的机关备案。

第六节　卫生法的实施

卫生法的实施是指已经制定的卫生法律、法规、规章在现实社会中落实与实现的过程，是国家机关、社会团体、企事业单位与个人遵守卫生法、国家机关卫生执法活动、卫生司法活动的统一。卫生法的实施使卫生法设定的行为规范转化为人们的实行行动，从而使卫生法有效地调整卫生社会关系，实现卫生立法的目的。

一、卫生法的效力范围

卫生法的效力范围是指已经制定的卫生法规范在什么时间、什么地域、对什么人有约束力。卫生法的效力范围是卫生法实施的基本问题,包括时间效力、空间效力、对人的效力 3 个方面。

(一)卫生法的时间效力

卫生法的时间效力包括卫生法的生效时间、失效时间、卫生法对生效前的行为与事件是否适用即是否具有溯及力 3 个方面。

1. 卫生法的生效 《立法法》第 57 条规定:法律应当明确规定施行日期。因此卫生法的生效时间应是相应卫生法律、法规、规章的必备内容。我国卫生法的生效时间有以下两种模式。

其一,自公布之日起生效(或者实施)。如 2017 年国务院修订的《实验动物管理条例》第 33 条规定:本条例自发布之日起施行。2017 年国务院农业主管部门、林业部门制定的《植物检疫条例》第 24 条规定:本条例自发布之日起施行。2022 年国务院颁布的《放射性药品管理办法》第 28 条规定:本办法自发布之日起施行。

其二,明确规定生效时间。例如,2016 年 2 月 6 日国务院修订的《麻醉药品和精神药品管理条例》第 89 条规定:本条例自 2005 年 11 月 1 日起施行。2020 年 3 月 27 日国务院修订的《护士条例》第 35 条规定:本条例自 2008 年 5 月 12 日起施行。2022 年 5 月 1 日国务院修订的《医疗机构管理条例》第 53 条规定:本条例自 1994 年 9 月 1 日起施行。

2. 卫生法的失效 我国卫生法的失效有 3 种模式。其一,新法代替旧法,如《护士条例》(2020)的颁布使得《护士条例》(2008)自动失效。其二,在新法中明确规定旧法废止,如《医师法》第 67 条规定"本法自 2022 年 3 月 1 日起施行。《中华人民共和国执业医师法》同时废止"。其三,立法机关发布专门性的决定宣布废止。如《国家卫生健康委关于修改和废止〈母婴保健专项技术服务许可及人员资格管理办法〉等 3 件部门规章的决定》。

3. 卫生法的溯及力 卫生法的溯及力是指相应的卫生法律、法规、规章生效后,对生效前的行为和事件是否适用问题,若适用则为有溯及力,若不适用则为无溯及力。根据法的原理,法应无溯及力。我国《立法法》第 93 条规定:法律、行政法规、地方性法规、自治条例和单行条例、规章不溯及既往,但为了更好地保护公民、法人和其他组织的权利和利益而作的特别规定除外。因为法律具有可预测性,即法律规范必须能预测到人与人之间的行为及后果。如果新法具有溯及力,那么在旧法有效时空范围内做出的行为将没有任何可预测性和安全感,是一种无法可依的状态。因此,我国卫生法一般没有溯及力。

(二)卫生法的空间效力

卫生法的空间效力是指卫生法在什么地域范围内有效。我国卫生法根据其制定机关不同,其空间效力有所不同:全国人大及其常务委员会制定的卫生法律、国务院制定的卫生行政法规、国务院各部委制定的卫生部门规章在全国范围内有效;有卫生立法权限的地方国家机关制定的地方性卫生法规、规章在其管辖的行政区域内有效。

(三)卫生法对人的效力

我国卫生法对人的效力与卫生法的空间效力是密切联系的,其主要内容为:其一,在我国领域内的人与事件应受我国卫生法的约束,但法律、法规另有规定的除外;其二,我国公民在我国领域外的行为通常不受我国卫生法的约束;其三,外国人在我国领域外侵害了我国公民、法人权益的,或者与我国公民、法人发生卫生法律关系的,也可以适用我国的卫生法。

二、卫生法实施的内容

卫生法实施是指卫生法律规范在社会现实生活中的具体运用和实现。卫生法实施是卫生法运行过程中十分重要的环节,对于卫生法有着事关存废的意义。对于我国制定卫生法的机关来说,制定卫生法、建立完善的卫生法律体系并非最终目的。制定卫生法的目的在于通过卫生法律的实施,将卫生法律设定的权利和义务转化为现实生活中的权利和义务,使卫生法所体现的国家意志得以实现,否则制定了再好的卫生法律也毫无意义。这正如美国著名社会法学家庞德所说:"法律的生命在于它的实行。"

我国卫生法实施的方式有两种,即卫生法的适用和卫生法的遵守。卫生法的适用是指国家专门机关、组织及其工作人员根据法定的职权和程序,将卫生法律规范运用于具体的人或事的专门活动,它是保证我国卫生法实施的重要方式。按照适用卫生法的国家机关、组织及其工作人员的不同,卫生法的适用可分为卫生执法和卫生司法。卫生法的遵守即卫生守法,是指一切单位和个人严格依照卫生法律规定去从事各种事务和行为的活动。综上,我国卫生法的实施包括 3 个方面,即卫生行政执法、卫生司法和卫生法的遵守。

(一)卫生行政执法

卫生行政执法又称卫生执法,是指我国卫生行政执法主体依照卫生法律、法规处理具体卫生行政事务的活动。

1. 卫生行政执法的特征 卫生行政执法是我国行政执法的一个专业类别,是国家行政权的组成部分,它有以下基本特征。

(1)执法主体的特定性:根据我国卫生法律和行政处罚的规定,我国卫生行政执法的主体主要是各级卫生行政机关,只有卫生行政机关才是真正意义上的卫生行政主体,才具有政府职能部门的资格。但在特定情况下,卫生法律、法规还可将卫生执法权授予某一组织,即法律、法规授权组织。此外,卫生行政机关还可依法将执法权委托给其他组织行使,使其拥有执法资格,成为执法主体。除以上 3 类卫生执法主体外,其他任何单位和个人都无权行使卫生执法权。

(2)执法行为的主动性:卫生行政执法是国家卫生行政机关的法定职权和义务,并且是一种有积极作为的职权和义务。因此,卫生行政机关必须主动履行这种职权和职责,而不需要行政相对人的意思表示,仅由卫生行政机关单方面决定即可,否则就是失职。

(3)执法内容的广泛性:卫生行政管理的活动范围十分广泛,几乎遍及我国社会生活的各个领域,关系每一个人的生老病死,这使卫生法律和卫生行政执法的内容从药品管理到食品、化妆品的卫生监督,从医疗卫生管理到预防保健管理,从公共卫生管理到医疗卫生组织的管理,范围十分广泛。

(4)执法权限的法定性:卫生行政执法主体所执行的法律规范只能是法律规定应由卫生行政执法主体执行的法律、法规。执法主体只能在其职权范围内,依照法定程序执法,不得越权执法。

(5)执法后果的强制性:卫生行政执法是国家卫生管理行政权运转的一种特殊方式,是由卫生执法主体代表国家进行的一种管理活动,具有强制性。任何单位和个人都必须服从和执行卫生行政执法机关的执法行为。

2. 卫生行政执法的原则

(1)依法行政原则:依法行政原则是指卫生行政机关应严格依照法律规定执法,它是全面依法治国基本方略在卫生行政执法活动中的具体体现,是卫生行政执法活动的最基本原则。这一原则要求卫生执法主体必须在法定职权范围内,严格依照卫生法律、法规规定的内容和程序执法。这一原则对于保障卫生行政机关正确行使职权,限制卫生行政权力的滥用,维护卫生行政机关的清正廉洁,防止腐败,切实维护国家和人民的利益具有十分重大的意义。在卫生行政机关实施卫生行政处罚、卫生行政许可、卫生行政控制措施的过程中,应严格按照法律规定进行执法活动,牢记"法无授权不可为",依法保护公共利益,但也应保护相对人的合法权益。

(2)公平合理原则:卫生行政执法要贯彻公平合理原则,这是现代法治社会对卫生行政执法提出的一个要求,也是市场经济对卫生执法的必然要求。市场经济要求主要用法律手段进行卫生行政管理,在行政执法过程中做到适宜、恰当、合情、公正,充分体现在适用法律上一律平等;对不适当、不合理的执法行为应通过法定程序及时予以纠正;禁止滥用自由裁量权,坚持法律原则和法律精神,维护行政执法的权威和尊严。在卫生行政执法过程中,对卫生行政处理的结果要公平合理,手段应尽可能采取对相对人损害较小的方式,不可无故为难相对人,做到公平公正,尽可能使公民在每一个执法案件中都能感受到公平正义。

(3)效率原则:效率原则是指在依法行政的前提下,最大限度地发挥卫生执法机关的功能,取得最大的行政执法效益。我国卫生行政管理的范围十分广泛,现行的卫生执法体制是在市场经济体制下逐渐形成的,因存在卫生执法与有偿技术服务行为不分、卫生执法队伍分散等情况,难以形成合力,使得行政执法效率低下,难以适应社会主义市场经济体制和卫生法治建设的要求。2018年,国务院办公厅颁布《关于改革完善医疗卫生行业综合监管制度的指导意见》,标志着我国基本医疗卫生制度建设进入一个新阶段,如何构建综合监管,有了整体规划和统一部署,从重点监管公立医疗卫生机构转向全行业监管,从注重事前审批转向注重事中、事后全流程监管,从主要运用行政手段转向统筹运用行政、法律、经济和信息等多种手段来提高监管能力和水平。

3. 卫生行政执法的主体 卫生行政执法主体是指有资格成为卫生行政执法权的行使者的单位及其工作人员。根据《中华人民共和国行政处罚法》(以下简称《行政处罚法》)及其他法律、法规的规定,我国卫生行政执法主体有以下3种。

(1)行政机关:行政机关是国家设置的依法行使国家职权,执行法律、法规,组织和管理国家行政事务的国家机关。行政机关成为卫生执法主体必须具有外部卫生行政管理职权或某一特定的相关卫生监督管理的外部职能,并依法取得有关的卫生行政执法权,在法定职权范围内从事执法工作。

目前我国卫生行政主体中的行政机关:首先是各级卫生行政机关。卫生行政机关是对我国卫生工作进行全面管理的国家行政机关,它是我国最主要的卫生执法机关。各级卫生行政机关包括国务院卫生行政主管部门即国家卫健委,地方县级以上人民政府主管部门即省、自治区、直辖市卫健委,地(市)卫健委,县(县级市、区、旗)卫健委。根据我国宪法、组织法和其他有关法律、行政法规的规定,卫生行政机关的主要执法职责是:①监督、检查权,指依法对所管辖范围内的社会公共卫生、与健康相关的产品及其生产经营活动、医疗卫生机构及人员等进行监督检查;②审查批准权,指依法对与健康相关的产品、与健康相关的社会活动进行审查、审批,领发有关卫生许可证;③调查处理权,指依法对医疗事故,药品、食品、中毒事故,职业中毒事故,其他与卫生和健康有关的事件进行调查处理;④实施处罚权,指依法对违反卫生法的行为实施行政处罚。其次是药品监督管理机关。国家药品监督管理局是我国一个独立的卫生类行政执法机关,负责对药品包括医疗器械的研究、生产、流通、使用进行行政监督和技术监督。主要职责:拟定药品、医疗器械、化妆品管理的法律规范和有关部门标准、规范;负责药品、医疗器械、化妆品的安全监督管理、标准管理、注册管理、质量管理、上市后风险管理及域外交流与合作;核发药品生产、经营、制剂许可证;检定药品质量;审核药品广告;执业药师资格准入管理;依法监管特殊药品、器械等。最后是国境卫生检疫机关。国家出入境检疫局是我国卫生行政执法主体之一,其主要职责是执行《国境卫生检疫法》和《中华人民共和国国境卫生检疫法实施细则》,对出入境人员或运输工具等违反卫生检疫法的单位和个人实施处罚。

(2)法律、法规授权组织:根据《行政处罚法》的规定,我国的法律、法规可以把某些行政执法权授予不是行政执法机关的组织行使,使该组织取得行政执法的主体资格。这些根据法律、法规授权而取得卫生行政执法资格的组织,就是法律、法规授权组织。被授予执法权的组织必须是依法成立的,具有管理公共事务的职能,具有熟悉有关卫生法律、法规和业务的人员,具有相应的检查、鉴定能力,并能独立承担法律责任。

我国卫生行政执法中的法律、法规授权组织主要是各级卫生防疫机构。各级卫生防疫机构是承担我国卫生防疫任务的卫生事业单位,但多年来,根据我国卫生法律、法规的授权,还承担着有关卫生监督执法工作,具有独立的监督权、处罚权。

　　（3）受委托组织：受委托组织是指受卫生行政执法机关委托，承担具体卫生执法任务的组织。受委托组织必须符合《行政处罚法》规定的3个基本条件，即是依法成立的管理公共事务的组织，有熟悉相关法律和业务的工作人员，有相应的技术检查和鉴定能力。受委托组织接受委托后，只能以委托机关的名义执法，并且不能再委托。

　　委托机关必须根据法律、法规的明确规定，在其法定权限范围内委托事项，委托机关对受托组织在委托权限内的行为负责监督，并承担法律责任。

　　在我国卫生执法实践中，卫生行政执法主体中的受委托组织主要是县级以上各级卫生防疫机构和近年来各地相继建立的公共卫生监督所、职业卫生监督所等组织。

　　4. 卫生行政执法的方式　　卫生行政执法行为可分为两大类：一是制定卫生行为规范的抽象卫生行政行为，它是我国卫生行政机关为执行卫生法律、法规，在其职权范围内发布规范性文件的行为，如对某些卫生法律、法规在执行过程中就有关问题制定具体行为规范，做出解释，提出意见和要求等；二是具体的卫生行政行为，即卫生行政执法主体在职权范围内，依照卫生法律、法规的内容和程序，单方面改变特定管理相对人的权利和义务的行政执法活动，这是卫生行政执法主体的主要行政行为。具体的卫生行政执法行为有以下几种主要方式：①卫生许可行为。这是指卫生行政执法主体根据管理相对人的申请，依法准许相对人从事某种生产经营或者服务活动的行为。通过许可，赋予申请人可以从事某种活动的权利。卫生许可的方式主要是颁发有关"卫生许可证"。②卫生行政处理。这是卫生行政执法主体依职权对涉及特定相对人的权益的卫生行政事务进行处理或裁定的一种具体行政行为，如对医疗事故或事件的行政处理。③卫生行政处罚和卫生行政控制措施。卫生行政处罚是卫生行政执法主体在职权范围内对违反卫生法律、法规、规章的管理相对人，依照法律规定的种类、幅度和程序实施行政制裁的行政执法行为。卫生行政控制措施是一种卫生行政强制措施，也是许多卫生法律、法规授予卫生行政执法主体的特别职权，主要是指卫生行政机关及其工作人员对已经危害或可能危害人群健康和社会利益的行为、物品及特定人或场所，依法采取的一种紧急控制措施。如经研判对疫情高中低风险区域实行封控、管控、静默等措施。④卫生监督检查。这是卫生行政执法主体对管理相对人是否遵守有关卫生法律、法规、规章规定进行观察、了解和调查的执法活动。其主要目的是监督相对人自觉遵守卫生法律规范，保证卫生法的施行。这种卫生监督检查具有国家的强制性，被检查者必须接受和配合。卫生监督检查是卫生执法中的具体行政执法活动，也是一项专业性相当强的具体工作。主要分为预防性卫生监督和经常性卫生监督两大类。卫生法律规范中对监督的方式、种类、频率、技术要求等都有明确规定。

（二）卫生司法

　　卫生司法是指国家司法机关依照法定职权与程序，具体运用卫生法律来处理案件的专门活动，它是我国卫生法实施的又一重要形式。卫生司法的特点如下。

　　1. 卫生司法是国家司法机关的专门活动　　卫生司法是一项适用卫生法律规范处理案件的专门活动，这项权力只能由国家司法机关及其工作人员行使。按照我国司法体制，人民法院和人民检察院是我国的司法机关。因此，除了人民法院、人民检察院及其工作人员有权行使司法权外，其他任何国家机关、社会组织和个人都不能行使此项权力，包括国家行政机关及其工作人员。这是卫生司法与卫生行政执法的根本区别。

　　2. 卫生司法的合法性　　为了维护当事人的合法权益和法律适用的严肃性、权威性，司法机关及其工作人员适用卫生法律的活动必须合法。它不仅要求司法机关及其工作人员对案件的处理结果必须有法律依据，严格依法做出，而且还要求严格依照法定职权和程序做出。也就是说，司法机关及其工作人员适用卫生法律时不仅要内容合法，而且要程序合法。

　　3. 卫生法的适用必须有表明适用结果的法律文书　　如判决书、调解书或裁定书。这种生效的法律文书是具有法律效力的非规范性法律文件,没有经过法定机关和程序,任何机关、组织和个人不得修改或抗拒执行,具有国家的强制性。

国家司法机关及其工作人员在适用法律时,必须遵循法律面前人人平等原则,以事实为依据,以法律为准绳,准确地适用法律,依法及时地处理案件,即符合我国社会主义法律适用的正确、合法、及时的基本要求。

(三)卫生法的遵守

卫生法的遵守即卫生守法,是指一切组织与个人的活动符合卫生法的行为规范,卫生法的要求转化为现实社会中人们的行动。卫生法的遵守是卫生法实施的基础。卫生法的遵守首先依赖卫生法的内容符合社会现实的需要,其次需要加强对卫生法的宣传教育,使社会成员了解并认同卫生法内容的正当性,最后也需要国家强制力的保障。我国某些卫生法的遵守不尽如人意很大程度与对相关人员的宣传教育不到位有关。

1. 遵守卫生法的意义　卫生法的遵守具有十分重要的意义,这是因为遵守卫生法是保证我国卫生法实施的重要条件。如果已制定的卫生法不能为广大人民和一切组织遵守,"令不行禁不止",我国卫生法也就成了一纸空文。所以,我国卫生法的遵守具有十分重要的意义。

遵守我国卫生法,首先要遵守我国的卫生法律,因为在我国,卫生法律是由国家最高权力机关及其常设机关根据《宪法》制定的,它体现了党的卫生工作基本方针,体现了我国工人阶级和广大人民的共同意志。其次,要遵守我国的卫生行政法规、卫生规章、国家卫生标准和药品标准等,它们是由国务院或国家卫健委制定的,在全国范围内具体贯彻党的卫生工作基本方针和卫生法律,起着重要的作用。再次,要遵守地方性卫生法规,这也是我国卫生法遵守的一个组成部分。

2. 卫生遵法守法的基本要求

(1)广大人民要自觉遵守:我国卫生法的实施主要是依靠广大人民自觉遵守。在我国,人民是国家的主人,我国的卫生法是人民选出的代表通过自己国家的国家机关制定的,它体现了我国工人阶级和广大人民在卫生方面的共同意志和利益。所以,广大人民群众都要以主人翁的态度去自觉遵守我国卫生法,维护我国卫生法的尊严,发挥我国卫生法的作用,从根本上保证我国卫生法的实施。

(2)国家卫生行政机关工作人员要带头遵守:在我国,国家卫生行政机关的工作人员受党和人民的委托,担负着管理国家卫生工作的重任,他们的基本职责就是要带领广大人民贯彻实施我国的卫生法。他们除了正确地适用我国卫生法去处理具体的卫生法律关系以外,还必须带头遵守卫生法,为广大人民树立遵守卫生法的榜样,带领广大人民遵守卫生法,从而保证我国卫生法的实施。

(3)一切国家机关、企事业单位、社会团体都必须遵守:在我国,一切国家机关、企事业单位、社会团体都必须遵守我国卫生法,特别是国家司法机关、国家卫生行政机关,它们本身是代表国家执行卫生法的,如果自己不遵守卫生法,就不能很好地完成执行卫生法的任务,必会损害国家的法律威信和卫生法律的权威。所以,在遵守卫生法方面,对一切国家机关都不能有任何特殊照顾。

总之,在卫生法的实施过程中,卫生守法是基础、卫生执法是关键、卫生司法是保障,三方面缺一不可。

卫生法律责任

第二章　医疗机构管理法律制度

【案例与思考】

案例简介：2008年12月15日上午8时10分，小雨因生病到某村李某开的小诊所看病。李某在没有经过任何正常的诊病程序的情况下，先后两次给小雨输液，造成小雨多次呕吐及腹痛不止。2008年12月15日下午4时30分，小雨的父母发现小雨已经停止呼吸，后将小雨送至医院，被告知小雨已经死亡。小雨出事后其父母报警，在警察对李某处理的过程中，小雨的父母才知道李某没有医师执业证书，诊所也没有医疗机构执业许可证。

思考问题：李某开设的诊所是否为我国法律规定的医疗机构？

第一节　医疗机构概述

一、医疗机构的概念和特征

（一）医疗机构的概念

医疗机构是指依法设立的从事疾病诊断、治疗活动的医院、卫生院、疗养院、门诊部、诊所、卫生所（室）、急救站等卫生机构的总称。

（二）医疗机构的特征

1. 依法设立　所谓依法设立，是指依据国务院《医疗机构管理条例》及其实施细则的规定设立和登记。只有依法设立并领取医疗机构执业许可证的单位或者个人才能开展相应的诊疗活动。

2. 从事疾病诊断、治疗活动　我国将卫生机构依其设立目的分为医疗机构和防疫机构等。前者以开展疾病诊断、治疗活动为主，后者以开展疾病预防控制活动为主。

3. 卫生机构　我国的医疗机构是由一系列开展疾病的诊断、治疗活动的卫生机构组成的，医院、卫生院是其主体。

二、医疗机构的分类

医疗机构应以救死扶伤、防病治病、为人民的健康服务为宗旨，其依法从事的诊疗活动受法律保护。国家扶持医疗机构的发展，鼓励以多种形式创建医疗机构。按不同的角度，可以将医疗机构大体做以下分类。

（一）按医疗机构的功能、任务、规模等分类

医疗机构可分为：综合医院、中医医院、中西医结合医院、民族医医院、专科医院、康复医院、妇幼保健院、妇幼保健计划生育服务中心；社区卫生服务中心、社区卫生服务站、中心卫生院、乡（镇）卫生院、街道卫生院；疗养院；综合门诊部、专科门诊部、中医门诊部、中西医结合门诊部、民族医门诊部；诊所、中医诊所、民族医诊所、卫生所、医务室、卫生保健所、卫生站；村卫生室（所）；急救中心、急救站；临床检验中心；专科疾病防治院、专科疾病防治所、专科疾病防治站；护理院、护理站；以及医学检验室、病理诊断中心、医学影像诊断中心、血液透析中心等其他诊疗机构。卫生防疫、国境卫生检疫、医学科研和教学等机构在本机构业务范围之外开展诊疗活动及美容服务机构开展医学美容业务的，必须依据有关规定，申请设置相应类别的医疗机构。

（二）按医疗机构的性质、社会功能及其承担的任务等分类

医疗机构可分为非营利性医疗机构和营利性医疗机构。非营利性医疗机构是指为社会公众利益服务而设立和运营的医疗机构，不以营利为目的，其收入用于弥补医疗服务成本，实际运营中的收支结余只能用于自身的发展，如改善医院条件、引进技术、开展新的医院服务项目等。营利性医疗机构是指医疗服务所得收益可用于投资者经济回报的医疗机构。政府不举办营利性医疗机构。非营利性医疗机构在医疗服务体系中占主导地位。

（三）按合资或者合作医疗机构分类

为促进卫生领域对外交流与合作，我国允许开办中外合资、合作医疗机构，即外国医疗机构、公司、企业和其他经济组织，按照平等互利的原则，经中国政府主管部门批准，在中国境内（香港、澳门及台湾地区除外）与中国的医疗机构、公司、企业和其他经济组织以合资或者合作形式设立医疗机构。

第二节　医疗机构管理法律体系

医疗机构管理是复杂的系统工程，其发展方向和重要环节是法制化。医疗机构的管理必须体现依法治国的精神和现代法治理念。医疗机构管理法制化的程度标志着一个国家医疗机构管理的完善程度。我国医疗机构管理立法经历了不同的阶段，逐渐走向成熟和完善。

一、中华人民共和国成立初期

1951年1月3日，当时的政务院批准颁布了我国第一个医疗机构管理方面的行政法规《医院诊所管理暂行条例》。随后，国务院及卫生部等又陆续制定了一系列有关医疗机构管理的行政法规和部门规章，如《县卫生院暂行组织通则》《县属区卫生所暂行组织通则》《全国农村人民公社卫生院暂行条例》《农村合作医疗章程（试行草案）》《全国城市街道卫生院工作条例（试行草案）》《全国血站工作条例（试行草案）》《综合医院组织编制原则（试行草案）》等。但是，这些行政法规和部门规章由于种种原因并没有得到很好的贯彻实施。

二、改革开放之后

改革开放后，医疗机构的急剧增长和人民群众对医疗服务质量要求的提高，对加强医疗机构的管理及立法提出了更高的要求。国家实行多层次、多形式、多渠道办医的政策，允许私人和社会团体举办医疗机构。为适应新形势下对医疗机构管理的新需要，卫生部又先后颁布了《医师、中医师

个体开业暂行管理办法》《关于清理整顿医疗机构若干问题的规定》《医院分级管理办法(试行)》等,但由于立法层次较低,约束力有限,这些规章也没能发挥其应有的权威性和规范性。但上述法规和规章在不同历史时期对推动整个医疗卫生工作的发展、保证医疗机构为人民健康服务的宗旨及提高医疗服务质量均起到了重要作用,并为进一步完善医疗机构管理及立法积累了经验。

为了加强对医疗机构的管理,保证医疗质量,保障公民健康,稳定正常医院工作秩序,国务院于1994年2月26日发布了《医疗机构管理条例》。此后,国家卫生行政部门陆续颁布了《医疗机构监督管理行政处罚程序》《医疗机构管理条例实施细则》《医疗机构评审委员会章程》《医疗机构设置规划指导原则》《医疗机构诊疗科目名录》。为适应医疗卫生事业的发展,2000年2月国务院办公厅转发了国务院体改办等部门《关于城镇医药卫生体制改革的指导意见》,卫生部等部委联合印发了《关于城镇医疗机构分类管理的实施意见》等。为适应对外开放的需要,国家卫健委、对外贸易经济合作部联合发布了《中外合资、合作医疗机构暂行管理办法》。为了贯彻《中共中央 国务院关于深化医药卫生体制改革的意见》,国务院于2009年3月18日印发了《医药卫生体制改革近期重点实施方案(2009—2011年)》。为了鼓励和引导社会资本举办医疗机构,增加医疗卫生资源,扩大服务供给,满足人民群众多层次、多元化的医疗服务需求,国务院办公厅转发了发展改革委、卫生部等部门《关于进一步鼓励和引导社会资本举办医疗机构的意见》。为全面实施"十二五"期间深化医药卫生体制改革规划暨实施方案,2012年4月14日国务院办公厅印发了《深化医药卫生体制改革2012年主要工作安排》。2015年3月30日,国务院办公厅印发了《全国医疗卫生服务体系规划纲要(2015—2020年)》。

为了发展精神卫生事业,规范精神卫生服务,维护精神障碍患者的合法权益,2012年10月26日第十一届全国人大常务委员会第二十九次会议通过了《中华人民共和国精神卫生法》(2018年修正,以下简称《精神卫生法》)。在"十二五"期间,精神卫生工作作为保障和改善民生及加强和创新社会管理的重要举措,被列入国民经济和社会发展总体规划。为深入贯彻落实《精神卫生法》和《中共中央 国务院关于深化医药卫生体制改革的意见》,加强精神障碍的预防、治疗和康复工作,推动精神卫生事业全面发展,2015年6月国务院办公厅转发了卫生计生委等部门制定的《全国精神卫生工作规划(2015—2020年)》,认真实施《精神卫生法》,按照党中央、国务院部署要求,以健全服务体系为抓手,以加强患者救治管理为重点,以维护社会和谐为导向,统筹各方资源,完善工作机制,着力提高服务能力与水平,健全患者救治救助制度,保障患者合法权益,维护公众身心健康,推动精神卫生事业全面发展。

三、新时代 »»

自进入新时代以来,为全面深化医药卫生体制改革,推进健康中国建设,根据《中华人民共和国国民经济和社会发展第十三个五年规划纲要》《中共中央 国务院关于深化医药卫生体制改革的意见》《"健康中国2030"规划纲要》,2016年12月,国务院下发了《国务院关于印发"十三五"深化医药卫生体制改革规划的通知》(以下简称《通知》)。"十三五"时期是我国全面建成小康社会的决胜阶段,也是建立健全基本医疗卫生制度、推进健康中国建设的关键时期。《通知》要求,坚持正确的卫生与健康工作方针,树立大健康理念,全力推进卫生与健康领域理论创新、制度创新、管理创新、技术创新,加快建立符合国情的基本医疗卫生制度,实现发展方式由以治病为中心向以健康为中心转变,推进医药卫生治理体系和治理能力现代化,为推进健康中国建设提供坚实基础。

为了调整优化医疗资源结构布局,促进医疗卫生工作重心下移和资源下沉,提升基层服务能力,促进医疗资源上下贯通,提升医疗服务体系整体效能,更好实施分级诊疗和满足群众健康需求,2017年4月,国务院办公厅印发了《国务院办公厅关于推进医疗联合体建设和发展的指导意见》,该指导意见立足我国经济社会和医药卫生事业发展实际,以落实医疗机构功能定位、提升基层服务能力、理顺双向转诊流程为重点,不断完善医联体组织管理模式、运行机制和激励机制,逐步建立完善不同级别、不同类别医疗机构间目标明确、权责清晰、公平有效的分工协作机制,推动构建分级诊疗制度,实现发展方式由以治病为中心向以健康为中心转变。为全面贯彻党的十九大和二十大精神,以习近平新时代中国特色社会主义思想为指导,认真落实中共中央、国务院关于深化医药卫生体制改革的决策部署,建立严格规范的医疗卫生行业综合监管制度,是全面建立中国特色基本医疗卫生制度、推进医疗卫生治理体系和治理能力现代化的重要内容。

为改革完善医疗卫生行业综合监管制度,国务院办公厅于 2018 年 8 月 3 日发布了《国务院办公厅关于改革完善医疗卫生行业综合监管制度的指导意见》。为了预防和妥善处理医疗纠纷,保护医患双方的合法权益,维护医疗秩序,保障医疗安全,国务院于 2018 年 6 月 20 日第 13 次常务会议通过了《医疗纠纷预防和处理条例》。2019 年 3 月 26 日国务院第 42 次常务会议修订通过了《中华人民共和国食品安全法实施条例》。2023 年 3 月 23 日,中共中央办公厅和国务院办公厅印发了《关于进一步完善医疗卫生服务体系的意见》,再次提出要以习近平新时代中国特色社会主义思想为指导,到 2025 年,医疗卫生服务体系进一步健全,资源配置和服务均衡性逐步提高,重大疾病防控、救治和应急处置能力明显增强,中西医发展更加协调,有序就医和诊疗体系建设取得积极成效。到 2035 年,形成与基本实现社会主义现代化相适应,体系完整、分工明确、功能互补、连续协同、运行高效、富有韧性的整合型医疗卫生服务体系。

第三节　医疗机构的规划布局与设置批准

一、医疗机构的规划布局　▶▶▶

《医疗机构管理条例》规定:医疗机构的设置必须符合当地的医疗机构设置规划和国家医疗机构基本标准(由国务院卫生行政部门制定),县级以上地方人民政府应当把医疗机构设置规划纳入当地的区域卫生发展规划和城乡建设发展总体规划。医疗机构设置规划由县级以上地方人民政府卫生行政部门根据本行政区域内的人口、医疗资源、医疗需求和现有医疗机构的分布状况制定,并报同级人民政府批准后实施。其目的是统筹规划医疗机构的数量、规模和分布,合理配置卫生资源,提高卫生资源的使用效益。

二、医疗机构的设置批准　▶▶▶

(一)医疗机构的设置条件

根据《医疗机构管理条例》第 9 条的规定:单位或者个人设置医疗机构,按照国务院的规定应当办理设置医疗机构批准书的,应当经县级以上地方人民政府卫生行政部门审查批准,并取得设置医疗机构批准书。

国家统一规划的医疗机构,由国务院卫生行政部门决定。

中外合资、合作医疗机构的设置和发展,需要符合我国区域卫生规划和医疗机构设置规划,执行医疗机构标准,能够提供国际先进的医疗机构管理经验、管理模式和服务模式,能够提供具有国际领先水平的医学技术和设备。同时,应当符合以下条件:必须是独立法人;合资、合作期限不超过 20 年;投资总额不得低于 2 000 万元人民币;中方在该医疗机构中的股份不得低于 30%,省级以上卫生行政部门规定的其他条件。

不得设置医疗机构的情形:不能独立承担民事责任的单位;正在服刑或不具有完全民事行为能力的个人;医疗机构在职、因病退职或者停薪留职的医务人员;发生二级以上医疗事故未满 5 年的医务人员;因违反有关法律、法规和规章,已被吊销执业证书的医务人员;被吊销医疗机构执业许可证的医疗机构法定代表人或主要负责人;省、自治区、直辖市卫生行政部门规定的其他情形。

(二)医疗机构的审批

1. 审批程序　卫生行政部门对设置医疗机构的申请,在受理之日起 30 日内进行审查,对符合条件的,发给设置医疗机构的批准证书;对不符合要求的要以书面形式告知。

设置中外合资、合作医疗机构,经申请获国家卫生行政部门许可,按照有关规定向商务部提出申请,予以批准,发给外商投资企业批准证书。

2. 不予审批的情形　根据《医疗机构管理条例实施细则》第 20 条的规定,有下列情形之一者,设置医疗机构的申请不予批准:不符合当地《医疗机构设置规划》;设置不符合规定的条件;不能提供满足投资总额的资信证明;投资总额不能满足各项预算开支;医疗机构选址不合理;污水、粪便处理不合理等。

第四节　医疗机构的登记与执业

一、医疗机构的登记与校验

医疗机构执业必须进行登记,领取医疗机构执业许可证。

(一)登记

1. 登记的申请

(1)申请条件:有设置医疗机构批准书,符合医疗机构的基本标准;有适合的名称、组织机构和场所,有与其开展业务相适应的经费、设施和专业卫生技术人员;有相应的规章制度;能够独立承担民事责任。

(2)申请资料:应当填写《医疗机构申请执业登记注册书》,并提交下列材料:①《设置医疗机构批准书》或者《设置医疗机构备案回执》;②医疗机构用户产权证明或使用证明;③医疗机构建筑设计平面图;④验资证明、资产评估报告;⑤医疗机构规章制度;⑥医疗机构法定代表人或主要负责人,以及各科室负责人名录和有关资格证书、执业证书附件等。

申请门诊部、诊所、卫生所、医务室、卫生保健所和卫生站执业登记的,还应当提交附设药房(柜)的药品种类清单、卫生技术人员名录及其有关资格证书、执业证书复印件等。

2. 登记的受理

(1)受理:卫生行政部门受理执业登记申请后,应当自申请人提供规定的全部材料之日起 45 日内对提交的材料进行审查和实地考察、核实,并对有关执业人员进行消毒、隔离和无菌操作等基本知识和技能的现场抽查考核。经审核合格后,发给医疗机构执业许可证。审校不合格的,将审校结果和不予批准的理由以书面形式告知申请人。

(2)不予登记的情形:根据《医疗机构管理条例实施细则》第 27 条的规定,有下列情形之一的不予登记。不符合《设置医疗机构批准书》核准的事项;不符合《医疗机构基本标准》;投资不到位;医疗机构用房不能满足诊疗服务功能;通讯、供电、上下水道等公共设施不能满足医疗机构正常运转;医疗机构规章制度不符合要求;消毒、隔离和无菌操作等基本知识和技能的现场抽查考核不合格;

省、自治区、直辖市卫生行政部门规定的其他情形。

3. 登记的事项　根据《医疗机构管理条例实施细则》第 28 条的规定,医疗机构执业登记的事项是:①类别、名称、地址、法定代表人或者主要负责人;②所有制形式;③注册资金(资本);④服务方式;⑤诊疗科目;⑥房屋建筑面积、床位(牙椅);⑦服务对象;⑧职工人数;⑨执业许可证登记号(医疗机构代码);⑩省、自治区、直辖市卫生行政部门规定的其他登记事项。门诊部、诊所、卫生所、医务室、卫生保健所、卫生站还应当核准登记附设药房(柜)的药品种类。

4. 登记的变更与注销　医疗机构分立或者合并的,应当根据不同情况申请办理相应手续;保留医疗机构的,申请办理变更登记;新设置医疗机构的,申请设置许可和执业登记;终止医疗机构的,申请注销登记。

医疗机构变更名称、地址、法定代表人或者主要负责人、所有制形式、服务对象、服务方式、注册资金(资本)、诊疗科目、床位(牙椅),应当向卫生行政部门申请办理变更登记。

机关、企业和事业单位设置的为内部职工服务的医疗机构向社会开放,应当按规定申请办理变更登记。

医疗机构在原登记机关管辖权限范围内变更登记事项的,由原登记机关办理变更登记;在变更登记超出原登记机关管辖权限时,由有管辖权的卫生行政部门办理变更登记。

医疗机构在原登记机关管辖区域内迁移的,由原登记机关办理变更登记;向原登记机关管辖区域外迁移的,应当取得迁移目的地的卫生行政部门发给的《设置医疗机构批准书》,并经原登记机关核准办理注销登记后,再向迁移目的地卫生行政部门申请办理执业登记。

登记机关在受理变更登记申请后,应依照规定进行审核,并做出核准变更登记或不予变更登记的决定。

(二)校验

1. 校验的时间　根据《医疗机构校验管理办法(试行)》第 6 条的规定,医疗机构的校验期分为以下几种情况:①床位在 100 张以上的综合医院、中医医院、中西医结合医院、民族医医院及专科医院、疗养院、康复医院、妇幼保健院、急救中心、临床检验中心和专科疾病防治机构校验期为 3 年;②其他医疗机构校验期为 1 年;③中外合资合作医疗机构校验期为 1 年;④暂缓校验后再次校验合格医疗机构的校验期为 1 年。

2. 校验的申请　根据《医疗机构校验管理办法(试行)》第 7 条的规定,医疗机构应当于校验期满前 3 个月向登记机关申请校验,并提交下列材料:①《医疗机构校验申请书》;②医疗机构执业许可证及其副本;③各年度工作总结;④诊疗科目、床位(牙椅)等执业登记项目及卫生技术人员、业务科室和大型医用设备变更情况;⑤校验期内接受卫生行政部门检查、指导结果及整改情况;⑥校验期内发生的医疗民事赔偿(补偿)情况(包括医疗事故)、卫生技术人员违法违规执业及其处理情况;⑦特殊医疗技术项目开展情况;⑧省、自治区、直辖市人民政府卫生行政部门规定提交的其他材料。

3. 校验的时限　卫生行政部门应当在受理校验申请后的 30 日内完成校验,做出校验结论,办理相应的校验登记手续,医疗机构有下列情形之一的,登记机关应当做出"暂缓校验"结论,下达整改通知书,并根据情况,给予 1~6 个月的暂缓校验期:校验审查所涉及的有关文件、病案和材料存在隐瞒、弄虚作假情况;不符合医疗机构基本标准;限期整改期间;停业整顿期间;省、自治区、直辖市人民政府卫生行政部门规定的其他情形。医疗机构在暂缓校验期内应当对存在的问题进行整改。

医疗机构应当于暂缓校验期满后 5 日内向卫生行政部门提出再次校验申请,由卫生行政部门再次进行校验。再次校验合格的,允许继续执业;再次校验不合格的,由登记机关注销其医疗机构执业许可证。医疗机构暂缓校验期满后规定时间内未提出再次校验申请的,由卫生行政部门注销其医疗机构执业许可证。对经校验认定不具备相应医疗服务能力的医疗机构诊疗科目,登记机关予以注销。

二、医疗机构的执业

(一)执业条件

1.具有医疗机构执业许可证　医疗机构执业,应当进行登记,领取医疗机构执业许可证。未取得医疗机构执业许可证的,都不得开展诊断、治疗活动。为内部职工服务的医疗机构未经许可和变更登记,不得向社会开放。医疗机构注销或者被吊销医疗机构执业许可证后,不得继续开展诊断、治疗活动。

2.依法依规诊疗　医疗机构执业必须遵守有关法律、法规和医疗技术规范,按照核准登记的诊疗科目开展诊疗活动。将医疗机构执业许可证、诊疗科目、诊疗时间和收费标准悬挂于明显处,以方便服务对象;应当按照卫生行政部门的有关规定、标准加强医疗质量管理,实施医疗质量保证方案,确保医疗安全和服务质量,不断提高服务水平,为人民群众提供优质的医疗服务。

3.工作人员具有相应卫生技术资格　医疗机构不得使用非卫生技术人员从事医疗卫生技术工作。工作人员上岗工作应当佩戴载有本人姓名、职务或职称的标牌。

(二)执业规则

1.加强医德教育　医疗机构应当加强对医务人员的医德教育,组织学习医德规范,督促医务人员恪守职业道德,定期检查、考核各项规章制度和各级各类人员岗位责任制的执行和落实情况。

2.保证医疗质量　医疗机构应当加强医疗质量管理,实施医疗质量保证方案。要经常对医务人员进行"基础理论、基本知识、基本技能"的训练与考核,把"严格要求、严密组织、严谨态度"落实到各项工作中。严格执行无菌消毒、隔离制度,采取科学有效的措施处理污水和废弃物,预防和减少医院感染,确保医院安全服务质量,不断提高服务水平。

3.遵守核心制度　医疗机构在执业过程中,对危重患者应当立即抢救,对限于设备或技术条件不能诊治的患者,应当及时转诊。未经医师(士)亲自诊查患者,医疗机构不得出具疾病诊断书、健康证明书或死亡证明书等证明文件;未经医师(士)、助产人员亲自接产,医疗机构不得出具出生证明书或死产报告书;施行手术、特殊检查或者特殊治疗时,必须征得患者同意,并应当取得其家属或关系人同意并签字,无法取得患者意见时,应当取得家属或关系人同意并签字,无法取得患者意见又无家属或关系人在场,或遇到其他特殊情况时,经治医师应当提出医疗处置方案,在取得医疗机构负责人或被授权负责人员的批准后实施;发生医疗事故,按照国家有关规定处理;对传染病、精神病、职业病等患者的特殊诊治和处理,应当按照国家有关法律、法规的规定办理;必须按照有关药品管理的法律、法规,加强药品管理;必须按照人民政府或者物价部门的有关规定收取医疗费用,详列细项,并出具收据。

4.按照名称执业　医疗机构的印章、银行账户、牌匾及医疗文件中使用的名称,应当与核准登记的医疗机构名称相同。标有医疗表征标识的票据和病历本册及处方笺、各种检查的申请单、报告单、证明文书单、药品分装袋、制剂标签等不得买卖出借和转让。医疗机构不得冒用标有其他医疗机构标识的票据和病历本册及处方笺、检查申请单、报告单、证明文书单、药品分装袋、制剂标签等。

5.严格病案管理　医疗机构的门诊病历的保存期不得少于 15 年,住院病历的保存期不得少于 30 年。

6.预防医院感染　严格执行无菌消毒、隔离制度,采取科学有效的措施处理污水和废弃物,预防和减少医院感染。

7.承担社会责任　医疗机构除按常规开展诊疗活动之外,还必须依法承担相应的预防保健工作,承担县以上人民政府卫生行政部门委托的支援农村、指导基层医疗卫生工作等任务。当发生重大灾害、事故、疾病流行或者其他意外情况时,医疗机构及其卫生技术人员必须服从县级以上人民政府卫生行政部门的调遣。

医疗机构的监督管理制度

第三章　执业医师法律制度

第一节　执业医师概述

【案例与思考】

案例简介:丁某于 2017 年 12 月—2018 年 10 月,在未取得医疗机构执业许可证、医师资格证书、医师执业证书的前提下,开展"去眼袋""注射玻尿酸""射频治疗"等医疗美容业务,先后 3 次因非卫生技术专业人员擅自执业被行政处罚。后丁某被民警抓获到案。

审理结果:法院以非法行医罪判处丁某有期徒刑 1 年 6 个月,缓刑 2 年。

思考问题:①医师执业应具备哪些条件? ②医师资格是如何获取的? ③医师如何注册?

一、医师的定义及分类

《周礼·天官·医师》:"医师,掌医之政令。"《敦煌变文集·欢喜国王缘》:"便唤医师寻妙药,即求方术拟案(安)魂。"《元典章·礼部五·医学》:"各处有司广设学校,为医师者,命一通晓经书良医主之。"1979 年版《辞海》中对医师是这样定义的:医师是指受过高等医学教育或长期从事医疗卫生工作的、具备了医师水平的高级医务卫生人员。

在中华人民共和国成立后的一段时期,正规医学院校毕业生,经过 1 年临床实习,即可成为医师;中专毕业 5 年后,也可以成为医师。

1998 年 6 月 26 日,全国人大常务委员会通过的《中华人民共和国执业医师法》(以下简称《执业医师法》)将医师定义为:依法取得执业医师资格或者执业助理医师资格,经注册在医疗、预防、保健机构中执业的专业医务人员。

2021 年 8 月 20 日,全国人大常务委员会通过的《医师法》将医师定义为:本法所称医师,是指依法取得医师资格,经注册在医疗卫生机构中执业的专业医务人员,包括执业医师和执业助理医师。

医师分为 2 级 4 类,即执业医师和执业助理医师 2 级,每级分为临床、中医、口腔、公共卫生 4 类(表 3-1)。

表 3-1　医师的分类及执业范围

医师的分类	执业范围
临床类	①内科专业；②外科专业；③妇产科专业；④儿科专业；⑤眼耳鼻咽喉科专业；⑥皮肤病与性病专业；⑦精神卫生专业；⑧职业病专业；⑨医学影像和放射治疗专业；⑩医学检验与病理专业；⑪全科医学专业；⑫急救医学专业；⑬康复医学专业；⑭预防保健专业；⑮特种医学与军事医学专业；⑯计划生育技术服务专业；⑰省级以上卫生行政部门规定的其他专业
口腔类	①口腔专业；②省级以上卫生行政部门规定的其他专业
公共卫生医类	①公共卫生类别专业；②省级以上卫生行政部门规定的其他专业
中医类（包括中医、民族医、中西医结合）	①中医专业；②中西医结合专业；③蒙医专业；④藏医专业；⑤维医专业；⑥傣医专业

医师的职称分为医士、医师、主治医师、副主任医师、主任医师，另外在一些教学医院里，按职称序列分为助教、讲师、副教授和教授。临床的职称评定级别，通过考试后每 5 年晋升一级。医生的职称不与其所在医院级别相挂钩，不同级别医院相同级别的医师，职称是一样的。

二、成为一名执业医师须具备的条件

（一）须取得医师资格

要想成为一名医师，必须是高等医学教育医学类专业毕业，或以师承方式学习传统医学，或者经多年实践医术确有专长的，通过医师资格考试或考核，取得执业医师资格或者执业助理医师资格。

法律依据：《医师法》规定国家实行医师资格考试制度。医师资格考试分为执业医师资格考试和执业助理医师资格考试。医师资格考试由省级以上人民政府卫生健康主管部门组织实施。医师资格考试的类别和具体办法，由国务院卫生健康主管部门制定。

医师资格考试成绩合格，取得执业医师资格或者执业助理医师资格，颁发医师资格证书。

（二）须经注册

取得执业医师资格或者执业助理医师资格后，还须经注册。经注册后，凭卫生健康行政部门发放的医师执业证书，即可开展医师执业活动。只取得执业医师资格或者执业助理医师资格，未经注册的，不能开展诊疗活动，不能称为医师。

法律依据：《医师法》规定国家实行医师执业注册制度。取得医师资格的，可以向所在地县级以上地方人民政府卫生健康主管部门申请注册。医疗卫生机构可以为本机构中的申请人集体办理注册手续。除有本法规定不予注册的情形外，卫生健康主管部门应当自受理申请之日起 20 个工作日内准予注册，将注册信息录入国家信息平台，并颁发医师执业证书。未注册取得医师执业证书，不得从事医师执业活动。医师执业注册管理的具体办法，由国务院卫生健康主管部门制定。

（三）须在医疗卫生机构中执业

医师取得执业医师资格或者执业助理医师资格，也经过了注册，还须在医疗卫生机构中执业，不在医疗卫生机构中从事医疗活动，仍不能称之为执业医师。

法律依据：《医师法》规定，医师经注册后，可以在医疗卫生机构中按照注册的执业地点、执业类别、执业范围执业，从事相应的医疗卫生服务。中医、中西医结合医师可以在医疗机构中的中医科、中西医结合科或者其他临床科室按照注册的执业类别、执业范围执业。医师经相关专业培训和考核合格，可以增加执业范围。法律、行政法规对医师从事特定范围执业活动的资质条件有规定的,从其规定。经考试取得医师资格的中医医师按照国家有关规定,经培训和考核合格,在执业活动中可以采用与其专业相关的西医药技术方法。西医医师按照国家有关规定,经培训和考核合格,在执业活动中可以采用与其专业相关的中医药技术方法。

三、医师资格考试

医师资格考试,又称医师执业考试或医师执照考试,性质属于行业准入考试,是评价申请医师资格者是否具备从事医师工作所必需的专业知识与技能的考试,是以国家法律形式确定的,成绩合格后方能授予医师资格的制度。

(一)医师资格考试的特点

1. 医师资格考试是医师执业准入制度的一项重要内容 1998年6月26日《执业医师法》颁布以后,参加医师资格考试是取得医师执业许可的前提、基础和唯一途径。2021年《医师法》延续了这一规定。只有参加医师资格考试并合格,才能取得医师资格和执业许可,成为一名医师。

2. 医师资格考试评价申请医师资格者是否具备执业所必需的专业知识和技能 具备医学专业知识和技能,参加全国统一考试合格者,方能被授予医师资格,颁发医师资格证书。

3. 医师资格考试按医师的分类来考试 医师资格考试分为执业医师资格考试和执业助理医师资格考试,考试类别分为临床、中医(包括中医、民族医、中西医结合)、口腔、公共卫生4类。考试方式分为实践技能考试和医学综合笔试。

4. 医师资格考试具有公开、公平、公正、择优等突出特点 医师资格考试是符合中国国情,可以最大限度地确保医师队伍质量的一项科学、规范的医师队伍选拔制度。

(二)医师资格考试的类别

我国医师资格考试报考类别全称及代码见表3-2。

表3-2 我国医师资格考试报考类别全称及代码

执业医师报考类别全称	代码
公共卫生执业医师	130
公共卫生执业助理医师	230
具有规定学历藏医执业医师	170
具有规定学历藏医执业助理医师	270
具有规定学历傣医执业医师	190
具有规定学历傣医执业助理医师	290
具有规定学历蒙医执业医师	160
具有规定学历蒙医执业助理医师	260
具有规定学历维医执业医师	180
具有规定学历维医执业助理医师	280
具有规定学历中医(朝医)专业执业医师	141
具有规定学历中医(朝医)专业执业助理医师	241
具有规定学历中医(壮医)专业执业医师	142
具有规定学历中医(壮医)专业执业助理医师	242

续表 3-2

执业医师报考类别全称	代码
具有规定学历中医执业医师	140
具有规定学历中医执业助理医师	240
具有规定学历中医执业助理医师(乡镇)	245
口腔执业医师	120
口腔执业助理医师	220
临床执业医师	110
临床执业助理医师	210
临床执业助理医师(乡镇)	215
师承和确有专长藏医执业医师	370
师承和确有专长藏医执业助理医师	470
师承和确有专长傣医执业医师	390
师承和确有专长傣医执业助理医师	490
师承和确有专长蒙医执业医师	360
师承和确有专长蒙医执业助理医师	460
师承和确有专长维医执业医师	380
师承和确有专长维医执业助理医师	480
师承和确有专长中医(朝医)专业执业医师	341
师承和确有专长中医(朝医)专业执业助理医师	441
师承和确有专长中医(壮医)专业执业医师	342
师承和确有专长中医(壮医)专业执业助理医师	442
师承和确有专长中医执业医师	340
师承和确有专长中医执业助理医师	440
中西医结合执业医师	150
中西医结合执业助理医师	250

(三)医师资格考试的方式

　　医师资格考试分实践技能考试和医学综合笔试两种方式进行。程序上,考生须先参加实践技能考试,实践技能考试合格者方可参加医学综合笔试。未参加或参加未通过实践技能考试的考生,不得参加医学综合笔试。

　　医师资格考试是检验考生基本专业知识和能力的一个主要标准。其中实践技能考试主要考查医师的实际能力与医疗技能,由省级医师资格考试领导小组组织实施。医学综合笔试主要考查医师的专业理论知识和专业水平。采用标准化考试方式并实行全国统一考试,由国家卫健委国家医学考试中心和国家中医药管理局考试工作办公室承担国家一级的具体考试业务工作。

(四)参加执业医师、执业助理医师资格考试的报考条件

1.参加执业助理医师资格考试的报考条件

(1)学历要求:申请参加执业助理医师资格考试需具备医学专业专科以上学历。专科学历是指省级以上教育行政部门认可的各类高等学校医学专业专科学历。

(2)专业要求:专业须是全日制大专院校的临床医学、预防医学、口腔医学、全科医学等专业。医学院校中的其他医学相关专业,如基础医学类、法医学类、护理(学)类、医学技术类、药学类、中药学类等专业的毕业生,不具备参加执业助理医师资格考试的资格。

(3)资历要求:须在执业医师指导下,在医疗卫生机构中参加医学专业工作实践满1年。

2.参加执业医师资格考试的报考条件

(1)学历要求:具有国务院教育行政部门认可的各类高等学校医学专业本科以上学历,方能参加执业医师资格考试。专科毕业后不能直接参加执业医师考试,须先参加执业助理医师考试,取得执业助理医师证书后经过一定时间,方能申请参加执业医师资格考试。

(2)专业要求:须是高等院校医学专业,包括临床医学、预防医学、口腔医学、全科医学、中医学、中西医结合专业等。医学院校中的其他医学相关专业,如基础医学类、法医学类、护理(学)类、医学技术类、药学类、中药学类等专业的毕业生,不具备参加执业医师资格考试的资格。

(3)资历要求:临床医学是一门应用科学,只有理论知识,没有临床实践,不能胜任。考生在正式执业前不仅要具有必要的医学理论知识,还必须有一定的实际工作经验,故对参加执业医师资格考试规定了严格的资历限制。①高等医学院校本科毕业后,须在执业医师指导下,在医疗卫生机构中参加医学专业工作实践满1年;②高等医学院校专科毕业,取得执业助理医师执业证书后,须在医疗卫生机构中执业满2年。

3.传统医学师承和确有专长人员的医师资格取得的特殊规定

我国民间传统中医,长期以来一直以"师带徒"的方式传授医疗技术,有的民间中医医师还具有独到的技术和经验,其对于一些疑难杂症有特殊的疗效。另外,也有一些没有经过高等医学院校正规教育,但对诊疗工作有特殊兴趣的人,长期以来也在钻研诊疗技术,虽然他们没有医学专业的学历,对疾病的诊治完全凭经验,但也有独到的治疗效果。这两类人对患者生命健康的保障也发挥了作用。对这部分人的行医资格问题,《医师法》采用了比较特殊的保护政策。

一类是以师承方式学习中医满3年,或者经多年实践医术确有专长的,经县级以上人民政府卫生健康主管部门委托的中医药专业组织或者医疗卫生机构考核合格并推荐,可以参加中医医师资格考试。

另一类是以师承方式学习中医或者经多年实践,医术确有专长的,由至少2名中医医师推荐,经省级人民政府中医药主管部门组织实践技能和效果考核合格后,即可直接取得中医医师资格及相应的资格证书。

医师资格法律条文见表3-3。

(五)医师资格考试作弊的法律后果

《医师资格考试违纪违规处理规定》规定:一旦发生替考,被替考者将终身禁考。在校学生、在职教师参与有组织作弊的,由卫生计生行政部门将有关情况通报其所在学校,由其所在学校根据有关规定进行处理。在校学生参与有组织作弊情节严重的,终身不得报考医师资格。医师参与有组织作弊的,已经取得医师资格但尚未注册的,卫生计生行政部门将不予注册;已经注册取得医师执业证书的,由注册的卫生计生行政部门依法注销其执业注册,收回医师执业证书,并不再予以注册。有其他违纪违规行为的,卫生计生行政部门将依法处理并通报其所在单位。

医师资格考试是法律规定的全国统一考试,作弊涉嫌"组织考试作弊罪"。2015年11月1日起

实施的《中华人民共和国刑法修正案(九)》[以下简称《刑法修正案(九)》]第25条增设了组织考试作弊罪,我国《刑法》第284条之一第1款规定:在法律规定的国家考试中,组织作弊的,处3年以下有期徒刑或者拘役,并处或者单处罚金;情节严重的,处3年以上7年以下有期徒刑,并处罚金。

表3-3　医师资格法律条文

条文出处	医师类别	具体条目	条款内容
《医师法》	执业医师	第9条	具有下列条件之一的,可以参加执业医师资格考试:①具有高等学校相关医学专业本科以上学历,在执业医师指导下,在医疗卫生机构中参加医学专业工作实践满1年;②具有高等学校相关医学专业专科学历,取得执业助理医师执业证书后,在医疗卫生机构中执业满2年
	执业助理医师	第10条	具有高等学校相关医学专业专科以上学历,在执业医师指导下,在医疗卫生机构中参加医学专业工作实践满1年的,可以参加执业助理医师资格考试
	中医医师	第11条	以师承方式学习中医满3年,或者经多年实践医术确有专长的,经县级以上人民政府卫生健康主管部门委托的中医药专业组织或者医疗卫生机构考核合格并推荐,可以参加中医医师资格考试 以师承方式学习中医或者经多年实践,医术确有专长的,由至少2名中医医师推荐,经省级人民政府中医药主管部门组织实践技能和效果考核合格后,即可取得中医医师资格及相应的资格证书

四、医师执业注册

医师执业注册制度是指卫生健康行政部门对已经取得执业医师资格或执业助理医师资格并申请办理执业注册者进行审查后,予以注册并允许其从事医师执业活动的法律制度。医师经注册后取得的医师执业证书,是医师从事医疗活动,开展医师执业活动唯一合法的法律文书。凡是未取得有效的医师执业证书从事医师执业活动的,均属非法行医。

医师执业注册分为初次注册、重新注册和变更注册。初次注册是执业医师首次向卫生健康行政部门申请的注册。重新注册是指执业医师中止医师执业活动2年以上或不予注册的情形消失的,医师重新向卫生健康行政部门申请的注册。变更注册是指医师对执业地点、执业类别、执业范围等注册事项进行的法律上的变更。

(一)医师执业注册的条件

根据《医师法》和《医师执业注册管理办法》,申请医师执业注册须具备下列条件。①取得执业医师资格或执业助理医师资格:申请人取得执业医师资格或执业助理医师资格后,方可向卫生健康行政部门申请注册,也就是先有资格,后行注册。医师资格是申请注册的前提与基础。②申请人是具有完全民事行为能力的自然人:根据我国《民法典》的规定,18周岁以上的自然人为成年人。不满18周岁的自然人为未成年人。成年人为完全民事行为能力人,可以独立实施民事法律行为。③申请人身体健康,能胜任医疗、预防、保健业务工作。④申请人未受过刑事处罚,也未受吊销医师执业证书行政处罚。

(二)医师执业注册的内容

医师执业注册内容包括执业地点、执业类别、执业范围。执业地点是指执业医师执业的医疗卫生机构所在地的省级行政区划和执业助理医师执业的医疗卫生机构所在地的县级行政区划。执业类别是指临床、中医(包括中医、民族医和中西医结合)、口腔、公共卫生。执业范围是指医师在医疗、预防、保健活动中从事的与其执业能力相适应的专业。

(三)医师执业注册中的执业范围

医师进行执业注册的类别必须以取得医师资格的类别为依据。医师取得两个或者两个以上医师资格的,除县及县级以下医疗机构执业的临床医师外,只能选择一个类别及其中一个相应的专业作为执业范围进行注册。

在县及县级以下医疗机构(主要是乡镇卫生院和社区卫生服务机构)执业的临床医师,从事基层医疗卫生服务工作,确因工作需要,经县级卫生健康行政部门考核批准,报设区的市级卫生健康行政部门备案,可申请同一类别至多3个专业作为执业范围进行注册。

在乡镇卫生院和社区卫生服务机构中执业的临床医师因工作需要,经过国家医师资格考试取得公共卫生类医师资格,可申请增加公共卫生类别专业作为执业范围进行注册;在乡镇卫生院和社区卫生服务机构中执业的公共卫生医师因工作需要,经过国家医师资格考试取得临床类医师资格,可申请增加临床类别相关专业作为执业范围进行注册。

关于对医疗执业范围的理解和认定,不宜过分狭隘和苛刻。在医师的执业范围内,虽然有一些特殊专业的范围规定,比如急救医学,急救医学的执业范围应当是针对急危重症患者的抢救、处置、转运等有关工作的,主要涉及院前急救工作。但是,对急危重症患者的抢救和处理,是一般医师都应当具备的医学能力,不能因为一名外科医师参加对急危重症患者的抢救就将其视为超范围执业,也不能因为一名内科医师参加急诊室工作、院前急救出诊工作就将其视为超范围执业。内科医师具有对一般外伤患者的清创缝合的能力,因此内科医师在急诊室为外伤患者做清创缝合术也不宜认定为超范围执业。在认定医师执业范围时应当排除作为医师应当具备的基本的诊疗技能所及的疾病范围,而特指那些需要很强的专科性医学知识和技能才能处置的病症。

(四)不予执业注册的情形

根据《医师法》和《医师执业注册管理办法》规定,医师有下列情形的,依法不予执业注册。

1. 无民事行为能力或者限制民事行为能力　可以独立实施民事法律行为、实施的民事法律行为有效并能独立承担法律责任是医师申请执业的前提。根据我国《民法典》的规定,8周岁以上的未成年人为限制民事行为能力人,不满8周岁的未成年人为无民事行为能力人,不能辨认自己行为的成年人为无民事行为能力人,不能完全辨认自己行为的成年人为限制民事行为能力人。对限制民事行为能力人和无民事行为能力人,依法不予以注册。

2. 受刑事处罚,刑罚执行完毕不满2年或者被依法禁止从事医师职业的期限未满　刑事处罚是行为人构成犯罪以后给予的法律制裁,它是最严厉的法律责任。刑满后自刑罚执行完毕之日起至申请注册之日止不满2年的,不予注册,不得开展医师执业活动。

禁业制度也是《医师法》确立的新制度,并首次纳入"终身禁业",因行政处罚被依法禁止从事医师职业的人员在禁业期满前依法不予注册。《医师法》第58条规定:严重违反医师职业道德、医学伦理规范,造成恶劣社会影响的,由省级以上人民政府卫生健康主管部门吊销医师执业证书或者责令停止非法执业活动,5年直至终身禁止从事医疗卫生服务或者医学临床研究。处罚为"5年直至终身禁止",有一个期限上的缓冲,并非直接"终身禁止"。这也符合行政处罚的"比例原则"。

3. 被吊销医师执业证书不满2年　吊销医师执业证书属于行政处罚种类中的吊销行政许可证件,从做出处罚决定之日起2年内,不予注册,不得开展医师执业活动。

4. 因医师定期考核不合格被注销注册不满1年。

5. 法律、行政法规规定不得从事医疗卫生服务的其他情形　比如甲类、乙类传染病传染期,精神病发病期,身体残疾等健康状况不适宜或者不能胜任医疗、预防、保健业务工作的;重新申请注册,经考核不合格的;在医师资格考试中参与有组织作弊的。

医师在执业活动中要和患者接触,如果医师是甲、乙类传染病患者,又处于传染期,很容易将疾病传给接诊的患者。甲类传染病是指鼠疫、霍乱。乙类传染病是指病毒性肝炎、细菌性和阿米巴性痢疾、伤寒和副伤寒、艾滋病、淋病、梅毒、脊髓灰质炎、麻疹、百日咳、白喉、流行性脑脊髓膜炎、猩红热、流行性出血热、狂犬病、钩端螺旋体病、布鲁斯菌病、炭疽、流行性和地方性斑疹伤寒、流行性乙型脑炎、黑热病、疟疾、登革热、人感染高致病性禽流感、传染性非典型肺炎、新型冠状病毒感染、肺结核、血吸虫病。医师患上述传染病,在传染期时不予注册,不得对外行医开展执业活动。

医师患精神病,发作时对自己的行为无法控制,对外也无法开展正常的医疗活动,因此对其不予注册。医师身体残疾,如瘫痪、脊髓灰质炎后遗症等,健康状况不适宜,行动不便,自己生活不能自理,不能胜任医疗、预防、保健业务工作,不予注册,不能开展医师执业活动。

重新申请注册,应首先到县级以上卫生健康行政部门指定的医疗卫生机构或组织接受 3~6 个月的培训,并经考核合格。考核不合格的,不予注册。

组织作弊即行为人在国家医师资格考试中,实施了组织作弊的行为。组织作弊主要呈现为有组织的"多人对多人"的集团式作弊方式,其行为主要通过"传出试题"和"传入答案"两个主要过程来实现。整个作弊过程组织严密,分工明确,多人配合,严重损害了国家的医师资格考试管理秩序和他人公平参与考试的权利。发现申请注册的医师在医师资格考试中有参与组织作弊的,依法不予注册。

(五)医师执业注册后注销注册的情形

注销注册是指经过注册取得医师执业证书后出现了不能或不宜从事医师执业活动的情况,卫生健康行政部门注销其注册并废止医师执业证书的情况。

注销注册的法定报告单位为医师执业的医疗卫生机构。医师注册后出现应注销注册的情形,其所在的医疗卫生机构应当在 30 日内报告准予注册的卫生健康主管部门,卫生健康主管部门应及时注销其注册,并废止医师执业证书。根据《医师法》和《医师执业注册管理办法》规定,医师注册后有下列情形之一的,卫生健康主管部门应当注销注册。

1. 死亡 自然人死亡,主体资格消灭。医师执业注册具有人身依附性,需要当事人亲自执行,不得转让、继承。如医师死亡,形式上执业许可仍然存在,但不可能继续从事医师执业,此时执业注册已没有意义,应予以注销。

2. 受刑事处罚 刑事处罚是公民违反《刑法》规定构成犯罪时,依法应承担的法律责任。对于医师的犯罪行为,不论是故意犯罪,还是过失犯罪,也不论是与医疗活动有关的犯罪,还是与医疗活动不相关的犯罪,只要受到刑事处罚,都要注销其注册。需说明的是被追究刑事责任的医师刑满后2 年内,医师不得重新申请注册。从刑罚执行完毕之日起满 2 年的,医师可重新申请注册,开展医疗活动。

3. 被吊销医师执业证书 医师受吊销医师执业证书行政处罚的,卫生健康主管部门同时应注销其注册,废止医师执业证书。医师从卫生健康主管部门做出吊销医师执业证书行政处罚之日起2 年后可重新申请注册,经注册后,重新开展医师执业活动。

4. 医师定期考核不合格,暂停执业活动期满,再次考核仍不合格 受县级以上人民政府卫生健康主管部门委托的机构或者组织应当按照医师执业标准,对医师的业务水平、工作成绩和职业道德状况进行定期考核。对考核不合格的医师,并经培训后再次考核仍不合格的,由县级以上卫生健康主管部门注销注册,废止医师执业证书。

5. 中止医师执业活动满 2 年 如果长期不从事医师执业活动,临床操作实践技能就得不到锻炼、提升,医学理论知识就得不到更新,临床经验无法积累和提高,就难以保证其诊疗操作实践技能和医学理论知识能力满足医师执业基本要求。因此《医师法》规定:中止医师执业活动满 2 年的,将被注销注册。被注销注册后,该医师仍具有医师资格,如仍准备执业,可重新申请注册,但应首先接受为期 3~6 个月的培训。

6. 其他　法律、行政法规规定不得从事医疗卫生服务或者应当办理注销手续的其他情形。

(六)变更注册

变更注册是指对执业地点、执业类别、执业范围等已注册事项进行的变更。医师在执业过程中,变更执业地点、执业类别、执业范围的,应当变更注册。变更注册应通过国家医师管理信息系统提交医师变更执业注册申请及省级以上卫生健康主管部门规定提交的其他材料。注册主管部门应当自收到变更注册申请之日起的 20 个工作日内办理变更注册手续。对因不符合变更注册条件不予变更的,应当自收到变更注册申请之日起的 20 个工作日内书面通知申请人,并说明理由。

在特定情况下,医师享有豁免变更注册的权利,包括在医疗联合体内跨机构执业、参加规培、进修,解决了长期以来困扰大型医院规培生、进修生执业资格的问题。随着近些年国家医改工作的不断推进,对口支援、医疗联合体建设等新的医师执业活动出现,也有突发事件中的紧急医疗救援的情况。例如,新冠疫情防控期间,全国医务人员异地支援,在注册的执业地点之外开展执业活动,抑或医生参加援疆、援藏、到乡镇卫生院等基层机构参与对口支援工作时,可能会在超出执业范围的专业进行执业活动,在这种情况下,既往的医师执业注册规定就不够灵活,操作起来也存在一定的困难,《医师法》新增的豁免变更注册情形的规定便于卫生行政管理部门、医疗机构及医师的执业活动。《医师法》第 18 条规定:医师从事下列活动的,可以不办理相关变更注册手续:①参加规范化培训、进修、对口支援、会诊、突发事件医疗救援、慈善或者其他公益性医疗、义诊;②承担国家任务或者参加政府组织的重要活动等;③在医疗联合体内的医疗机构中执业。

(七)多点执业

2009 年 3 月,《中共中央　国务院关于深化医药卫生体制改革的意见》首次提出研究探索注册医师多点执业。2009 年 9 月,卫生部下发《卫生部关于医师多点执业有关问题的通知》,开始在北京市、云南省、四川省、海南省、广东省开展医师多点执业试点。2011 年 7 月,卫生部下发《卫生部办公厅关于扩大医师多点执业试点范围的通知》,将医师多点执业试点范围扩大至全国所有省份。2014 年 11 月,国家卫生计生委等五部门联合下发《关于印发推进和规范医师多点执业的若干意见的通知》,为医师多点执业给出了具体化、可操作性强的指导意见。我国医师多点执业试点,历经了多点执业由"审批制"转向"备案制"、多点执业职称从"高级"降为"中级及以上"、执业地点由"定点制"扩大为"区域制"的历程。

《医师法》第 15 条规定:医师在 2 个以上医疗卫生机构定期执业的,应当以 1 个医疗卫生机构为主,并按照国家有关规定办理相关手续。国家鼓励医师定期定点到县级以下医疗卫生机构,包括乡镇卫生院、村卫生室、社区卫生服务中心等,提供医疗卫生服务,主执业机构应当支持并提供便利。

各地政策稍有不同,但大多数地区符合下列条件的执业医师可申请多点执业:①取得医师执业证书,并在相应专业技术岗位工作 5 年以上;②能够完成已注册执业地点的医疗机构的工作;③身体健康,能够胜任多点执业工作;④申请多点执业的执业类别和执业范围在拟聘用该执业医师的医疗机构的诊疗科目范围内;⑤2 年内医师定期考核合格;⑥遵纪守法,品行端正,没有被核实的医德医风方面的投诉记录。

第二节 医师的权利

【案例与思考】

　　案例简介：原告刘某向某市法院起诉某总医院。起诉的主要事实：原告头晕、头胀、恶心，腿痛，怀疑是"三高"及腿部之前手术出现的问题，于是到某总医院急诊处就诊。接诊医生不给原告看病，让原告等到早上8时去专科门诊就诊。接诊医生不给原告做任何检查，置原告的身体健康于不顾。原告要求被告某总医院对其进行赔偿。某总医院答辩称，原告于早上7时左右来到急诊处，接诊医生告知其要定期检测血糖，根据血糖情况调整治疗。医生告知原告如果没有其他症状，单纯为了检测血糖、指导控制血糖需要到专科门诊就诊。原告瞬间变得激动，当即吵闹，说医生占用他的宝贵时间。原告随后打砸分诊台，大声吵闹，破坏医疗秩序，影响其他患者就医。保安来了之后原告才离开。

　　审理结果：法院经审理认为，根据《执业医师法》第21条第1项医师在职业活动中享有"在注册的执业范围内，进行医学诊查、疾病调查、医学处置、出具相应的医学证明文件，选择合理的医疗、预防、保健方案"权利；第24条"对急危患者，医师应当采取紧急措施进行诊治；不得拒绝急救处置"，执业医师有权根据医学诊查选择合理的医疗方案，只有对急危患者不得拒绝处置。本案中，执业医师有权根据对患者疾病的调查，选择合理的医疗方案，原告亦不属于急危患者，某总医院的行为不属于违反《执业医师法》第37条规定的违法行为，原告要求被告某总医院赔偿的请求没有事实和法律依据，法院不予支持，判决驳回原告的诉讼请求。

　　思考问题：①什么是医师的权利？②医师的权利有什么特点？③医师有哪些权利？

一、医师权利的定义及特点

（一）定义

　　医师的权利是指法律赋予医师在执业过程中具有的一定权能，具体说是指在法律上允许医师在执业时具有一定作为或不作为的许可、认定，并要求患者相应地做出或不做出一定行为的保障。它包括如下三方面的主要内容：一是医师在执业过程中，依法实施一定行为的可能性和允许范围限度；二是医师在执业时，依法请求他人为或不为一定行为的限度和范围；三是医师在执业过程中，如若权益受到侵犯时，请求有关机关及时保护或救济的可能性。

（二）特点

　　医师是社会中的一项特殊职业，由于其履行着防病治病、救死扶伤，保护人民健康的神圣职责，其权利不同于一般公民的权利，也不同于律师、教师、公务员等的权利，具有其显著的特点。

　　1. 医师权利的广泛性　为保障医师有效地行使其职权，法律、法规赋予了医师广泛的权利，这些权利是不具有医师资格的一般公民所不具备的，是不开展医疗执业活动的人所不享有的。这些权利主要有医学诊查、疾病调查、医学处置、出具诊断证明，选择合理的医疗、预防、保健方案。此外还有获得医疗设备条件，从事医学研究、开展学术交流的权利、接受继续医学教育的权利等。

　　2. 医师权利的法定性　医师作为为社会提供医疗服务的医学工作者，权利的来源是法律赋予的,这些权利是在《医师法》等法律、法规中明确规定的,任何人不得非法剥夺。当然,医师在行使这些权利时并不是不受任何限制,比如对患者的诊治行为必须征得患者的知情同意。在患者不同意的情况下,医师即使具备这样的权利,也无法行使。

3.医师权利同执业活动相随相伴且不可分离　权利的主体只能是依法取得医师资格、经注册在医疗卫生机构中执业的医务人员,包括执业医师和执业助理医师,只有在其按照执业地点、执业类别、执业范围开展医疗、保健、预防执业活动时才能享有。医师资格丧失或医疗执业活动停止后,医师的权利就不再存在。

二、具体的医师权利 »»»

医师执业时具有的权利:医学诊查的权利;疾病调查的权利;医学处置的权利;出具医学证明文件的权利;从事医学教育、研究、学术交流的权利;参加专业培训和接受继续医学教育的权利;人格尊严、人身安全不受侵犯的权利;获得工资报酬和津贴,享受国家规定的福利待遇的权利;参与所在机构民主管理的权利等。

《医师法》第22条规定,医师在执业活动中享有下列权利:①在注册的执业范围内,按照有关规范进行医学诊查、疾病调查、医学处置、出具相应的医学证明文件,选择合理的医疗、预防、保健方案;②获取劳动报酬,享受国家规定的福利待遇,按照规定参加社会保险并享受相应待遇;③获得符合国家规定标准的执业基本条件和职业防护装备;④从事医学教育、研究、学术交流;⑤参加专业培训,接受继续医学教育;⑥对所在医疗卫生机构和卫生健康主管部门的工作提出意见和建议,依法参与所在机构的民主管理;⑦法律、法规规定的其他权利。

(一)医学诊查的权利

医师是具有一定的医学知识、进行疾病诊治的专业技术人员。医师要在医疗、预防、保健机构中开展执业活动,要履行防病治病、救死扶伤,保护人民身体健康的职责,就必须具备医学诊查的权利。医学诊查是医师的第一位的首要权利。

《医疗机构管理条例实施细则》第88条对诊疗活动做出了定义:通过各种检查,使用药物、器械及手术等方法,对疾病做出判断和消除疾病、缓解病情、减轻痛苦、改善功能、延长生命、帮助患者恢复健康的活动。古代中医就有"望、闻、问、切"的诊查方法。自从生理学因素介入到临床诊断后,主要是通过检查,根据生理功能常数的变异发现病变的部位、性质和程度。随着现代科学技术的发展,微生物检查、生化检查、免疫学检查、影像学检查、同位素检查、超声检查、心电图等越来越广泛应用到疾病诊断检查中,并发挥着重要作用。

医师诊查的权利并不是绝对的。医生和患者作为两个完全独立的个体,患者在医疗过程中虽然处于被动的地位,并不因此丧失其独立自主的地位。医师在行使诊查权,对患者做出具体诊查决定之前(除法定传染病外)应充分尊重患者的意愿,在认为需要通过化验或特殊检查才能查明病因或明确诊断时,应事先向患者提出建议,征得患者的同意。患者如果无行为能力(如婴幼儿、昏迷患者、严重精神病患者),则应征得他的家长、亲属、监护人的同意。医师在执业过程中,发现法定传染病患者或病原携带者时,可以依据《传染病防治法》的规定,强制对其检查、治疗,必要时还应采取隔离措施,以防止传染病的进一步传播、扩散。

(二)疾病调查的权利

疾病调查权是指医师为明确诊断,就患者患病情况、身体状况、生活习惯、有无不良行为等进行询问、调查的权利。《病历书写基本规范》第12条、第13条规定,对门(急)诊患者要记录药物过敏史、现病史、既往史等;第18条规定,入院记录内容包括主诉、现病史、既往史、个人史、婚育史、家族史等内容,这些都需要医师通过行使疾病调查权完成。

医师在开展诊治活动前,一般要询问病史,询问病史实际上就是对患者患病情况展开的调查。患者应主动配合医生,详细、如实地向医生提供自己的病情,不可隐瞒或伪造病情,否则将影响诊断的准确性。

由于疾病的特殊性,某些患者可能需要将自己心中最隐秘的难言之隐告知为其诊治的医师,医师对此负有保密义务,不得出于医疗以外的目的,向其他人泄露患者的隐私,否则就构成了对患者隐私权的侵害。

(三)医学处置的权利

医学处置,是指医师在询问调查的基础上,在明确诊断或已初步诊断的情况下,根据患者的病情采取一定的医学处理措施,在病情进一步发展、恶化,或出现休克、大出血等危及患者生命的紧急情况时,对患者采取紧急性、及时性的抢救措施。

医学处置权是医师在执业过程中享有的一项重要权利。这一权利对执业医师来说是完全独立的,在保证患者恢复健康或有利于病情好转的前提下,医师可根据医学科学的原理和方法,结合患者的病情,提出具体的处置措施或诊治方案,包括采用什么方法、什么药物、住院还是门诊治疗、手术治疗还是保守治疗等。这些是法律赋予执业医师的权利,任何人和单位都无权强行干预,更不能逼迫、威胁医务人员接受不合理的要求和改变医生在科学基础上做出的处置决定或治疗方案,以保证医师的医学处置权的独立自主性、完整性和科学性。

医学处置权可分为一般处置权和紧急处置权。一般处置权是指医师在正常接诊情况下行使的权利,按照相关规范在注册的执业范围内并在取得患方有效的知情同意后行使。紧急处置权是指在患者生命垂危等紧急情况下,不能取得患者或者其近亲属意见时,经医疗机构负责人或者授权的负责人批准后,可以立即实施相应的医疗措施。医务人员在抢救生命垂危的患者等紧急情况下已经尽到合理诊疗义务的,即使患者有损害,医疗机构也不承担赔偿责任。

(四)出具医学证明文件的权利

医学证明文件是指疾病诊断书、健康证明书、出生证明书或者死亡证明书等具有医学内容的证明文书。

医师出具医学证明文书,需明确两个问题:一是出具的医学证明文书所记载的内容必须属于医师本人注册的执业范围内;二是必须是自己亲自检查、诊断、处置的患者。未经执业医师亲自诊查、处置,不得为该患者出具疾病诊断书、健康证明书或死亡证明书等。未经亲自接产,不得出具出生证明书或者死产证明书。执业医师在出具医学证明文书时,必须实事求是,对诊查、处置的患者做客观、真实的记录。不得违反法律规定,出具假诊断证明书、假健康证明书等,否则要承担相应的法律责任。

(五)获取劳动报酬,享受国家规定的福利待遇,按照规定参加社会保险并享受相应待遇的权利

获取工资报酬和津贴,享受国家规定的福利待遇是医师的基本物质保障权利。医师治病救人,为患者服务、为人民健康服务,当然有权要求所在单位及其主管部门提供与其地位和作用相应的经济报酬。从事传染病防治、放射医学和精神卫生工作及其他在特殊岗位上工作的医疗卫生人员,除了有权获取一般劳动者的劳动报酬之外,还有权获取与职业相关的津贴待遇。如新冠疫情暴发后,为了支持疫情防控,2020年1月25日,财政部、国家卫健委联合发布了《财政部　国家卫生健康委关于新型冠状病毒感染肺炎疫情防控有关经费保障政策的通知》(财社〔2020〕2号),该文件的第2条规定了对参加防治工作的医务人员和防疫工作者给予临时性工作补助的内容,其权利基础即医师的获取劳动报酬权。

除此之外,医师还有权享受国家规定的福利待遇和按要求参加社会保险。福利待遇包括住宿补贴、紧缺专业补贴、就餐补贴、工会福利、优秀奖励、竞赛奖励等。社会保险即"五险一金",包括养

老保险、医疗保险、失业保险、工伤保险、生育保险和住房公积金。

(六)获得符合国家规定标准的执业基本条件和职业防护装备的权利

国际劳工组织(International Labor Organization, ILO)和世界卫生组织(World Health Organization, WHO)在2014年联合开发了技术工具"改善医疗卫生服务的工作条件(Work Improvement in Health Services, HealthWISE)", HealthWISE列出了5类医疗卫生人员所面临的职业损伤因素,包括物理性有害因素、化学性有害因素、生物性有害因素、不良工效学因素、社会心理因素。医师是一个职业损伤风险非常高的职业,需要有效的职业防护以保障医师的职业安全。

医师享有普通劳动者享有的劳动条件和劳动保护权,即有权要求医疗机构提供符合国家规定标准的工作场所和安全的工作环境,还享有要求开展执业活动所需要的其他基本条件,如符合医疗机构设置要求的医疗设施、医疗设备等基本条件。职业防护装备为医师的劳动防护用品,即用于保护医师,避免受到职业损伤因素伤害的防护装备,如防护感染性职业性损伤因素所需的口罩、手套、护目镜、防护面罩、隔离衣、防护服、防护射线的铅衣等。

在公共卫生突发事件应急救援过程中,应急救援的医师常常面临一些特有的职业危险和健康风险,一线医师的职业保障权就更应该受到重视。在新冠疫情防控期间,国家及时发布了《中央应对新型冠状病毒感染肺炎疫情工作领导小组关于全面落实进一步保护关心爱护医务人员若干措施的通知》,该通知明确要求加强医务人员的个人防护,医用防护用品要重点向疫情防控一线投放使用等。

(七)从事医学教育、研究、学术交流的权利

医师是掌握了一定医学科学知识的专业技术人员,依照《宪法》《中华人民共和国科学技术进步法》《医师法》的规定,享有从事医学科学研究、进行学术交流、参加专业学术团体的权利。也就是说,医师在完成其专业任务赋予的本职工作的前提下,有权进行科学研究、技术开发、撰写学术论文、著书立说,参加医学会等学术机构举办的学术交流活动,参加中华医学会、中华预防医学会、医师协会等专业学术团体,进行学术研究,并公开自己的学术观点。

医学是一门科技含量很高的学科,医学的发展取决于医学科研的开展程度。医师在执业活动中,结合执业中遇到的问题、难点开展医学研究,不仅有利于自身素质的提高,也有利于医疗水平的提高、医学科技的进步、患者疾病的康复。一个个不治之症被攻克,一个个医学难题被解决,不仅会给医疗卫生机构带来荣誉和利益,对患者、对社会、对人类也是非常大的贡献。因此,医师执业的医疗卫生机构、就诊的患者应支持并配合医师在完成本职工作的前提下,从事医学研究,开展学术交流。

(八)参加专业培训,接受继续医学教育的权利

国家对卫生技术人员实行继续医学教育制度。继续医学教育是在完成了全日制医学专业的学历教育课程、毕业、走向工作岗位之后,为提升医学专业知识、经验、技能,或者更新医学知识而实施的与医疗职业有关的教育,包括在职培训、专业进修等。

医师是一项需要终身学习的职业,医师参加专业培训和继续教育是医学发展的需要,也是医师自身执业能力提高的必备条件。我国现行的医学教育体系包括三部分,分别是医学院校教育、毕业后医学教育和医学继续教育。完成毕业后医学教育培训的医师有权参加专业培训和接受继续医学教育,培训和教育的内容不仅包括先进的医疗技术,还包括政治思想、职业道德、医学伦理等内容。培训和教育的形式可以根据学习对象、学习条件、学习内容的不同,采用培训班、进修班、研修班、学术讲座、学术会议、业务考察,以及有计划、有组织、有考核的自学等多种方式。

现代科学技术高速发展,知识在不断更新,医学知识更新的速度也是非常之快,这就要求医师及时更新知识,调整知识结构,不断提高自己的业务水平。为此,法律赋予了医师在执业过程中参

加专业培训,接受继续医学教育的权利。这既是医师的基本权利,也是其基本义务。医疗卫生机构及卫生健康主管部门应当有计划、有步骤地采取各种方式,开辟多种渠道,为医师参加培训、进修和各种形式的继续教育创造条件,提供机会,切实保障此项权利的行使。

(九)对所在医疗卫生机构和卫生健康主管部门的工作提出意见和建议,依法参与所在机构的民主管理的权利

《宪法》第41条规定:公民对任何国家机关和国家工作人员有提出批评和建议的权利。医师作为公民,当然也享有这一政治权利。

医师有权对所在机构的医疗、预防、保健工作和卫生健康主管部门的工作提出意见和建议,有权依法参与所在机构的民主管理。提出意见和建议是指医师以搞好医疗、预防、保健工作为目的,对所在机构和卫生健康主管部门工作中存在的问题直接或间接地提出批评和合理化建议。参与民主管理是指医师有权参与所在机构的发展、改革及其他方面的重大事项。

医师作为专业技术人员,又长期处在医疗、预防、保健工作的第一线,容易发现其所在机构的医疗、预防、保健工作中存在的问题、不足和薄弱环节。医师以提高医疗、预防、保健管理工作质量为出发点,对其工作的优点、缺点、失误与不足提出意见和合理化建议,依法参与民主管理,对提高医疗、预防、保健工作的质量,提高卫生健康主管部门的科学化管理工作水平,促使医疗卫生工作规范化、科学化、民主化,无疑具有非常重要的意义。

第三节 医师的义务

【案例与思考】

案例简介:为推销奶粉,某品牌奶粉的业务代表张某从青岛某医院的两位医生处购买新生儿家长信息,谈定的价格是每条信息2元钱。在2016—2017年,两位医生分别利用自己值班登记的机会,用手机将产妇登记本和新生儿听力筛查登记本的部分内容拍照,包括产妇姓名、联系电话、新生儿出生时间、家庭住址等信息,然后通过微信将图片发送给张某,并通过"介绍产科医生为奶粉公司讲课"的方式收取好处费。最终,包括2名医生在内的6名被告,以侵犯公民个人信息罪,被分别判处拘役6个月至有期徒刑3年2个月,并处罚金2万~9万元。

思考问题:①什么是医师的义务? ②医师如何切实履行义务?

一、医师义务的定义及特征 ▶▶▶

(一)定义

医师义务是指医师在开展医疗活动过程中为了保障患者的合法权益,提升医疗治疗,保障医疗安全,应当遵守法律、法规及诊疗技术规范、规程的行为要求。

(二)特征

1.医师义务的法定性 医师的义务和医师的权利一样,是法律明确规定的,不是由卫生健康主管部门或医疗卫生机构规定的,也不是由患者决定的。这就意味着,医师在执业过程中必须无条件地履行自己的义务,根据法律规定为或不为一定行为。

2.医师义务是为或不为一定行为 医师作为社会职业中的一种特殊职业,除了履行法律赋予一般公民的义务外,还应履行法律赋予执业医师的特定义务。

这些义务是由其职业特点决定的,主要分为两方面。一是必须为一定行为,如医师在执业活动中必须遵守技术操作规范的义务。法律规定必须为一定行为,医师在执业过程中不为的,就构成了不作为违法。医师的不作为违法是指医师不履行法律、法规或技术操作规范所规定的作为义务的行为。如注射青霉素前,必须按照操作规范要求先做皮试,未做皮试而直接注射青霉素则构成不作为违法。二是必须不为一定行为。法律规定医师在执业过程中必须不为一定行为,医师违反法律规定同样也构成违法,它构成的是作为违法。医师的作为违法是指医师在执业过程中不履行法律、法规或技术操作规范所规定的不作为义务的行为。如法律规定了医师在执业过程中负有不得泄露患者的隐私、为患者保密的义务,如果医师不尊重患者、随意泄露患者的隐私则构成作为违法。

3.医师义务体现着职业道德和执业纪律的客观要求 我国法律规定的执业医师的义务,大多属于医师职业道德和执业纪律研究的范畴。执业医师的义务和医德的要求是一致的、统一的。从一定意义上说,医师的义务是上升为法律规范的医师的职业道德,是医德的升华。

4.医师义务同其执业行为紧密相连、密不可分 医师的义务同其权利一样,只有在其从事执业活动时,才发生履行义务的问题,如果医师没有开展执业活动,也就不存在履行医师义务的问题了。

二、现行有效的规范医师执业行为的法律、法规

目前,国家层面已确立了依法治国的基本国策,医疗卫生领域法律、法规正在逐步完善。依法行医,提高医务人员的医疗卫生法律意识,也是卫生界当下的共识。医务人员应加强执业相关法律知识学习,弥补"业务知识强,法律意识淡薄"的漏洞,改变"注重看病治疗,忽视依法执业"的现象。

规范医师执业活动的法律有《民法典》《基本医疗卫生与健康促进法》《医师法》《药品管理法》《中华人民共和国疫苗管理法》《传染病防治法》《精神卫生法》《母婴保健法》《职业病防治法》《人口与计划生育法》《中医药法》《献血法》等。

规范医师执业活动的法规有《麻醉药品和精神药品管理条例》《医疗用毒性药品管理办法》《艾滋病防治条例》《病原微生物实验室生物安全管理条例》《医疗废物管理条例》《医疗机构管理条例》《血吸虫病防治条例》《血液制品管理条例》《医疗纠纷预防和处理条例》《医疗事故处理条例》《突发公共卫生事件应急条例》《放射性药品管理办法》《人体器官移植条例》等。

规范医师执业活动的规章有《处方管理办法》《医疗广告管理办法》《医疗机构管理条例实施细则》《医院感染管理办法》《人体器官移植技术临床应用管理暂行规定》《医疗机构传染病预检分诊管理办法》《医师外出会诊管理暂行规定》《国家突发公共卫生事件应急预案》《国家突发公共事件医疗卫生救援应急预案》《放射诊疗管理规定》《医疗事故技术鉴定暂行办法》《病历书写基本规范》《药品不良反应报告和监测管理办法》《医疗机构病历管理规定》《医师定期考核管理办法》《消毒管理办法》等。

此外,一些医疗管理制度也是医师执业活动应当严格遵守的,这些制度主要有首诊负责制度、术前讨论制度、三级医师查房制度、死亡病例讨论制度、分级护理制度、查对制度、疑难病例讨论制度、病历管理制度、会诊制度、交接班制度、危重患者抢救制度、技术准入制度等。

三、医师执业时应履行的义务

从《希波克拉底誓言》《日内瓦宣言》到中国古代的《大医精诚》,都从道德层面给医师行业设定了义务。直到今天,这些公理化的义务仍然在医师执业中起着重要的作用,如妥善行医原则、有利患者原则、隐私保护原则、不伤害原则等。这些都是在伦理道德层面对医师行医提出的义务规范。本节提出的医师义务是从法律层面对医师提出的要求,属于法定义务。这些义务多数源于医师的

道德义务,我国法律规定医师执业时应履行的义务如下。

(一)树立敬业精神,恪守职业道德,履行医师职责,尽职尽责救治患者,执行疫情防控等公共卫生措施

"敬业"是我国社会主义核心价值观的重要内容之一,是时代性和继承性的统一、普遍性与行业性的统一,有着重要的价值和现实启示。它要求从业者全身心投入自己所从事的事业,尊敬并重视自己所从事的职业,把工作当成自己的事业努力经营,本着认真负责、一丝不苟的工作态度,努力克服各种困难,完成自己的本职工作,做到善始善终。这在几千年来中华医药学中不断涌现的民族良医身上及医药学思想上表现得尤为突出。医疗工作涉及人的生命健康,稍有闪失,即会将患者置于不利之地。这就要求医师必须全身心投入自己的工作,把患者的安危放在自己工作的首位。

医师以救死扶伤为己任,以帮助他人为要义。职业本无高低贵贱之分,每个行业的从业人员都应当恪尽职守,为社会做出相应的贡献。然而,健康所系,性命相托,医师这样一个以人的生命、健康为工作对象的职业自诞生之日起,就被赋予了更高的道德要求——医德。

《医师法》将敬业精神与职业道德作为医师的首要义务,体现了立法者对于敬业精神与职业道德的强调。医学行业一度出现了"唯技术论"的倾向,然而医学是为人服务的科学,在医生的执业中,技术起着至关重要的作用,但是如果没有伦理道德的制约,没有敬业精神的"加持",好的技术也可能无法造福患者。故《医师法》将职业道德作为医师的首要义务。

(二)遵循临床诊疗指南、临床技术操作规范和医学伦理规范等

1. 遵守诊疗规范、常规　医疗机构及其医务人员除了要遵守法律、法规、规章以外,还要遵守有关诊疗规范、常规。诊疗规范、常规是在总结以往医学科学经验和医疗技术成果的基础上对医疗过程的定义和所应用技术的规范或指南。

诊疗规范、常规通常分为广义和狭义两种。广义的诊疗规范、常规是指卫生健康主管部门及全国性行业协(学)会针对本行业的特点,制定的各种标准、规程、规范、制度的总称。这些规范经卫生健康主管部门和全国性行业协(学)会制定和发布后,具有技术性、规范性和可操作性,是具有法律性质的规范性文件。医务人员在执业活动中应严格遵守,认真执行。狭义的诊疗规范、常规是指医疗机构制定的本机构医务人员进行医疗诊断治疗及医用物品供应等各项工作应遵循的工作方法、步骤。狭义的诊疗规范、常规涵盖了临床医学二、三级专业学科和临床诊疗辅助专业,包括从临床的一般性问题到专科性疾病,从病因诊断到治疗,从常用的诊疗技术到高新诊疗技术等内容。

诊疗规范、常规通常是指广义上的,主要包括:①国务院有关部门(国家卫健委、国家中医药管理局)制定的诊疗护理规范常规,如国家卫健委印发的《癌症疼痛诊疗规范(2018年版)》等;②全国行业性协(学)会制定或编著的诊疗护理规范常规,如中华医学会编著的《中华医学会肺癌临床诊疗指南(2022版)》;③国家药典委员会制定的用药规范,如《中华人民共和国药典》《中华人民共和国药典临床用药须知:化学药和生物制品卷》;④医药院校通用教材及医学百科全书,如《内科学》《外科学》教材及《中国医学百科全书》各分册;⑤地方有关行政部门制定的诊疗护理规范常规,如《甘肃省医院手术分级管理规范(暂行)》,上海市卫健委和中华医学会上海分会合编的系列《诊疗常规》;⑥地方行业性协(学)会制定或编著的诊疗护理规范常规;⑦权威著作或专著中收录的诊疗护理规范常规。

2. 遵守技术操作规范　这里的技术操作规范是指卫生健康主管部门及医师执业机构针对本行业、本机构的特点制定的有关技术操作方面的各种规则、章程、制度和条例的总称。这些规范从内容上具有技术性,但经一定的机关或机构制定和发布后,便具有了法律性和规范性的特征。

国家卫健委依法定权限、法定程序制定的技术规范,属于法的范畴,具有在全国范围内生效的法律效力,医师在执业活动中应当遵照执行。国家卫健委曾先后发布的《原发性肝癌诊疗规范

(2019年版)》《儿童急性感染性腹泻病诊疗规范(2020年版)》《精神障碍诊疗规范(2020年版)》及原发性肺癌等18个肿瘤诊疗规范(2018年版)均含有大量的技术操作规范内容,医师在执业过程中负有遵照执行的义务。

(三)依法保护患者隐私和个人信息

我国卫生法律、法规中有大量保护公民个人健康信息和患者隐私的内容(表3-4)。

表3-4 关于保护公民个人健康信息和患者隐私的法律条文

条文出处	具体条目	条款内容
《基本医疗卫生与健康促进法》	第92条	国家保护公民个人健康信息,确保公民个人健康信息安全。任何组织或者个人不得非法收集、使用、加工、传输公民个人健康信息,不得非法买卖、提供或者公开公民个人健康信息
《医师法》	第23条	医师在执业活动中应当履行尊重、关心、爱护患者,依法保护患者隐私和个人信息的义务
《母婴保健法》	第34条	从事母婴保健工作的人员应当严格遵守职业道德,为当事人保守秘密
《民法典》	第111条	自然人的个人信息受法律保护。任何组织或者个人需要获取他人个人信息的,应当依法取得并确保信息安全,不得非法收集、使用、加工、传输他人个人信息,不得非法买卖、提供或者公开他人个人信息

1. **依法保护患者隐私** 患者的隐私是患者在就诊过程中向医师公开的,但患者不愿让其他人知晓的私密空间、私密活动、私密信息,具体指可造成患者精神伤害的疾病、病理生理上的缺陷、有损个人名誉的疾病、患者不愿他人知道的隐情等。保护患者的隐私是指医师为患者保守秘密,不得向患者或者家属以外的无关人员泄露患者的隐私与秘密。

一个人生病后,一般要到门诊或医院找医师看病,患者和医师之间便构成了事实上和法律意义上的医患关系。由于职业的需要,医师在为患者诊治疾病的过程中,很容易接近和了解患者或者其他服务对象的隐私,主要表现在:①医师在询问患者病情和患病史或听取患者陈述过程中,一般要对患者姓名、住址、住宅电话、家族情况进行了解并记入病案;②医师在对患者或常规体检的人进行身体检查时,往往要接触患者身体肌肤,甚至是性器官等特别隐私部位;③医师在询问患者或听取患者主诉时,要了解患者疾病或其他方面隐私,如性生活不协调、性功能障碍、曾患过性病、曾吸过毒、曾被人强奸等;④对患者血液、精液、排泄物进行检查检验时,可能发现患者的某些隐私,如无精子、染色体畸形或其他遗传信息。总之,患者到医院检查治疗的一切过程都可能属于患者的隐私,都可能构成患者隐私权的内容。

医师与患者的关系,是建立在相互信任的基础上的。基于这种信任,患者将属于自己隐私范畴的事项告知医师;也是基于这种信任,医师获得患者的某种属于隐私的信息,它是医师行使其职权的基础与前提。如果医师在诊治过程中,不能为患者保守秘密,就会严重破坏医患之间确立的相互信任关系,医师就不能从患者那里得到和疾病的发生、发展密切相关的有关信息,医师也就不可能很好地履行自己的职责。随意泄露患者的隐私,不但对患者造成侵害,妨碍医师依法履行其职责,从长远来看,对医学事业的发展也是非常不利的。

医师在执业过程中,负有关心、爱护、尊重患者,保护患者隐私的义务。保护患者隐私,既是医德的要求,也是法律的要求。随着科技和大众传播媒介的发展,信息交流的增加,世界变得"越来越小",使得个人隐私越来越容易受到他人侵犯。我们国家也越来越重视对公民隐私权的保护。我国《宪法》《刑法》《民法典》均规定有与隐私权相关的内容。如《宪法》第38条规定:中华人民共和国公民的人格尊严不受侵犯。禁止用任何方法对公民进行侮辱、诽谤和诬告陷害。这里的人格尊严,不仅包括名誉、姓名、肖像等,也包括隐私。《民法典》第 1032 条第 1 款规定:自然人享有隐私权。任何组织或者个人不得以刺探、侵扰、泄露、公开等方式侵害他人的隐私权。《民法典》第 1033 条规定,除法律另有规定或者权利人明确同意外,任何组织或者个人不得实施下列行为:①以电话、短信、即时通信工具、电子邮件、传单等方式侵扰他人的私人生活安宁;②进入、拍摄、窥视他人的住宅、宾馆房间等私密空间;③拍摄、窥视、窃听、公开他人的私密活动;④拍摄、窥视他人身体的私密部位;⑤处理他人的私密信息;⑥以其他方式侵害他人的隐私权。

2. 依法保护患者个人信息　患者的个人信息是指以电子或者其他方式记录的能够单独或者与其他信息结合识别特定自然人的各种信息,包括自然人的姓名、出生日期、身份证号码、生物识别信息、住址、电话号码、电子邮箱、健康信息、行踪信息等。《民法典》第 1034 条规定:自然人的个人信息受法律保护。个人信息中的私密信息,适用有关隐私权的规定;没有规定的,适用有关个人信息保护的规定。《中华人民共和国个人信息保护法》第 28 条第 1 款规定:敏感个人信息是一旦泄露或者非法使用,容易导致自然人的人格尊严受到侵害或者人身、财产安全受到危害的个人信息,包括生物识别、宗教信仰、特定身份、医疗健康、金融账户、行踪轨迹等信息,以及不满 14 周岁未成年人的个人信息。

医师处理患者个人信息,包括个人信息的收集、存储、使用、加工、传输、提供、公开等,应当符合《民法典》第 1035 条的规定,遵循合法、正当、必要原则,并征得该自然人或者其监护人同意,公开处理信息的规则,明示处理信息的目的、方式和范围,不违反法律、行政法规的规定和双方的约定,不过度处理。

(四)努力钻研业务,更新知识,提高专业技术水平

医疗工作是一项专业性、技术性很强的工作。医师为患者提供高质量的医疗服务,除具有良好的医德外,还必须具备扎实的业务知识和熟练的技能。医德和医技是医师从业不可或缺的两个方面。没有精湛的医疗技术,无论医德多么高尚,也不可能成为受人信赖的好医生。为确保医师医疗技术的不断改进和提高,法律赋予了医师在执业活动中,努力钻研业务,更新知识,提高专业技术水平的义务。

(五)向患者宣传卫生保健知识,并对其进行健康教育

医生除了从事诊疗活动,解除患者病痛外,还应向患者积极宣传卫生保健知识,对患者进行健康教育。许多患者患病,是由于缺乏卫生保健知识,采取不卫生、不科学的生活方式造成的。授人以鱼不如授人以渔。为患者解除痛苦固然重要,但倡导健康文明的生活方式,普及卫生保健知识,教育和引导患者养成良好的卫生习惯,提高健康意识和自我保健能力,防病于未患之时,对社会、对每一位患者更重要。医师不但要治已病,还要治未病,向患者宣传、普及卫生防病知识。

第四节　医师的执业规则

【案例与思考】

案例简介:原告袁某、姜某之子入某医院治疗,经治疗无效死亡。原告提起民事诉讼,要求被告医院承担医疗损害赔偿责任。经鉴定,法院认定医院存在医疗过失,因果关系参与度为 45% ～

55%。法院认定当事医生以进修医生对患儿的检查作为自己实施诊疗措施的依据,违反亲诊原则,结合鉴定参与度建议及前述的违法因素,酌定医院承担75%的责任比例。

思考问题:①亲诊原则属于医师的什么职责?②互联网诊疗是否违反了亲诊原则?③医师还需遵守什么规则?

医疗活动涉及深奥的医学知识及复杂的医疗技能,事关患者生命健康,因此医疗执业行为必须遵守既定的规则,不可随心所欲。医疗执业规则是指医疗机构及其医务人员在对患者实施诊疗活动的过程中,必须遵守的诊疗行为规范。《医师法》规定的医疗执业规则主要内容如下。

一、亲自诊查、调查

(一)亲自诊查、调查的必要性

医师对患者疾病的诊疗应当履行亲诊义务,医师应当亲临病床,通过对患者实施专业化的问诊、查体、辅助检查等,做出相应的诊断,提出治疗、处置意见。亲诊义务是医学的应然要求,也是医师对患者负责、以患者为中心的体现。病症复杂,同样的疾病在不同患者身上,同样的病在同一个患者身上的不同阶段,临床表现各异。很多临床症状、体征是需要医师根据医学理论知识、经验进行判断的,不同的医师,掌握的理论知识不同,积累的经验不同,对病症的判断也不尽相同,不亲自对患者询问、观察、检查,难以获得准确的疾病信息。

亲自诊查、调查是医师书写病历的基本要求。病历是医师诊疗的真实记录,既要记载医师询问患者获得的信息,也要记录通过检查获得的信息,还要记录分析病情、做出诊断、提出处置方案的信息。要保证病历内容客观、真实、准确、完整,医师就必须对患者亲自诊查、调查。

(二)临床带教工作中的亲自诊查、调查规则

诸多附属医院、教学医院、接受进修医院在开展临床带教工作中,实施亲自诊查、调查的义务时存在风险。《卫生部关于医学生毕业后暂未取得医师资格从事诊疗活动有关问题的批复》(卫政法发〔2005〕357号)明确表明,医学专业毕业生在毕业第1年后未取得医师资格的,可以在执业医师指导下进行临床实习,但不得独立从事临床活动,包括不得出具任何形式的医学证明文件和医学文书。医师对于进修医师的带教也要注意做到"放手不放眼"。

(三)互联网诊疗与亲自诊查、调查并不矛盾

互联网诊疗与医师对患者的亲自诊查、调查并不矛盾。即便是远程会诊、互联网医疗,同样要求医师对患者进行亲自诊查、调查。根据《互联网诊疗管理办法(试行)》第16条和《互联网医院管理办法(试行)》第19条的规定,医师通过互联网诊疗、视频诊治患者,不能与患者进行同一空间的面对面交流,但对于已经进行"亲诊"过的常见病、慢性病复诊患者,通过视频、影像等传播媒介进行沟通,并结合患者影像报告、检查结果,在亲诊的基础上通过调查继而得出诊疗方案、书写病历文书,并不违反规定。

二、如实及时撰写医学文书

医学文书在医疗实践中的主要表现形式为病历,也包括其他与诊疗活动有关的处方、记录文件、证明文件等。《医疗机构病历管理规定》第2条规定:病历是指医务人员在医疗活动过程中形成的文字、符号、图表、影像、切片等资料的总和,包括门(急)诊病历和住院病历。广义上的医学文书,除了包括病历、各种流程文件、报表等之外,还包括检查申请单、未归入病案的疾病证明、出生及死亡证明、流行病学证明、健康证明等。

实践中,存在为了请病假而到医疗机构"找熟人开假条"的不规范行为,或者为了达到理赔等目的,要求医院开具疾病证明的情况。医师出具医学证明须达到 3 个条件:亲自诊查、调查;所开具的医学证明文件在自己的执业范围内;证明内容必须客观、真实。

各医疗卫生机构应当建立适合本机构的医学证明管理制度,以分工审核、制约、保障诊断证明的客观性、真实性,如诊断证明空白页统一编号管理,领取、出具证明编号管理或电子化管理;诊断证明双联使用,正联交由患方、副联留底保存,做到证明来院查询有据可循;开具证明者为诊治医师,证明盖章人员做审核登记,双把关以促进流程的严格管理。关于不如实记载病历的法律责任条文见表 3-5。

表 3-5　关于不如实记载病历的法律责任条文

条文出处	具体条目	条款内容
《民法典》	第 1222 条	患者在诊疗活动中受到损害,有下列情形之一的,推定医疗机构有过错:①违反法律、行政法规、规章及其他有关诊疗规范的规定;②隐匿或者拒绝提供与纠纷有关的病历资料;③遗失、伪造、篡改或者违法销毁病历资料
《医师法》	第 56 条	违反本法规定,医师在执业活动中有下列行为之一的,由县级以上人民政府卫生健康主管部门责令改正,给予警告,没收违法所得,并处 1 万元以上 3 万元以下的罚款;情节严重的,责令暂停 6 个月以上 1 年以下执业活动直至吊销医师执业证书:①出具虚假医学证明文件,或者未经亲自诊查、调查,签署诊断、治疗、流行病学等证明文件或者有关出生、死亡等证明文件;②隐匿、伪造、篡改或者擅自销毁病历等医学文书及有关资料
《医疗纠纷预防和处理条例》	第 45 条	医疗机构篡改、伪造、隐匿、毁灭病历资料的,对直接负责的主管人员和其他直接责任人员,由县级以上人民政府卫生主管部门给予或者责令给予降低岗位等级或者撤职的处分,对有关医务人员责令暂停 6 个月以上 1 年以下执业活动;造成严重后果的,对直接负责的主管人员和其他直接责任人员给予或者责令给予开除的处分,对有关医务人员由原发证部门吊销执业证书;构成犯罪的,依法追究刑事责任

三、医师的告知说明规则

随着社会的发展,民众的权利意识不断增强,由医患关系引发的各类矛盾成为舆论关注的焦点、社会关注的热点,其中不乏医疗知情同意问题引发的医患纠纷,如"丈夫肖某拒绝签字致妻儿双亡案""产妇疼痛难忍,家属拒绝剖宫产致产妇跳楼事件"等医疗知情同意问题引发的社会热点事件。自 1999 年《执业医师法》的施行到 2021 年《医师法》的通过,医疗告知说明义务的规定历经了多次演变、细化。

(一)医师告知说明的对象

我国法律、法规对医师告知义务履行的对象历经了多次演变(表 3-6),经过了"家庭抉择—患者授权—患者抉择"的医疗决策模式的改变。1999 年《执业医师法》要求医师"向患者或者其家属介绍病情","或者"表示可选择,即告知病情的对象为患者本人或患者家属中的任何一人,患者本人并不具有唯一性;《医师法》、《中华人民共和国侵权责任法》(以下简称《侵权责任法》)、《民法典》所规定的告知对象一致,规定了告知对象为患者本人,特殊情况下才是患者近亲属。

表3-6　不同时期不同法律、法规、规范性文件对告知对象的规定

序号	法律规范	实施时间	告知对象
1	《医院工作制度》	1982年	病员家属或单位
2	《医疗机构管理条例》	1994年9月1日	患者或近亲属
3	《医疗机构管理条例实施细则》	1994年9月1日	患者
4	《执业医师法》	1999年5月1日	患者或家属
5	《侵权责任法》	2010年7月1日	患者或近亲属
6	《医疗纠纷预防和处理条例》	2018年10月1日	患者或近亲属
7	《基本医疗卫生与健康促进法》	2020年6月1日	患者或近亲属
8	《民法典》	2021年1月1日	患者或近亲属
9	《医师法》	2022年3月1日	患者或近亲属

（二）医师告知说明的层次

《执业医师法》的规定局限于"介绍病情"。所谓"介绍"，就是"使了解或熟悉"，告知层次较浅，不适合患者日益增长的对健康信息获取的需求，不利于患者对诊疗措施的抉择。《侵权责任法》《民法典》对此做了重大修改，《医师法》沿用《民法典》关于医疗告知的规定，根据告知内容的不同，将告知说明分为两个层次：一般说明义务和具体说明义务。

一般说明义务适用于对患者病情、医疗措施和其他需要告知的事项，即患者所患疾病的名称、发展情况、检查措施、治疗方案、检查注意事项、住院须知等情况。

具体说明义务适用于患者须实施手术、特殊检查、特殊治疗的情形，手术及特殊检查、特殊治疗具有侵入性、危险性，可能产生并发症、不良后果，故需要在一般告知的基础上详细、全面、有针对性地告知患者医疗风险和替代方案，以使患者能够听明白利弊，以供其抉择。

（三）医师告知说明的范围与内容

《医师法》对医师在诊疗活动中应当向患者告知说明的内容在一般性说明的病情、医疗措施，具体说明的医疗风险、替代方案的基础上增加了"其他需要告知的事项"，使告知内容更宽泛，鼓励医师与患者之间要进一步增强沟通告知，打破信息不对称的壁垒，创造和谐的医患关系。

除在常规医疗过程中，医师需要履行告知说明义务外，医师在开展药物、医疗器械临床试验及其他临床研究时，在遵守医学伦理规范、依法通过伦理审查的基础上，亦需要注意履行告知说明义务。在进行伦理审查时，不仅要审查知情同意的文件，还要审查知情同意实施方案，在临床试验或者医学研究过程中的伦理追踪、保障患者知情同意权的落实也是其中的重点。

（四）医师告知说明实施的方式

在医疗活动中，医师告知的形式通常包括口头告知、书面告知，以及随着社会发展产生的其他形式的告知。

1. 口头告知　该方式适用于一般性说明。在医疗过程中将每一项医疗技术或执行都采用书面的形式告知是不现实的，且不利于医患关系的和谐发展。对简单的检查、诊疗，一般无严重并发症，可以进行口头告知以履行告知义务，患者遵照医嘱进行检查、诊疗，即为认可该口头诊疗建议。由于是口头告知，该方式最简单易行，但一旦发生纠纷，往往难以举证。

2. 书面告知　书面知情同意的方式，一方面可以保证告知义务的切实落实，另一方面也能为事后可能发生的医疗纠纷提供明确证据。医师在签署知情同意书时需要注意以下事项：①知情同意

书不等同于"免责书",知情同意书告知的意义在于医师告知患者可能存在的风险及后果,使患者知晓利弊,告知其有无替代方案,选择诊疗措施;②医疗知情同意书中有可能出现的医疗风险,需做进一步解释说明方可"具体";③医疗告知文字不够直观的,可采用图画、实物模型、视频等方式说明;④大部分需要具体告知的情形有制式的知情同意书为模板,无制式、无模板的,可采用谈话记录并签字等方式说明;情况紧急的可采用视频记录等方式;⑤病程记录的记载内容要与知情同意书、谈话记录的内容相互呼应,即告知行为于病程中有记录体现;⑥诊疗过程中发现与预先告知内容不符的告知,需要告知不符的情况,重新取得患方同意;⑦需要改变手术方案或增加手术操作的,需要重新取得患方同意,未经告知自行决定改变手术方案,即使目的合法,也没有产生不良后果,该行为也违背了手术同意书订立的本意;如果造成患者损害的,医方将就此承担赔偿责任;⑧医师对替代方案的告知往往容易被忽视,医师多数侧重于告知病情、风险,而忽略替代方案,然而替代方案同样需要向患者进行明确告知,以供患者全面考虑决策;如确无替代方案,则需要明确告知患者,基于当前的医疗水平,暂无替代方案。

3. 其他告知方式　《民法典》颁布并实施后要求"取得患方的明确同意",不仅仅拘泥于书面同意,患者的知情同意权在实现过程中,需要医疗告知的内容将更真实、更直观,使患者更容易接受和理解,将更有利于保障患者的权利。随着社会与科学的变化,视频、动画、模拟人演示等以现代科技为载体的新形式的告知逐渐应用在医学实践中。

四、医师的紧急救治规则

　　案例简介　2019年3月,列车上一名男性旅客突发疾病,列车工作人员紧急通过广播寻医。陈医生听到广播后第一时间赶到现场,对该旅客进行积极救治,旅客转危为安。随后,列车乘务员让陈医生出示医师执业证书,在陈医生表明未带医师执业证书后,乘务人员还提出要查看她的身份证和车票,并进行拍照留存。列车工作人员甚至要求她写一份情况说明,然后签名,留下具体联系方式。对于这一事件,网友们纷纷对列车乘务员的行为表示不满。事后,铁路部门致歉,表示列车工作人员未向陈医生做好沟通解释,造成误解。

　　《民法典》以4个法条规定了紧急施救行为。第184条规定:因自愿实施紧急救助行为造成受助人损害的,救助人不承担民事责任。第1005条规定:自然人的生命权、身体权、健康权受到侵害或者处于其他危难情形的,负有法定救助义务的组织或者个人应当及时施救。第1222条规定:因抢救生命垂危的患者等紧急情况,不能取得患者或者其近亲属意见的,经医疗机构负责人或者授权的负责人批准,可以立即实施相应的医疗措施。第1224条规定:患者在诊疗活动中受到损害,有下列情形的,医疗机构不承担赔偿责任:医务人员在抢救生命垂危的患者等紧急情况下已经尽到合理诊疗义务。

　　(一)医师不得拒诊需要紧急救治的患者

　　实践中,常有医疗机构因担心患者不能缴纳医疗费、医疗风险高等原因而将其拒之门外甚至抛弃患者的情况,致使患者不能得到及时救治而遭受重大损害,这违背了医学的根本宗旨。在紧急情况下,医师对患者负有强制缔约的义务,不得拒绝收治。对处于生命垂危等紧急情况下的患者实施紧急救治是医疗机构及其医务人员履行救死扶伤职责的基本要求,也是医疗机构及其医务人员的法定义务。

　　(二)紧急救治规则对患者权利的限制

　　发扬人道主义精神,防病治病、救死扶伤、保护人民健康是医师的神圣职责。医师负有救治患者的义务,该义务并不因情势紧急与否而变更。当患者的生命或身体健康处于危急迫切的形势时,稍有迟延便将给患者带来严重损害,此时的医疗行为可称为紧急医疗或紧急救治行为。在紧急情势下,有可能出现医师充分履行告知义务就会延误患者的救治、发生严重后果的情况。所以,医师紧急救治权的行使,客观上对患者的知情同意权产生了限制,这也是衡量利弊后,对患者生命健康权进行优先保护的选择。

(三)紧急救治规则的免责情形

医师在公共场所自愿实施的紧急救治行为,从道德上讲是一种彰显优良道德风尚的助人为乐的行为;从法律意义上讲,这是一种见义勇为的典型样态。《民法典》从鼓励见义勇为、助人为乐行为,倡导社会主义核心价值观的角度明确将紧急救助规定为免责事由,以解决助人者的后顾之忧。《医师法》沿袭《民法典》精神,对紧急情况下的医疗救治进行了专门安排,为了鼓励医师实施自愿紧急救治,在呼吁医师积极参与公共急救的同时,以免责规定的形式来保护自愿施救的行为人。

五、医师执业的报告规则

案例简介 2020年8月28日,威海市某医院接诊了10岁女孩小花(化名),经医学诊断,小花已妊娠21周。当日,接诊医生在核实受害人的年龄等信息之后,按照强制报告制度要求,向卫生主管部门报告。卫生主管部门立刻向公安机关报案。次日,公安机关立案侦查。经查明,刘某在明知受害人为幼女的情况下,还在受害人家中与其强行发生性关系,致其妊娠。法院审理后认为,被告刘某进入受害人住所,奸淫幼女致受害人妊娠,情节恶劣,判处被告刘某有期徒刑12年。

保障公众的身体健康与生命安全,是医疗机构和医务人员的责任和义务。医院是传染病、突发公共卫生事件监测的重要"哨点",医师是传染病和新发不明原因疾病的最早接触者,赋予医师报告义务,有其现实基础和实践意义。

(一)报告内容

1. **《医师法》规定的报告内容** 《执业医师法》规定了发生医疗事故或者发现传染病疫情、发现患者涉嫌伤害事件或者非正常死亡的情形时医师的报告义务。《医师法》中对此情形的范围进行了进一步扩大,增加了"突发不明原因疾病或者异常健康事件""发现医疗事故""发现可能与药品、医疗器械有关的不良反应或者不良事件""发现假药或者劣药"4种情形。

2. **关于传染病疫情报告** 根据《传染病防治法》的规定,疾病预防控制机构、医疗机构和采供血机构及其执行职务的人员发现本法规定的传染病疫情或者发现其他传染病暴发、流行及突发原因不明的传染病时,应当遵循疫情报告属地管理原则,按照规定的内容、程序、方式和时限报告。

3. **关于公共卫生事件报告** 《突发公共卫生事件应急条例》(2011年修订)明确规定了国家建立突发事件应急报告制度。突发公共卫生事件是指突然发生,造成或者可能造成社会公众健康严重损害的重大传染病疫情、群体性不明原因疾病、重大食物和职业中毒及其他严重影响公众健康的事件。突发事件监测机构、医疗卫生机构和有关单位发现有发生或者可能发生传染病暴发、流行的,发生或者发现不明原因的群体性疾病时应当按照规定及时报告。

4. **关于医疗事故报告** 2002年4月4日,国务院发布的《医疗事故处理条例》规定:发生医疗事故的,医疗机构应当按照规定向所在地卫生行政部门报告,未报告的由卫生行政部门责令改正。情节严重的,对负有责任的主管人员和其他直接责任人员依法给予行政处分或者纪律处分。

5. **关于药品不良反应报告** 药品不良反应是指合格药品在正常用法用量下出现的与用药目的无关的有害反应。2011年5月4日,卫生部发布的《药品不良反应报告和监测管理办法》规定:国家实行药品不良反应报告制度,医疗机构应当按照规定报告所发现的药品不良反应。对未履行报告义务的,给予警告、罚款等相应处罚。

6. 关于医疗器械不良事件报告　医疗器械不良事件是指已上市的医疗器械在正常使用情况下发生的、导致或者可能导致人体伤害的各种有害事件。国务院发布的《医疗器械监督管理条例》(2021年修订)规定:医疗器械使用单位应当对所使用的医疗器械开展不良事件监测;发现医疗器械不良事件或者可疑不良事件时,应当按照国务院药品监督管理部门的规定,向医疗器械不良事件监测技术机构报告。

7. 关于涉嫌伤害事件报告　2020年5月7日,由最高人民检察院、国家监察委员会、教育部、公安部等9部门联合出台的《关于建立侵害未成年人案件强制报告制度的意见(试行)》,规定了性侵、虐待、遗弃、拐卖等8类未成年人遭受或者疑似遭受不法侵害及面临不法侵害危险时应当报告的情形,明确了强制报告义务主体为国家机关、法律、法规授权行使公权力的各类组织及法律规定的公职人员,密切接触未成年人行业的各类组织及其从业人员,列举的密切接触行业包括学校、医疗机构等,并强调有责任报告而不报告造成严重后果的要追究相关人员的责任。

(二)报告程序

不同法律对不同性质的事件有不同的报告程序和时间要求。

1. 传染病报告实行属地化管理、首诊负责制　由首诊医生填写传染病报告卡,甲类和乙类中按甲类管理的传染病2小时内,其他乙类、丙类传染病24小时内通过传染病报告信息管理系统直报。

2. 公共卫生事件报告实行逐级报告原则　发生或者发现有不明原因群体性疾病时应当在2小时内向所在地卫生行政部门报告,由卫生行政部门报告本级人民政府,同时向上级和国务院卫生行政部门报告。

3. 医疗事故报告　由医师向所在科室负责人报告,科室负责人及时向本医疗机构负责医疗服务质量监控的部门或者专(兼)职人员报告;负责医疗服务质量监控的部门或者专(兼)职人员接到报告后,应当立即进行调查、核实,将有关情况如实向本医疗机构的负责人报告,医疗机构按照规定向所在地卫生行政部门报告。

4. 药品及医疗器械不良事件报告　药品不良反应事件通过国家药品不良反应监测信息网络报告,医疗器械不良事件通过国家医疗器械不良事件监测信息系统报告。

5. 涉嫌伤害事件报告　医师发现需强制报告的情形时,应第一时间向公安机关报告,同时报当地卫生健康行政部门备案。

6. 涉嫌未成年人权益被侵害事件的报告　应当严格遵守《关于建立侵害未成年人案件强制报告制度的意见(试行)》第4条的规定,以下9种情况必须报告:①未成年人的生殖器官或隐私部位遭受或疑似遭受非正常损伤的;②不满14周岁的女性未成年人遭受或疑似遭受性侵害、妊娠、流产的;③14周岁以上女性未成年人遭受或疑似遭受性侵害致妊娠、流产的;④未成年人身体存在多处损伤、严重营养不良、意识不清,存在或疑似存在受到家庭暴力、欺凌、虐待、殴打或者被人麻醉等情形的;⑤未成年人因自杀、自残、工伤、中毒、被人麻醉、殴打等非正常原因导致伤残、死亡的;⑥未成年人被遗弃或长期处于无人照料状态的;⑦发现未成年人来源不明、失踪或者被拐卖、收买的;⑧发现未成年人被组织乞讨的;⑨其他严重侵害未成年人身心健康的情形或未成年人正在面临不法侵害危险的。

六、禁止医师不当获利规则 ▶▶▶

长期以来,医师在执业过程中存在收受患者红包的现象,个别医师还存在向患者及其近亲属索要红包的恶劣情况,包括医疗界在内的社会各界对此反响强烈。这严重损害了医师的形象,造成医患关系紧张,也成为引发医疗纠纷的原因之一。

《医师法》第31条针对实践中的"医疗红包""医疗贿赂"等现象进行了规制,对医疗机构的执业风气和医务人员的执业道德提出了要求。为推进我国医疗卫生与健康事业发展,不仅要从医疗基础设施建设、医疗技术发展等外部体系建设出发,更要注重形成风清气正、廉洁自律的医疗行业作风。

七、禁止医师过度医疗规则

过度医疗是当前医学界的热点话题,包括药物过度供给、实施非必要检查等实体诊疗操作行为及过于宽泛的疾病诊断标准。另外,有的医师为了规避医疗风险,或者从药品、医疗器械、医疗耗材中赚取回扣,不惜损害患者的利益,违反诊疗规范,在给患者实施医疗服务的过程中实施不必要的检查和治疗。

《医师法》明确禁止医务人员实施过度医疗行为。在此之前,《侵权责任法》《基本医疗卫生与健康促进法》《民法典》等也有对禁止过度医疗的规定。过度医疗是人员管理、医疗技术、医疗保险、市场经济综合发展及监管失衡的产物。

过度医疗是与医德医风相悖的行为。医务工作者要用仁爱心、同理心、良善心对待患者。任何将诊疗活动当作自身谋取利益的途径、接受患者财物的行为都是全社会应坚决抵制的不当执业行为,凡有此行为者需坚决处罚,不能助长此种所谓的行业"潜规则"。大力弘扬"医者仁心"的伦理精神和"尚义利他"的价值观念,加强医风医德建设仍然是当前各部门及医疗机构的工作重点。要让医疗活动沐浴在阳光下,不忘初心,方得始终。

八、医师服从紧急调遣的规则

为完善我国突发公共卫生事件应急处理机制,有效应对当前和今后可能发生的突发公共卫生事件,保障人民生命安全,《医师法》进一步细化了紧急调遣规则,对医务人员在重大灾情及群体性事件中应当承担的责任做出了明确规定。

《医师法》明确提出,遇有紧急情况及国防动员需求时,医师应当服从卫生健康主管部门的调遣,这为应急状态下人财物的调遣奠定了坚实的法律基础。当重大灾害事件发生时,某一个地方的医师资源可能不够,因此需要从其他医疗卫生机构、其他城市调派医师支援,这是应急之需,也是突发事件应对管理的实然要求。

九、助理医师医疗执业规则

从执业资格上说,助理医师只有相对独立的医疗权限,即在乡镇医疗卫生机构可以独立执业,但是在县级以上的医疗卫生机构执业,必须有医师指导。《医师法》第34条明确了助理医师的执业权限,即一般情况下要在医师的指导下方能执业,同时必须严格按照注册的执业类别和执业范围执业,不得跨类别执业或超范围执业。

(一)助理医师独立执业的范围

《医师法》规定:助理医师的独立执业范围仅限于乡、民族乡、镇和村医疗卫生机构及艰苦边远地区的县级医疗卫生机构,不允许在社区卫生服务中心独立执业。

除上述执业地点的约束,其独立执业还要受到两个方面限制:一是根据医疗卫生服务情况和本人实践经验,二是仅能从事一般的执业活动。《卫生部关于对执业助理医师行医有关问题的批复》(卫政法发〔2005〕135号)如下:"剖腹探查手术面临的情况复杂多变,不应视为'一般执业活动'。在患者病情紧急,危及生命安全,且有剖腹探查手术指征,现场没有执业医师,会诊医师不能及时到达情况下,执业助理医师方可在乡村级医疗机构中实施剖腹探查手术。"可见,执业助理医师独立执业的范围有限。

(二)执业助理医师的处方权范围

一般情况下,执业助理医师没有处方权,不能开具抗菌药物。但有一种情况除外,即在乡镇工作的执业助理医师是可以单独开具这类药物处方的。《抗菌药物临床应用管理办法》第 24 条第 1 款规定:具有初级专业技术职务任职资格的医师,在乡、民族乡、镇、村的医疗机构独立从事一般执业活动的执业助理医师及乡村医生,可授予非限制使用级抗菌药物处方权。

(三)执业助理医师不得申请个体行医、设置个体诊所

2001 年,卫生部对执业助理医师能否设置个体诊所问题进行了批复。《卫生部关于执业助理医师能否设置个体诊所问题的批复》(卫医函〔2001〕63 号)如下:《执业医师法》第 30 条第 2 款规定"在乡、民族乡、镇的医疗、预防、保健机构中工作的执业助理医师,可以根据医疗诊治的情况和需要,独立从事一般的执业活动"。这里提到的"乡、民族乡、镇的医疗、预防、保健机构"主要指乡镇卫生院和村卫生室,不包括个体诊所。《执业医师法》第 19 条第 1 款规定:申请个体行医的执业医师,须经注册后在医疗、预防、保健机构中执业满 5 年,并按照国家有关规定办理审批手续;未经批准,不得行医。执业助理医师不得申请个体行医、设置个体诊所。

第五节　保障医师合法权益的措施

【案例与思考】

案例简介:崔某因其眼睛治疗效果未达预期,对北京市某医院医生陶某心生怨恨,伺机报复。2020 年 1 月 20 日,崔某持事先准备好的菜刀进入该医院门诊楼 7 层,趁正在为患者检查的陶某不备,砍击陶某的后脑、颈项,后继续追砍陶某至其他楼层,过程中又将陶某的手臂砍伤,并先后将阻拦其行凶的其他 3 人砍伤。法院认为,崔某预谋作案,持刀故意砍击他人要害部位,构成故意杀人罪,其在人员众多的医疗公共场所公然持刀追砍行凶,手段残忍,后果特别严重,社会影响极其恶劣,人身危险性极大,故判处被告崔某死刑,缓期 2 年执行,剥夺政治权利终身。

思考问题:①医生如何保障自己的人身安全? ②法律规定了哪些保障医生安全的措施? ③社会各界如何协力保障医疗安全?

医师只有处于一个良好的、安全的、自身合法权益得以保障的医疗执业环境下,才能全身心投入医疗工作中,为患者的基本诊治、健康安全做出努力。因此,我们在强调依法执业、规范执业的同时,还要强调医务人员合法权益的保障,做到健康执业、放心执业。

一、保障良好的医疗执业环境

近年来,暴力伤医事件时有发生,不仅侵害了医务人员的人身安全,也导致医患关系渐趋紧张,甚至有人将医生视为高危职业。如何维护正常的医疗秩序、保护医务人员的执业安全成为社会各界关注的问题。《基本医疗卫生与健康促进法》规定,"医疗卫生机构执业场所是提供医疗卫生服务的公共场所,任何组织或者个人不得扰乱其秩序""禁止任何组织或者个人威胁、危害医疗卫生人员人身安全,侵犯医疗卫生人员人格尊严"。《民法典》也做出了保障医疗机构和医务人员合法权益的规定,"干扰医疗秩序,妨碍医务人员工作、生活,侵害医务人员合法权益的,应当依法承担法律责任"。在此基础上,《医师法》新增了"保障措施"一章,规定地方政府及其有关部门应当将医疗纠纷和处理工作纳入社会治安综合治理体系,有效防范并依法打击涉医违法犯罪行为,保护医患双方的合法权益。这一规定和《基本医疗卫生与健康促进法》中的规定相呼应,并强化了《刑法修正案

（九）》将"医闹"入刑的法律规定。2012 年 4 月 30 日，卫生部、公安部联合发布了《关于维护医疗机构秩序的通告》，明确警方可以依据《治安管理处罚法》，对参与"医闹"的相关主体予以处罚，严重者可以被追究刑事责任。《刑法修正案（九）》明确将"医闹"入刑，聚众扰乱医疗场所秩序的行为属于犯罪行为。"医闹入刑"的立法表明了国家依靠法律打击"医闹"、保护医院和医护人员正当权益的决心。不断加大对"医闹"事件的惩戒力度必然震慑到"医闹"的相关参与者，有助于维护正常的医疗秩序。

《医师法》第 49 条规定了政府、医疗机构、公民个人及社会不同层面对于保障医师执业安全、维护良好医疗秩序的职责和责任，明确地方政府及其有关部门预防和处理医疗纠纷的职责，强调依法维权、依法解决医疗纠纷的重要性，从法律制度层面为医师铸好了执业盾牌，从而进一步改善了医师的执业环境。保障医生应有的安全感和职业尊严，才能最终确保患者的医疗安全，促进医患关系和谐，实现国家卫生事业的长足发展。

二、完善医疗风险分担机制 ▶▶▶

医疗风险是医疗实践中客观存在的、具有不确定性的损害性事件，指在一定的社会历史条件和科技水平下，在医院管理活动或医疗机构为患者提供医疗服务的过程中可能发生的治疗结果与治疗预期目标之间的差异。即在整个医疗服务过程中，医疗行为会导致患者受到损害、伤残或者可能发生的一切不安全事情。

医疗风险转移和分担的方式早已受到全世界医学界的重视。大多数发达国家已经建立了多层次、多元化的医疗风险分担体系，我国的医疗风险分担机制也在不断发展和完善中。2018 年，国务院颁布实施了《医疗纠纷预防和处理条例》，明确国家建立完善医疗风险分担机制，发挥保险机制在医疗纠纷处理中第三方赔付和医疗风险分担的作用，鼓励医疗机构参加医疗责任保险，鼓励患者参加医疗意外保险。银保监会指导保险公司积极推进医疗责任保险试点工作，鼓励持续推进医疗责任保险产品创新，不断增强医疗责任保险服务能力，努力提高产品的覆盖面与投保率。目前，我国已形成以医疗责任保险为主体、医疗意外险为补充、其他险种共同发展的医疗保险产品和服务体系。医疗风险分担机制在防范化解医疗风险、缓解医患矛盾、维护正常的医疗秩序、保障医患双方合法权益等方面均发挥了重要作用。

（一）医疗责任险

医疗责任险是针对医疗机构在诊疗活动中存在过失、过错或者医院发生医疗事故时给予患者补偿或者赔偿的一种医疗纠纷解决方式。医疗责任险由院方出资购买，一旦医院发生医疗过错或医疗事故，给患者造成人身损害，由保险公司对患者进行赔偿或补偿以达到转移医疗风险、缓解医患矛盾、解决医疗纠纷的作用。

（二）医疗意外险

医疗意外险是一种借鉴航空意外险的保险模式，无须经过责任认定、鉴定，只要出现医疗意外，患者就可获得补偿。目前，医疗意外险以手术意外险和麻醉意外险为主。手术意外险在多个地区和医院的推行和实践已经达到了分散医疗风险、缓解医患矛盾、化解医疗纠纷的效果，受到了医疗机构和患者的广泛好评。

三、落实医师执业防护及工伤保险待遇 ▶▶▶

（一）执业防护

当前，我国各个医院的接诊量逐年上升，医院中的患者日渐增多，接触各类传染病患者导致医务人员的职业暴露风险有所增加。而且，医务人员从事的医疗职业本身就具有极大的风险，如抗癌药物的挥发会对医务人员造成伤害,消毒时用的环氧乙烷是有毒有害气体,外科医生乙型病毒性肝炎发病率较高和在手术中易扎破手有很大关系,介入科、放射科医生易受放射线损伤等,医生面临各种执业风险。因此,完善医师执业防护及对医务人员开展职业暴露防护及预防培训教育十分必要,这能降低医务人员职业暴露风险。

(二)工伤保险待遇

落实医师的工伤保险待遇,首先要从法律的层面给予保障。工伤保险待遇涵盖了《工伤保险条例》规定的各种待遇,也包括医疗待遇,如医疗费,住院伙食补助费,停工留薪期间的工资,护理费,异地治疗的食宿费、交通费,安装假肢、义齿、义眼等辅助工具的费用,达到伤残等级的一次性伤残补助费,生活不能自理的护理费,伤残津贴,死亡丧葬费,一次性死亡补助费,供养亲属的抚恤金等。

工伤保险是迄今为止我国社会保险制度中最先步入法制化路径的社会保险项目,是法律规范最多、争议最多的社会保险项目。我国的工伤保险制度是一种针对特定劳动风险设立的保险项目,以社会集中建立基金的形式,对因工负伤致残或接触职业有害因素患疾病而丧失或部分丧失劳动能力的劳动者,以及职工死后无生活来源的遗属提供物质帮助。《医师法》明确规定:医师在工作中受到事故伤害或者在执业活动中因接触有毒、有害因素而引起疾病、死亡的,依照有关法律、行政法规的规定享受工伤保险待遇。意义在于通过法律在保障医师权利的同时对其进行了相应的救济,从而确保医务人员的合法权益不受侵害。

一般由政府开办的医疗机构都能为医师依法购买社会保险,工伤保险当然包括在内,但是有的私立医院没有为医师缴纳工伤保险。在这种情况下,一旦发生工伤事故,医疗机构及出资者、管理者将会面临自己承担相关赔偿责任的后果。

四、维护医师健康

案例简介　郭某于 2018 年 8 月 19 日入职某门诊部,从事内科医生工作,每天坐班 7 小时,考勤打卡,双方未签订书面劳动合同,但门诊部为郭某缴纳了社会保险。2020 年 4 月 24 日,郭某被告知从门诊部离职。2020 年 4 月 28 日,郭某以门诊部为被申请人向劳动人事争议仲裁委员会申请仲裁,该仲裁委员会向郭某出具了逾期未受理证明书,原告遂提起诉讼。依照《劳动合同法》、《工资支付暂行规定》、《中华人民共和国民事诉讼法》(以下简称《民事诉讼法》)、《关于确立劳动关系有关事项的通知》、《职工带薪年休假条例》之规定,法院判决门诊部向郭某支付工龄工资、欠付工资、未休年休假的工资及经济补偿金等。

调查显示,70% 以上的医师每周工作时间在 40~60 小时,25% 的医师每周工作时间在 60 小时以上,仅有 5% 的医师每周工作时间在 40 小时以内。《中华人民共和国劳动法》虽然在条款中规定了劳动者的工作时间,但是"延时工作制度"的内容模糊不清。目前,在延时工作的限制基准中,我国既没有按照周、月、年等具体工作时限分档限定,也没有对适用不同工时制的劳动者实施区别限定。尤其针对医师执业,更没有具体的工作时数规定。

(一)应合理安排医师工作时间并落实带薪休假制度

2015 年,中共中央、国务院印发了《中共中央　国务院关于构建和谐劳动关系的意见》,强调要完善并落实国家关于职工工作时间、全国年节及纪念日假期、带薪年休假等规定,全国总工会提出,将提案推动落实职工带薪休假制度。近年来,医务工作者的健康问题受到越来越多的关注,关于医务工作者身心健康状况的研究日益增多。有研究表明,采取分段休的科室,职工年假休完的概率是按个人需求休假的 3.1 倍,所在科室鼓励休假的,职工年假休完的概率是无明显休假政策科室的 3.3 倍,护士休完年假的概率是医生的 5.4 倍。

《医师法》明确规定:医疗卫生机构应当为医师合理安排工作时间,落实带薪休假制度,体现了对医师队伍的关心和爱护。医疗机构应当制定合理的轮班制度,保证临床医师有充足的休息时间。医疗机构应当根据不同科室工作强度、工作量,以及工作内容的不同,差异化地安排医师的工作时间。各级各类医疗机构应严格落实医师带薪休假制度,统一安排休假时间,要求医师在年初拟定休假计划,包括休假的日期、天数等,并做综合统计和安排。这样既能够落实医师带薪休假制度,又能够最大限度地减小对医疗工作的影响。

(二)医师队伍应定期开展健康检查

由于医疗工作的特殊性,医师队伍长期承受着比多数职业更大的工作强度及心理压力。临床医师倒班制的工作特点使其饮食、睡眠和休息都不规律,明显干扰了其身体功能。种种不健康的生活方式影响了临床医师的身体和心理健康,受到最直接影响的就是临床的工作效率和患者的治疗及预后。

各级卫生健康主管部门,特别是医疗卫生机构要关注医师的健康状况,要确保这支队伍能够精神饱满地服务在医疗卫生第一线。各医疗卫生机构应列支职工健康经费,增加医师健康体检的频率,确保每一位医师或医务工作者每年至少有 1 次健康体检,年龄偏大的或承担健康风险因素较高的医务人员可缩短体检周期、增加相应体检项目。

五、新闻媒体在和谐医患关系中的作用 »»»

目前医患关系的紧张,与患者及家属对医疗效果期望值过高、对医学知识及医疗工作的不了解有一定的关系。有些患者及家属认为,有病到医院就应当能治好,如果病未能治好或者对治疗效果不满意,就是医院的过错,因此当出现未能治愈的情况时,就可能发生极端行为。针对目前医患关系中存在的问题,除了医务人员应主动为大众排除疑虑以外,新闻媒体也应该承担起科普宣传、提高公众的医学知识素养、使公众正视医疗服务存在的不足与局限性的责任,增强公众对医疗服务风险的防范意识。

新闻媒体作为医患关系中的纽带,对于突发的医疗事件,不能为了上热搜、蹭热点而诋毁医务人员。公众在社会问题面前,对媒体的权威资讯有着特殊的依赖,媒体引导的结果往往会影响事件的处理。所以有些媒体对部分医疗争议进行失实报道,一味渲染患者治疗效果不佳和家属悲痛,把事故的责任全部推给医生,歪曲事实,这种不负责的报道除了能吸引读者的眼球以外,更致命的作用就是导致大众对医院和医生不信任,造成不必要的矛盾。而另一些过度美化医务人员的宣传也同样会误导公众,使其对医务人员提出过高的甚至不现实的要求,如果"理想"和现实出现反差,反而不利于构建和谐健康的医患关系。新闻媒体在报道医患关系时,应尽可能平衡正面新闻与负面新闻,不仅要监督和批判医疗行业存在的各种问题,也要宣传我国医疗事业取得的成就与先进人物的事迹。所以,媒体需要站在真实、客观、公正的角度报道,应当尊重科学,尊重医患双方,追求新闻事实的真相,这样才能更好地对医疗纠纷进行理性报道,营造更好的医患关系,既维护患者和医生的权益,也有利于整个医疗事业的发展。

医师违法的法律责任

第四章 医疗事故与损害法律制度

医疗事故与损害概述

　　我国医疗事故与损害法律规范经历了从无到有的过程。中华人民共和国成立初期,国家的整个法律体系都不健全,医疗事故与损害方面也没有专门的法律规范,与之相关的内容散见于民事、刑事、医疗等相关规范中。随着国家法治建设的发展,医疗事故与损害相关的法律规范陆续出台。

一、医疗事故与损害的概念

(一)医疗事故

1. 医疗事故的概念　1987年出台的《医疗事故处理办法》对"医疗事故"进行了定义。2002年的《医疗事故处理条例》第2条规定:医疗事故是指医疗机构及其医务人员在医疗活动中,违反医疗卫生管理法律、行政法规、部门规章和诊疗护理规范、常规,过失造成患者人身损害的事故。

2. 医疗事故的构成要件　从《医疗事故处理条例》对"医疗事故"的定义可知,构成医疗事故,需要具备以下几个条件。

　　(1)主体:主体是医疗机构,即依照《医疗机构管理条例》的规定取得医疗机构执业许可证的机构。医务人员是医疗机构内依法取得执业资格的医疗卫生技术人员及医疗辅助人员。医疗机构是责任主体,医务人员是行为主体。明确医疗机构的主体地位,就是明确了医疗事故的行为人不只包括医务人员,还包括医疗机构中从事医疗管理等工作的人员。

　　(2)侵害患者生命权、健康权:医疗机构及其医务人员,违反医疗卫生管理法律、行政法规、部门规章和诊疗护理规范、常规,造成患者生命权、健康权的损害。

　　(3)主观上有过失:医疗行为中的疏忽大意的过失,是指医务人员应当预见到医疗行为可能给患者身体造成损害,但因疏忽大意而未预见到,最终造成了损害结果。过于自信的过失,是指医务人员已经预见到医疗行为可能造成患者身体受到损害,却轻信能够避免,最终发生了损害后果。

　　(4)客观上造成患者人身损害:包括死亡或伤害的后果。

　　(5)违规医疗行为与损害后果之间具有因果关系:指医疗行为导致了患者的损害,且医疗行为违反法律、法规或诊疗护理规范等。

3. 不属于医疗事故的情形　医疗行为有其自身的特点,具有公益性、专业性、技术性、风险性等特点。应当是考虑到医疗行为的特殊性,出于对医疗卫生事业发展及医务人员工作积极性的保护,无论《医疗事故处理办法》,还是《医疗事故处理条例》,都规定了不构成医疗事故的情形。

　　《医疗事故处理条例》规定下列情形不属于医疗事故:①紧急情况下为抢救垂危患者生命而采取紧急医学措施造成不良后果的;②在医疗活动中由于患者病情异常或者患者体质特殊而发生医疗意外的;③现有医学科学技术条件下,发生无法预料或者不能防范的不良后果的;④无过错输血感染造成不良后果的;⑤因患方原因延误诊疗导致不良后果的;⑥因不可抗力造成不良后果的。

(二)医疗损害

1.医疗损害的概念　医疗损害,顾名思义是医疗机构及医务人员因错误诊疗行为,造成患者人身损害的情况。

2.医疗损害的构成要件　综合分析医疗损害的法律依据,可以总结出医疗损害的构成要件,如下。

(1)医疗损害的主体:包括医疗机构,医疗产品的生产者、销售者,药品上市许可持有人或者血液提供机构、美容医疗机构,以及上述机构的医务人员。

(2)侵害患者的生命权、健康权、财产权等:医疗损害主体实施的诊疗、医疗产品服务、医疗美容等行为,违反相关规定,侵害了患者的生命权、健康权、隐私权、财产权等。

(3)主观上有过错:包括故意和过失,这一点不同于医疗事故,医疗事故的主观要件为过失。如为牟取非法利益,以次充好,故意降低规格使用医用耗材,造成患者财产损害的行为,属于医疗损害。

《民法典》规定了患者在诊疗活动中受到损害,推定医疗机构有过错的情形:①违反法律、行政法规、规章及其他有关诊疗规范的规定;②隐匿或者拒绝提供与纠纷有关的病历资料;③遗失、伪造、篡改或者违法销毁病历资料。与《侵权责任法》相比,《民法典》增加了遗失病历资料的情形,这就要求医疗机构必须加强病历资料的保管;改"销毁病历资料"为"违法销毁病历资料",医疗机构对病历资料的保管不是永久的,按《民法典》的规定,保存到期的病历资料依法销毁的,不属于推定有过错的情形。

(4)客观上造成患者损害:上述主体实施的行为,造成患者死亡、残疾、身体损害、精神损害、财产损失等后果的,均成立医疗损害。

(5)行为与损害后果之间具有因果关系:上述主体行为的实施,是造成患者损害的原因,才构成医疗损害。在多因一果的情况下,要区分因果关系的程度。如对患者输液错误,造成患者死亡的后果,此时需要明确患者死亡是因为错输的液体造成的,还是因为患者疾病进展的后果,如果输液及患者疾病本身都是造成患者死亡的原因,就要进一步明确输错液体这一行为在造成患者死亡这一后果中占了多大比例。

3.医疗机构不承担赔偿责任的情形　《侵权责任法》规定了医疗机构不承担赔偿责任的情形,《民法典》完全保留该规定。诊疗活动造成患者损害,存在下列情形之一的,排除医疗机构的赔偿责任:患者或者其近亲属不配合医疗机构进行符合诊疗规范的诊疗;医务人员在抢救生命垂危的患者等紧急情况下已经尽到合理诊疗义务;限于当时的医疗水平难以诊疗。同时规定,存在上述情形,但医疗机构或医务人员也存在一定过错的,也要承担对应责任。

(三)医疗事故与医疗损害的关系

《侵权责任法》与《民法典》均未使用"医疗事故"一词,而是使用"医疗损害",有的学者认为这样是将医疗事故、人身损害的"二元化"统一了。2019年施行的《医疗纠纷预防和处理条例》也使用了"医疗损害"的表述。

医疗事故的法律依据是《医疗事故处理条例》,属于行政法规。医疗损害的法律依据是《民法典》等法律规范,属于法律。医疗损害所依据的法律位阶高于医疗事故。《医疗事故处理条例》没有规定护理费、死亡赔偿金,规定了残疾生活补助费。医疗损害同其他人身损害,依据《最高人民法院关于审理人身损害赔偿案件适用法律若干问题的解释》进行赔偿。该解释规定有护理费、死亡赔偿金、残疾赔偿金,医疗损害的赔偿标准高于《医疗事故处理条例》。

二、相关法律规定 »»

(一)《医疗事故处理条例》

2002年9月1日《医疗事故处理条例》开始实施,同时实施的还有6个配套文件:《医疗事故技术鉴定暂行办法》《医疗事故分级标准(试行)》《病历书写基本规范》《医疗机构病历管理规定》《医疗事故争议中尸检机构及专业技术人员资格认定办法》《重大医疗行为和医疗事故报告制度的规定》。《医疗事故处理条例》是继《医疗事故处理办法》之后,专门针对医疗事故处理的法律规范,二者之间有前后承继的关系。《医疗事故处理条例》的主要特点:属于行政法规,较之前《医疗事故处理办法》法律位阶提升。明确了医疗事故的主体不只包括医务人员,医疗机构也是医疗事故的主体。未将鉴定作为诉前必经程序。改经济补偿为赔偿,提高了赔偿标准,并对赔偿项目做了详细规定。新增了一些患方的权利,如复印病历、知情同意权等。

2003年1月6日最高人民法院的《关于参照<医疗事故处理条例>审理医疗纠纷民事案件的通知》(2013年废止),明确医疗事故争议以《医疗事故处理条例》为处理依据。2002—2004年,医疗纠纷基本以《医疗事故处理条例》为依据进行处理及赔偿。

(二)《最高人民法院关于审理人身损害赔偿案件适用法律若干问题的解释》

2004年5月1日,《最高人民法院关于审理人身损害赔偿案件适用法律若干问题的解释》(以下简称《人身损害赔偿解释》)开始施行,2020年、2022年两次进行修改。《人身损害赔偿解释》施行之初,它和《医疗事故处理条例》并存,作为医疗事故与损害的赔偿依据。之后《人身损害赔偿解释》逐渐代替了《医疗事故处理条例》。

(三)《最高人民法院关于审理医疗损害责任纠纷案件适用法律若干问题的解释》

《最高人民法院关于审理医疗损害责任纠纷案件适用法律若干问题的解释》自2018年10月1日起施行,是依据《侵权责任法》《民事诉讼法》等法律规定制定的司法解释。患者以在诊疗活动中受到人身或者财产损害为由请求医疗机构,医疗产品的生产者、销售者,药品上市许可持有人或者血液提供机构承担侵权责任的案件,适用该解释。

(四)《医疗纠纷预防和处理条例》

为了预防和妥善处理医疗纠纷,国务院制定了《医疗纠纷预防和处理条例》,自2019年4月10日起施行。该条例规定了处理医疗纠纷应当遵循的原则,设专章规定了医疗纠纷预防、医疗纠纷处理措施。

(五)《医疗机构投诉管理办法》

为贯彻落实《医疗纠纷预防和处理条例》,国家卫健委在《医院投诉管理办法(试行)》的基础上,制定了《医疗机构投诉管理办法》。该办法适用于各级各类医疗机构的投诉管理,明确了投诉管理组织和人员职责,强调加强医患沟通、"首诉负责制"等措施,细化了投诉接待处理要求。

(六)《民法典》

《民法典》自2021年1月1日实施,其在第七编侵权责任的第六章,专门规定了医疗损害责任,内容基本承袭了《侵权责任法》(自2010年7月1日至2021年1月1日实施,后因《民法典》的施行而废止)。《民法典》平衡医患双方利益,明确了医疗损害适用过错责任原则,规定了推定医疗机构有过错的特殊情况及免责条件,规范了医患双方的行为,以维护正常诊疗秩序。

第二节　医疗事故与损害的预防

一、依法依规执业 ▶▶

法是维系社会秩序的底线,也是保证一个医院正常运转的底线。医疗卫生事业关乎人民生命健康权利,必须强调法制化管理,依法依规执业。

(一)依法办理执业许可证并定期校验

按照《医疗机构管理条例》等法律规范的规定,医疗机构必须依法登记取得许可证并定期校验。

1. 执业许可证审批依据　《医疗机构管理条例》《医疗机构管理条例实施细则》等法律、法规,是卫生行政部门进行医疗机构设置审批的依据。

2. 在执业许可证核准范围内提供诊疗服务　医疗机构实际提供的诊疗服务,必须与其医疗机构执业许可证核准的诊疗项目相符。医疗机构管理人员必须知法、懂法,必须有依法执业、依法管理的意识,不能漠视法律。

3. 提供诊疗服务的机构应依规范命名　医院及其设置的科室命名要与医疗机构执业许可证登记的内容一致,医院内命名为"中心""研究所"等机构的,应有省级及以上卫生行政部门的审批文件。

4. 及时变更、校验许可证　《医疗机构管理条例实施细则》明确规定:医疗机构变更名称、地址、法定代表人或者主要负责人、所有制形式、服务对象、服务方式、注册资金(资本)、诊疗科目、床位(牙椅)的,必须向登记机关申请办理变更登记。

《医疗机构管理条例》规定:床位不满 100 张的医疗机构,其执业许可证每年校验 1 次;床位在 100 张以上的医疗机构,其执业许可证每 3 年校验 1 次。《医疗机构管理条例实施细则》细化规定:床位在 100 张以上的综合医院、中医医院、中西医结合医院、民族医院及专科医院、疗养院、康复医院、妇幼保健院、急救中心、临床检验中心和专科疾病防治机构的校验期为 3 年;其他医疗机构的校验期为 1 年。

(二)遵守法律、法规、规章、规范

医疗机构在开展诊疗工作时,需要遵守医疗卫生管理及其他与开展诊疗活动相关的法律、法规、规章制度、诊疗护理规范等。具体包括法律、行政法规、部门规章、诊疗规范、其他规定。

(三)卫生技术人员需要具备相应资质

卫生技术人员必须具有相应的执业资格,按照本人执业范围开展诊疗活动。

1. 卫生技术人员　《卫生技术人员职务试行条例》规定卫生技术人员包括医、药、护、技 4 类:①医疗、预防、保健人员,包括主任医师、副主任医师、主治(主管)医师、医师、医士;②中药、西药人员,包括主任药师、副主任药师、主管药师、药师、药士;③护理人员,包括主任护师、副主任护师、主管护师、护师、护士;④卫生技术人员,包括主任技师、副主任技师、主管技师、技师、技士。

2. 一般规定　《医师法》《医师资格考试暂行办法》《医师执业注册管理办法》《关于医师执业注册中执业范围的暂行规定》《护士条例》《护士执业资格考试办法》《护士执业注册管理办法》等法律规范,对医师、护士在一般诊疗机构的执业资格考试、执业注册做出了规定。

3. 特殊规定　区别于一般规定的普遍适用性,特殊规定对一些专门性的医疗活动有专门规定。例如,《乡村医生从业管理条例》,适用于尚未取得执业医师资格或者执业助理医师资格,经注册在村医疗卫生机构从事预防、保健和一般医疗服务的乡村医生。《关于推进和规范医师多点执业的若

干意见》规定了医师多点执业的资格条件及注册管理。《中医医术确有专长人员医师资格考核注册管理暂行办法》适用于以师承方式学习中医，或者经多年实践医术确有专长的人员的医师资格考核和执业注册。《医师外出会诊管理暂行规定》规范了医疗机构之间的医师会诊行为。《医疗美容服务管理办法》对负责实施医疗美容项目的主诊医师需要具备的条件做出了规定。

（四）恪守职业道德

医务人员应树立救死扶伤、以患者为中心的意识，追求高尚医德，从维护患者利益角度出发，合法合规实施诊疗行为。医疗机构应建立医德医风管理工作机制，制定职业道德、医德医风考评制度，对包括医务工作者在内的工作人员进行职业道德考核。标本兼治，综合治理，推动医疗机构工作人员廉洁从业，维护医疗行业公平正义，保障人民群众的健康权益，规范医疗服务行为，提高医疗服务质量，构建和谐医患关系。

二、加强医疗质量管理与医疗安全风险防范 »»

（一）医疗质量管理

医疗质量管理是医疗管理的核心，加强医疗质量管理是保障医疗安全的基础。《医疗纠纷预防和处理条例》规定：医疗机构应当制定并实施医疗质量安全管理制度，设置医疗服务质量监控部门或者配备专（兼）职人员，加强对诊断、治疗、护理、药事、检查等工作的规范化管理，优化服务流程，提高服务水平。《医疗质量管理办法》要求医疗机构成立医疗质量管理专门部门，负责本机构的医疗质量管理工作。

（二）医疗安全风险防范

医疗机构应当提高医疗安全意识，建立医疗安全与风险管理体系，加强医疗质量重点部门和关键环节的安全与风险管理，落实患者安全目标。利用医疗责任保险、医疗意外保险等风险分担形式，保障医患双方合法权益。

1. 建立医疗安全与风险管理体系

（1）医疗风险管理：《医疗纠纷预防和处理条例》规定，医疗机构应当加强医疗风险管理，完善医疗风险的识别、评估和防控措施，定期检查措施落实情况，及时消除隐患。

（2）医疗风险评估：在医疗效果和损害后果之间进行科学评估，损害后果大于医疗效果的视为高风险医疗活动，必须审慎对待。在诊疗过程中，应首先考虑无创性检查；必要的有创检查，应尽量选择创伤损害小、并发症发生率低的检查方式。在诊疗计划的制订过程中，应遵循"患者第一、安全第一"的原则，拟订最符合患者身体、经济情况的诊疗方案。对有争议或未确定效果的诊治措施，应充分论证、全面权衡，必要时邀请相关专业科室共同讨论决定。

（3）医疗风险防控：应重点针对新技术、新项目、高风险技术服务、四级及以上重大手术、疑难危重病例、医疗纠纷争议病例，做好医疗风险预警及处置工作。应当按照国务院卫生主管部门制定的医疗技术临床应用管理规定，开展与其技术能力相适应的医疗技术服务，保障临床应用安全，降低医疗风险。采用医疗新技术的，应当开展技术评估和伦理审查，确保安全有效、符合伦理。

2. 建立医疗质量（安全）不良事件报告制度　国家建立医疗质量（安全）不良事件报告制度，鼓励医疗机构和医务人员主动上报临床诊疗过程中的不良事件，促进信息共享和持续改进。

医疗机构应当以减少诊疗活动对患者的伤害为目标，建立医疗质量（安全）不良事件信息采集、记录和报告相关制度，作为医疗机构持续改进医疗质量的重要基础工作。鼓励主动上报医疗质量（安全）不良事件，并建立激励机制。通过对医疗质量（安全）不良事件及管理缺陷进行统计分析、信息共享，持续改进医疗质量（安全）不良事件相关因素及管理缺陷，促进医疗质量提高。

3. 建立药品和医疗器械不良事件监测报告制度　医疗机构应当依照有关法律、法规的规定，严格执行药品、医疗器械、消毒药剂、血液等的进货查验、保管等制度。禁止使用无合格证明、过期等不合格的药品、医疗器械、消毒药剂、血液等。

医疗机构应当建立药品不良反应、药品损害事件和医疗器械不良事件监测报告制度,并按照国家有关规定向相关部门报告。

三、规范病历书写及管理

【案例1】

案例简介 2018年某患儿由其母亲带领到被告医院做手术,术后出现了术区渗血不止、伤口周围损伤的情况。后经其他医院多次治疗,患儿仍遗留一些问题,需要通过修复、整形等后续治疗恢复功能。

法院确认事实 被告医院医生没有为患儿书写病历资料。根据患方提供的患儿母亲与医生及医院领导的谈话录音,院方没有否认患儿在该院做手术的事实。因此虽然医院未写病历,患方无法提供交费票据,法院仍认定了患儿在被告医院手术的事实。

判决情况 法院认为自然人的身心健康受法律保护,任何组织和个人不得侵犯他人的健康权。医疗损害赔偿责任是指患者在医疗机构就医时,由于医疗机构及其医务人员的过错,在诊疗活动中受到损害的,医疗机构应当承担的侵权赔偿责任。被告医院未书写病历,推定其存在过错,判决其赔偿患方各项损失。

【案例2】

案例简介 某患者因左腓总神经损伤、左足下垂到被告医院手术治疗,行马蹄内翻足矫形手术,术后经过一段时间的恢复,左腿症状并没有明显改善。

鉴定情况 患方认为被告医院在治疗过程中存在过错,应当承担责任,遂向某人民法院提起诉讼。诉讼过程中,被告医院提交了鉴定申请,申请对医疗行为是否存在过错、因果关系、责任程度进行鉴定。因被告医院在单位的改制中将病历原件遗失,无法提供病历,法院因此驳回了被告医院的鉴定申请。

判决情况 法院推定被告医院有错,应对患者的合理损失承担赔偿责任,判决其赔偿患者腓总神经损伤的医疗费用。

病历是医疗事故与损害处理的重要证据材料。《民法典》第六章医疗损害责任规定:患者在诊疗活动中受到损害,医疗机构或者其医务人员有过错的,由医疗机构承担赔偿责任。但是有下列情形之一的,推定医疗机构有过错:违反法律、行政法规、规章及其他有关诊疗规范的规定;隐匿或者拒绝提供与纠纷有关的病历资料;遗失、伪造、篡改或者违法销毁病历资料。前面2个案例中,1个没有写病历、1个遗失病历,都违反了规范填写及妥善保管病历的规定,符合推定医疗机构有过错的情形。

(一)病历书写

卫生部制定的《病历书写基本规范》,是目前医疗机构病历书写的统一规范,对门急诊、住院病历的书写做出了具体的规定。《中医病历书写基本规范》是由卫生部、国家中医药管理局印发的,是中医病历书写的规范。其内容基本与《病历书写基本规范》相同,结合了中医药的一些特点。病历书写应当客观、真实、准确、及时、完整、规范,应当使用中文,规范使用医学术语,文字工整,字迹清晰,表述准确,语句通顺,标点正确。

(二)病历保管

为强化医疗机构病历管理,使病历管理满足医院管理的需要,中华人民共和国国家卫生和计划生育委员会(以下简称国家卫生计生委)、国家中医药管理局印发了《医疗机构病历管理规定(2013年版)》,该规定适用于各级各类医疗机构对病历的管理。按照病历记录形式不同,可区分为纸质病历和电子病历。电子病历与纸质病历具有同等效力。医疗机构应当建立健全病历管理制度,设置病案管理部门或者配备专(兼)职人员,负责病历和病案管理工作。应当建立病历质量定期检查、评估与反馈制度。医疗机构医务部门负责病历的质量管理。医疗机构及其医务人员应当严格保护患者隐私,禁止以非医疗、教学、研究目的泄露患者的病历资料。

1. 门(急)诊病历原则上由患者负责保管   医疗机构建有门(急)诊病历档案室或者已建立门(急)诊电子病历的,经患者或者其法定代理人同意,其门(急)诊病历可以由医疗机构负责保管。住院病历由医疗机构负责保管。

2. 患者住院期间,住院病历由所在病区统一保管   因医疗活动或者工作需要,须将住院病历带离病区时,应当由病区指定的专门人员负责携带和保管。患者出院后,住院病历由病案管理部门或者专(兼)职人员统一保存、管理。

3. 医疗机构应当严格管理病历   任何人不得随意涂改病历,严禁伪造、隐匿、销毁、抢夺、窃取病历。

4. 病历的借阅与复制   除为患者提供诊疗服务的医务人员,以及经卫生行政部门、中医药管理部门或者医疗机构授权的负责病案管理、医疗管理的部门或者人员外,其他任何机构和个人不得擅自查阅患者病历。

5. 医疗机构可以采用符合档案管理要求的缩微技术等对纸质病历进行处理后保存   门(急)诊病历由医疗机构保管的,保存时间自患者最后一次就诊之日起不少于15年;住院病历保存时间自患者最后一次住院出院之日起不少于30年。医疗机构变更名称时,所保管的病历应当由变更后的医疗机构继续保管。医疗机构撤销后,所保管的病历可以由省级卫生行政部门、中医药管理部门或者省级卫生行政部门、中医药管理部门指定的机构按照规定妥善保管。

(三)电子病历应用管理

为适应新形势下电子病历的管理要求,促进医疗机构信息化建设,国家卫生计生委、国家中医药管理局组织制定了《电子病历应用管理规范(试行)》,该规范自2017年4月1日起施行。实施电子病历的医疗机构,其电子病历的建立、记录、修改、使用、保存和管理等适用该规范。该规范明确了电子病历系统和电子病历的概念,对电子病历信息系统技术管理和电子病历质量管理提出了具体要求,规定了封存电子病历复制件的具体技术条件及要求等。

1. 电子病历的概念   《电子病历应用管理规范(试行)》规定了电子病历的概念,是指医务人员在医疗活动过程中,使用信息系统生成的文字、符号、图表、图形、数字、影像等数字化信息,并能实现存储、管理、传输和重现的医疗记录,是病历的一种记录形式,包括门(急)诊病历和住院病历。电子病历系统是指医疗机构内部支持电子病历信息的采集、存储、访问和在线帮助,并围绕提高医疗质量、保障医疗安全、提高医疗效率而提供信息处理和智能化服务功能的计算机信息系统。

2. 电子病历的基本要求   医疗机构应用电子病历应当具备以下条件。①具有专门的技术支持部门和人员,负责电子病历相关信息系统建设、运行和维护等工作;具有专门的管理部门和人员,负责电子病历的业务监管等工作。②建立、健全电子病历使用的相关制度和规程。③具备电子病历的安全管理体系和安全保障机制。④具备对电子病历创建、修改、归档等操作的追溯能力。⑤其他有关法律、法规、规范性文件及省级卫生计生行政部门规定的条件。

《医疗机构病历管理规定(2013年版)》《病历书写基本规范》《中医病历书写基本规范》适用于电子病历管理。电子病历系统应当为操作人员提供专有的身份标识和识别手段,并设置相应权限。操作人员对本人身份标识的使用负责。有条件的医疗机构电子病历系统可以使用电子签名进行身份认证,可靠的电子签名与手写签名或盖章具有同等的法律效力。电子病历系统应当采用权威可靠时间源。

3.**电子病历的书写与存储**　医疗机构使用电子病历系统进行病历书写,应当遵循客观、真实、准确、及时、完整、规范的原则。医疗机构应当为患者电子病历赋予唯一患者身份标识,以确保患者基本信息及其医疗记录的真实性、一致性、连续性、完整性。电子病历系统应当对操作人员进行身份识别,并保存历次操作痕迹,标记操作时间和操作人员信息,并保证历次操作痕迹、标记操作时间和操作人员信息可查询、可追溯。医务人员采用身份标识登录电子病历系统完成书写、审阅、修改等操作并予以确认后,系统应当显示医务人员姓名及完成时间。电子病历系统应当设置医务人员书写、审阅、修改的权限和时限。实习医务人员、试用期医务人员记录的病历,应当由具有本医疗机构执业资格的上级医务人员审阅、修改并予确认。上级医务人员审阅、修改、确认电子病历内容时,电子病历系统应当进行身份识别、保存历次操作痕迹、标记准确的操作时间和操作人信息。电子病历应当设置归档状态,医疗机构应当按照病历管理相关规定,在患者门(急)诊就诊结束或出院后,适时将电子病历转为归档状态。电子病历归档后原则上不得修改,特殊情况下确需修改的,经医疗机构医务部门批准后进行修改并保留修改痕迹。医疗机构因存档等需要可以将电子病历打印后与非电子化的资料合并形成病案保存。具备条件的医疗机构可以对知情同意书、植入材料条形码等非电子化的资料进行数字化采集后纳入电子病历系统管理,原件另行妥善保存。门(急)诊电子病历由医疗机构保管的,保存时间自患者最后一次就诊之日起不少于15年;住院电子病历保存时间自患者最后一次出院之日起不少于30年。

4.**电子病历的使用**　电子病历系统应当设置病历查阅权限,并保证医务人员查阅病历的需要,能够及时提供并完整呈现该患者的电子病历资料。呈现的电子病历应当显示患者个人信息、诊疗记录、记录时间及记录人员、上级审核人员的姓名等。医疗机构应当为申请人提供电子病历的复制服务。医疗机构可以提供电子版或打印版病历。复制的电子病历文档应当可供独立读取,打印的电子病历纸质版应当加盖医疗机构病历管理专用章。有条件的医疗机构可以为患者提供医学影像检查图像、手术录像、介入操作录像等电子资料复制服务。

四、维护患者合法权益 ▶▶▶

　　案例简介　李某因感冒、畏寒、咳嗽等病症,于2007年11月21日在其家属肖某的陪同下到北京某医院呼吸内科门诊就诊。经过检查发现李某病情危重,医院进行了抢救。其间医院建议进行剖宫产术,但自称是患者丈夫的肖某拒绝手术,最终李某死亡。

　　诉讼情况　李某的父母起诉称,医院没有对李某采取有效的救助措施,最终造成一尸两命的惨剧,医院具有不可推卸的责任。这就是知名的"拒绝手术签字致孕妇死亡案",这个案例在当年备受关注,在全国范围内引发了讨论和思考。

　　鉴定情况　法院委托司法鉴定机构对北京某医院的诊疗行为是否存在过错,以及该过错与李某的死亡后果之间是否存在因果关系进行鉴定。鉴定结果显示:"患者李某的死亡主要与其病情危重、病情进展快、综合情况复杂有关。医院对患者李某的诊疗过程存在的不足与患者的死亡无明确因果关系。"

　　判决情况　2009年12月18日法院做出一审判决,认定北京某医院的医疗行为与患者死亡的后果没有因果关系,因此不构成侵权,驳回孕妇家属的诉讼请求。但医院出于同情和人道主义关怀,表示愿意给予李某家属10万元经济帮助。

　　案例涉及的问题　患者的权利包括哪些?

下面对患者的权利进行介绍。

(一)生命健康权

1. 生命健康权的概念及重要性　生命健康权是指自然人享有维持生命、生理功能正常,维护健康利益的权利。生命权是自然人的最高人格利益,是其他人格权和人格利益的基础。健康权以身体为物质载体,破坏身体完整性,则导致对健康权的损害。生命健康权是重要的民事权利。侵害生命健康权,应对受害人或其家属进行赔偿。医疗卫生事业就是围绕人民生命健康权服务的事业,医疗机构及医务人员的诊疗活动就是维护患者生命健康权的行为。医疗机构对于"三无"患者的救治、急诊患者先治疗后付费、突发公共卫生事件的救治等,均是维护人民群众生命健康权的体现。

2. 相关法律规定　《宪法》是国家根本法,其规定:国家发展医疗卫生事业,发展现代医药和我国传统医药,鼓励和支持农村集体经济组织、国家企业事业组织和街道组织举办各种医疗卫生设施,开展群众性的卫生活动,保护人民健康。

《民法典》规定:自然人享有生命权。自然人的生命安全和生命尊严受法律保护。任何组织或者个人不得侵害他人的生命权。自然人享有健康权。自然人的身心健康受法律保护。任何组织或者个人不得侵害他人的健康权。自然人的生命权、身体权、健康权受到侵害或者处于其他危难情形的,负有法定救助义务的组织或者个人应当及时施救。

《医师法》规定:医师应当坚持人民至上、生命至上,发扬人道主义精神,弘扬敬佑生命、救死扶伤、甘于奉献、大爱无疆的崇高职业精神,恪守职业道德,遵守执业规范,提高执业水平,履行防病治病、保护人民健康的神圣职责。对需要紧急救治的患者,医师应当采取紧急措施进行诊治,不得拒绝急救处置。

《医疗质量管理办法》规定:医疗机构应当加强医务人员职业道德教育,发扬救死扶伤的人道主义精神,坚持"以患者为中心",尊重患者权利,履行防病治病、救死扶伤、保护人民健康的神圣职责。

(二)医疗诊治权

1. 自主选择权　《医疗质量管理办法》要求医疗机构及医务人员开展诊疗活动,应当尊重患者的自主选择权。患者的自主选择权包括患者有权选择医院、医生、医疗方案;选择是否使用高值医用耗材、药品;患者在法律允许的范围内可拒绝治疗,也有权拒绝某些实验性治疗,精神病、传染病患者按规定必须治疗的除外。

2. 平等医疗权　患者就医人人平等,医院不得因患者身份原因、经济原因给予差别对待。对门诊等候、预约诊疗、床位安排、特殊检查、特殊治疗和择期手术的患者,应当通过网络、公众号、院内电子屏等途径向患者充分告知医院诊疗资源分布信息,提供提示服务。通过网络预约、扫码预约、线下预约等多种形式有效提高医疗资源利用率,增加医疗资源信息的公开透明程度,减少患者排队次数,缩短排队等待时间。

3. 监督医疗权益实现的权利　患者有权监督医院对自己所实施的医疗护理工作,如果患者的正当要求没有得到满足,或者医护人员的过失造成患者身心的损害,患者有权采取合法措施维护自身权益。

(三)知情同意权

医务人员应充分尊重患者的知情同意权,履行告知义务。

1. 关于知情同意权的规定　对于患者知情同意权的问题,1982 年的《医院工作制度》即有相关规定。《医疗机构管理条例》规定:医疗机构施行手术、特殊检查或者特殊治疗时,必须征得患者同意,并应当取得其家属或者关系人同意并签字;无法取得患者意见时,应当取得家属或者关系人同意并签字;无法取得患者意见又无家属或者关系人在场,或者遇到其他特殊情况时,经治医师应当提出医疗处置方案,在取得医疗机构负责人或者被授权负责人员的批准后实施。

《医师法》《医疗事故处理条例》《医疗纠纷预防和处理条例》《民法典》等均对患者的知情同意权做出了规定。《民法典》规定:医务人员在诊疗活动中应当向患者说明病情和医疗措施。需要实施手术、特殊检查、特殊治疗的,医务人员应当及时向患者具体说明医疗风险、替代医疗方案等情况,并取得其明确同意;不能或者不宜向患者说明的,应当向患者的近亲属说明,并取得其明确同意;因抢救生命垂危的患者等紧急情况,不能取得患者或者其近亲属意见的,经医疗机构负责人或者授权的负责人批准,可以立即实施相应的医疗措施。

2. 知情同意权的行使　由患者本人行使知情同意权。患者具有完全民事行为能力的,在不违反保护性医疗制度的前提下,将告知内容直接告知本人;需履行书面签字手续的,由本人签字。

由患者委托代理人代为行使知情同意权。患者虽具有完全民事行为能力,但如实告知病情可能对患者造成不利影响的,或者患者不能理解告知内容的,由患者委托的代理人代为行使知情同意权。患者委托代理人时,应由患者本人和委托代理人共同签署授权委托书。

由患者监护人或关系人行使知情同意权。对于不能完全行使民事行为能力的昏迷、精神病发作期、痴呆、未成年人等,由其监护人或关系人行使知情同意权。

前面列举的"拒绝手术签字致孕妇死亡案",涉及的就是患者自主选择权的问题。

3. 重视知情同意权　自《医疗事故处理条例》实施之后,患者知情同意权格外被重视。笔者曾在2010年前参与过本单位的一件涉及知情同意权的诉讼工作,当时鉴定结论是医疗行为不构成医疗事故,但存在知情告知不充分的问题,告知行为与患者的损害后果之间无因果关系。虽然当事医生坚持给患者讲过手术的有关问题,但无患方签字的书面告知书,患方予以否认。法院在判决时,以医院告知不充分这一点,判决医院向患者支付2 000元的赔偿。当时参与诉讼及鉴定的院方人员,对因知情告知问题被起诉并败诉,均感到诧异。当事医生是一位老主任,之前没被患者起诉过,从这件事之后,每做一个手术,他都会复印一份患方签字的知情同意书,自己单独保存起来。笔者长期参与医疗纠纷的处理工作,对医院不断加强知情同意管理工作印象深刻。"三甲复审""绩效考核"等各种检查都会查知情告知方面内容;医院经常组织知情告知等医疗安全知识培训;制订完善知情告知文书模板;医院建立重大手术、疑难病例谈话制度,医患双方在有录音、录像设施的谈话间,由主管医生充分告知患方有关医疗问题,患方签字,最后由专人拷贝保存该谈话录音、录像资料;有的临床科室还在医生办公室安装录音、录像设备,留存知情告知凭据。

(四)隐私权

1. 患者隐私权的法律规定　《医师法》规定医师在执业活动中要保护患者隐私;《护士条例》规定护士应当保护患者隐私;《医疗质量管理办法》要求医疗机构及医务人员开展诊疗活动,应当尊重患者的隐私权,对患者的隐私保密。医疗机构对病历的保管、复制有严格规定,也是对患者隐私权的保护。《民法典》规定:医疗机构及其医务人员应当对患者的隐私和个人信息保密。泄露患者的隐私和个人信息,或者未经患者同意公开其病历资料的,应当承担侵权责任。

2. 隐私权的内容　隐私是自然人的个人事务、个人信息和个人领域。个人事务是具体的、有形的,如朋友往来、夫妻生活等。个人信息是指个人不愿公开的情报、资料、数据等,是抽象的、无形的隐私。个人领域是指个人的隐秘范围,如身体的隐蔽部位、日记内容、通信秘密等。隐私权是公民的人格权,包括隐私隐瞒权、隐私利用权、隐私支配权、隐私维护权等。医院及其工作人员不得非法泄露患者的隐私。

3. 患者隐私权的保护　医疗机构可以从以下方面保护患者隐私权:医务人员在询问患者隐私时,应当态度严肃,不得嬉笑、嘲弄。在对患者进行检查、诊疗操作或手术时,医务人员之间的交流要注意保护患者的隐私。不得将患者的隐私作为闲谈内容。不得违规泄漏患者隐私。妥善保管患者病历资料,复印病历严格按照相关规定执行。在对患者隐私部位进行检查时,必须用屏风遮挡或关门遮拦。请无关人员先离开房间,按患者意愿决定是否请其家属离开。男性工作人员在对女性隐私部位进行检查时,必须有女性医务人员在场。

(五)民族风俗习惯和宗教信仰权

《宪法》规定:各民族都有保持自己的风俗习惯的自由;中华人民共和国公民有宗教信仰自由。医务人员应主动了解患者的民族和有无宗教信仰,对患者提出的关于民族风俗习惯和宗教信仰的要求,在客观条件允许和不影响治疗的前提下,应充分配合,尽量满足。医务人员应尊重患者的民族风俗习惯和宗教信仰,忌用嘲讽、污辱性语言。尊重少数民族及道教、佛教患者的饮食习惯,尤其对回族、维吾尔族、哈萨克族等信仰伊斯兰教,食用清真食品的民族,给予专门照顾,在患者营养食堂设立"清真灶",并注明"清真"字样。尊重少数民族丧葬习俗。不同民族有不同的丧葬习俗,家属自愿改革丧葬习俗的,医院不得干涉。医院不得强迫回族等信仰伊斯兰教民族实行火葬,当少数民族患者家属需要时,医院应按规定给予帮助。尊重患者的宗教信仰自由。在诊疗过程中,要做到友好、礼貌和谨慎,尊重患者的人格,尊重患者的宗教习惯。

(六)其他权利

患者有权获得正确的医疗资讯,有权申请复印病历,有权要求医院出具诊断证明,有权审查医疗费用清单,有权要求安全就医环境等。

五、完善投诉接待制度 »»

建立健全投诉接待制度,是维护正常医疗秩序,保障医患双方合法权益,提高医疗服务质量水平的重要手段。《医疗纠纷预防和处理条例》《医疗机构投诉管理办法》等法律、法规和规章制度,均有建立健全投诉接待制度的规定。

《医疗纠纷预防和处理条例》规定:医疗机构应当建立健全投诉接待制度。为贯彻落实《医疗纠纷预防和处理条例》对医疗机构投诉管理等内容提出的明确要求,国家卫健委制定了《医疗机构投诉管理办法》,适用于各级各类医疗机构的投诉管理。该办法定义了投诉管理的含义,对医患沟通、投诉接待和处理、监督管理等做出了规定,规定医疗机构投诉的接待、处理工作应当贯彻"以患者为中心"的理念,遵循合法、公正、及时、便民的原则。国家卫健委、国家中医药局于2021年9月8日发布了《医疗机构投诉接待处理"十应当"》(以下简称"十应当"),进一步规范了医疗机构投诉接待处理工作。

(一)投诉管理

1. 投诉管理的概念　投诉管理是指患者就医疗服务行为、医疗管理、医疗质量安全等方面存在的问题,向医疗机构反映情况,提出意见、建议或者投诉请求,医疗机构进行调查、处理和结果反馈的活动。

2. 投诉管理部门　《医疗纠纷预防和处理条例》《医疗机构投诉管理办法》规定了医疗机构应当设置医患关系办公室或者指定部门统一承担投诉管理工作。

医院投诉管理部门的职责:组织、协调、指导投诉处理工作,建立和完善投诉接待和处置程序;按照医院内部门职责分流投诉问题;与上级卫生行政主管部门对接,处理或者转办上级移交的各类投诉件;汇总分析投诉信息,提出加强与改进工作的意见或者建议;组织、协调、督促相关部门开展投诉接待处理工作培训;涉及多个部门的投诉,为避免部门之间发生推诿、搪塞的情况,投诉管理部门可以指定部门处理等。

3. 投诉管理机制　归纳《医疗机构投诉管理办法》,与投诉管理机制相关的内容如下。

(1)三级管理:医疗机构应当建立医疗机构、投诉管理部门、科室三级投诉管理机制,医疗机构各部门、各科室应当指定至少1名负责人配合做好投诉管理工作。

（2）制定医疗纠纷预防处理预案：医疗机构应当制定医疗纠纷预防处理预案，防范医疗纠纷的发生，及时妥善处理医疗纠纷。

（3）制定重大医疗纠纷事件应急处置预案：医疗机构应当制定重大医疗纠纷事件应急处置预案，组织开展相关的宣传、培训和演练，确保依法、及时、有效化解矛盾纠纷。

（4）引入专业人才接待处理投诉：医疗机构应当逐步建立健全相关机制，鼓励和吸纳社会工作者、志愿者等熟悉医学、法律专业知识的人员或者第三方组织参与医疗机构投诉接待与处理工作。

（5）做好投诉风险评估：医疗机构各部门、各科室应当定期对投诉涉及的风险进行评估，对投诉隐患进行摸排，对高发隐患提出针对性的防范措施，加强与患者沟通，及时做好矛盾纠纷排查化解工作。

（6）建立联动机制：二级以上医疗机构应当健全投诉管理部门与临床、护理、医技和后勤、保卫等部门的联动机制，必要时警医共建，保障医疗安全，维护正常医疗秩序。

（7）将投诉与考核、评价相结合：医疗机构应当将投诉管理纳入患者安全管理体系，定期汇总、分析投诉信息，梳理医疗管理、医疗质量安全的薄弱环节，落实整改措施，持续改进医疗质量安全。将投诉情况与年终考核、医师定期考核、医德考评、评优评先等相结合。

（8）加强投诉闭环管理：医疗机构应当结合工作实际制定投诉分类标准，从投诉内容、科室部门、时间、人群等不同维度进行定期汇总、分析投诉信息，梳理普遍性、焦点性问题，发现医疗服务管理漏洞，并重点进行原因分析，提出改进措施，持续改进，形成"投诉—分析—整改"的闭环管理模式。同时，医疗机构应当根据投诉情况，及时梳理和掌握投诉多发科室、环节和人员，加强对重点科室和重点人员的管理和指导。

（9）建立重点投诉处理回访机制：医疗机构应当根据投诉问题及办理结果等因素，对重点投诉适时采取电话或调查问卷等形式进行回访，对处理过程和处理结果进行追踪。通过患者回访，对接待和处理中存在的问题进行总结分析，逐步提高医疗机构投诉管理水平。

（10）广泛接受监督：医疗机构应当按照规定做好信息公开工作，主动接受社会监督。应当鼓励工作人员主动收集患者对医疗服务、医疗质量安全等方面的意见和建议，通过规定途径向投诉管理部门或者有关职能部门反映。医疗机构工作人员有权对医疗机构管理、服务等各项工作提出意见、建议，临床一线工作人员，对于发现的药品、医疗器械、水、电、气等医疗质量安全保障方面的问题，应当向投诉管理部门或者有关职能部门反映，医疗机构及有关部门应当予以重视，并及时处理、反馈。

（二）投诉接待

1. 建立"一站式"投诉解决模式　　"十应当"的第一应当就是建立"一站式"投诉解决模式，提出医疗机构应当建立以患者为中心的投诉接待处理模式，实现门诊、病房等投诉解决"一站式"服务。按照《医疗机构投诉管理办法》的要求，由医疗机构投诉管理部门或投诉管理专（兼）职人员专门负责投诉，达到统一受理、统一调查、统一协调、统一办理、统一反馈的目的。

2. 畅通投诉渠道　　医疗机构应当建立畅通、便捷的投诉渠道，设置投诉意见箱，开通来电、来访、来信、电子邮箱等投诉渠道，在医疗机构显著位置公布投诉处理程序、地点、接待时间和联系方式等信息。医疗机构应加强舆情监测，及时掌握患者在其他渠道的诉求。

3. 设置专门的投诉接待场所　　医疗机构应当设置专门的投诉接待场所，接待场所应当提供有关法律、法规、投诉程序等资料，便于患者查询。

投诉接待室可配录音、录像设备，以留存相关证据，加强安保，维持工作秩序，保障工作人员安全。

4. 实行"首诉负责制"　　《医疗机构投诉管理办法》规定：投诉接待、处理实行"首诉负责制"，首次接待投诉的部门、科室应当热情接待，对于能够当场协调处理的，应当尽量当场协调解决；对于无法当场协调处理的,接待的部门或者科室应当主动将患者引导至相应投诉接待处理部门,不得推诿、搪塞,要尽早尽快解决问题。

5. 做好投诉接待工作   投诉接待人员应当认真听取患者意见,耐心细致地做好解释工作,避免矛盾激化。应当核实相关信息,如实记录患者反映的情况,及时留存书面投诉材料。患者应当依法文明表达意见和要求,向医疗机构投诉管理部门提供真实、准确的投诉资料,配合医疗机构投诉管理部门的调查和询问,不得扰乱正常医疗秩序,不得有违法犯罪行为。单次投诉人员数量原则上不超过5人。超过5人的,应当推选代表集中反映诉求。

投诉接待人员在接待场所发现患者有自杀、自残和其他过激行为,或者侮辱、殴打、威胁投诉接待人员的行为,应当及时采取控制和防范措施,同时向公安机关报警,并向当地卫生健康主管部门报告。对接待过程中发现的可能激化矛盾,引起治安案件、刑事案件的投诉,应当及时向当地公安机关报告,依法处理。

(三)投诉管理部门不予处理的情形

属于下列情形之一的投诉,投诉管理部门不予处理,但应当向患者说明情况,告知相关处理规定:患者已就投诉事项向人民法院起诉的或者向第三方申请调解的;患者已就投诉事项向卫生健康主管部门或者信访部门反映并做出处理的;没有明确的投诉对象和具体事实的;投诉内容已经涉及治安案件、刑事案件的;其他不属于投诉管理部门职权范围的投诉。

六、注重教育培训 »»

为了提高医务人员医疗事故与损害的防范意识,增强医务人员责任感,规范医疗行为,改善医疗服务,医疗机构应加强医疗事故与损害防范的培训教育。通过培训,提高医务人员对《医师法》《医疗纠纷预防和处理条例》《病历书写基本规范》《医疗机构工作人员廉洁从业九项准则》等相关法律、法规及规范的掌握,注意沟通技巧,提升服务能力,防范医疗事故与损害的发生。

《医疗事故处理条例》《医疗纠纷预防和处理条例》等均规定,医疗机构应当对其医务人员进行医疗卫生法律、法规、规章和诊疗相关规范、常规的培训,并加强职业道德教育。

(一)医德医风培训

医疗机构应积极开展以爱岗敬业、廉洁自律为核心的职业精神教育,推进形成良好医德教育氛围。组织学习《医疗机构从业人员行为规范》《医疗机构工作人员廉洁从业九项准则》等规定,不断提升医务人员的廉洁意识和职业素养。开展廉政文化教育,以提高医务工作者拒腐防变能力,通过集中学习、专题讲座、实地参观、知识答卷等多种形式,做到随时学习,时时提醒,引导医务工作者坚定理想信念,树立正确的人生观、价值观、权力观和利益观。加大对技术能手、服务标兵等先进集体和个人的宣传,弘扬工匠精神,为其他职工树立好榜样,传播正能量,激励广大职工爱岗敬业、乐于奉献,形成干事创业、奋勇争先的良好氛围。

(二)法律、法规培训

医疗机构应加强对医务人员法律、法规教育培训。通过法律、法规教育培训,增强医务人员依法执业及医疗安全意识,让依法执业成为行为习惯,落实到诊疗工作中。将医疗卫生法律、法规的培训学习纳入岗前培训,新员工经卫生法律、法规培训,考核合格后方可上岗。医疗机构应开展法律、法规全员培训,有法律、法规培训计划及课程安排。培训形式灵活多样,可利用医院医师大会、护士大会等时机,进行法律、法规及医疗安全知识培训;也可以采取职能管理部门到临床科室进行医疗安全巡讲的方式进行培训。培训内容丰富,可以培训法律、法规具体规定,医疗文书书写注意事项,医患沟通技巧等。要将医疗卫生法律、法规的培训与医务人员定期考核结合,进行培训教育评价,增强培训效果。

(三)案例培训教育

医疗事故与损害防范的教育培训,要适当运用典型案例教育的方法,围绕典型案例,认真分析诊疗过程中存在的问题,可促使当事医务人员不再犯类似过失,对其他医务人员可起到警示教育作用,进而减少医疗事故及损害的发生。

医疗纠纷分析讲评工作制度就是典型案例教育的一种形式。医疗纠纷分析讲评制度要求医疗机构成立医疗纠纷分析讲评工作组,负责医疗机构内部医疗纠纷分析讲评的具体工作安排,对医疗纠纷提出整改措施并监督落实等。医疗机构要定期组织人员对本院发生的医疗纠纷和医疗事故进行分类,本着实事求是的原则,解析讲评医疗事故与损害发生的原因。可邀请法律、鉴定等部门人员共同参与分析讲评工作。要通过对医疗纠纷的分析讲评,进一步提高医疗机构和医务人员的纠纷防范意识,针对容易出现问题的医疗流程、医疗设施和患者群体等方面,及时制定安全目标、处置预案和处理措施,防范医疗隐患的发生。

医院应根据卫生行政部门要求,及时制定本院医疗纠纷分析讲评工作制度,并积极开展分析讲评工作。如郑州某医院对医疗纠纷分析讲评工作提出"四个不放过",即问题未查清不放过,责任科室、责任人对问题认识不深刻不放过,责任科室、责任人未拿出整改措施不放过,对事件未进行处理不放过。

七、典型案例

案例简介 某患者家属向上级卫生行政部门投诉,反映患者为 56 岁女性,停经后又来月经,所以来医院就诊。医生给其开了经阴道超声等检查。患者回家观察几天之后月经结束,再到医院复查。投诉人对医生让患者花钱检查、说"官颈癌筛查需要年年做"有意见,并提出月经第 2 天做经阴道超声检查会影响检查结果的准确性,有造成感染的风险,医生这么做有悖常理。

调查核实情况 患者,女,56 岁,绝经 2 年,以"绝经后阴道少量出血 1 天"为主诉到妇科门诊就诊。接诊医生建议患者做相关检查,患者只接受超声检查,拒绝做妇科检查、官颈癌筛查。根据超声检查结果,医生怀疑患者存在官腔积液、官腔异物,建议患者住院进行官腔镜检查,患者拒绝,未办理住院手续。

绝经后出血女性进行妇科检查、经阴道超声检查等为常规诊疗,阴道少量出血不是经阴道超声检查的绝对禁忌证,因当时患者没有憋尿,故为患者开立经阴道超声检查,符合诊疗常规。患者复查时,另一位医生根据患者年龄及症状开具官颈癌筛查,符合医疗诊断需要。

被投诉医生的诊疗过程规范,不存在投诉人所说的"乱收费""无医德"的情况。

处理结果 投诉处理部门耐心细致地向投诉人做了解释,最终投诉人对诊疗行为表示理解。

案例涉及的问题 本案中,投诉人在投诉之初非常愤怒,其向卫生行政部门提交的投诉信言辞很激烈,严重质疑医生医德。从投诉信的字里行间可以看出,投诉人思路清晰、表述明白,应该是有一定文化素养的。但其反映的问题,恰恰没有问题,医务人员做的检查都符合规范。

人乳头瘤病毒检测、官颈癌筛查是女性体检经常做的项目。妇产科医生遇到绝经后阴道出血的病例时,首先就要排除官颈癌。

对于这些常识性问题,能够写出流畅文字的患者家属却不理解,甚至认为医生说"官颈癌筛查需要年年做"是在吓人。由此可见,要减少医疗事故与损害的争议,还需要做好健康科学知识普及。新闻媒体加大宣传医疗卫生常识,对医疗卫生方面的报道要客观、真实,避免让人民群众对医疗行业产生偏见。

（一）普及健康知识

《医疗纠纷预防和处理条例》规定：各级人民政府应当加强健康促进与教育工作，普及健康科学知识，提高公众对疾病治疗等医学科学知识的认知水平。2020年6月1日起施行的《基本医疗卫生与健康促进法》规定：国家和社会尊重、保护公民的健康权，国家建立健康教育制度，保障公民获得健康教育的权利，提高公民的健康素养。

1. 各级人民政府的职责　应当加强健康教育工作及其专业人才培养，建立健康知识和技能核心信息发布制度，普及健康科学知识，向公众提供科学、准确的健康信息。

2. 医疗卫生等机构的职责　医疗卫生、教育、体育、宣传等机构，基层群众自治组织，以及社会组织应当开展健康教育与健康促进、健康咨询等多种形式的活动，进行健康知识宣传和普及。医疗卫生人员应当在提供医疗卫生服务时，对患者开展健康教育。

3. 学校的职责　国家将健康教育纳入国民教育体系。学校应当利用多种形式实施健康教育，普及健康知识、科学健身知识、急救知识和技能，提高学生主动防病的意识，培养学生良好的卫生习惯和健康的行为习惯，减少、改善学生近视、肥胖等不良健康状况。

4. 公民的职责　公民个人是自己健康的第一责任人，树立和践行对自己健康负责的健康管理理念，主动学习健康知识，提高健康素养，加强健康管理。倡导家庭成员相互关爱，形成符合自身和家庭特点的健康生活方式。公民应当尊重他人的健康权利和利益，不得损害他人健康和社会公共利益。

（二）新闻媒体应当宣传健康常识

在互联网时代，媒体传播信息的速度和规模达到空前的水平，新闻与人们的生活联系更加紧密，新闻媒体的力量非常强大，其教化作用影响广泛、深入人心。新闻媒体要发挥宣传引导和舆论监督作用，普及健康知识，提升全民健康常识水平；正确报道医疗纠纷问题，促进和谐医患关系的构建。

《医疗纠纷预防和处理条例》规定：新闻媒体应当加强医疗卫生法律、法规和医疗卫生常识的宣传，引导公众理性对待医疗风险；报道医疗纠纷，应当遵守有关法律、法规的规定，恪守职业道德，做到真实、客观、公正。《基本医疗卫生与健康促进法》规定：新闻媒体应当开展健康知识的公益宣传，健康知识的宣传应当科学、准确。

第三节　医疗事故与损害的处置

所谓医疗事故与损害的处置，是指医疗事故与损害争议发生后，医疗机构与患者或其家属依法采取相应措施，解决争议问题的行为。医疗事故与损害的处置方式包括医患双方协商、卫生行政部门主持调解、人民调解、民事诉讼等。根据《医疗事故处理条例》《医疗纠纷预防和处理条例》《医疗机构投诉管理办法》等的规定，医疗事故与损害的处置，应当遵循合法、公平、公正、及时、便民的原则，坚持实事求是的科学态度，做到事实清楚、定性准确、责任明确、处理恰当。本节将从医疗事故与损害的院内处理、鉴定、调解、医疗风险分担机制、行政处理、民事诉讼几方面，介绍医疗事故与损害的处置工作。

一、院内处理

发生医疗纠纷争议，一部分患者及其家属会选择直接向医疗机构投诉，以医患双方进行协商的方式解决问题，这就是本部分所说的院内处理，这是解决医疗事故与损害问题的一种重要方式。

（一）投诉处理

1. 处理程序　医疗机构投诉处理部门接到投诉后，应当及时向科室和相关人员了解核实情况，在查清事实、分清责任的基础上提出处理意见,并向患者反馈。投诉涉及的科室和人员应当积极配合投诉处理部门的工作。对反复接到相同或者相似问题的投诉,医疗机构投诉处理部门应当汇总并报告医疗机构负责人,医疗机构对有关投诉可视情况予以合并调查,对发现的引发投诉的环节,或者多次引发投诉的医务人员应当根据调查结果,及时予以处理。患者投诉处理流程见图4-1。

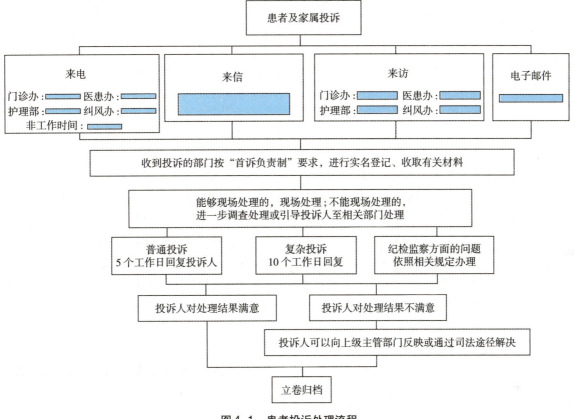

图4-1 患者投诉处理流程

2. 及时反馈 医疗机构投诉处理部门应当及时处理投诉,确有过错的,立即纠正,并当场向患者告知处理意见。情况较复杂,需调查、核实的,一般应当于接到投诉之日起5个工作日内向投诉人反馈处理情况或者处理意见。涉及多个科室,需组织、协调相关部门共同研究的,应当于接到投诉之日起10个工作日内向投诉人反馈。

3. 防止损害扩大 《医疗事故处理条例》《医疗机构投诉管理办法》规定:发生或者发现医疗过失行为,或患方投诉涉及医疗质量安全、可能危及患者健康的,医疗机构及其医务人员应当立即采取积极有效措施,避免或者减轻对患者身体健康的损害,防止损害扩大。

4. 建立健全投诉档案 医疗机构应当建立健全投诉档案,包括书面、音像档案资料。投诉档案材料包含患者基本信息、投诉事项及相关证明材料、投诉登记、调查处理及反馈情况,其他与投诉事项有关的材料。

5. 做好与调解、诉讼工作的衔接 医疗机构应当告知患者按照医疗纠纷处理的相关规定,积极协商;不能协商解决的,引导患者通过调解、诉讼等途径解决,并做好与医疗纠纷人民调解、行政调解、诉讼等工作的衔接。投诉涉及违法违纪问题的,医疗机构应当及时移交相关部门依法依规处理。

6. 妥善应对舆情 医疗机构应当保护与投诉相关的患者和医务人员的隐私,妥善应对舆情,严禁发布违背或者夸大事实、渲染投诉处理过程的信息。

（二）投诉事件报告

《医疗事故处理条例》规定：医务人员在医疗活动中发生或者发现医疗事故、可能引起医疗事故的医疗过失行为或者发生医疗事故争议的，应当立即向所在科室负责人报告，科室负责人应当及时向本医疗机构负责医疗服务质量监控的部门或者专（兼）职人员报告；负责医疗服务质量监控的部门或者专（兼）职人员接到报告后，应当立即进行调查、核实，将有关情况如实向本医疗机构的负责人报告，并向患者通报、解释。发生医疗事故的，医疗机构应当按照规定向所在地卫生行政部门报告。发生下列重大医疗过失行为的，医疗机构应当在 12 小时内向所在地卫生行政部门报告：①导致患者死亡或者可能为二级以上的医疗事故；②导致 3 人以上人身损害后果；③国务院卫生行政部门和省、自治区、直辖市人民政府卫生行政部门规定的其他情形。

《医疗纠纷预防和处理条例》及《医疗机构投诉管理办法》规定：发生重大医疗纠纷的，医疗机构应当按照规定向所在地县级以上地方卫生健康主管部门报告。卫生健康主管部门接到报告后，应当及时了解掌握情况，引导医患双方通过合法途径解决纠纷。

为建立健全医疗质量安全事件报告和预警制度，卫生部制定了《医疗质量安全事件报告暂行规定》，自 2011 年 4 月 1 日起施行，2002 年的《重大医疗过失行为和医疗事故报告制度的规定》同时废止。

（三）病历封存

病历封存是为了保护证据材料的真实性。2002 年的《医疗事故处理条例》规定了发生医疗事故争议时，死亡病例讨论记录、疑难病例讨论记录、上级医师查房记录、会诊意见、病程记录应当在医患双方在场的情况下封存和启封。封存的病历资料可以是复印件，由医疗机构保管。这是我国对病历封存最早的规定。

1. 病历的封存与启封   《医疗机构病历管理规定（2013 年版）》及《医疗纠纷预防和处理条例》对病历封存与启封均做出了具体规定。

依法需要封存病历时，应当在医疗机构或者其委托代理人、患者或者其代理人在场的情况下，对病历共同进行确认，签封病历复制件。

医疗机构申请封存病历时，应当告知患者或者其代理人共同实施病历封存；但患者或者其代理人拒绝或者放弃实施病历封存的，医疗机构可以在公证机构公证的情况下，对病历进行确认，由公证机构签封病历复制件。

医疗机构负责封存病历复制件的保管。

封存后病历的原件可以继续记录和使用。

按照《病历书写基本规范》和《中医病历书写基本规范》的要求，病历尚未完成，需要封存病历时，可以对已完成病历先行封存，当医师按照规定完成病历后，再对新完成部分进行封存。

医疗机构应当对封存的病历开列封存清单，由医患双方签字或者盖章，双方各执一份。

开启封存病历应当在签封各方在场的情况下实施。病历资料封存后医疗纠纷已经解决，或者患者在病历资料封存满 3 年未再提出解决医疗纠纷要求的，医疗机构可以自行启封。

2. 电子病历的封存   依法需要封存电子病历时，应当在医疗机构或者其委托代理人、患者或者其代理人双方共同在场的情况下，对电子病历共同进行确认，并进行复制后封存。封存的电子病历复制件可以是电子版；也可以对打印的纸质版进行复印，并加盖病案管理章后进行封存。

封存的电子病历复制件应当满足以下技术条件及要求：储存于独立可靠的存储介质，并由医患双方或双方代理人共同签封；可在原系统内读取，但不可修改；操作痕迹、操作时间、操作人员信息可查询、可追溯；其他有关法律、法规、规范性文件和省级卫生行政部门规定的条件及要求。

封存后，电子病历的原件可以继续使用。电子病历尚未完成，需要封存时，可以对已完成的电子病历先行封存，当医务人员按照规定完成病历后，再对新完成部分进行封存。

(四)药物、血液等实物封存

疑似输液、输血、注射、用药等引起不良后果的,医患双方应当共同对现场实物进行封存、启封,封存的现场实物由医疗机构保管。需要检验的,应当由双方共同委托依法具有检验资格的检验机构进行检验;双方无法共同委托的,由医疗机构所在地县级人民政府卫生主管部门指定。

疑似输血引起不良后果,需要对血液进行封存保留的,医疗机构应当通知提供该血液的血站派员到场。

现场实物封存后医疗纠纷已经解决,或者患者在现场实物封存满3年未再提出解决医疗纠纷要求的,医疗机构可以自行启封。

(五)尸检及尸体处理

1.尸检　患者死亡,医患双方对死因有异议的,应当在患者死亡后48小时内进行尸检;具备尸体冻存条件的,可以延长至7日。尸检应当经死者近亲属同意并签字,拒绝签字的,视为死者近亲属不同意进行尸检。不同意或者拖延尸检,超过规定时间,影响对死因判定的,由不同意或者拖延的一方承担责任。

尸检应当由按照国家有关规定取得相应资格的机构和专业技术人员进行。

医患双方可以委派代表观察尸检过程。

2.尸体的处理　患者在医疗机构内死亡的,尸体应当立即移放太平间或者指定的场所,死者尸体存放时间一般不得超过14日。逾期不处理的尸体,由医疗机构向所在地县级人民政府卫生主管部门和公安机关报告后,按照规定处理。

二、鉴定

案例简介　患者,男,以"间断后背痛17年,加重2个月"为主诉住院治疗。先后行"冠状动脉造影术""非体外循环冠状动脉旁路移植术(OP-CABG)""开胸探查术",但患者最终出现多脏器功能衰竭而死亡。

鉴定情况　患方认为医院存在过错,向医院投诉,与医院进行协商。在医患双方协商未果的情况下,患方向卫生行政主管部门申请进行医疗事故技术鉴定,主管部门委托医学会进行鉴定,医学会的鉴定书认定医院的医疗行为不构成医疗事故。

患方随后提起诉讼,在诉讼过程中申请了司法鉴定。司法鉴定意见书认定医院存在医疗过错,过错与患者死亡之间具有一定的因果关系,过错参与度为10%~20%。

判决情况　法院最终参照司法鉴定意见,判决医院赔偿患者总损失的15%。

案例涉及的问题　①为什么同时存在医疗事故技术鉴定和司法鉴定?②医疗事故技术鉴定与其他司法鉴定的区别在哪里?③医疗事故与损害到底应该做什么鉴定?

(一)医疗事故与损害鉴定的历史沿革

上述案例同时存在医疗事故技术鉴定及司法鉴定,当两种鉴定结论不一致时,法院最终采纳了对医方不利的司法鉴定结论。为什么不选择对医方有利的医疗事故技术鉴定结论呢?原因就是两种鉴定结论都是合法有效的,这种时候法官的自由裁量权允许他们做出选择。

在医疗事故与损害的历史沿革中,进行哪种鉴定随着相关法律、法规的实施也一直有所变化。《医疗事故处理条例》实施之初,医疗纠纷处理程序相对简单,医疗事故与损害方面的纠纷一般由医学会组织进行医疗事故技术鉴定。

2005年《全国人民代表大会常务委员会关于司法鉴定管理问题的决定》实施以后,医疗事故技术鉴定和司法鉴定同时并存。比如在一起纠纷诉讼中,法院委托进行了医疗事故技术鉴定,患方也充分参与了鉴定,但一旦鉴定结论不构成医疗事故,患方往往申请再进行司法鉴定,在这种情况下,法院一般都会根据患方申请同意进行司法鉴定。

2010年《侵权责任法》实施之后,医疗纠纷"举证责任倒置"原则不再适用,医学会之外的法医临床鉴定机构进行的司法鉴定(以下简称司法鉴定)逐渐取代医疗事故技术鉴定的地位。

2013年4月8日,《最高人民法院关于废止1997年7月1日至2011年12月31日期间发布的部分司法解释和司法解释性质文件(第十批)的决定》废止了《最高人民法院关于参照<医疗事故处理条例>审理医疗纠纷民事案件的通知》,司法鉴定是医疗纠纷鉴定的主要鉴定方式。

(二)医疗事故技术鉴定与司法鉴定的区别

为什么同时存在医疗事故技术鉴定与司法鉴定呢?两者的区别在哪里?下面进行一下对比,通过比较说明这两个问题。

1. 鉴定的依据

(1)医疗事故技术鉴定:医疗事故技术鉴定主要依据《医疗事故处理条例》《医疗事故技术鉴定暂行办法》等进行鉴定。《医疗事故处理条例》规定卫生行政部门接到医疗机构关于重大医疗过失行为的报告或者医疗事故争议当事人要求处理医疗事故争议的申请后,对需要进行医疗事故技术鉴定的,应当交由负责医疗事故技术鉴定工作的医学会组织鉴定;医患双方协商解决医疗事故争议,需要进行医疗事故技术鉴定的,由双方当事人共同委托负责医疗事故技术鉴定工作的医学会组织鉴定。

根据国家卫生计生委2018年第1号公告,《医疗事故分级标准(试行)》不再作为部门规章纳入规范性文件管理(图4-2)。但经向某市医学会鉴定办公室咨询,了解到该医学会因未接到《医疗事故分级标准(试行)》废止通知,近几年仍按此标准对医疗事故进行分级。

附件2

国家卫生计生委决定不再作为部门规章
纳入规范性文件管理的文件目录

序号	制定机关	规章名称	公布日期	实施日期
1	卫生部	医疗机构设置规划指导原则	1994.9.5	1994.9.5
2	卫生部	医用氧舱临床使用安全技术要求	1996.8.5	1996.8.5
3	卫生部	妇幼保健机构评审实施规范	1996.11.15	1996.11.15
4	卫生部	乡(镇)卫生院评审标准	1997.9.1	1997.9.1
5	卫生部	医院乡(镇)卫生院评审结论判定标准	1997.9.1	1997.9.1
6	卫生部	医疗事故分级标准(试行)	2002.7.31	2002.9.1

图4-2 国家卫生计生委公告2018年第1号公告附件2

(2)司法鉴定:司法鉴定是指在诉讼活动中鉴定人运用科学技术或者专门知识对诉讼涉及的专门性问题进行鉴别和判断并提供鉴定意见的活动,主要依据中华人民共和国司法部发布的《司法鉴定程序通则》及相关行业标准《司法鉴定标准化工作指南》《医疗损害司法鉴定指南》《人身损害与疾病因果关系判定指南》等进行鉴定(表4-1)。《医疗损害司法鉴定指南》是对医疗损害责任纠纷司法鉴定实践中涉及的委托、鉴定过程、听取医患各方陈述意见的程序和鉴定的基本方法等方面的指导。其一般包括以下委托事项:医疗机构实施诊疗行为有无过错;医疗过错行为与损害后果之间是否存在因果关系及原因力大小;医疗机构是否尽到了说明义务、取得患者或者患者近亲属书面同意的义务;其他有关的专门性问题。委托人根据需要酌情提出委托鉴定的事项,司法鉴定机构宜与委托人协商,并就委托事项达成一致意见。

表 4-1 司法鉴定的依据

依据	发布部门	制定时间	效力
《司法鉴定标准化工作指南》	司法部	2021 年	有效
《医疗损害司法鉴定指南》	司法部	2021 年	有效
《人身损害与疾病因果关系判定指南》	司法部	2021 年	有效

2. 鉴定的机构 医疗事故技术鉴定由市级以上医学会组织,司法鉴定由医学会以外的鉴定机构组织。

(1)医疗事故技术鉴定:首次医疗事故技术鉴定工作由设区的市级地方医学会和省、自治区、直辖市直接管辖的县(市)地方医学会负责组织,省级医学会负责组织再次鉴定工作。中华医学会在必要时,可以对疑难、复杂并在全国有重大影响的医疗事故争议组织鉴定。医学会是医疗事故技术鉴定的机构。

(2)司法鉴定:鉴定机构组成多样,只要符合《全国人民代表大会常务委员会关于司法鉴定管理问题的决定》的规定,即有明确的业务范围;有在业务范围内进行司法鉴定所必需的仪器、设备;有在业务范围内进行司法鉴定所必需的依法通过计量认证或者实验室认可的检测实验室;每项司法鉴定业务有 3 名以上鉴定人。而且地域选择范围也很大,全国各地的法医临床司法鉴定机构都可以选择。

3. 鉴定人的组成 医疗事故技术鉴定专家组主要由临床专家组成,专业性较强,司法鉴定主持鉴定人员为司法鉴定人,可邀请相关临床专家参与。

(1)医疗事故技术鉴定:按照《医疗事故技术鉴定暂行办法》的规定,医学会设立医疗事故技术鉴定专家库,并按《医疗事故技术鉴定专家库学科专业组名录(试行)》分专业组,该名录确定的学科专业组共有内、外、妇、儿等 26 个大组,每个大组下还有具体专业组,如内科下有呼吸内科专业、消化内科专业、心血管内科专业等。而且各地还可以依本地区医疗事故技术鉴定工作实际,对该学科专业组进行适当增减。每次鉴定,专家鉴定组组成人数为 3 人以上单数。

(2)司法鉴定:根据《全国人民代表大会常务委员会关于司法鉴定管理问题的决定》,司法鉴定每项业务要有 3 人以上鉴定专家。依该决定,只要有 3 名以上鉴定人,1 个司法鉴定所就可以进行医疗纠纷鉴定,而不论鉴定人的学科专业。实践中有许多鉴定人是法医,对临床医学并不了解,目前实践中为弥补专业性不强的问题,鉴定机构在进行鉴定时会聘请相关专业的临床专家参与鉴定论证。

4. 鉴定专家的选择 医疗事故技术鉴定专家选择随机性强,司法鉴定的鉴定人相对固定。

(1)医疗事故技术鉴定:医学会组织鉴定要组织双方当事人,从专家库相关学科专业组中随机抽取鉴定专家及候补专家,涉及死因、伤残等级鉴定的,还要由双方当事人各自随机抽取 1 名法医参加鉴定。

(2)司法鉴定:司法鉴定没有随机抽取司法鉴定人的规定,因为司法鉴定所的鉴定人数固定而且有限。但是《医疗损害司法鉴定指南》规定了鉴定人就鉴定中涉及的专门性问题可以咨询相关医学专家。

5.鉴定会的程序　医疗事故技术鉴定、司法鉴定均对鉴定会或陈述会做出了规定。

(1)医疗事故技术鉴定:《医疗事故技术鉴定暂行办法》规定,鉴定要召开鉴定会,必须按照以下程序进行。双方当事人分别陈述意见和理由;专家鉴定组成员提问,当事人如实回答,必要时对患者进行现场医学检查;双方当事人退场后,专家鉴定组对双方当事人提供的书面材料、陈述及答辩等进行讨论;经合议,根据半数以上专家鉴定组成员的一致意见形成鉴定结论。

(2)司法鉴定:《医疗损害司法鉴定指南》也规定了听取医患各方陈述意见的程序,对基本形式、参与人员、听取陈述意见做出了具体规定,较之以往是一个进步。规定陈述会一般采用现场会议的形式听取医患各方的陈述意见,或经与委托人协商,也能采用远程视频会议和电话会议等形式。

6.鉴定书的内容

(1)医疗事故技术鉴定:《医疗事故处理条例》规定,医学会的医疗事故技术鉴定书应包括下列内容。医疗过失行为在医疗事故损害后果中的责任程度,包括完全责任、主要责任、次要责任、轻微责任;医疗事故等级;对医疗事故患者的医疗护理医学建议。医疗事故技术鉴定书的落款没有鉴定人签章,只加盖医学会公章,这不符合《民事诉讼法》中鉴定人应当在鉴定书上签名或者盖章的规定,也无法落实鉴定人出庭制度。

(2)司法鉴定:《医疗纠纷预防和处理条例》规定,医疗损害鉴定意见应当载明并详细论述是否存在医疗损害及损害程度;是否存在医疗过错;医疗过错与医疗损害是否存在因果关系;医疗过错在医疗损害中的责任程度。《医疗损害司法鉴定指南》规定鉴定意见书内容包括鉴定材料、医患各方陈述意见、检验结果和专家意见,根据医学科学原理、临床诊疗规范及鉴定原则,完成鉴定意见书的制作。

7.再次鉴定和重新鉴定的问题　医疗事故技术鉴定只要对初次鉴定结论不服,都可以申请再次鉴定;司法鉴定申请重新鉴定必须符合一定条件。

(1)医疗事故技术鉴定:《医疗事故处理条例》规定,当事人对首次医疗事故技术鉴定结论不服的,可以自收到首次鉴定结论之日起15日内,提出再次鉴定的申请。

(2)司法鉴定:《最高人民法院关于民事诉讼证据的若干规定》规定,当事人申请重新鉴定,存在下列情形之一的,人民法院应当准许。鉴定人不具备相应资格的;鉴定程序严重违法的;鉴定意见明显依据不足的;鉴定意见不能作为证据使用的其他情形。对鉴定意见的瑕疵,可以通过补正、补充鉴定或者补充质证、重新质证等方法解决的,人民法院不予准许重新鉴定的申请。重新鉴定的,原鉴定意见不得作为认定案件事实的根据。

(三)医疗事故与损害应做什么鉴定

通过以上对比可见,目前对医疗事故及损害的专业性鉴定,存在着医疗事故技术鉴定与司法鉴定两种鉴定方式,目前医疗事故技术鉴定一般由卫生行政主管部门委托或医患双方委托进行,而司法鉴定则由医疗纠纷人民调解委员会或人民法院委托进行,但无论通过哪种方式进行鉴定,都可以为医疗纠纷的处理提供专业支持。

建议各位医师在实际工作中,无论对哪种鉴定,都要认真对待,准备充分的鉴定材料,遵守鉴定机构安排,尊重鉴定专家及工作人员,为得到一个客观公正的结论而努力。

三、调解

调解是医患双方就医疗事故与损害争议,在人民调解委员会、卫生行政主管部门、人民法院等有关部门的主持下,自愿进行协商,达成和解协议,化解医疗纠纷的办法。调解制度源于民间"止讼息争"的传统,它自古即是解决矛盾纠纷的一种常用手段。医疗纠纷调解中的人民调解、行政调解、司法调解,即通称的"三调解",通过落实"三调解",可以和平高效地解决医疗纷争,缓解医患矛盾。

(一)人民调解

人民调解是指人民调解委员会通过说服、疏导等方法,促使纠纷当事人在平等协商基础上自愿达成调解协议,解决民间纠纷的一种群众自治活动,是一项具有中国特色的化解矛盾纷争的非诉讼解决方式,被国际社会誉为化解社会矛盾的"东方经验"。

1. 法律依据

(1)一般规定:1954 年我国颁布了《人民调解委员会暂行组织通则》,在全国范围内建立了人民调解制度。1982 年,人民调解制度被载入《宪法》。1989 年,国务院颁布了《人民调解委员会组织条例》,对人民调解工作进行规范。从 2011 年 1 月 1 日起,《中华人民共和国人民调解法》开始施行,以国家立法的形式对人民调解的原则、程序、效力等问题做出了规定。

(2)专门规定:司法部、卫生部、保监会于 2010 年 1 月联合发布了《关于加强医疗纠纷人民调解工作的意见》,这是为了发挥人民调解工作在化解医疗纠纷、构建和谐医患关系、促进平安医院建设方面的作用而提出的意见。

《医疗纠纷预防和处理条例》对医疗纠纷的人民调解问题做出了具体规定。

中华全国人民调解员协会制定了《医疗纠纷人民调解指引(试行)》,自 2019 年 3 月 1 日起施行,其对医疗纠纷的人民调解做出了更详细、可供参考的指导。

2. 原则 医疗纠纷人民调解应当在自愿、公正、中立、及时,不违背法律、法规、规章和政策的基础上进行。

医疗纠纷人民调解委员会应当尊重当事人的权利,不得因未经调解或者调解不成而阻止当事人依法通过其他途径维护自己的权利。医疗纠纷人民调解委员会调解医疗纠纷,不得收取费用。

3. 医疗纠纷人民调解委员会

(1)设立:医疗纠纷人民调解委员会是依法设立的专门调解医疗纠纷的群众性组织,接受所在地司法行政机关、基层人民法院的业务指导和人民调解员协会的行业管理。医疗纠纷人民调解委员会设在县级以上行政地区,可以单独设立,也可以联合设立。

(2)场所:医疗纠纷人民调解委员会办公场所应当选择方便调解、体现中立、不影响医疗秩序的地点设立。医疗纠纷人民调解委员会办公场所应当悬挂统一制式的人民调解工作标识和中华全国人民调解员协会统一制发的登记证书,以及医疗纠纷人民调解工作流程和人民调解员名单。

(3)人员组成:医疗纠纷人民调解委员会应配备 3 名以上专职人民调解员及若干名兼职人民调解员,主任由专职人民调解员担任。医疗纠纷人民调解委员会可以设立调解秘书,协助处理调解事务。调解秘书负责纠纷登记、协助选定人民调解员、参与调解并记录调解过程、起草人民调解协议书、协助当事人申请司法确认、开展调解回访等。

(4)管理制度:医疗纠纷人民调解委员会应当建立纠纷登记、排查、信息传递与反馈、专家咨询、重大案件研讨、回避、回访、统计、文书档案管理等工作制度和岗位职责、学习培训、绩效考核、人员解聘、辞退等管理制度。

4. 医疗纠纷人民调解员

(1)条件:医疗纠纷人民调解员一般应具有大专以上学历,并具有医学、法学、心理学等专业知识,由公道正派、廉洁自律、热心人民调解工作的成年公民担任。医疗纠纷人民调解员可以专职也可以兼职。

(2)职责:调解医疗纠纷;促成当事人达成协议;督促协议的履行;通过调解工作宣传医疗纠纷相关法律、法规、规章和政策;及时向有关部门报告医疗纠纷激化信息,采取必要措施防止医疗纠纷矛盾升级。

(3)工作纪律:坚持原则、明法析理;遵守管理制度,认真履行职责;保持中立,不得偏袒一方当事人;不得侮辱当事人;不得索取、收受财物或者谋取其他不当利益;不得泄露双方当事人隐私及所涉及的商业秘密等。

（4）培训登记:医疗纠纷人民调解员须经过司法行政部门或人民调解员协会培训合格,由省级人民调解员协会颁发证书,持证上岗。医疗纠纷人民调解员应当接受年度培训,由所在地人民调解员协会进行年审注册登记。

（5）解聘、辞退:人民调解员有下列情形,可以解聘、辞退。①不能胜任医疗纠纷调解工作的;②因身体原因无法正常履职的;③自愿申请辞职的;④违反工作纪律,情节严重或造成恶劣社会影响的;⑤其他应依法予以解聘、辞退的情形。

5. 医疗纠纷人民调解程序

（1）发起:医疗纠纷人民调解委员会依当事人申请调解医疗纠纷,一方当事人申请的,医疗纠纷人民调解委员会应当征得另一方当事人同意。医疗纠纷人民调解委员会获悉医疗机构内发生重大医疗纠纷,应当指派人民调解员赴纠纷现场,引导医患双方申请人民调解。医疗纠纷人民调解委员会应当接受人民法院、行政部门、信访部门的委派或委托进行医疗纠纷人民调解。

同一医疗纠纷涉及数个医疗机构,当事人分别向不同人民调解委员会申请调解的,由当事人选择其中一个调解委员会进行调解;未能确定的,由最先收到调解申请的调解委员会受理。

（2）申请:当事人可以书面申请调解,也可以口头申请调解。当事人书面申请的,申请书应当载明申请人的基本情况、申请调解的争议事项和理由,提供申请人身份证明、就医证明;医方提供医疗机构执业证明、患方就医证明等。当事人口头申请的,医疗纠纷人民调解员应当场做好记录,并经申请人签字确认。当事人提出调解申请的,医疗纠纷人民调解委员会应当出具收到申请的书面凭证。

（3）代理:当事人可以委托他人、律师或者基层法律服务工作者代理医疗纠纷人民调解。代理人应当出示身份证明、授权委托书。代理人是律师或者基层法律服务工作者的,还应当出示执业证。符合法律援助条件的,医疗纠纷人民调解委员会应当协助当事人向法律援助机构申请法律援助。

（4）受理:医疗纠纷人民调解委员会应当自收到调解申请之日起3个工作日内做出是否受理的决定,并通知双方当事人;一方当事人单独申请的,可以延长1～3个工作日。不予受理的,应当书面告知,并说明理由。

有下列情形的不予受理:一方当事人申请调解,对方当事人明确拒绝的;当事人已经向人民法院提起诉讼并且已被受理的,人民法院委托调解的除外;当事人已经申请卫生行政主管部门调解并且已被受理的,卫生行政主管部门委托调解的除外;当事人及其委托代理人拒绝提供个人真实有效身份证明和应当提供的材料的;其他不宜由医疗纠纷人民调解委员会调解的情形。

（5）调解员的选定:医疗纠纷人民调解委员会受理医疗纠纷调解申请后,应当指定1名或者数名人民调解员进行调解,也可以由当事人选择1名或者数名人民调解员进行调解。

（6）回避:有下列情形的调解员应回避。①是当事人或者其委托代理人近亲属的;②有在医疗纠纷所涉医疗机构工作经历的;③与医疗纠纷所涉药品、医疗器械的生产、销售单位及保险理赔公司等有利害关系的;④当事人认为可能影响公正调解的其他情形。当事人可以口头或者书面方式提出回避申请。医疗纠纷人民调解委员会对回避申请应当及时审核,并由医疗纠纷人民调解委员会主任做出是否回避的决定,并书面告知当事人;回避申请不成立的,也应当书面告知当事人,并说明理由。

（7）参加人员:医患双方参加调解的人员一般不超过5名。无正当理由不参加调解的,医疗纠纷人民调解委员会可以视为拒绝调解而终止调解。

医疗机构参加医疗责任保险的,医疗纠纷人民调解委员会可以在调解过程中,通知承保机构列席;承保机构未列席的,不影响调解进行。医疗纠纷人民调解委员会可以邀请有关单位或人员参与医疗纠纷人民调解。

当事人在调解中有下列情形的,医疗纠纷人民调解员应当及时制止;当事人不听劝阻的,可以暂停调解,情况严重的可以报公安机关处理:威胁、侮辱对方当事人和人民调解员的;妨碍对方当事人发言的;喧哗、吵闹,扰乱调解秩序的;损毁调解文书材料、公(私)物品的;其他妨碍调解正常进行的情形。

(8)专家咨询程序:具有下列情形之一的,医疗纠纷人民调解委员会应当启动专家咨询程序。①负责该纠纷调解的人民调解员认为需要的;②医患双方对引起医疗纠纷的诊疗活动及其损害后果存在重大分歧的;③其他需要进行专家咨询的情形。咨询专家应当从专家库中选取,并遵循回避相关规定。

医疗纠纷人民调解委员会可以就下列事项咨询专家意见:是否存在医疗损害及损害程度;是否存在医疗过错;医疗过错与医疗损害是否存在因果关系;医疗过错在医疗损害中的责任程度。

专家根据专业、独立、客观、公正的原则,就医疗纠纷人民调解委员会的咨询事项提供意见,并在咨询意见书上签名或者盖章。必要时,医疗纠纷人民调解委员会可以组织召开专家论证会。专家意见是医疗纠纷人民调解委员会调解的参考依据。

(9)委托鉴定:医疗纠纷人民调解委员会调解医疗纠纷,需要进行医疗损害鉴定的,由医患双方共同委托医学会或者司法鉴定机构进行鉴定;也可以经医患双方同意,由医疗纠纷人民调解委员会委托鉴定。鉴定费预先向医患双方收取,最终按照责任比例承担。

(10)工作要求:医疗纠纷人民调解委员会应当做好调解前准备,告知双方当事人权利义务、调解规则、调解程序、调解秩序、调解协议效力等事项。医疗纠纷人民调解员调解时,应当做好调解笔录并由当事人签字、盖章或者按指印确认。

医疗纠纷人民调解员应当在充分了解纠纷事实、分清责任的基础上,耐心疏导,引导当事人平等协商、互谅互让,适时提出纠纷解决方案,帮助当事人自愿达成调解协议。

医疗纠纷人民调解委员会及其人民调解员应当对医患双方的个人隐私等事项予以保密。未经医患双方同意,不得公开进行调解,也不得公开调解协议的内容。

医疗纠纷人民调解委员会应当及时对当事人进行回访,了解调解协议履行情况,听取当事人意见,并做好记录。回访中发现有纠纷激化苗头的,应当说服劝阻;有重大险情的应当及时报告有关部门。

医疗纠纷人民调解委员会应当根据医疗纠纷调解情况,向卫生行政主管部门和医疗机构提出预防医疗纠纷的书面建议。

医疗纠纷人民调解委员会调解完毕的,应当及时归档立卷。调解档案应包括申请书、纠纷登记表、调解笔录、调查笔录、专家咨询意见书、鉴定意见书、调解协议书、回访记录等。

(11)期限:医疗纠纷人民调解委员会应当自受理纠纷调解之日起30个工作日内调解医疗纠纷。因特殊情况需要延长调解期限的,医疗纠纷人民调解委员会可以和医患双方当事人约定,也可以由医疗纠纷人民调解委员会适当延长调解期限;超过约定或延长期限仍未达成调解协议的,视为调解不成。专家咨询、医学或司法鉴定的时间不计入调解期限。

(12)终止调解:调解中有下列情形之一的,医疗纠纷人民调解委员会应当终止调解。①当事人达成和解协议的;②一方当事人撤回调解申请或者明确表示不接受调解的;③双方分歧较大,不能达成调解协议的;④其他导致调解不能进行的情形。

6. 医疗纠纷人民调解协议 医疗纠纷当事人经调解达成协议的,医疗纠纷人民调解委员会应当制作医疗纠纷人民调解协议书。调解协议书由医疗纠纷各方当事人签字、盖章或按指印,人民调解员签字并加盖医疗纠纷人民调解委员会印章。当事人委托代理人参加调解达成的调解协议,可由委托代理人签字、盖章或按指印。医疗纠纷人民调解协议书自盖章之日起生效。医疗纠纷人民调解协议书由当事人各执1份,医疗纠纷人民调解委员会留存1份。

医疗纠纷人民调解协议无财产给付内容或医疗纠纷当事人均认为无须制作调解协议书的,可以采取口头协议方式。调解协议采取口头协议方式的,人民调解员应当在调解笔录中记载协议内容,由双方当事人、人民调解员在调解笔录上签名、盖章或按指印。

医疗纠纷人民调解协议应当体现当事人的真实意思表示,并载明下列事项:当事人的基本情况,争议事项,双方当事人的责任,当事人达成调解协议的内容,调解协议履行的方式、地点、期限。

医疗纠纷人民调解协议内容不得违反法律、法规的规定;不得侵害国家利益、社会公共利益和第三方的合法权益;不得违背社会公序良俗。

经医疗纠纷人民调解委员会调解达成的调解协议,具有法律约束力,当事人应当履行。医疗纠纷人民调解委员会应当督促当事人履行调解协议,并记录调解协议的履行情况。

医疗纠纷调解协议达成后,医疗纠纷人民调解委员会应当告知当事人,可以自调解协议生效之日起30日内共同向人民法院申请司法确认,经过司法确认有效的调解协议具有强制执行力。

医疗机构参加医疗责任保险的,医疗纠纷人民调解委员会应当告知承保机构按约定完成理赔工作。

(二)行政调解

1. 法律依据　《医疗事故处理条例》规定:已确定为医疗事故的,卫生行政部门应医疗事故争议双方当事人请求,可以进行医疗事故赔偿调解。调解时,应当遵循当事人双方自愿原则,并应当依据本条例的规定计算赔偿数额。经调解,双方当事人就赔偿数额达成协议的,制作调解书,双方当事人应当履行;调解不成或者经调解达成协议后一方反悔的,卫生行政部门不再调解。

卫生行政部门可以根据经审核的医疗事故技术鉴定书,召集双方当事人进行医疗事故赔偿调解,经调解达成一致,双方当事人应签订书面协议书,如调解不成或经调解达成协议后一方反悔的,卫生行政部门不再调解,双方当事人均可向人民法院提起诉讼。

《医疗纠纷预防和处理条例》对卫生行政部门主持的调解做出了更具体的规定。

2. 具体规定

(1)发起:医患双方申请医疗纠纷行政调解的,应当向医疗纠纷发生地县级人民政府卫生主管部门提出申请。由医患双方共同向卫生主管部门提出申请;一方申请调解的,卫生主管部门在征得另一方同意后进行调解。

(2)申请:申请人可以书面或者口头形式申请调解。书面申请的,申请书应当载明申请人的基本情况、申请调解的争议事项和理由等;口头申请的,医疗纠纷人民调解员应当场做好记录,并经申请人签字确认。

(3)受理:卫生主管部门应当自收到申请之日起5个工作日内做出是否受理的决定。当事人已经向人民法院提起诉讼并且已被受理,或者已经申请医疗纠纷人民调解委员会调解并且已被受理的,卫生主管部门不予受理;已经受理的,终止调解。

(4)期限:卫生主管部门应当自受理之日起30个工作日内完成调解。需要鉴定的,鉴定时间不计入调解期限。超过调解期限未达成调解协议的,视为调解不成。

(5)咨询及鉴定:卫生主管部门调解医疗纠纷需要进行专家咨询的,可以从医疗事故鉴定专家库中抽取专家;医患双方认为需要进行医疗损害鉴定以明确责任的,参照该条例关于鉴定的规定进行。

(6)调解协议:医患双方经卫生主管部门调解达成一致的,应当签署调解协议书。

(7)保密原则:卫生主管部门及其工作人员应当对医患双方的个人隐私等事项予以保密。未经医患双方同意,卫生主管部门不得公开进行调解,也不得公开调解协议的内容。

（三）司法调解

医疗纠纷的司法调解，在一审、二审、再审、执行阶段，甚至诉前，均可进行。

1. 司法调解的具体规定

（1）一般规定：人民法院审理民事案件，根据当事人自愿的原则，在事实清楚的基础上，分清是非，进行调解。当事人起诉到人民法院的民事纠纷，适宜调解的，先行调解，但当事人拒绝调解的除外。人民法院进行调解，可以由审判员一人主持，也可以由合议庭主持，并尽可能就地进行。人民法院进行调解，可以用简便方式通知当事人、证人到庭。人民法院进行调解，可以邀请有关单位和个人协助。被邀请的单位和个人，应当协助人民法院进行调解。调解达成协议，必须双方自愿，不得强迫。调解协议的内容不得违反法律规定。调解达成协议，人民法院应当制作调解书。调解书应当写明诉讼请求、案件的事实和调解结果。调解书由审判人员、书记员署名，加盖人民法院印章，送达双方当事人。调解书经双方当事人签收后，即具有法律效力。调解未达成协议或者调解书送达前一方反悔的，人民法院应当及时判决。

（2）二审调解：第二审人民法院审理上诉案件，可以进行调解。调解达成协议，应当制作调解书，由审判人员、书记员署名，加盖人民法院印章。调解书送达后，原审人民法院的判决即视为撤销。

（3）执行调解：执行过程中，双方当事人自行和解达成协议的，执行员应当将协议内容记入笔录，由双方当事人签名或者盖章，按双方协议执行。申请执行人因受欺诈、胁迫与被执行人达成和解协议，或者当事人不履行和解协议的，人民法院可以根据当事人的申请，恢复对原生效法律文书的执行。

2. 确认调解协议

医患双方协商和解、人民调解、行政调解，不具有司法调解的效力，可以通过司法确认，赋予强制执行效力。

申请司法确认调解协议，由双方当事人依照《中华人民共和国调解法》等法律，自调解协议生效之日起30日内，共同向调解组织所在地基层人民法院提出。

人民法院受理申请后，经审查，符合法律规定的，裁定调解协议有效，一方当事人拒绝履行或者未全部履行的，对方当事人可以向人民法院申请执行；不符合法律规定的，裁定驳回申请，当事人可以通过调解方式变更原调解协议或者达成新的调解协议，也可以向人民法院提起诉讼。

四、医疗风险分担机制　>>>

医疗风险分担机制是"三调解一保险"制度体系的重要组成部分，是根据国务院关于维护医疗秩序、构建和谐医患关系的重要决策部署，落实建立医疗纠纷第三方处理和赔付机制的要求，充分发挥保险机制在医疗纠纷处理中的第三方赔付作用，是化解医患矛盾的一种医疗事故与损害的处置机制。

（一）概念

1. 医疗风险分担机制的概念

医疗风险分担机制是以医疗责任保险为主，医疗意外保险、医疗风险互助金等多种形式并存的，医疗风险社会化分担的医疗纠纷处理方式。

2. 医疗责任保险、医疗意外保险、医疗风险互助金

（1）医疗责任保险：是医疗机构或医务人员个人向保险公司支付保险费，在其诊疗护理工作中，因过失造成医疗事故或医疗损害，对于被保险人依法应负的经济赔偿责任，由保险公司按照保险合同约定代为赔付的保险。

（2）医疗意外保险：是指按照保险合同约定发生不能归责于医疗机构、医护人员责任的医疗损害，为被保险人提供保障的保险。

医疗意外保险是患者或利益相关方转移分散患者在医疗过程中可能出现的意外风险而投保的商业险种，由患者购买，作为医疗责任等保险的补充，可以有效缓解因医疗意外引发的医疗纠纷。

（3）医疗风险互助金：由医疗机构缴纳，存入指定账户，专款用于医疗纠纷调解后赔付的资金。

（二）发展情况

1. 探索过程　自 2000 年开始，北京、上海、深圳、山西等地陆续出台相关文件推行医疗责任保险。近年来，各地结合本地实际情况，陆续出台了地方法规或文件，国家卫生、中医药、司法、财政、保险等行政管理部门联合或单独发布了一系列医疗责任等相关保险工作意见，采取积极有效措施，推动建立和完善医疗风险分担工作机制。医疗纠纷防范与处理方面的法律规范，均对医疗风险分担问题做出了规定。2007 年，卫生部、国家中医药管理局、保监会联合印发了《关于推动医疗责任保险有关问题的通知》，要求积极推动医疗责任保险工作。2014 年，国家卫生计生委、司法部、财政部、保监会、国家中医药管理局联合印发了《关于加强医疗责任保险工作的意见》，要求健全我国医疗责任保险制度，提高医疗责任保险参保率和保险服务水平，提高医疗责任保险覆盖面。2014 年国务院办公厅发布了《关于加快商业健康保险发展的若干意见》，要求加快发展包括医疗责任保险在内的商业健康保险。中国银保监会修订的《健康保险管理办法》自 2019 年 12 月 1 日起施行，明确健康保险包括医疗意外保险，并对医疗意外保险进行了定义。

2. 相关医疗法律规范的规定　《医疗纠纷预防和处理条例》《基本医疗卫生与健康促进法》均对医疗风险分担机制做出了规定。自 2022 年 3 月 1 日起施行的《医师法》规定：国家建立完善医疗风险分担机制。医疗机构应当参加医疗责任保险或者建立、参加医疗风险基金。鼓励患者参加医疗意外保险。

3. 财政支持　财政部、卫生部共同修订印发的《医院财务制度》，自 2012 年 1 月 1 日起施行，其对医疗风险基金做了规定。医疗风险基金是指从医疗支出中计提、专门用于支付医院购买医疗风险保险发生的支出或实际发生的医疗事故赔偿的资金。医院累计提取的医疗风险基金比例不应超过当年医疗收入的 1‰ ~ 3‰。具体比例可由各省（自治区、直辖市）财政部门会同主管部门（或举办单位）根据当地实际情况制定。专用基金要专款专用，不得擅自改变用途。

4. 推进创新　国家卫健委会同中国银保监会引导和支持保险公司根据投保人差异化的需求，有针对性地创新开发保险产品，如一些保险机构在开发医疗责任保险产品的基础上，针对医疗机构及诊疗流程的特点及需求，开发了医疗机构场所责任保险、血站采供血责任保险、药物临床试验责任保险、医务人员意外险、手术意外险、医疗执业保险等产品，不断健全医疗风险保险体系，加强风险监控，提高服务能力和水平，为患者提供方便、快捷、高效的保险服务，在防范化解医疗风险方面发挥了一定的作用。福建、江苏等省的部分地市，由卫生行政部门组织辖区医疗机构联合设立了医疗风险互助金，用于医疗纠纷赔偿。

5. 医疗风险分担机制面临的问题

（1）参保率低：目前，多数保险公司均有医疗风险分担相关险种可供选择。但由于社会保险意识不强、相关配套法律政策不够完善等原因，医疗责任保险、医疗意外保险的覆盖面和渗透度仍然不够。参保率低导致保险无法发挥"大数法则"的作用。

（2）保险险种设计不足：医疗责任保险、医疗意外保险等起步晚，由于缺少既懂医学又懂保险精算的人员，保险费率的测算不精确，保险条款的设计有待完善。

（3）服务不到位：保险公司开展医疗责任保险等工作，存在服务不到位、理赔手续繁杂等问题。

（三）建设医疗风险分担机制的具体措施

1. 提高认识　医疗责任风险分担机制建设是构建和谐医患关系的重要举措，作为推进健康服务业的主要内容，也是建设平安中国、健康中国的必然要求。因此，要成立由各相关管理部门参加的工作机制，形成齐抓共管、联动协作、共同推进的工作局面。各医疗机构要增强完善医疗风险分担机制的主动性和自觉性。

2.进一步完善相关保险　进一步完善保险合同、条款,科学合理厘定保险费率,增强保险产品吸引力和适应性,引进和培养专业技术人才,做好风险管控和保险服务工作。适时根据医疗机构风险状况及风险特点进行保费浮动调整和开发有针对性的保险产品,逐步扩大保障内容和范围,满足医疗机构多样化、多层次的保险需求,简化理赔程序,提升服务能力和水平。

3.提高保险覆盖面　各地卫生行政部门、中医药管理部门要统一组织,推动各类医疗机构特别是公立医疗机构实现应保尽保。积极探索建立适合基层医疗机构的医疗风险分担机制,推进政府办基层医疗机构积极参保,降低医疗机构和医务人员执业风险;积极鼓励、引导非公立医疗机构参保。

4.加强人民调解和保险赔偿的衔接　要支持保险机构提早、全程介入医疗纠纷处理工作,多渠道调处医疗纠纷,形成医疗纠纷调解和保险理赔互为补充、互相促进的良好局面。加强医疗纠纷人民调解工作建设,健全调赔结合的工作机制,及时受理调解,把医疗纠纷人民调解协议作为保险公司的理赔依据。加强医疗机构、保险机构、第三方调解机构的沟通合作,通过开展事前风险防范、事中督促检查、事后调解理赔等工作,防范和化解医疗纠纷。

五、行政处理

国家卫健委下发的《关于做好<医疗纠纷预防和处理条例>贯彻实施工作的通知》规定:《医疗事故处理条例》适用于卫生健康行政部门对发生医疗事故的医疗机构及医务人员的行政处理,不适用于包括赔偿在内的民事纠纷处理。所以《医疗事故处理条例》对医疗事故的行政处理规定,应为医疗事故争议行政处理的依据。下面主要根据《医疗事故处理条例》,对行政处理进行介绍。

(一)行政处理部门

1.卫生行政部门负责医疗事故与损害的行政处理　《医疗事故处理条例》规定:卫生行政部门应当依照本条例和有关法律、行政法规、部门规章的规定,对发生医疗事故的医疗机构和医务人员做出行政处理。由此可见,医疗事故争议行政处理的部门是卫生行政部门。

2.管辖

(1)地域管辖:发生医疗事故争议,当事人申请卫生行政部门处理的,由医疗机构所在地的县级人民政府卫生行政部门受理。医疗机构所在地是直辖市的,由医疗机构所在地的区、县人民政府卫生行政部门受理。

(2)移送管辖:有下列情形之一的,县级人民政府卫生行政部门应当自接到医疗机构的报告或者当事人提出医疗事故争议处理申请之日起 7 日内移送上一级人民政府卫生行政部门处理。①患者死亡;②可能为二级以上的医疗事故;③国务院卫生行政部门和省、自治区、直辖市人民政府卫生行政部门规定的其他情形。

(二)法律依据

患方对医疗损害责任提起民事诉讼,同时要求对医疗机构或医务人员进行行政处理,卫生健康行政部门应当调查核实,依据《医师法》《医疗机构管理条例》《医疗事故处理条例》等法律、法规,对医疗机构或相关责任人进行行政处理,强化对医疗行为的监管,持续改进医疗质量,提升整体医疗安全水平。

(三)行政处理程序

1.依职权开始　卫生行政部门接到医疗机构关于重大医疗过失行为的报告后,除责令医疗机构及时采取必要的医疗救治措施,防止损害后果扩大外,应当组织调查,判定是否属于医疗事故;对不能判定是否属于医疗事故的,应当依照本条例的有关规定交由负责医疗事故技术鉴定工作的医学会组织鉴定。

2. 依申请开始

（1）申请：发生医疗事故争议，当事人申请卫生行政部门处理的，应当提出书面申请。申请书应当载明申请人的基本情况、有关事实、具体请求及理由等。当事人自知道或者应当知道其身体健康受到损害之日起1年内，可以向卫生行政部门提出医疗事故争议处理申请。

（2）受理：卫生行政部门应当自收到医疗事故争议处理申请之日起10日内进行审查，做出是否受理的决定。对符合条例规定的，予以受理，需要进行医疗事故技术鉴定的，应当自做出受理决定之日起5日内将有关材料交由负责医疗事故技术鉴定工作的医学会组织鉴定并书面通知申请人；对不符合条例规定，不予受理的，应当书面通知申请人并说明理由。当事人对首次医疗事故技术鉴定结论有异议，申请再次鉴定的，卫生行政部门应当自收到申请之日起7日内交由省、自治区、直辖市地方医学会组织再次鉴定。

（3）不予受理的情形：当事人既向卫生行政部门提出医疗事故争议处理申请，又向人民法院提起诉讼的，卫生行政部门不予受理；卫生行政部门已经受理的，应当终止处理。

（四）对医疗事故技术鉴定的监督管理

1. 审核与调查　卫生行政部门收到负责组织医疗事故技术鉴定工作的医学会出具的医疗事故技术鉴定书后，应当对参加鉴定的人员资格和专业类别、鉴定程序进行审核；必要时，可以组织调查，听取医疗事故争议双方当事人的意见。

2. 处理　卫生行政部门经审核，对符合条例规定做出的医疗事故技术鉴定结论，应当作为对发生医疗事故的医疗机构和医务人员做出行政处理及进行医疗事故赔偿调解的依据；经审核，发现医疗事故技术鉴定不符合条例规定的，应当要求重新鉴定。

（五）医疗事故处理情况的报告

1. 医疗事故争议经协商解决的报告　医疗事故争议由双方当事人自行协商解决的，医疗机构应当自协商解决之日起7日内向所在地卫生行政部门做出书面报告，并附具协议书。

2. 医疗事故争议经法院调解及判决的报告　医疗机构应当自收到生效的人民法院的调解书或者判决书之日起7日内向所在地卫生行政部门做出书面报告，并附具调解书或者判决书。

3. 卫生行政部门的报告　县级以上地方人民政府卫生行政部门应当按照规定逐级将当地发生的医疗事故及依法对发生医疗事故的医疗机构和医务人员做出行政处理的情况，上报国务院卫生行政部门。

六、民事诉讼

医疗事故与损害争议的诉讼，通常是在协商解决和行政调解无效的情况下进行的，可以有效地维护患者的合法权益，并能够促使医疗机构及医务人员增强法律意识、提高医疗服务质量。医疗事故与损害争议诉讼属于民事诉讼，按照《民事诉讼法》的规定进行。结合医疗纠纷处理工作实际，下面简略介绍一下《民事诉讼法》的相关规定。

（一）基本原则

1. 独立审判　民事案件的审判权由人民法院行使。人民法院依照法律规定对民事案件独立进行审判，不受行政机关、社会团体和个人的干涉。

2. 以事实为根据，以法律为准绳　人民法院审理民事案件，必须以事实为根据，以法律为准绳。

3. 诉讼权利平等　民事诉讼当事人有平等的诉讼权利。人民法院审理民事案件，应当保障和便利当事人行使诉讼权利，对当事人在适用法律上一律平等。

4. 调解原则　人民法院审理民事案件，应当根据自愿和合法的原则进行调解；调解不成的，应当及时判决。

5. 合议、回避、公开审判和两审终审　人民法院审理民事案件,依照法律规定实行合议、回避、公开审判和两审终审制度。

6. 辩论原则　人民法院审理民事案件时,当事人有权进行辩论。

7. 诚信原则　民事诉讼应当遵循诚实信用原则。

8. 权利处分　当事人有权在法律规定的范围内处分自己的民事权利和诉讼权利。

(二)管辖

1. 级别管辖　医疗事故与损害争议诉讼,第一审由基层人民法院管辖。

2. 地域管辖　对医疗机构提起的民事诉讼,由被告住所地人民法院管辖。同一诉讼的几个被告住所地在两个以上人民法院辖区的,各人民法院都有管辖权。两个以上人民法院都有管辖权的诉讼,原告可以向其中一个人民法院起诉;原告向两个以上有管辖权的人民法院起诉的,由最先立案的人民法院管辖。

3. 移送管辖和指定管辖　有管辖权的人民法院由于特殊原因,不能行使管辖权的,由上级人民法院指定管辖。人民法院之间因管辖权发生争议,由争议双方协商解决;协商解决不了的,报请它们的共同上级人民法院指定管辖。

(三)审判组织

1. 第一审审判人员组成　人民法院审理第一审民事案件,由审判员、陪审员共同组成合议庭或者由审判员组成合议庭。合议庭的成员人数必须是单数。适用简易程序审理的民事案件,由审判员一人独任审理。陪审员在执行陪审职务时,与审判员有同等的权利义务。

2. 第二审、发回重审、再审审判人员组成　人民法院审理第二审民事案件,由审判员组成合议庭。合议庭的成员人数必须是单数。发回重审的案件,原审人民法院应当按照第一审程序另行组成合议庭。审理再审案件,原来是第一审的,按照第一审程序另行组成合议庭;原来是第二审的或者是上级人民法院提审的,按照第二审程序另行组成合议庭。

3. 合议庭评议　合议庭评议案件,实行少数服从多数的原则。评议应当制作笔录,由合议庭成员签名。评议中的不同意见,必须如实记录。

(四)回避

审判人员有下列情形之一的,应当自行回避,当事人有权用口头或者书面方式申请他们回避:是本案当事人或者当事人、诉讼代理人近亲属的;与本案有利害关系的;与本案当事人、诉讼代理人有其他关系,可能影响对案件公正审理的。

审判人员接受当事人、诉讼代理人请客送礼,或者违反规定会见当事人、诉讼代理人的,当事人有权要求他们回避。上述规定适用于书记员、翻译人员、鉴定人、勘验人。

(五)诉讼参加人

1. 当事人　原告可以放弃或者变更诉讼请求。被告可以承认或者反驳诉讼请求,有权提起反诉。当事人一方或者双方为二人以上,其诉讼标的是共同的,或者诉讼标的是同一种类、人民法院认为可以合并审理并经当事人同意的,为共同诉讼。共同诉讼的一方当事人对诉讼标的有共同权利义务的,其中一人的诉讼行为经其他共同诉讼人承认,对其他共同诉讼人发生效力;对诉讼标的没有共同权利义务的,其中一人的诉讼行为对其他共同诉讼人不发生效力。当事人一方人数众多的共同诉讼,可以由当事人推选代表人进行诉讼。代表人的诉讼行为对其所代表的当事人发生效力,但代表人变更、放弃诉讼请求或者承认对方当事人的诉讼请求,进行和解,必须经被代表的当事人同意。

2. 诉讼代理人　当事人、法定代理人可以委托1~2人作为诉讼代理人。委托他人代为诉讼,必须向人民法院提交由委托人签名或者盖章的授权委托书。授权委托书必须记明委托事项和权限。

诉讼代理人代为承认、放弃、变更诉讼请求,进行和解,提起反诉或者上诉,必须有委托人的特别授权。代理诉讼的律师和其他诉讼代理人有权调查收集证据,可以查阅案件有关材料。

(六)证据

1. **证据形式**　包括当事人的陈述、书证、物证、视听资料、电子数据、证人证言、鉴定意见、勘验笔录。证据必须查证属实,才能作为认定事实的根据。

2. **调查取证**　人民法院有权向有关单位和个人调查取证,有关单位和个人不得拒绝。人民法院对有关单位和个人提出的证明文书,应当辨别真伪,审查确定其效力。

3. **质证**　证据应当在法庭上出示,并由当事人互相质证。对涉及国家秘密、商业秘密和个人隐私的证据应当保密,需要在法庭出示的,不得在公开开庭时出示。

4. **公证证明**　经过法定程序公证证明的法律事实和文书,人民法院应当作为认定事实的根据,但有相反证据足以推翻公证证明的除外。

5. **提交原件原物**　书证应当提交原件。物证应当提交原物。提交原件或者原物确有困难的,可以提交复制品、照片、副本、节录本。

6. **视听资料**　人民法院对视听资料,应当辨别真伪,并结合本案的其他证据,审查确定能否作为认定事实的根据。

7. **证人**　凡是知道案件情况的单位和个人,都有义务出庭作证。有关单位的负责人应当支持证人作证。不能正确表达意思的人,不能作证。经人民法院通知,证人应当出庭作证。

8. **当事人陈述**　人民法院对当事人的陈述,应当结合本案的其他证据,审查确定能否作为认定事实的根据。当事人拒绝陈述的,不影响人民法院根据证据认定案件事实。

医疗事故与损害的法律责任

第五章　母婴保健法律制度

为了保障母亲和婴儿健康,提高出生人口素质,我国根据《宪法》制定了一系列的母婴保健法律、法规,同时对医疗保健服务机构的母婴保健技术服务范围做出了明确规定,包括母婴保健的科普宣传和咨询、婚前医学检查、产前诊断和遗传病诊断、节育、新生儿疾病筛查及其他母婴相关的生殖保健服务。对母婴保健服务机构及人员的许可要求、技术规范等也在不断完善当中,使母婴保健技术法律监管更加精细化。近年来由于基因测序技术的快速发展,基因诊断在产前诊断中的应用愈发广泛,但基因诊断在产前诊断应用过程中的法律监管和超声异常胎儿引产的指征从法律、法规层面来看依然比较模糊,不够精细化,仍需要进行改革和完善。

第一节　母婴保健概述

一、母婴保健的概念

母婴保健是以保健为中心,以保障生殖健康为目的,保健和临床相结合,面向群体、面向基层和以预防为主的一项重要举措,为母亲和婴儿提供医疗保健服务,保障母婴健康,提高出生人口素质。

二、母婴保健技术的法律规定

1994 年 10 月 27 日,第八届全国人大常务委员会第三十次会议通过了《母婴保健法》,从1995 年 6 月 1 日开始实施,2009 年 8 月、2017 年 11 月分别对《母婴保健法》进行修订;2001 年,国务院颁布了《中华人民共和国母婴保健法实施办法》(以下简称《母婴保健法实施办法》),于 2017 年进行修订。同时,国务院卫生行政部门先后颁布了《产前诊断技术管理办法》《新生儿疾病筛查管理办法》《关于禁止非医学需要的胎儿性别鉴定和选择性别的人工终止妊娠的规定》《婚前保健工作规范》《孕前保健服务工作规范(试行)》《孕产期保健工作管理办法》《孕产期保健工作规范》《母婴保健医学技术鉴定管理办法》等规章和规范性文件,以及近年来关于无创产前检测(non-invasive prenatal test,NIPT)的《国家卫生计生委办公厅关于规范有序开展孕妇外周血胎儿游离 DNA 产前筛查与诊断工作的通知》等文件,这些法律、法规是保障母婴健康的重要保障。

三、母婴保健的法律制度

母婴保健法的律制度包括婚前保健、孕产期保健、产前诊断、禁止非医学需要的胎儿性别鉴定和选择性别的人工终止妊娠、新生儿疾病筛查、儿童保健、母婴保健医学技术鉴定、母婴保健机构和工作人员许可等。

第二节　婚前保健

一、婚前保健的概念和内容

1. 概念　婚前保健是指对准备结婚的男女双方在结婚登记前所进行的婚前卫生指导、婚前卫生咨询和婚前医学检查服务。

2. 内容　婚前保健内容包括婚前卫生指导、婚前卫生咨询、婚前医学检查。婚前卫生指导是指关于性卫生知识、生育知识和遗传病知识的教育；婚前卫生咨询是指对有关婚配、生育保健等问题提供医学意见；婚前医学检查是针对严重遗传病、指定传染病和有关精神病，通过询问病史、体格检查及相关检查来实施医学检查，出具婚前医学检查意见。

二、婚前医学检查的意见

《母婴保健法》规定：经婚前医学检查，对患指定传染病在传染期内或者有关精神病在发病期内的，医师应提出医学意见；准备结婚的男女双方应当暂缓结婚。对诊断患医学上认为不宜生育的严重遗传病，医师应当向男女双方说明情况，提出医学意见；经男女双方同意，采取长效避孕措施或实施结扎手术后不生育的，可以结婚。

三、婚前保健的意义

婚前保健指的是结婚前对男女双方进行常规体格检查和生殖器检查，以便发现严重遗传病、指定传染病、有关精神病等医学上不宜结婚的疾病，如果有问题，及时做好身心的准备，暂缓结婚或者行节育手术暂不生育，避免婚后出现状况导致措手不及。

四、典型案例

（一）案例1：智力障碍合并隐睾患者父母的传宗接代梦

案例简介　患者夫妇：王某，女，35岁；郭某，男，30岁。主诉"婚后2年，夫妇同居，未避孕未孕2年"。初诊时男方父母陪同就诊，询问病史过程中大部分情况由父母代回答。男方父母自诉男方出生时因宫内缺氧导致男方智力稍低，说话有点慢，能从事简单的劳动，否认家族遗传病病史，几个姐妹都健康。王某与郭某结婚后一直未孕，想通过辅助生殖技术生个胖小子。医生告诉他们医院可以提供不孕症治疗，但不能选择性别。王某进行宫腔镜检查时发现双侧输卵管阻塞，郭某精液分析报告显示参数正常。门诊医生建议郭某到精神心理科进行智力评估，评估意见为郭某属于后天的中等智力障碍。家长强烈要求做试管婴儿助孕。因无家族史且染色体化验正常，医生告知风险后开始了助孕术前检查。建病历当天，男科医生对郭某行男科检查时，发现其下腹部有陈旧性瘢痕，双侧睾丸小、质地软，疑似有隐睾手术史。郭某妈妈一口咬定瘢痕是小时候受伤留的。考虑家属可能隐瞒病史，男科医生在病历系统中标注"男方可能化验单造假，警惕"。2021年12月25日，王某行取卵术。郭某拟进取精室，工作人员发现其口袋中似夹带物品。经盘问,郭某交出私藏的一份精液标本。科主任与家属反复讲明利弊,家属承认:因为家中三代单传,郭某母亲妊娠时已经高龄,分娩时因胎儿过大难产,胎儿出生后智力发育慢,10岁左右发现隐睾。做手术时医生当时就告知其长大后不一定能生育。婚后郭某在老家化验,结果为无精。家属听信老乡出的主意,在郭某前期术前检查时均为家族他人代检查,手术当天携带亲戚的精子进手术室,这样生的孩子还与家族有血缘关系。事情被发现后,医生先将卵子冷冻保存,建议王某和郭某冷静考虑,如郭某确实是无精症,可以采用精子库来源的精液供精助孕。

过了2个月,王某和郭某及郭某父母再次来到门诊,表示中介介绍其到其他私立机构,承诺他们可以自己安排精源,他们想将卵子取走到其他机构授精。工作人员拒绝了他们的要求,并告知其这样做不合法,不能带走已冻存的卵子。患者夫妇及家属就状告生殖中心:①因生殖中心不能满足其授精要求,卵子是王某的,他们夫妇有权将卵子带走;②如果不能将卵子带走,医院需要赔偿前期的检查费用、治疗费用及精神损失费。

鉴定及判决情况 患方认为医院存在过错,侵犯了他们的权益,向医院投诉,与医院进行协商。在医患双方协商未果的情况下,患方家属向某市卫生行政主管部门申请进行医疗事故技术鉴定,鉴定结果认定医院的医疗行为不构成医疗事故。患方随后提起诉讼,在诉讼过程中申请了司法鉴定。司法鉴定意见书认定医院不存在医疗过错,驳回一切诉求。法院最终参照司法鉴定的结论进行了判决,患方支付诉讼费用。

案例涉及的问题 ①婚前保健的意义和重要性有哪些?②智力障碍患者能否结婚?有无生育权?③冷冻的卵子是否属于个人财产?能否带出生殖中心自行操作?

1. 婚前保健的意义和重要性 婚前保健指的是结婚前对男女双方进行常规体格检查和生殖器检查,以便发现严重遗传病、指定传染病、有关精神病等医学上不宜结婚的疾病,如果有问题,及时做好身心准备,暂缓结婚或者选择节育手术暂不生育,避免婚后出现状况,导致措手不及。

首先,需要对夫妇进行基本情况的排查。在生育方面,询问女方月经情况,排除先天性闭经,腹部肛门双合诊了解女性生殖道有无畸形,注意发现影响婚育的生殖器疾病。同样,需要向男方了解遗精情况,检查其生殖器时,注意有无尿道下裂、隐睾、睾丸过小、鞘膜积液等影响婚育的生殖器疾病。必要时女方查白带常规,男方做精液分析,如有异常发现,可进一步安排超声检查、淋球菌培养,以及抽血检查梅毒、艾滋病等,排除性传播疾病。在优生优育方面,需要了解双方的个人生活史、居住生活情况、有无烟酒不良嗜好等;还需要了解双方是否有三代以内的血缘关系,双方家族有无严重的先天性残疾生育史,重点询问与遗传有关的病史。常见的遗传病有唐氏综合征(又称为21-三体综合征、先天愚型)、特纳综合征、红绿色盲等,前两者都有特殊的面容和体态。遗传病的排查需要检测染色体,怀疑单基因遗传病患者还需要检查基因。其次,需要了解夫妇有无精神病。较重的精神病如精神分裂症等,发作期可能危害他人生命安全和身体健康;严重躁狂症患者的心理问题还会引起很多严重后果。此类疾病需要精神科医生诊断,必要时还要做智商测定。如果排查过程中出现可疑情况,需要推荐夫妇去专科医生处做进一步检查。《母婴保健法》对这类情况做出了规定:经婚前医学检查,医疗、保健机构不能确诊的,应当转到设区的市级以上人民政府卫生行政部门指定的医疗、保健机构确诊。最后,需要对夫妇进行基础的体格检查,如心、肺听诊等常规内科检查,以及血常规、尿常规、胸透、肝功能、血型之类的实验室检查。

婚姻是神圣的,是爱情的果实,也意味着责任和担当。在本案例中,王某说婚前未及时发现郭某是智力低下的无精症患者,感觉自己受到了欺骗。按照《中华人民共和国婚姻法》(以下简称《婚姻法》)的规定,夫妇在领结婚证前3~6个月即可以进行婚前检查,详细而规范的婚前检查可以最大限度地发现问题、规避问题。如果本案例中夫妇按部就班,在领取结婚证前进行了规范的检查,经验丰富的接诊医生就会警觉,进而发现问题。当然,本案例情况复杂,郭某父母混淆视听,从头到尾参与了儿子的婚育,让儿子主动规避婚前检查,刻意策划了整个事件。在现实生活中,因为结婚涉及方方面面的利益,医生在临床工作中可能面临层出不穷的伪造、欺骗事件。作为负责婚前检查的医生,需要保持警觉,积累临床经验,多思考、多鉴别,临床结合实践,做出全面的判断。

　　婚后发现了重大事件,夫妇都应积极面对并采取合情合理的方法解决,对于属于限制行为能力的中度智力低下夫妇,可能无法进行有效交流使其完全理解婚姻和生育的意义,那么就需要智力障碍者的合法监护人参与理解和判断患者结婚是否受到强迫及有无能力行使生育权等。从法律条文上看,结婚和解除婚约,任何人不能随意加以干涉。《国务院关于修改和废止部分行政法规的决定》(国务院令第 752 号,2022 年 3 月 29 日发布)详细解读了《母婴保健法实施办法》,母婴保健立足于最大限度保障女性及后代的权益,强调母婴保健工作以保健为中心,以保障生殖健康为目的,实行保健和临床相结合,面向群体、面向基层和预防为主的方针。

　　2. 智力障碍的人结婚与生育权问题　　重度、极重度智力低下者应遵循《民法典》相关规定,应以是否真正理解婚姻的意义为前提来决定他们的婚姻。对于已婚夫妇来说,生育权是一项基本的人权,残疾人同其他公民一样享有平等的政治、经济等及家庭生活的权利。我国现行法律对生育权做出了明确规定,中度智力低下者不宜生育,而不是绝对不能生育,法律也没有明确规定不能自然妊娠的夫妇不能借助辅助生殖技术助孕。故本案例中这对夫妇是符合生育要求的,但是并不意味着智力障碍者可以随意生育,他们的生育行为后果可能会引起一系列的社会、家庭、伦理问题和争议,甚至出现法律问题,无法真正做到尊重、自主、知情同意和有利后代的伦理原则。对智力障碍患者提供辅助生殖技术助孕,需要高度重视《人类辅助生殖技术和人类精子库伦理原则》的有关要求。为此类患者提供助孕治疗前,应使患者出具相关专业医生的诊断意见,如智力的评估评分、遗传学相关诊断等。本案例中生殖中心已按照流程安排患者至精神心理科就诊并进行了智力的评分和遗传咨询,排除遗传因素所导致。

　　智力障碍在人群中的发病率为 1% ~ 3%。文献报道智力障碍的病因有高度异质性,包括遗传因素,孕期营养不良、感染,围产期缺氧、感染、早产,神经毒性药物暴露,社会心理因素等。根据智商(IQ)受损程度,将智力低下分为 4 个等级:极重度(IQ<20)、重度(IQ 在 20 ~ 35)、中度(IQ 在 36 ~ 50)、轻度(IQ 在 51 ~ 70)。中度智力障碍患者经过训练学习,可以学会自理,但不能单独完成体力劳动。子代 IQ 与亲代的 IQ 呈正相关。

　　本案例中郭某家族无相关疾病遗传史,出生时的窒息可能是造成其智力障碍的原因之一,是否为唯一因素尚无从查证;夫妇染色体检查正常,遗传医生会诊排除遗传因素所致智力障碍。《卫生部关于修订人类辅助生殖技术与人类精子库相关技术规范、基本标准和伦理原则的通知》规定:不得对任何一方患有严重精神疾患的夫妻实施体外受精胚胎移植术及其衍生技术。根据专科医生的评估,郭某属于中度智力障碍,可以与医护人员进行简单的交流,符合患者对辅助生殖技术的接受及理解这个前提。《民法典》也规定了智力障碍患者的监护人可以帮助患者使其具备一定的判断能力,从而在一定程度上判断是否具有养育后代的能力。本案例中郭某父母具有积极的养育后代的愿望,但要考虑他们年龄已大,抚养能力有限,将来可能面临着儿媳 1 人照顾 2 位老人、丈夫和孩子的困难局面。

　　3. 冷冻的卵子是否属于个人财产　　郭某患有中度智力障得,但王某无严重的遗传、躯体性疾病或精神病,按照卫生部 2001 年发布的《人类辅助生殖技术规范》,该夫妇无助孕治疗的禁忌证。王某双侧输卵管阻塞,是体外受精–胚胎移植技术助孕的适应证,故可以为其提供助孕技术。郭某为无精症,且合并智力障碍,如果患者夫妇及家属如实提供病史信息,通过检查确诊后按照《卫生部关于修订人类辅助生殖技术与人类精子库相关技术规范、基本标准和伦理原则的通知》,生殖中心通过睾丸取精,或建议患者夫妇行供精助孕,选择精子库提供的精源。医务人员有义务告知患者夫妇,他们对供精出生的孩子负有伦理、道德和法律上的权利和义务,应由夫妇及双方监护人权衡利弊,慎重做出助孕的选择。

郭某正常的精液分析结果意味着其生殖功能健康。睾丸在胎儿时期位于腹腔的后侧,位置随着胎儿发育慢慢下降,大部分男婴出生前双侧睾丸已降入阴囊。少数隐睾患儿的父母没有及时带孩子就医,导致睾丸持续停留在腹腔,长时间处于高温环境使其生殖能力降低或丧失。本案例中按照男科检查所发现的睾丸大小、质地及双侧下腹部瘢痕,郭某病情昭然若揭,男科医生反复盘问,但郭某父母心存侥幸,继续坚持郭某毫无异常。但是在辅助生殖助孕的程序中,多处环节会涉及患者的身份核对,在男科医生的提醒下,手术室工作人员细心发现郭某的异常,避免了错误的精卵结合,也规避了潜在的伦理事件。生殖中心医护人员起到了提醒、告知的义务,也严格按照流程落实了核对制度,从而避免了医疗纠纷的发生,也保护了患者知情、自愿的权利。

患者家属认为卵子是夫妇个人所有,这是事实,但是为保证人类辅助生殖技术安全、有效和健康发展,规范人类辅助生殖技术的应用,2001 年 2 月 20 日卫生部发布《人类辅助生殖技术管理办法》。其中第 3 条明确规定:人类辅助生殖技术的应用应当在合法的医疗机构中进行,以医疗为目的,并符合国家计划生育政策、伦理原则和有关法律规定。患者提出的将卵子带到无资质的私立诊所进行试管婴儿助孕,表面上满足了家庭传宗接代的愿望,实则后患无穷。私立诊所进行助孕治疗未经卫生行政部门审批,属于非法操作,无法进行监管,甚至可能出于追求利益的目的,随意进行卵子的买卖、赠送等,违反严防的商业化原则。在目前缺乏伦理道德约束和相应法律法规保障的情况下,商业化的供卵、代孕等违规违法行为都应予以制止。

(二)案例2:近亲结婚的危害及社会学分析

案例简介　孕妇李某,38 岁,孕3 产2,末次月经 2018 年 4 月 18 日,现孕 24 周,当地县妇幼保健院四维彩色超声检查提示胎儿颈后皮肤增厚(7 mm)、鼻骨缺如、双肾畸形、胸腔积液、腹腔积液、心包积液等多发畸形,为明确诊断至产前诊断科就诊。接诊医生详细询问病史:孕妇孕早期无射线、化学、电离辐射、药物接触史,无家族遗传病病史。停经 40 天自测尿人绒毛膜促性腺激素(hCG)阳性,停经 50 天于当地医院行彩色超声检查,提示:宫内早孕,单活胎。孕 12 周于当地医院行胎儿颈后透明层厚度(NT)超声检查,NT 为 1.2 mm。当地医生告知孕妇高龄,可考虑行无创 DNA 产前筛查或侵入性产前诊断,孕妇拒绝了。后孕妇定期去产检医院产检,行胎儿四维彩色超声检查,产检医院医生告知孕妇胎儿存在多发畸形,胎儿颈后皮肤增厚、鼻骨缺如、双肾畸形、胸腔积液、腹腔积液、心包积液等多种异常,同时孕妇高龄,建议转至省级产前诊断中心进一步明确诊断,同时排除唐氏综合征等染色体异常疾病。该夫妇遂转诊,接诊过程中孕妇自诉前两胎未见异常,于 2018 年 10 月 28 日进行羊膜腔穿刺术,抽取羊水进行染色体核型分析+染色体微阵列分析(SNP-array),结果提示胎儿多条染色体多片段单亲二倍体,提示胎儿父母为近亲。孕妇取报告后再次到门诊咨询,接诊医生详细询问病史后发现,该孕妇 2 年前与前夫离婚,与前夫共育有 1 儿 1 女,儿女均体健。2 年前因发现前夫有第三者而离婚,后经亲戚介绍与丧偶单身的姑姑家亲表哥同居并共同生活,未办理结婚手续,也没有进行婚前检查,5 月前发现妊娠。发现妊娠后也未告知产检医生自己的真实情况,直至四维彩色超声检查结果异常才进行遗传咨询。

1. 医学分析　近亲是指三代或三代以内有共同的血缘关系,如果他们之间通婚,称为近亲婚配。正常情况下每个正常人均携带 2~3 种致病的常染色体隐性疾病的基因变异,由于近亲婚配的夫妻从共同祖先处获得同一致病突变的概率较高,同时为同种致病基因变异携带者的概率远远高于随机婚配夫妻,其后代具有更高的常染色体隐性遗传病发生风险,同时也会增加多基因遗传病的发生风险。研究表明,近亲婚配的后代发生先天畸形和其他后天显现疾病如精神发育迟滞等功能缺陷的概率更大,可能是正常一般人群的 2 倍甚至更高。该案例中孕妇与其表哥近亲婚配,在孕前及产检过程中故意隐瞒近亲婚配病史,以至于未得到科学合理的医学建议和干预措施,导致在孕中期才检出胎儿多发畸形,最终不得已终止妊娠,给孕妇身心造成严重的创伤。

2. 近亲婚配的社会背景　近亲婚配的现象,在历史记载和过去的文学作品中常有出现。近亲婚配的成因多为传统思想的影响,如"亲上加亲""换亲""转亲"等现象、婚前检查未普及等。同时还有民族习俗的影响,中国是多民族国家,不同民族拥有不同的风俗习惯,民族之间的近亲婚配率也有较大差别。近亲婚配率较高的有四川布拖县的彝族和甘肃积石山县的保安族,近亲婚配率高达14.6%和10.9%;而在海南岛的苗族中则是0.9%,低于同时期汉族的近亲婚配率1.4%。其原因较为复杂,部分民族习俗反对跨民族婚姻,只允许在本族人中通婚,而族内人口较少,从而造成高比例近亲通婚的局面;相反,也有部分民族习俗中明确反对近亲婚配,例如,苗族人认为,近亲结婚是一种"犯罪"行为。

3. 我国有关近亲婚配的法律规定　为了防止近亲婚配的发生,中国大力宣传优生优育相关知识,严格贯彻落实禁止近亲婚配相关法律,同时积极开展婚前检查等项目以降低出生缺陷,提高人口素质。鉴于我国的人口形势和医疗水平,为了尽量减少近亲结婚造成的遗传缺陷,我国1980年9月10日第五届全国人大第三次会议通过的《婚姻法》中第1章第6条有明确的规定:直系血亲和三代以内的旁系血亲禁止结婚。《中华人民共和国宪法》(2018 修正)规定婚姻、家庭受保护与婚姻自由的原则,禁止破坏婚姻自由。《民法典》(2020 年)规定中国公民结婚应当男女双方完全自愿,禁止任何一方对另一方加以强迫,禁止任何组织或者个人加以干涉;直系血亲或者三代以内的旁系血亲禁止结婚。《妇女权益保障法》(2018 修正)规定禁止干涉妇女的结婚、离婚自由;《未成年人保护法》(2020 修订)规定未成年人的父母或者其他监护人不得允许、迫使未成年人结婚或者为未成年人订立婚约。

4. 该案例涉及的违法行为　目前,中国的近亲婚配率较 1949 年前有所下降,但仍有改善空间。在一些少数民族或者偏远山区依然存在近亲婚配情况。该案例中夫妇为表兄妹,由于二人都是单身,家里亲戚有传统"亲上加亲"错误思想的影响,最终造成近亲婚配的错误,违反了我国《婚姻法》和《民法典》的规定。同时该夫妇在孕前及产检过程中故意隐瞒婚姻史,未履行婚前检查、孕期保健服务的义务,最终导致在孕 5 月后发现胎儿多发畸形,不得已终止妊娠,对孕妇身心造成重创。近年来随着医学水平的提高,近亲婚配的夫妻从医学角度来讲完全可以通过孕前筛查或者胚胎植入前诊断做到优生优育,避免先天畸形和出生缺陷患儿的出生。该案例中夫妇由于缺乏遗传学知识,未能在孕前及孕早期到遗传科专家门诊咨询,从而未能得到科学合理的生育建议及干预措施,最终酿成大错。该案例也暴露民政部门及产检机构存在一定的弊端,如民政部门存在法律未被严格执行的情况;医疗机构未按照《母婴保健法》第 7 条、第 14 条对该夫妇严格审核相应的孕产检材料,提供婚前及孕期保健服务。

5. 社会学分析　近亲婚配由于存在婚后感情不和导致自杀或者情杀等不良事件的发生概率明显增加,给社会带来不稳定因素;近亲婚配增加子代常染色体隐性遗传病患病风险,因此造成社会上先天畸形或缺陷儿出生,给社会带来严重的经济负担,对于家庭来讲,可能是致命性的打击和沉重的经济压力。近亲婚配具有一定的伦理问题和遗传危害,保障公民权利,同时维护子代健康需要多个行政部门的努力和付出,加强监管,改变人们的传统思想,提高优生优育相关观念的社会普及率。

第三节　孕产期保健

孕产期保健应以保障母婴安全为主要目的,遵循保健和临床相结合的工作方针,要求各级各类医疗保健机构为准备妊娠至产后 42 天的妇女及胎婴儿提供全程系列的医疗保健服务。

一、孕产期保健的内容

对育龄期妇女,按照《母婴保健法实施办法》的规定,医疗保健机构应为育龄妇女提供有关避孕、节育、生育、不育、生殖健康的咨询和保健服务,包括宣传普及生理、心理保健、生育等基本医学知识,指导生活方式和饮食营养、出生缺陷及遗传病的预防与治疗等,通过咨询和医学检查,给出科学合理的医学建议和个性化指导方案。

对孕产期妇女,通过建立保健手册、定期产前检查,为孕产妇提供营养、卫生、心理等方面的医学指导和咨询;对高危孕妇进行重点监护、随访和医疗保健服务;为孕产妇提供安全分娩技术、产后访视、避孕指导、科学育儿、母乳喂养及生殖健康教育等保健服务。

按照《母婴保健法》的规定,对婴儿进行体格检查和预防接种,开展新生儿疾病筛查、常见病及多发病的防治等医疗保健服务。

二、医学指导和医学意见

医疗保健机构发现孕妇患有严重疾病或者接触物理、化学、生物等有毒有害物质可能危及孕妇健康和胎儿发育的,应当对孕妇进行医学指导和必要的医学检查;对于生育过遗传病的夫妇,应对其生育进行指导或进行产前诊断以获得健康后代。

三、孕产期保健的意义

孕产期保健是避免出生缺陷的第二道重要防线。我国是出生人口大国,做好出生缺陷的三级预防,是提高出生人口质量的重要保障。孕期做好孕产妇及胎儿的健康监测,发现高危妊娠及时处理,针对胎儿出现的可疑异常及时采取产前诊断进一步确诊是保证母婴健康的重要手段。作为医疗保健机构工作人员,要不断完善自身水平,将各种产前筛查和产前诊断的方法告知孕妇,经孕妇知情同意后自主选择产前筛查和诊断方案,并签署知情同意书,将出生缺陷的发生率降到最低。

四、典型案例

案例简介　莉莉(女,化名)夫妇结婚 10 年,虽然二人感情和睦,但生活却不够美满幸福。农村家庭重视生育,认为人丁兴旺、儿孙满堂才是福气。10 年来虽然莉莉妊娠多次,但是家里仅有 1 个女儿,其他 4 次妊娠除 1 次人工流产外,有 2 次生育小头畸形患儿(均已夭折),还有 1 次孕中期羊水穿刺进行产前诊断,因结果提示胎儿携带小头畸形相关基因而忍痛引产。亲戚、朋友和邻居背地里都说莉莉是个不祥之人,给家庭带来了厄运,才导致生下来的儿子都是怪胎。公婆也时常劝莉莉夫妇离婚,找一个能给家里生个儿子传宗接代的新妻子。莉莉夫妇在农村生活举步维艰,只能外出务工,远离周边的闲言碎语。莉莉很珍惜这个活泼可爱的女儿,但是仍然有强烈的生育二胎的心愿,也希望能够再生育 1 个健康宝宝来摆脱这些对她不公的指责。

基因检测　最后一次妊娠,孕中期羊水穿刺提示胎儿携带小头畸形相关基因,引产时医生就已经告诉莉莉夫妇,这是因为夫妇双方可能携带了罕见病基因。科学的解释解除了莉莉的烦恼,让压在莉莉心头的担子松了松。一直以来莉莉被视为厄运之人,原来是因为夫妇双方的基因有问题。于是莉莉夫妇又进行了全外显子组基因检测,证实先证者致病基因为 ASNS 基因纯合突变,分别遗传自莉莉夫妇双方。ASNS 基因突变相关的天冬酰胺合成酶缺乏症(ASNSD)是一种常染色体隐性遗传的罕见先天性代谢缺陷病,主要临床特征为小头畸形、严重的精神运动发育迟缓、渐进性脑病、皮质萎缩、难治性癫痫发作,部分患儿可出现喂养困难、呼吸功能不全等,目前尚无有效的治疗手段。为了解决莉莉夫妇的难题,当地医院组织了多学科会诊,会诊专家认为,经家系验证,ASNS 基因致病位点携带状态与临床表型相符,考虑致病性评级升级为疑似致病,建议针对该基因行胚胎植入前遗传学诊断(PGD)"试管婴儿"助孕,降低再生育患儿的风险,彻底阻断莉莉夫妇再次生育小头畸形患儿的噩梦。

诊疗过程　PGD"试管婴儿"技术实施的费用对于这个家庭来说是一笔不菲的开支,这又一次阻断了莉莉生育二胎的脚步。经过医院的多方面沟通,通过申请国家级项目,为罕见病基因携带者夫妻进行免费的胚胎检测,给这个家庭带来了希望与光明。莉莉开始了 PGD 前全套检查,幸运的是莉莉卵巢功能很好,双侧卵巢内有窦卵泡约 20 个。接诊医生给莉莉制定了长效方案进行控制性促排卵。排卵后 7 天根据超声检查、内分泌检查结果,医生给予莉莉短效促性腺激素释放激素激动剂(GnRh-a),调节 14 天后进行促排卵治疗,促排卵 13 天后进行了取卵手术。手术很顺利,莉莉获卵 23 枚,进行卵泡浆内单精子显微注射,获得 2PN18 枚,全胚冷冻10 枚囊胚,进行单基因遗传病胚胎植入前遗传学检测(PGT-M)获得 2 枚可移植胚胎。当莉莉拿到 2 次筛查报告时,她看着手中这张仅仅 2 枚完全正常胚胎的结果,心里感觉沉甸甸的。"这一次我终于能生育 1 个正常宝宝了吗?"还没有进行胚胎移植,莉莉悬着的心仍然放不下来,不过有 2 枚正常胚胎,移植成功的希望还是很大的。移植前主管医生给莉莉进行了宫腔镜检查:宫腔大小、形态正常。之后给予药物(补佳乐)进行内膜准备,给予孕酮进行内膜转化,6 天后移植 1 枚 4BB 囊胚,幸运的是移植后 10 天,莉莉抽血查 hCG 203 mIU/mL,提示妊娠成功。10 个月后莉莉顺利分娩 1 名健康的男婴。

患者心得　"结婚 10 年,我们夫妻压力一直很大,周边的流言蜚语、宝宝一次次的夭折,给我们的身心造成了巨大的创伤。不仅仅是因为自己期待新生命,更想要击碎谣言。感谢所有医务人员对我们的照顾,也感谢医疗技术越来越发达,希望能有更多像我们一样还在苦苦挣扎的夫妻也能寻找到合适的'试管婴儿'技术来解决烦恼,最后再次感谢大家。"

医生心得　"第一次见到莉莉夫妻时,他们是沮丧、焦虑、烦恼的,最近一次见到莉莉夫妻时,他们是开心、欣喜、阳光的。当他们抱着宝宝回来看我们时,我们由衷地为他们感到高兴和欣慰,也再一次为我们能够帮助这个家庭及更多的不孕家庭感到自豪。从无到有,从简单的体外受精-胚胎移植到 PGD,未来这个行业的蓬勃发展仍然需要每一位医务工作者的努力。感恩生命、传递美好,这也正是我们努力工作的意义和目标!"

　　《母婴保健法》第 16 条规定:医师发现或者怀疑患严重遗传性疾病的育龄夫妻,应当提出医学意见。育龄夫妻应当根据医师的医学意见采取相应的措施。第 20 条规定:生育过严重缺陷患儿的妇女再次妊娠前,夫妻双方应当到县级以上医疗保健机构接受医学检查。

　　此案例中,莉莉夫妇有 2 次生育小头畸形患儿(已夭折)病史,1 次孕中期羊水穿刺提示胎儿携带小头畸形相关基因而引产病史。医师发现莉莉夫妇有多次不良孕产史,应当及时提出医学意见,对夫妻双方尽早进行基因检测寻求病因,以预防再次不良妊娠。

《母婴保健法》第17条规定:经产前检查,医师发现或者怀疑胎儿异常的,应当对孕妇进行产前诊断。第18条规定:经产前诊断,有下列情形之一的,医师应当向夫妻双方说明情况,并提出终止妊娠的医学意见。①胎儿患严重遗传性疾病的。②胎儿有严重缺陷的。③因患严重疾病,继续妊娠可能危及孕妇生命安全或者严重危害孕妇健康的。

在此案例中,莉莉夫妇1次孕中期羊水穿刺提示胎儿携带小头畸形相关基因而进行引产符合该法律、法规,及时对妊娠胎儿进行产前诊断,避免再次分娩小头畸形胎儿。莉莉行辅助生殖PGT-M助孕治疗成功妊娠后,于妊娠中期再次行羊水穿刺以排除胎儿畸形的可能性,提高优生率和减少出生缺陷的发生。

第四节　产前诊断

产前诊断是指对胎儿进行先天性缺陷和遗传病的诊断,包括产前筛查。产前诊断技术包括遗传咨询、医学影像、生化免疫、细胞遗传和分子遗传等。产前诊断技术近年来在临床广泛应用,医疗保健机构和医务人员一定要在取得相应的资质和许可的机构进行产前诊断技术,不得实施非医学目的的产前诊断技术。

一、产前诊断的指征

产前诊断的疾病应符合发生率高、危害严重、缺乏有效的治疗手段且产前诊断技术安全可靠和有效这几个基本条件,根据《母婴保健法》之规定,经产前检查,医师发现或者怀疑胎儿异常的,应对孕妇进行产前诊断。其中《母婴保健法实施办法》规定,孕妇存在以下情况应进行产前诊断:①羊水过多或过少的;②胎儿发育异常或者胎儿有可疑畸形的;③孕早期接触过可能导致胎儿先天缺陷的物质的;④有家族遗传病或曾生育过先天性严重缺陷的;⑤年龄超过35岁的。

二、产前诊断的方法

产前诊断的方法包括产前筛查和介入性产前诊断。其中产前筛查包括唐氏综合征血清学筛查(以下简称唐氏筛查)、无创DNA产前筛查和超声检查;介入性产前诊断包括绒毛活检、羊膜腔穿刺、脐静脉血穿刺等,通过抽取胎儿绒毛、羊水或脐带血后选择染色体核型分析、染色体微阵列分析及全外显子测序等细胞或分子遗传学方法以明确诊断胎儿是否存在异常。

1. 唐氏筛查　通过化验孕妇的血液,检测母体血清中甲胎蛋白(AFP)、人绒毛膜促性腺激素(hCG)、抑制素A(IhnA)和游离雌三醇(E_3)的浓度,并结合孕妇的年龄、体重、孕周等方面来判断胎儿患唐氏综合征(又称为21-三体综合征、先天愚型)、神经管缺陷的危险系数。唐氏筛查分早孕期和中孕期筛查两种,目前河南省应用较多的是孕中期唐氏筛查。由于唐氏综合征患儿母亲孕期血液中的AFP和hCG值会出现异常,因此,在妊娠15～20周抽取母亲的血液检查这两项指标,然后根据妊娠时间,在时间轴上进行比对,以筛选高危患儿。将孕妇体内的AFP值与正常孕妇体内的AFP中位值相比,称为MoM值。唐氏综合征患儿母亲体内的AFP值较低,其平均MoM值为0.7～0.8,表示其AFP值仅相当于正常值的70%～80%。而hCG是由胎盘细胞合成,唐氏综合征患儿的母亲血hCG值会比正常人高,其MoM值一般在2.3～2.4,是正常人的2倍以上。但无论是AFP还是hCG,因测量方法的关系,这两个值的误差都很大,因此,预测唐氏综合征概率的准确性很差。有的医疗机构还检测雌三醇和抑制素A,但也没有大幅度提高唐氏筛查的准确性。所以,发现唐氏筛查高风险时,多数是没有异常的,不要过度担心。但唐氏筛查低风险也并不代表胎儿排除了唐氏综合征,只是患唐氏综合征的概率较低;若唐氏筛查为临界风险,在彩色超声正常的情况下,建议行无创DNA产前筛查;若超声存在异常,建议直接进入介入性产前诊断程序;若唐氏筛查为高风险,建议直接进入产前诊断流程。总体来讲,唐氏筛查准确性、特异性均较差。

2. 无创DNA产前检测　又称为无创胎儿染色体非整倍体检测,仅需采孕妇静脉血,利用新一代DNA测序技术对母体外周血浆中的游离DNA片段(包含胎儿游离DNA)进行测序,并将测序结果进行生物信息分析,从中得到胎儿的遗传信息,从而检测胎儿是否患三大染色体疾病。无创DNA产前检测得益于香港中文大学卢煜明教授的发现,卢煜明教授在1997年和1998年的工作中发现,母体血液中存在着胎儿的游离DNA,浓度为3%~13%,主要来自胎盘,并在分娩后数小时内从母体血液中清除。基于这些早期发现,卢煜明展开了一系列前沿工作来研究这些胎儿游离DNA的特性,证明了使用胎儿游离DNA来诊断遗传病的可行性和实际性,最终开创了利用第二代基因测序技术来检测唐氏综合征的新途径,该检测在90多个国家得到了应用。仅在中国,每年就有超过100万名孕妇接受这项检测。这种革命性的方法为全球无数的孕妇提供了新的无创性的产前诊断策略。母体血浆中的胎儿游离DNA为该技术的实现提供现实依据。胎儿染色体异常会引起母体中DNA含量的微量变化,通过深度测序及生物信息学分析可检测到该变化,为该技术的实现提供理论依据。新一代高通量测序、信息分析平台为深度挖掘母体血浆中胎儿游离DNA信息提供技术依据。截至目前,该方法能准确检测21-三体综合征(T21)、18-三体综合征(T18)、13-三体综合征(T13)三大染色体疾病。无创DNA产前检测的无创伤性可以避免侵入性诊断带来的流产、感染风险。而DNA测序技术的成熟性能保证了技术的准确率,孕妇在孕12周以上即可检测,10个工作日出检测结果。2012年11月20日,美国妇产科学会(ACOG)与美国母胎医学会(SMFM)共同发表委员会指导意见,该意见指出可推荐无创DNA产前检测作为染色体非整倍体高危人群的初筛检测的人群有:①母亲年龄超过35岁;②超声结果显示染色体非整倍体高危;③生育过三体综合征患儿;④早孕期、中孕期或三联筛查、四联筛查呈现染色体非整倍体阳性结果;⑤父母为平衡罗伯逊易位,并且胎儿为13-三体综合征或21-三体综合征高危。该意见说明美国妇产科界已经形成行业共识,明确支持无创DNA产前检测可用于高龄、高危人群的初筛。这个鲜明的信号也预示着国际上将在无创DNA产前检测领域向前迈进一大步。为此我国也响应国际遗传学专家的号召,对我国的无创检测市场进行规范化管理,从从业人员、试剂、机构及操作流程做出详细的法律规定,同时对无创检测的适应人群做出详细规定。①适用人群:血清学筛查显示胎儿常见染色体非整倍体风险值介于高风险切割值与1/1 000之间的孕妇;有介入性产前诊断禁忌证者(如先兆流产、发热、出血倾向、慢性病原体感染活动期、孕妇Rh阴性血型等);孕20周以上,错过血清学筛查最佳时间,但要求评估21-三体综合征、18-三体综合征、13-三体综合征风险者。②慎用人群:有下列情形的孕妇进行检测时,检测准确性有一定程度下降,检出效果尚不明确;或按有关规定应建议其进行产前诊断的情形。包括:早孕期、中孕期产前筛查高风险;预产期年龄≥35岁;重度肥胖(体重指数>40 kg/m^2);通过体外受精-胚胎移植方式受孕;有染色体异常胎儿分娩史,但除外夫妇染色体异常的情形;双胎及多胎妊娠;医师认为可能影响结果准确性的其他情形。③不适用人群:有下列情形的孕妇进行检测时,可能严重影响结果准确性。包括:孕周<12周;夫妇一方有明确染色体异常;1年内接受过异体输血、移植手术、异体细胞治疗等;胎儿超声检查提示有结构异常,须进行产前诊断;有基因遗传病家族史或提示胎儿罹患基因病高风险;孕期合并恶性肿瘤;医师认为有明显影响结果准确性的其他情形。除外上述不适用情形的,孕妇或其家属在充分知情同意的情况下,可选择孕妇外周血胎儿游离DNA产前检测。无创DNA产前检测整体来讲准确性、特异性较高,但依然存在假阳性可能。因此对于产前发现的无创DNA产前检测高风险者需要进行介入性产前诊断来确诊。

3. 产前超声检查　即应用超声的物理特性,对胎儿及其附属物进行影像学检查,是了解胚胎、胎儿主要解剖结构的大体形态最常用、无创、可重复的方法。按照卫生部《产前诊断技术管理办法》

的规定,产前超声分为早孕期超声检查(孕13^{+6}周以内)、中晚孕期超声检查、有限产前超声检查,其中中晚孕期超声又分为Ⅳ级超声,分别是一般产前超声(Ⅰ级)、常规产前超声(Ⅱ级)、系统产前超声(Ⅲ级)、针对性产前超声(Ⅳ级)等。其中NT超声检查对唐氏综合征具有较好的预测作用。NT即颈后透明层厚度,是通过超声测量胎儿颈后皮下无回声透明层最厚的部位,是用于评估胎儿是否有可能患有唐氏综合征的一种方法。NT超声检查可以排除早期就出现的大的结构畸形,可以称得上是一次畸形小排查。颈项透明层越厚,胎儿异常的概率越大。所以,做NT超声检查是有必要的,这是孕期检查中排除胎儿异常的第一步。妊娠11～13^{+6}周的时候,常规要对胎儿进行NT超声检查,以了解胎儿是否存在染色体异常的风险。如果颈后透明层增厚,考虑胎儿有染色体异常的风险。

三、产前诊断的流程

产前诊断前要进行充分的遗传咨询。按照《产前诊断技术管理办法》的规定,对孕妇实施产前筛查或产前诊断技术前要坚持知情选择。用书面形式详细告知孕妇可能出现的风险、进行产前诊断的利弊及可替代的方案。签署知情同意书。若进行产前诊断,结果回示后需要再次咨询,接诊医师根据产前诊断结果提出科学合理的医学意见。

四、河南省免费产前筛查民生实事项目

河南省是出生人口大省之一,出生缺陷预防工作是重中之重。为减少出生缺陷的发生,提高出生人口素质,根据《关于印发<2017年河南省十件重点民生实事工作方案>的通知》(豫办〔2017〕10号)和《河南省免费开展预防出生缺陷产前筛查和新生儿疾病筛查工作实施方案(试行)》(豫政妇儿工委办字〔2017〕1号)的要求,结合河南省实际,河南省卫生计生委制定了《河南省卫生计生委落实免费筛查民生实事工作方案(试行)》。该项民生实事项目以政府购买服务方式,为全省符合条件的孕妇和新生儿分别免费提供一次产前筛查和一次新生儿疾病筛查(以下简称免费筛查)。免费产前筛查包括一次孕早期彩色超声检查和一次孕中期血清学筛查,免费新生儿疾病筛查包括一次苯丙酮尿症(PKU)、先天性甲状腺功能减退症(CH)筛查和一次听力筛查。通过筛查,全面提高孕产妇优生优育知识知晓率、孕妇产前筛查率和新生儿疾病筛查率,减少出生缺陷发生,提高出生人口素质。

(一)服务对象要求

夫妇至少一方具有河南省户籍,或夫妇双方非河南省户籍但女方在本省居住6个月以上的孕妇及其新生儿。接受免费服务的孕妇应提供身份证原件及复印件(男方为本省户籍、女方为外省户籍的,另需携带结婚证原件及复印件;居住在本省6个月以上的省外户籍人口,另需携带本省的居住证原件及复印件)。

(二)实施原则

1. 免费服务原则　符合服务条件的孕妇每孕次享受一次免费产前筛查服务,新生儿享受一次免费新生儿疾病筛查服务。需再次接受检查或超出免费服务项目的,可在医生指导下自愿自费接受产前筛查与诊断服务。血常规、尿常规、凝血系列、肝肾功能、心电图、乙型病毒性肝炎五项,以及丙型病毒性肝炎、艾滋病和梅毒检测等孕期常规检查项目不列入本次免费服务范围。

2. 知情选择原则　产前筛查和新生儿疾病筛查要充分尊重孕妇意愿,维护群众合法权益,在知情同意的基础上自愿选择服务。

3. 义务告知原则　承担免费筛查服务的医疗保健机构及医务人员,应履行主动告知孕妇产前筛查和新生儿疾病筛查的义务,宣传普及优生优育知识。

4.规范服务原则　严格按照《产前诊断技术管理办法》《新生儿疾病筛查管理办法》及有关技术规范等要求提供服务。

5.信息保密原则　各级医疗保健机构要尊重被服务者的隐私权及知情权,不得向无关人员透露被服务者的相关信息和检测结果,法律、法规另有规定的除外。

6.属地管理原则　各地确定免费筛查服务机构,服务对象选择免费筛查服务机构,原则上按照属地管理进行。

五、河南省免费产前诊断民生实事项目

2019年,河南省为深入推进河南省重点民生实事预防出生缺陷产前筛查项目的实施,根据《中共河南省委办公厅河南省人民政府办公厅关于印发〈2019年河南省重点民生实事工作方案〉的通知》(豫办〔2019〕5号)提出的"继续免费开展预防出生缺陷产前筛查和新生儿疾病筛查,对筛查出的高风险孕妇进行免费产前诊断"工作要求,将为全省符合条件的孕妇(胎儿)免费提供一次产前诊断服务,包括一次羊膜腔穿刺(或绒毛膜穿刺,或脐静脉穿刺)并对胎儿进行染色体核型分析或单基因遗传病遗传学诊断(不包括胎儿超声产前诊断)。

享受免费产前诊断服务的对象必须同时具备以下3个条件。

(1)夫妇至少一方具有河南省户籍或夫妇双方非河南省户籍,但女方在本省居住6个月以上的孕妇。驻豫军人及户籍不在本地的驻豫军人配偶,可凭所在部队出具的相关证明享受免费政策。

(2)具备下列高风险因素之一:①分娩时年龄≥35周岁(本胎次未按河南省民生实事产前筛查工作要求而享受过免费血清学筛查的除外)。②免费血清学筛查结果为21-三体综合征高风险者(不包括血清学筛查结果为21-三体综合征临界风险者和超声检查异常者)。③有遗传病家族史或曾经分娩过先天性严重缺陷婴儿的,包括以下4种情形:a.曾经孕育或生育过21-三体综合征、18-三体综合征或13-三体综合征等染色体非整倍体胎儿的孕妇;b.夫妇一方为染色体平衡易位携带者、罗伯逊易位及倒位携带者;c.孕妇为杜氏肌营养不良、血友病A、血友病B基因携带者;d.夫妇均为脊髓性肌萎缩症、苯丙酮尿症、甲基丙二酸血症基因携带者[致病基因及致病位点根据美国医学遗传学与基因组学学会(ACMG)指南判定为致病性变异或疑似致病性变异]。

(3)接受服务时适用的孕周:①绒毛活检术,孕9~13^{+6}周;②羊膜腔穿刺术,孕18~24周;③脐静脉穿刺术,孕20~24周。

六、典型案例

案例简介　2016年9月,冉某(30岁,女)和刘某(34岁,男)在××妇幼保健院因"输卵管因素不孕"进行体外受精-胚胎移植(IVF-ET)治疗,移植2枚胚胎后成功受孕,超声检查确认宫内双胎妊娠(双绒双羊)。主管医生随即书面告知了冉某和刘某双胎的风险性,冉某和刘某表示了解风险并不愿意减胎。2017年3月冉某转入该院产科产检并建档。诊断:孕11^{+4}周,双胎(双绒双羊)。在产科做第二次检查时未做唐氏筛查,冉某主动问主治医生将会安排在什么时候做唐氏筛查,主治医生回复,因为是双胎,做唐氏筛查结果不准,故不做。其间,孕16^{+4}周、孕20^{+5}周、孕25^{+3}周、孕26^{+6}周产检均未发现明显异常,医生也未告知冉某可以行无创DNA检查及羊膜腔穿刺检查染色体。然而,孕29^{+5}周和30^{+1}周时冉某在该院产检发现一胎儿(乙胎)大脑中动脉血流S/D增高,血流比例降低,考虑脑保护效应?医生告知冉某可能发生胎儿窘迫而导致胎儿死亡。冉某及家属要求继续妊娠,放弃乙胎,尽量保护甲胎安全。孕31^{+1}周,产检发现双胎生长不一致,乙胎生长受限,胎心音可能随时消失,出生后可能存在脑瘫等损害。考虑目

前孕周小,孕妇要求继续妊娠,放弃乙胎,尽量保护甲胎安全。2017 年 8 月 7 日孕 33⁺¹周,右侧胎儿胎心率下降,胎心音可能随时消失,发育不良,医生建议终止妊娠,孕妇表示考虑后决定。2017 年 8 月 9 日孕 33⁺³周,双胎生长不一致,孕妇住院,行择期手术。孕 33⁺⁵周行剖宫产术,由于早产,两个新生儿出生后均在新生儿科治疗观察。产后 15 天儿科医生发现女孩刘××面容特殊,不正常,建议做唐氏基因检测,检测结果显示刘××为唐氏综合征患儿。

冉某和其丈夫刘某认为××妇幼保健院存在明显过错,在产检过程中没有给冉某做唐氏筛查,导致冉某生下唐氏综合征婴儿,应当承担赔偿责任,将××妇幼保健院告上法庭。

鉴定情况 法院委托××市医学会鉴定,医疗鉴定意见:××妇幼保健院在冉某的产前检查中存在过错,与刘××(唐氏综合征患儿)不当出生的损害后果之间存在一定因果关系,为次要原因,参与度可考虑 20% ~ 30%。刘××伤残等级为五级,后期医疗费以临床实际发生的治疗费用为准,护理时限及营养时限为至 18 周岁前。

判决情况 本案例中,刘××所患唐氏综合征是由染色体异常而导致的疾病,与××妇幼保健院的医疗行为无关,故刘××不是本案的被侵权人。××妇幼保健院在冉某的产前检查中,存在未对其行产前非整倍体筛查、未告知其行羊膜腔穿刺检查胎儿染色体、未履行充分的知情告知义务等医疗过错,与刘××(唐氏综合征患儿)不当出生存在一定因果关系。唐氏综合征目前尚无有效治疗方法,且患儿免疫力低下,需要预防感染及手术矫治合并的其他脏器畸形。冉某、刘某不仅将因此承担远超一般情况下的医疗费、护理费,也在精神上遭受较大的损害。被告××妇幼保健院的过失侵权行为符合承担侵权损害赔偿责任的全部构成要件,应当对冉某和刘某请求的刘××相关医疗费、护理费及原告的精神损害抚慰金等承担与其过错程度相当的赔偿责任。

结合司法鉴定意见,本院依法确认根据其过错程度及因果关系,由被告××妇幼保健院承担 30% 的赔偿责任。判决××妇幼保健院于本判决生效之日起 3 日内赔偿原告冉某、刘某483 880.03 元。

案例涉及的问题 ①医院在诊疗过中应该尽到哪些责任来避免先天性缺陷儿的出生?②双胎妊娠的出生缺陷的筛查及诊断的诊疗规范有哪些?

(一)医院应尽的责任

我国出生缺陷的发生率约为 5.6%,其中染色体畸变约占出生缺陷遗传学病因的 80% 以上。出生缺陷给家庭和社会带来了沉重的负担,为减少出生缺陷的发生,WHO 提出了出生缺陷的三级预防策略:出生缺陷的一级预防旨在降低出生缺陷率,包括婚前体检、遗传咨询,可以通过优生科普教育和采取干预措施进行预防;二级预防主要是在孕期开展母血产前筛查、羊水穿刺与染色体检测、彩色超声胎儿系统检查;三级预防是出生后的新生儿筛查、内外科治疗和康复。其中二级预防尤为重要,二级预防是避免出生缺陷的最重要、最有效的环节。根据我国国情,为了降低出生缺陷的发生率,将相关工作落实到位,我国出台了相应的法律、法规,对医疗机构的责任做出了规定。

1.《母婴保健法》 第 14 条规定:医疗保健机构应为育龄妇女和孕产妇提供孕产期保健服务。这里的孕产期保健服务包含产前筛查。第 17 条规定:经产前检查,医生发现或者怀疑胎儿异常的,应当对孕妇进行产前诊断。第 18 条规定:经产前诊断,胎儿患严重遗传病的或胎儿有严重缺陷的,医生应当向夫妻双方说明情况,并提出终止妊娠的医学意见。

2.《母婴保健法实施办法》 2001 年 6 月 20 日国务院发布并实施的《母婴保健法实施办法》第 4 条明确规定:公民享有母婴保健的知情选择权。第 20 条规定:胎儿发育异常或者胎儿有可疑畸形的,医生应当对其进行产前诊断。第 21 条规定:《母婴保健法》第 18 条规定的胎儿的严重遗传病、胎儿的严重缺陷、孕妇患继续妊娠可能危及其生命健康和安全的严重疾病目录,由国务院卫生行政部门规定,其中唐氏综合征被列为严重遗传病。这里需要指出的是,公民享有母婴保健的知情选择权里包含了每一个孕妇都有平等享受产前筛查的权利,医务人员有责任为孕妇提供产前筛查的信息。

3.《产前诊断技术管理办法》 即卫生部令33号,其中第16条规定:对一般孕妇实施产前筛查及应用产前诊断技术坚持知情选择。

(二)双胎妊娠的出生缺陷的筛查及诊断

唐氏综合征患儿主要表现为严重的智力低下,智商(IQ)多为20~60,只有正常同龄人的1/4~1/2。他有独特的面部和身体畸形,如小头、枕部扁平、项厚、眼裂小、眼外侧上斜、内眦深、眼距宽、马鞍鼻、口常半开、舌常在口外、手指短粗、掌纹有通贯、小指内弯等。50%的患儿合并先天性心脏病、消化道畸形、白血病等。该病目前无有效的治疗方法,其发病率约占受孕人数1‰,出生率为1/700~1/600。我国每年大约有26 600个唐氏综合征患儿出生,平均每20分钟就出生1例,给家庭及社会带来了沉重的负担。因此,为了防止唐氏综合征患儿出生,做到早发现、早解决,产前唐氏筛查非常重要。唐氏综合征是目前产前筛查的主要疾病,产前筛查可以在妊娠早期(孕7~13周)或中期(孕14~21周)进行。由于目前技术水平的限制,任何产前筛查技术都不能做到筛查百分之百正确,会出现假阴性(将异常妊娠漏诊)和假阳性(将正常妊娠误诊)。每一个孕妇都有平等享受产前筛查的权利,医务人员有责任为孕妇提供产前筛查的信息,在知情选择、孕妇自愿的原则下进行产前筛查。双胎妊娠已成为流产率、早产率、出生缺陷及围产儿病发生率及死亡率增加的重要原因。双胎妊娠中胎儿畸形率、染色体异常的风险及其特有并发症的发生率均明显升高,而且与单胎妊娠相比,双胎妊娠的产前筛查和产前诊断更复杂。单卵双胎的唐氏综合征发生概率与单胎相似,而双卵双胎其中1个胎儿发生染色体异常的概率为同年龄组单胎的2倍。有学者提出,双卵双胎妊娠孕妇年龄为32岁时,胎儿发生唐氏综合征的风险与单胎妊娠孕妇年龄为35岁时相似。

2015年,中华医学会围产医学分会胎儿医学学组和中华医学会妇产科学分会产科学组组织了全国的专家讨论并编写了我国的《双胎妊娠临床处理指南》,提出了双胎妊娠孕期的产前检查规范。该指南详细地对双胎妊娠产前筛查及产前诊断进行了规范。①对于如何对双胎妊娠进行细胞遗传学诊断这个问题,专家观点/推荐指出:双胎妊娠产前诊断咨询需个体化,并由夫妇双方做出决定。双胎妊娠可以进行绒毛穿刺取样或羊膜腔穿刺。由于涉及发现1胎异常后的后续处理(如选择性减胎),双胎的细胞遗传学检查应在有能力进行胎儿宫内干预的产前诊断中心进行。在羊膜腔穿刺或绒毛穿刺取样前,要对每个胎儿做好标记(如胎盘位置、胎儿性别、脐带插入点、胎儿大小、是否存在畸形特征等)。对于早期绒毛膜性不清,或者单绒毛膜双胎中1个胎儿结构异常、2个胎儿体重相差较大者,均建议行2个羊膜腔的取样。②对于如何对双胎妊娠进行产前非整倍体筛查及双胎结构筛查的问题,专家观点/推荐指出:a. 妊娠11~13^{+6}周超声检查可以通过检测胎儿NT来评估胎儿发生唐氏综合征的风险,并可早期发现部分严重的胎儿畸形(推荐等级B)。b. 文献报道,唐氏综合征在单胎与双胎妊娠孕中期血清学筛查的检出率分别为60%~70%和45%,其假阳性率分别为5%和10%。不建议单独使用妊娠中期生化血清学方法对双胎妊娠进行唐氏综合征的筛查(推荐等级E)。③建议在妊娠18~24周进行超声双胎结构筛查。从上述指南可以看出,妊娠中期生化血清学方法由于假阳性率和假阴性率较高,对于双胎妊娠进行唐氏筛查是不建议单独推荐的,但并不是完全放弃对双胎妊娠进行唐氏筛查。可见,双胎妊娠增加了产前筛查和产前诊断的复杂性,但是按照相应的指南实施仍可以筛查出唐氏综合征患儿,并可以通过产前诊断进行最终确诊。临床医生应该参照相关指南进行产前筛查和产前诊断,并做到充分告知,减少出生缺陷。本案例中,医生应该充分告知患者孕中期血清学唐氏筛查技术水平的限制及相应的准确率,以及其他可以用于染色体非整倍体筛查和诊断的检查手段和相关检查的局限性,由患者自行决定是否进行进一步的筛查与诊断,医务人员不应该按自己的主观判断拒绝给孕妇进行相关筛查及产前诊断,侵犯了其优生优育选择权。

本案发生于 2017 年,诊疗过程应以 2015 年《双胎妊娠临床处理指南》为准。案例中冉某妊娠早期已经确认是双绒毛膜双胎,按照指南推荐,应于妊娠 11 ~ 13^{+6} 周进行双胎 NT 检测,再结合胎儿鼻骨、静脉导管、三尖瓣反流情况,对唐氏综合征的检出率可达 80% ,与单胎妊娠的筛查结果相似。而反观本案例,医生在产前检查过程中没有进行个体化的评估,以唐氏筛查不准确为由,未对冉某行产前筛查相关检查,且未书面告知冉某还可以进一步行羊膜腔穿刺检查染色体等,导致了本不该出生的唐氏综合征患儿的出生。

值得注意的是,无创 DNA 检测于 2014 年起应用于临床产前筛查,筛查双胎唐氏综合征的敏感度和特异度较高。2020 年为更好地规范和指导我国双胎妊娠的临床诊治工作,中华医学会围产医学分会胎儿医学学组联合中华医学会妇产科学分会产科学组基于 2015—2020 年发表的国内外双胎相关文献、指南及专家共识,围绕原版本指南(2015 年指南)梳理的临床问题,对系统评价的证据质量和推荐强度进行分级,对 2015 年指南推荐或专家共识进行更新。更新后的指南增加了 NIPT 内容。推荐:早孕期应用母体血浆中胎儿游离 DNA(cffDNA) 筛查双胎唐氏综合征的敏感度和特异度较高,筛查效能与单胎近似,且优于早孕期联合筛查或中孕期母体生化筛查(推荐等级 B)。

本案例中冉某在孕晚期产检的过程中发现了胎儿的异常情况,但并未考虑胎儿畸形可能,没有进一步进行产前诊断。实际上,2002 年卫生部颁布了《产前诊断技术管理办法》(2019 年 2 月进行了修订),第 24 条规定:在发现胎儿异常的情况下,经治医生必须将继续妊娠和终止妊娠可能出现的结果及进一步处理意见,以书面形式明确告知孕妇,由夫妻双方自行选择处理方案,并签署知情同意书。若孕妇缺乏认知能力,由其近亲属代为选择。涉及伦理问题的,应当交医学伦理委员会讨论。而本案例中医生在产前检查过程中没有进行个性化评估。

我们的临床及基础领域研究是一直在发展的,不断有新的技术和循证医学证据涌现,指南的更新也是持续不断的。作为临床医生,应该首先了解现有产前筛查和诊断技术及其局限性,并充分书面告知患者,因为患者有进行产前筛查和诊断的选择权,不要主观地替患者进行决定、选择;同时也要认识到知识的更新迭代,需要持续性学习,提高自己的诊疗水平,以便更好地服务于患者。

第五节　禁止非医学需要的胎儿性别鉴定和选择性别人工终止妊娠

非医学需要的胎儿性别鉴定和选择性别人工终止妊娠是指除经医学诊断胎儿可能为伴性遗传病等需要进行胎儿性别鉴定外所进行的胎儿性别鉴定和选择性别人工终止妊娠。受重男轻女等传统思想的影响,我国出生人口性别严重失调,严重影响我国经济发展和社会稳定。为了贯彻计划生育基本国策,使出生人口性别比保持在正常的范围内,根据《人口与计划生育法》《母婴保健法》《母婴保健法实施办法》《计划生育技术服务管理条例》等,国家卫生计生委在 2016 年 3 月 28 日发布了《关于禁止非医学需要的胎儿性别鉴定和选择性别的人工终止妊娠的规定》,该规定指出禁止任何单位和个人实施非医学需要的胎儿性别鉴定和选择性别人工终止妊娠,禁止任何单位和个人介绍、组织孕妇实施非医学需要的胎儿性别鉴定和选择性别人工终止妊娠。

一、医学需要的胎儿性别鉴定的实施

医学需要的胎儿性别鉴定由省、自治区、直辖市卫生行政部门批准设立的医疗卫生机构按照国家有关规定实施,应当由医疗卫生机构组织 3 名以上具有临床经验和医学遗传学知识,并具有副主

任医师以上专业技术职称的专家集体审核。经诊断,确需人工终止妊娠的,应当出具医学诊断报告,并由医疗卫生机构通报当地县级卫生行政部门。

二、可以实施选择性别人工终止妊娠的情形

符合法定生育条件的,除以下情形外,不得实施选择性别人工终止妊娠:①胎儿患有严重遗传性疾病的;②胎儿有严重缺陷的;③因患严重疾病,继续妊娠可危及孕妇生命安全或健康的;④法律、法规规定的或医学上认为确有必要终止妊娠的。

三、人工终止妊娠的实施

实施人工终止妊娠手术的机构应当在手术前登记、查验受术者身份证明信息,并及时将手术实施情况通报当地县级卫生行政部门。

四、人工终止妊娠的监管

医疗卫生机构应当在工作场所设置禁止非医学需要的胎儿性别鉴定和选择性别人工终止妊娠的醒目标志;医疗机构和医务人员应分别取得母婴保健技术服务执业许可证和母婴保健技术考核合格证书;应当严格遵守有关法律、法规和超声诊断、染色体检测、人工终止妊娠手术管理等相关制度。

五、典型案例

(一)案例1:非医学需要的胎儿性别鉴定

案例简介　孕妇高某,孕12周,孕4产3,现有3女,受封建思想影响想要生育一男孩,听闻朋友说香港可以做性别鉴定,通过抽取外周血并邮寄到香港可以进行产前无创性别鉴定,遂至当地乡镇某诊所咨询。诊所告知其可以联系某检测公司业务员,业务员上门抽取高某外周血,然后将血样送至香港进行胎儿性别鉴定,并收取2 000元检测费用。业务员将部分费用作为补贴给了诊所老板,1周后诊所告知孕妇为女胎。由于该家庭此前已育有3个女儿,高某丈夫及公婆受农村重男轻女封建思想影响,强烈要求引产,高某遂至当地医院咨询引产相关事宜。当地医院询问孕妇引产理由,孕妇以已育有3个子女,无力负担四胎为由要求引产。医院要求高某按照规定请其村委会出具相关证明后给予引产手术。引产过程中高某与助产士交谈,她告知助产士自己已育有3个女儿,此次真实引产原因是无创性别鉴定提示此次胎儿为女胎,但助产士发现引产胎儿为男胎,随口一说胎儿可能为男胎,孕妇立刻大哭起来,请助产士再次确认胎儿性别,结果依然是男胎,遂请示上级助产士来确认,依然判定为男胎。此时,产房外高某家属听见孕妇在产房里情绪激动,故冲到产房要求了解孕妇情况。高某告诉家人胎儿为男胎,家属直接瘫坐在地大哭。随后,高某丈夫及公婆去诊所大闹,要求诊所赔偿自己的孙子,提出巨额赔偿并将该诊所举报到当地卫生行政部门。

鉴定情况　当地卫生行政部门接到举报后立即组织工作人员调查相关情况。经调查,该诊所确实存在上述举报情况,且多次违规进行胎儿性别鉴定谋取巨额收益。对诊所营业执照、诊所老板及医生按照相关规定做出处罚和处分,并将相关证据材料封存,同时通过诊所老板和第三方检测公司业务员找到第三方检测公司,将其移交到司法部门做更深入调查,并做出相应的经济处罚和处分。

判决情况　该诊所违反《母婴保健法》第 32 条、《母婴保健法实施办法》第 23 条严禁采用技术手段对胎儿性别鉴定的规定。按照《母婴保健法》第 37 条规定,由医疗保健机构或者卫生行政部门根据情节对该诊所给予行政处分;情节严重的,依法取消执业资格。按照《母婴保健法实施办法》第 42 条规定,违反本办法规定进行胎儿性别鉴定的,由卫生行政部门给予警告,责令停止违法行为;对医疗、保健机构直接负责的主管人员和其他直接责任人员,依法给予行政处分。进行胎儿性别鉴定两次以上的或者以营利为目的进行胎儿性别鉴定的,由原发证机关撤销相应的母婴保健技术执业资格或者医师执业证书。

1. 国家严禁非医学需要的胎儿性别鉴定的缘由　在谈性别之前,我们首先要了解什么是出生性别比。出生性别比是衡量男女两性人口是否均衡的一个重要标准,指一定时期内出生男婴总数和女婴总数的比值,通常用每 100 名女婴所对应的男婴数来表示。从目前国际上大多数国家的生育情况来看,在非人为控制的情况下,新生婴儿的性别比应该在 102～107,一旦存在人为控制和改变,会对人口性别结构构成难以想象的危害。中国受古代重男轻女封建思想的影响,非医学需要的性别选择和终止妊娠的现象比较严重,因此我国出生性别比一直居高不下。自 20 世纪 80 年代以来,我国出生人口性别比已持续几十年处于偏高状态。经过多年努力,出生人口性别比持续升高的势头得到初步遏制,但 2015 年仍高达 113.51,而有的省份甚至达到 135,目前我国已成为世界上男女比例失衡严重的国家之一,严重影响了社会、经济的健康发展。通过超声、羊水、绒毛、无创性别鉴定的非法性别鉴定与非法终止妊娠,也是导致我国出生人口男女性别比例失衡的重要原因之一。故从社会稳定角度考虑,非医学需要的胎儿性别鉴定不仅会影响我国出生男女性别比例,而且会对未来社会的稳定运行和社会伦理道德体系形成剧烈冲击,不利于社会和谐与发展;从保护母儿健康角度考虑,非医学需要的性别鉴定和终止妊娠给孕妇与胎儿健康都带来极其不利的影响,且孕妇除了承受各种鉴定带来的创伤和经济损失外,还需要承担因终止妊娠所带来的身体疼痛与内心伤害;从伦理角度看,一旦胎儿性别有悖于父母意愿,胎儿可能面临被毁灭生命风险,有违道德伦理。胎儿是独立的个体生命,非因特殊情况,母亲无权选择胎儿的去留。鉴于上述情形,国家出台了一系列关于严禁性别鉴定的法律、法规,如《母婴保健法》《母婴保健法实施办法》《产前诊断技术管理办法》,以及国家卫生计生委于 2016 年发布的《关于禁止非医学需要的胎儿性别鉴定和选择性别的人工终止妊娠的规定》,均明确规定禁止任何单位任何个人实施非医学需要的性别鉴定和终止妊娠。

2. 中国香港和内地胎儿性别鉴定的区别　胎儿的性别是很多家庭最关注的话题,产前急切想知道宝宝性别的想法每个人都会有,无论是出于好奇心还是有选择的性别鉴定,都是人之常情,人性如此,无法避免。国家担心重男轻女的思想会导致男女比例失调、性别歧视等社会问题,所以在中国内地制定了一系列法律规定,如《母婴保健法》《母婴保健法实施办法》《产前诊断技术管理办法》等,严禁采用技术手段对胎儿进行性别鉴定。而香港目前并没有出台相应的法律、法规文件对胎儿性别鉴定进行限制,在香港进行产前性别鉴定目前属于无"法"即合法状态,因此催生了内地人到香港进行性别鉴定的产业链。而本案中虽然诊所是联系中介送血到香港进行性别鉴定,但诊所在内地注册备案,依然要遵守中华人民共和国关于胎儿性别鉴定的相关规定。依照《母婴保健法》《母婴保健法实施办法》的相关规定,该诊所违反《母婴保健法》第 32 条、《母婴保健法实施办法》第 23 条严禁采用技术手段对胎儿性别鉴定的规定。按照《母婴保健法》第 37 条的规定,由医疗保健机构或者卫生行政部门根据情节对该诊所给予行政处分;情节严重的,依法取消执业资格。按照《母婴保健法实施办法》第 42 条的规定,违反本办法规定进行胎儿性别鉴定的,由卫生行政部门给予警告,责令停止违法行为;对医疗、保健机构直接负责的主管人员和其他直接责任人员,依法给予行政处分。进行胎儿性别鉴定两次以上的或者以营利为目的进行胎儿性别鉴定的,并由原发证机关撤销相应的母婴保健技术执业资格或者医师执业证书。最终,该诊所拥有人被取消执业资格,并被责令停止违法行为。

(二)案例2:非法医疗机构选择性别人工终止妊娠

案例简介   2021年9月9日,1名年轻女子李某来到诊所,要求做引产手术,打掉腹中已经有5个多月的胎儿,引产原因竟是李某夫妇已有2个女儿。受重男轻女、男孩传宗接代封建思想的影响,夫妇想要生育1个男孩,私下经人介绍,通过超声检查知道了腹中胎儿为女孩,故决定引产。由于李某已处于孕中晚期,去当地县医院咨询后才知妊娠超过14周引产需要提供引产证明。由于胎儿产前超声检查未见明显异常,不具备引产指征,医院无法出具引产证明。迫于无奈,李某多方打听后经熟人介绍来到私人诊所——杨医生诊所。

杨医生诊所的杨医生接待了李某,看到李某是由母亲陪同,故问李某能否让丈夫来签署手术同意书。李某说丈夫长年在外地打工,十分忙碌,没有时间,引产是全家人慎重考虑后的决定。如果杨医生有顾虑,可与其丈夫电话沟通。杨医生让李某拨通其丈夫的电话,在电话中李某丈夫表示同意引产,且已有熟人交代。李某交了2 000元手术费后,杨医生对其予以羊膜腔穿刺注药引产。

第2天,胎儿娩出后,胎盘剥离不全导致李某大出血。常规处理无效,杨医生赶紧送李某到某县人民医院就诊并垫付了押金,好在处理及时,李某转危为安。由于情况紧急,李某的母亲六神无主,立刻打电话把李某的丈夫何先生从外地叫回了家。随后麻烦也来了,原来何先生对于妻子在诊所引产导致大出血之事非常不满,害怕对妻子的健康有影响,更怕影响妻子的生育能力。

难过的何先生当即来到诊所质问杨医生,为何其妻子引产过程中会出现如此严重的情况,杨医生操作是否合规合法。让他更担心的是,诊所不负责任的手术会不会影响李某以后再孕,何先生要求诊所给出说法。但自从出事后,何先生在杨医生诊所一直找不到杨医生,诊所的其他工作人员也推脱该事情与自己无关,让何先生去找杨医生。由于无人解决问题,何先生多次向诊所讨要说法无果后向计生、卫生监督等部门进行了投诉。

调查情况   调查发现,该医疗机构核准的科目是中西医结合科,虽然取得了医疗机构执业许可证,但并未取得母婴保健技术服务执业许可证,诊所违规开展产科诊疗是超范围的执业行为;杨医生虽然取得了医师执业证书,但并未取得母婴保健技术考核合格证书,故诊所因违反计生法规面临追责和处罚。同时,因为诊所不具备产科手术条件,杨医生违规行医,卫生监督部门也将给予严处。

母婴安全是生殖健康的核心,出现上述不良事件每个人都非常痛心,但追根究底这个操作过程都违反了哪些法律、法规呢?

首先,依据《基本医疗卫生与健康促进法》第38条,举办医疗机构,应当具备下列条件,按照国家有关规定办理审批或者备案手续:①有符合规定的名称、组织机构和场所;②有与其开展的业务相适应的经费、设施、设备和医疗卫生人员;③有相应的规章制度;④能够独立承担民事责任;⑤法律、行政法规规定的其他条件。医疗机构依法取得执业许可证。禁止伪造、变造、买卖、出租、出借医疗机构执业许可证。各级各类医疗卫生机构的具体条件和配置应当符合国务院卫生健康主管部门制定的医疗卫生机构标准。上述案例中,诊所虽然取得了医疗机构执业许可证,但医疗机构核准的科目是中西医结合科,且未取得母婴保健技术服务执业许可证,诊所违规开展产科,这是超范围的执业行为。

其次,依据《母婴保健专项技术服务许可级人员资格管理办法》(2021年修订版)第10条,凡从事《母婴保健法》及其实施办法规定的婚前医学检查、遗传病诊断、产前诊断及施行助产技术、结扎手术、终止妊娠手术技术服务的人员，必须符合母婴保健专项技术服务基本标准的有关规定，经考核合格，取得母婴保健技术考核合格证书或者在医师执业证书上加注母婴保健技术考核合格及技术类别。母婴保健技术人员资格考核内容由国家卫健委规定。依据《母婴保健专项技术服务许可级人员资格管理办法》（2021年修订版）第13条，经考核合格，具备母婴保健技术服务相应资格的卫生技术人员，不得私自或者在未取得母婴保健技术服务执业许可证的机构中开展母婴保健专项技术服务。

再者，《母婴保健法》（2022年修订版）第35条要求从事遗传病诊断、产前诊断的医疗、保健机构和人员，须经省、自治区、直辖市人民政府卫生行政部门许可；但是，从事产前诊断中产前筛查的医疗、保健机构，须经县级人民政府卫生行政部门许可。从事婚前医学检查的医疗、保健机构和人员，须经县级人民政府卫生行政部门许可。从事助产技术服务、结扎手术和终止妊娠手术的医疗、保健机构和人员，须经县级人民政府卫生行政部门许可，并取得相应的合格证书。

最后，该诊所还违反了《母婴保健法》《产前诊断技术管理办法》《母婴保健法实施办法》《关于禁止非医学需要的胎儿性别鉴定和选择性别的人工终止妊娠的规定》的规定，即禁止任何单位或者个人实施非医学需要的胎儿性别鉴定和选择性别人工终止妊娠。禁止任何单位或者个人介绍、组织孕妇实施非医学需要的胎儿性别鉴定和选择性别人工终止妊娠。

该诊所及杨医生存在违反《母婴保健法》及《母婴保健专项技术服务许可及人员资格管理办法》（2021年修订版）多条规定的行为，依据法则第40条，医疗、保健机构或者人员未取得母婴保健技术许可，擅自从事婚前医学检查、遗传病诊断、产前诊断、选择性别终止妊娠手术和医学技术鉴定或者出具有关医学证明的，由卫生行政部门给予警告，责令停止违法行为，没收违法所得；违法所得5 000元以上的，并处违法所得3倍以上5倍以下的罚款；没有违法所得或者违法所得不足5 000元的，并处5 000元以上2万元以下的罚款。

总的来说，只有取得医疗机构执业许可证和母婴保健技术服务执业许可证的医疗机构才具有实施终止妊娠手术资格；实施手术的人员必须取得医师执业证书和母婴保健技术考核合格证书。

（三）案例3：医学需要的性别鉴定是需要经过批准的

案例简介　2020年10月，孕妇高某，以"儿子进行性四肢肌无力7年，不能行走10个月"为主诉来某医院儿科门诊就诊，患儿足月顺产，1岁半学会走路，生长和智力发育正常，3岁时出现步态不稳，易摔跤，被当地县医院诊断为脑瘫，家长未在意、未治疗。后患儿逐步出现步态不稳、蹲起困难、上楼困难、不会蹦等症状，无其他不适，病情一直缓慢发展，后出现双下肢肢体萎缩。1年前病情加重，出现上肢抬举费力，不会走路和翻身，活动受限。患儿舅舅有类似症状，17岁夭折。查体可见四肢肌肉萎缩，双小腿腓肠肌肥大质硬，其余未见明显异常。四肢肌张力、深浅感觉、腱反射及其他神经反射无异常。儿科医生为患儿行肌酶检查，发现肌酶水平明显升高，肌电图显示肌源性损害。临床可疑杜氏肌营养不良症，转遗传科行基因诊断。基因检测结果显示患儿及其母亲均携带DMD基因E45-50外显子缺失。由于该病是一种伴性遗传病，呈X连锁隐性遗传。该病男孩发病，女性携带者不发病。至此该患儿被诊断为DMD基因突变所致杜氏肌营养不良症，高某为杜氏肌营养不良症携带者。后来高某来遗传门诊咨询，医生告知其由于该病是一种伴性遗传病，男胎有50%发病可能，女胎是正常胎儿，为排除胎儿是杜氏肌营养不良症，可考虑行产前诊断。孕妇在签署知情同意书、完善术前检查的情况下，在该院行绒毛活检手术，术中抽取绒毛组织后提取DNA，行定量荧光聚合酶链反应（QF-PCR）检测排除母源污染，证实绒毛组织来源于胎儿，同时显示胎儿为男胎。由于是高危患儿，遂行胎儿

DMD 基因筛查,1 周后基因检测结果提示胎儿携带 *DMD* 基因 E45-50 外显子缺失,该胎儿是患胎。该院实验室出具检测报告为胎儿(男胎)携带 *DMD* 基因 E45-50 外显子缺失,为杜氏肌营养不良症患儿。孕妇拿到报告后再次至遗传门诊咨询,医生建议其尽早终止妊娠。由于孕妇觉得连续两次男胎都为患儿,心情沮丧,将自己的报告结果发至朋友圈发泄情绪,正好被卫生执法监督局的朋友看到。这位朋友电话咨询高某后也建议其尽早引产。

故事到此感觉好像一切顺理成章,没有什么问题,但是卫生执法监督局的这位朋友将该产前诊断报告截图留证,等到卫生执法监督局对各个医疗机构进行卫生监督执法时,就询问该医院的工作人员是否做伴性遗传病的产前诊断,该医院工作人员表示一直在做这方面的工作;卫生执法监督局工作人员接着问该医院产前诊断报告中是否提示性别,医院工作人员表示如果是正常胎儿,不携带基因突变的情况下,报告当中不提示性别;如果为男胎,又是患儿的情况下,会在报告中体现。这时,卫生执法监督局的工作人员将手机里保存的照片出示后告知该院因错过胎儿性别鉴定机构资质申请,未取得郑州市胎儿性别鉴定资质,因此不具备性别鉴定的资质,在报告中提示性别,违反了《河南省禁止非医学需要胎儿性别鉴定和选择性别人工终止妊娠条例》的规定,即没有经卫生行政部门或人口和计划生育行政部门批准,任何机构和个人不得开展胎儿性别鉴定和人工终止妊娠手术,法律、法规另有规定的除外。遂对该院实施行政处罚 10 万元。

通过该案例,我们应该得到一些启发:在临床工作和服务过程当中,我们一定要遵纪、守法,无论干什么工作都需要一定的资质,即使是有医学需要的性别鉴定,也要在取得性别鉴定资质的前提下进行。

第六节 新生儿疾病筛查和儿童保健

新生儿和儿童是家庭的希望、祖国的未来,新生儿及儿童的健康关系家庭的和谐、社会的稳定。新生儿疾病筛查和儿童保健是新生儿和儿童健康的重要保障。其中新生儿疾病筛查是减少出生缺陷、提高我国出生人口素质的三级预防措施之一。

一、新生儿疾病筛查和儿童保健的概念

新生儿疾病筛查是指在新生儿期对严重危害新生儿健康的先天性遗传病实施专项检查,提供早期诊断和治疗的母婴保健技术。

儿童保健是指对 0~6 岁儿童实施出生缺陷筛查与管理、生长发育监测、喂养与营养指导、早期综合发展、心理行为发育评估与指导、免疫计划、常见疾病防治、健康安全保护、健康教育与健康促进等保健服务。

二、新生儿疾病筛查的病种

根据 2009 年卫生部发布的《新生儿疾病筛查管理办法》的规定,新生儿疾病筛查病种包括先天性甲状腺功能减退症、苯丙酮尿症和听力障碍。同时,各地卫生行政部门也可以根据所在行政区域的医疗资源、群众需求、疾病发生率等实际情况,增加本区域内新生儿疾病筛查病种,但需要报卫生部备案。

三、新生儿疾病筛查的流程和原则

新生儿疾病筛查包括血片采集、送检、实验室检测、阳性病例确诊和治疗。新生儿听力筛查包括初筛、复筛、阳性确诊和治疗。上述新生儿疾病筛查遵循自愿和知情选择的基本原则，医疗保健机构人员应将筛查的项目、目的、费用、方式、条件和灵敏度等情况详细告知监护人，并签署知情同意书。

四、新生儿疾病筛查和儿童保健的意义

新生儿疾病筛查的病种主要有先天性甲状腺功能减退症、苯丙酮尿症和听力障碍等，这些疾病存在一些共同点，即早期诊断和治疗能明显改善预后，降低甚至避免后遗症的发生。首先先天性甲状腺功能减退症是一种由于先天因素使甲状腺不能产生足够的甲状腺激素，引起智能和体格发育落后的疾病。其主要临床表现为体格和智力发育障碍，也就是说，由于甲状腺激素不足，影响孩子的生长发育，随年龄的增长，孩子出现呆傻和身材矮小。这是小儿常见的内分泌疾病。本病在遗传代谢病中的发病率最高，所以一定要重视新生儿筛查。一经早期确诊，在出生后 1~2 个月即开始治疗者，可避免遗留神经系统功能损害。其次是包括苯丙酮尿症在内的一大类遗传代谢病，遗传代谢病是指由于基因突变引起酶缺陷、细胞膜功能异常或受体缺陷，导致机体相应的生化代谢紊乱，造成中间或旁路代谢产物蓄积，或终末代谢产物缺乏，从而出现相应的病理表现和临床症状的一组疾病，最终导致患儿体格和智力发育落后，甚至死亡。遗传代谢病常见的临床表现有神经系统异常、代谢性酸中毒和酮症、喂养困难、严重呕吐、腹胀腹泻、肝大或肝功能不全、特殊气味、容貌怪异、皮肤和毛发异常、眼部异常、耳聋等。多数遗传代谢病伴有神经系统异常，在新生儿期发病者可表现为急性脑病，造成痴呆、脑瘫甚至昏迷、死亡等严重并发症。多种遗传代谢病筛查大约 40 种，如同型胱氨酸尿症、高甲硫氨酸血症、酪氨酸血症、精氨琥珀酸尿症、瓜氨酸血症等，其总体发生率为 1/5 000~1/3 000。大部分患儿被早期筛查、确诊，经正规治疗后，可避免体格和智力的残疾，可以像正常人一样生活、学习。最后是听力障碍，俗称耳聋，耳聋在我国新生儿缺陷中占比较高，听力障碍可引起儿童语言发育障碍、社会交流障碍，继而引起心理问题等。因此，早期诊断和干预能够明显改善语言能力，加强与社会沟通能力。

无论是新生儿疾病筛查还是儿童保健，旨在保障孩子的身体和心理健康，保障儿童健康的良好发展，对于有异常的新生儿和儿童，能够做到早发现、早治疗、早干预等，将损害及后遗症降到最低。

五、典型案例

案例简介　李某，35 岁，农村女性，夫妻双方均在家务农，现育有 3 个儿女，大女儿10 岁，二女儿 6 岁，小儿子 2 岁。2 个女儿生长、智力发育正常，已上小学。2 岁的儿子因急产出生在去镇卫生院的路上，出生时无窒息、缺氧等异常情况。由于胎盘未完全剥离，镇卫生院门诊妇产科医生简单处理胎盘、脐带，收取门诊费用 20 元后告知夫妇可以回家休养。离院后该夫妇并未发现患儿反应、睡眠、大小便有异常，患儿为母乳喂养。由于长期居住在农村，加之既往生育两女儿均未见明显异常，该夫妇并未对儿子进行常规儿童保健。1 岁多时发现患儿坐不稳，不能单独站立，身高低于正常同龄儿，不会说话。家里老人告知可能跟出生急产有关系，一个孩子一个样，长大就好了，也就未在医院就诊和治疗。2 岁时患儿生长发育依然落后，语言发育迟缓，不会说话，眼神飘忽不定。某天晚上患儿突然出现抽搐、口吐白沫、小便失禁，夫妇遂拨打"120"急救电话将其送至当地县医院急诊科。急诊科接诊医生体格检查发现患儿精神反应

可,头发黄,躯干和四肢肌张力正常,神经系统查体正常,无湿疹,无烦躁,汗液和尿液有鼠臭味。详细询问患儿父母有无行新生儿疾病筛查,患儿父母自诉患儿出生在镇卫生院,无人告知要行相关筛查。急诊医生给予镇静、解痉、抗癫痫治疗,患儿病情稳定后被转至儿科遗传代谢门诊会诊,儿科医生抽取其外周血行血苯丙氨酸和遗传代谢病筛查,发现血苯丙氨酸水平为1 182 μmol/L;高效液相色谱法(HPLC)尿蝶呤谱分析显示,尿新蝶呤(N)1.7,生物蝶呤(B)2.73,B% 61.64%,红细胞二氢蝶呤还原酶活性2.8 nmol/(min·5 mmdisc),为对照活性的74%。四氢生物蝶呤(BH4)负荷试验显示,苯丙氨酸(Phe):0 h 965 μmol/L,2 h 1 117 μmol/L,4 h 1 086 μmol/L,8 h 1 039 μmol/L,24 h 1 105 μmol/L。根据辅助检查结果、临床表现,当地县医院诊断患儿为苯丙酮尿症。遂给予低苯丙氨酸饮食治疗,定期复查血苯丙氨酸并相应调整饮食。Gesell 智力测定显示发展商(DQ):粗动作36,细动作23,应物26,应人29,言语19。遂进行基因检测,发现患儿存在 *PAH* 基因复合杂合突变,分别遗传自父母。至此,该患儿病因诊断明确。由于患儿父母知识水平限制,医疗保健机构存在未告知新生儿疾病筛查的相关事宜,造成该患儿出生时未行苯丙酮尿症足底血筛查,最终直到2岁出现抽搐等神经系统损伤后才确诊,延误了治疗。此时的治疗已无法避免智力障碍的发生,这必然给困难的家庭带来更沉重的经济负担。事后该夫妇在亲戚朋友的鼓动下,来到镇卫生院找到当时的接诊医生,提出赔偿。镇卫生院工作人员表示该患儿并未在本院出生,医院按照规范和流程仅是处理了胎盘,且孕妇当天仅在门诊缴费处理胎盘和脐带后离院,院方无过错;且患儿基因检测结果提示该病是先天性遗传病,并非院方人为所致,与院方不存在因果关系。患儿家属遂将该镇卫生院投诉到当地卫健委,卫健委工作人员表示按照《新生儿疾病筛查技术规范》第8条的规定,即设有产科或者儿科的医疗机构应当开展新生儿遗传代谢病血片采集及送检、新生儿听力初筛及复筛工作,不具备开展新生儿疾病筛查血片采集、新生儿听力筛查服务条件的医疗机构,应当告知新生儿监护人到有条件的医疗机构进行新生儿疾病筛查。因此,该镇卫生院存在一定过错,最终赔偿患儿家属20万元作为补偿。

母婴保健机构和人员许可

第六章 传染病防治法律制度

第一节 传染病防治概述

在人类历史长河中,传染病一直是人类生存与发展面临的重大威胁,特别是重大急性传染病传播迅速、危害巨大,不仅破坏生产发展,还会造成人心恐慌、社会不稳,为了预防、控制传染病的发生与流行,保障公众生命安全和身体健康,防范和化解公共卫生风险,维护国家安全和社会稳定,我国一直高度重视传染病防治工作,不断建立健全传染病防治相关法律、法规体系。

一、传染病的概念

传染病是指由病原微生物如阮粒、病毒、衣原体、立克次体、支原体、细菌、真菌、螺旋体和寄生虫如原虫、蠕虫、医学昆虫感染人体后产生的有传染性、在一定条件下可造成流行的疾病。

传染病能在人与人、动物与动物或人与动物之间相互传播,其流行过程的发生需要有 3 个基本条件,包括传染源、传播途径和人群易感性。这 3 个环节必须同时存在,若切断任何一个环节,流行即告终止。

二、传染病的分类

根据传染病的传播方式、传播速度、流行强度、对人体健康和社会的危害程度及采取的控制措施,《中华人民共和国传染病防治法》(以下简称《传染病防治法》)将列为法定管理的传染病分为甲类、乙类和丙类 3 类。

《传染病防治法》规定:国务院卫生行政部门根据传染病暴发、流行情况和危害程度,可以决定增加、减少或者调整乙类、丙类传染病病种并予以公布;省、自治区、直辖市人民政府对本行政区域内常见、多发的其他地方性传染病,可以根据情况决定按照乙类或者丙类传染病管理并予以公布,报国务院卫生行政部门备案;乙类传染病中传染性非典型肺炎、炭疽中的肺炭疽和人感染高致病性禽流感,采取甲类传染病的预防、控制措施;其他乙类传染病和突发原因不明的传染病如需要采取甲类传染病的预防、控制措施的,由国务院卫生行政部门及时报经国务院批准后予以公布、实施;如需要解除依照甲类传染病预防、控制措施的,由国务院卫生行政部门报经国务院批准后予以公布。

2008 年 5 月 2 日,卫生部将手足口病列入丙类传染病进行管理。2009 年 4 月 30 日,卫生部经国务院批准,将甲型 H1N1 流感(原称人感染猪流感)纳入乙类传染病,并采取甲类传染病的预防、控制措施。2013 年 11 月 1 日,国家卫生计生委发布通知将人感染 H7N9 禽流感纳入法定乙类传染病;将甲型 H1N1 流感从乙类调整为丙类,并纳入现有流行性感冒进行管理;解除对人感染高致病性禽流感采取的《传染病防治法》规定的甲类传染病预防、控制措施。2020 年 1 月 20 日,国家卫健委发布公告将新型冠状病毒感染的肺炎纳入乙类传染病,采取甲类传染病的预防、控制措施。2022 年 12 月 26 日,在综合评估病毒变异、疫情形势和我国防控基础等因素之后,国家卫健委发布公告将新型冠状病毒肺炎更名为新型冠状病毒感染,解除对新型冠状病毒感染采取的甲类传染病预防、控制措施,自 2023 年 1 月 8 日起施行。2023 年 9 月 15 日,国家卫健委发布公告将猴痘自 2023 年 9 月 20 日起纳入乙类传染病进行管理。

目前,我国共有 41 种法定传染病,其中甲类 2 种,乙类 28 种,丙类 11 种。乙类传染病中的传染性非典型肺炎、炭疽中的肺炭疽,采取甲类传染病的预防、控制措施。

甲类传染病包括鼠疫、霍乱。

乙类传染病包括传染性非典型肺炎、艾滋病、病毒性肝炎、脊髓灰质炎、人感染高致病性禽流感、麻疹、流行性出血热、狂犬病、流行性乙型脑炎、登革热、炭疽、细菌性和阿米巴性痢疾、肺结核、伤寒和副伤寒、流行性脑脊髓膜炎、百日咳、白喉、新生儿破伤风、猩红热、布鲁氏菌病、淋病、梅毒、钩端螺旋体病、血吸虫病、疟疾、人感染 H7N9 禽流感、新型冠状病毒感染、猴痘。

丙类传染病包括流行性感冒、流行性腮腺炎、风疹、急性出血性结膜炎、麻风病、流行性和地方性斑疹伤寒、黑热病、包虫病、丝虫病、手足口病,以及除霍乱、细菌性和阿米巴性痢疾、伤寒和副伤寒以外的感染性腹泻病。

三、传染病防治法制建设 »»

20 世纪 50 年代初,卫生部制定了《传染病管理办法》;1978 年 9 月 20 日经国务院批准,卫生部发布了《中华人民共和国急性传染病管理条例》。这 2 个行政法规的颁布实施,使我国的传染病防治工作取得了巨大成绩。

在 80 年代中后期发生的一些传染病暴发事件,比如 1986 年山东省鼠害引起出血热病,1987 年四川省部分地区洪涝灾害引起钩端螺旋体病,1986 年及之后的新疆部分地区饮用水污染引起非甲非乙肝炎流行,尤其是 1988 年上海市居民因食用被污染的海产品毛蚶而导致 31 万人感染的甲型肝炎暴发流行,反映出传染病对人民群众的危害依然存在,甚至还很严重。总结上海甲型肝炎疫情防控的工作经验,我国加快传染病立法的步伐。1988 年 12 月,第七届全国人大常务委员会(以下简称全国人大常委会)第五次会议初次审议传染病防治法草案;1989 年 2 月 21 日,第七届全国人大常委会第六次会议审议并表决通过了《传染病防治法》,自 1989 年 9 月 1 日起正式施行。1991 年 10 月 4 日由国务院批准,1991 年 12 月 6 日发布施行《中华人民共和国传染病防治法实施办法》(以下简称《传染病防治法实施办法》)。

2003 年上半年,我国内地 24 个省、自治区、直辖市先后发生传染性非典型肺炎(又称严重急性呼吸综合征,简称非典)疫情,共波及 266 个县(市、区),截至 7 月 31 日,全国内地累计报告非典临床诊断病例 5 327 例,死亡 349 例。2004 年 1 月,我国发生高致病性禽流感动物疫情,在 1 个多月时间里由南向北扩散全国十多个省市,对家禽养殖业和农民收入造成很大损失,给经济社会发展和人民生活带来不利影响。国家在总结抗击非典和防治高致病性禽流感实践经验的基础上,于 2004 年 4 月上旬,第十届全国人大常委会第八次会议初审传染病防治法修订草案,之后的 6 月份第十次会议、8 月份第十一次会议连续进行审议,以极快的速度于 5 个月内三审通过了修订草案,自 2004 年 12 月 1 日起施行。2013 年 6 月 29 日,第十二届全国人大常委会第三次会议对《传染病防治法》再次进行小幅修正,形成了比较完备的法律制度。

2019 年底,面对突如其来的新冠疫情,我国依法科学有序地做好各项疫情防控工作,现行《传染病防治法》起到了积极重要的作用,但同时也暴露出一些短板和弱项。按照习近平总书记关于全面加强和完善公共卫生领域相关法律、法规建设的要求,2020 年 10 月 2 日,国家卫健委发布《传染病防治法》(修订草案征求意见稿),向社会公开征求意见;2023 年 10 月 23 日,国务院提请《中华人民共和国传染病防治法（修订草案）》于第十四届全国人大常委会第六次会议进行审议,并于2023年10月25日—2023年11月23日公开征求意见。修订草案共10章115条,明确了卫生健康、疾病预防控制部门的权责关系,加强了传染病监测体系建设,理顺了与《中华人民共和国突发事件应对法》的关系,完善了信息公开制度,强化了个人信息保护,加大了对违法行为处罚力度,对促进传染病防治工作法治化具有重要意义。由于《传染病防治法》目前仍在修订完善中,所以本章中提及的相关法律条文仍以2013年修正版本为准。

从管理办法、管理条例到正式的法律文件,我国传染病相关的制度文件逐渐升级,防治工作有规可守、有制可循、有法可依。作为我国针对传染病管理工作的卫生大法,《传染病防治法》分为总则,传染病预防,疫情报告、通报和公布,疫情控制,医疗救治,监督管理,保障措施,法律责任,附则,共9章80条,从多个方面对我国传染病防治提供了明确规定。

同时为了保障《传染病防治法》贯彻落实,国家陆续出台一系列传染病管理相关的规范性文件,形成了较完善的传染病防治法律体系。有《传染病防治法实施办法》（1991年发布）、《国内交通卫生检疫条例》（1998年发布）、《国境卫生检疫法》（2018年修正）、《突发公共卫生事件应急条例》（2011年修订）、《突发公共卫生事件与传染病疫情监测信息报告管理办法》（2006年修订）、《医院感染管理办法》（2006年发布）、《医疗废物管理条例》（2011年修订）、《消毒管理办法》（2017年修订）、《病原微生物实验室生物安全管理条例》（2018年修订）、《医疗机构传染病预检分诊管理办法》（2005年发布）、《传染病病人或疑似传染病病人尸体解剖查验规定》（2005年发布）、《传染性非典型肺炎防治管理办法》（2003年发布）、《性病防治管理办法》（2012年发布）、《结核病防治管理办法》（2013年发布）、《艾滋病防治条例》（2019年修订）、《血吸虫病防治条例》（2019年修订）、《中华人民共和国疫苗管理法》（2019年发布）、《基本医疗卫生与健康促进法》（2020年发布）、《中华人民共和国生物安全法》（2021年,以下简称《生物安全法》）等法律、法规、部门规章。也颁布了一系列传染病防治相关的指南如《新型冠状病毒感染防控方案》《猴痘防控技术指南》《中国结核病防治工作技术指南》《人感染动物源性流感预防控制技术指南（试行）》《诺如病毒感染暴发调查和预防控制技术指南》《手足口病预防控制指南》等。

四、传染病防治方针和各级职责

国家对传染病防治实行预防为主、防治结合、分类管理、依靠科学、依靠群众的方针。

《传染病防治法》规定:①各级人民政府领导传染病防治工作,县级以上人民政府制定传染病防治规划并组织实施,建立健全传染病防治的疾病预防控制、医疗救治和监督管理体系;②国务院卫生行政部门主管全国传染病防治及其监督管理工作,县级以上地方人民政府卫生行政部门负责本行政区域内的传染病防治及其监督管理工作,县级以上人民政府其他部门在各自的职责范围内负责传染病防治工作;③各级疾病预防控制机构承担传染病监测、预测、流行病学调查、疫情报告及其他预防、控制工作;④医疗机构承担与医疗救治有关的传染病防治工作和责任区域内的传染病预防工作;⑤城市社区和农村基层医疗机构在疾病预防控制机构的指导下,承担城市社区、农村基层相应的传染病防治工作;⑥军队的传染病防治工作,依照本法和国家有关规定办理,由中国人民解放军卫生主管部门实施监督管理;⑦在中华人民共和国领域内的一切单位和个人,必须接受疾病预防控制机构、医疗机构有关传染病的调查、检验、采集样本、隔离治疗等预防、控制措施,如实提供有关情况。

第二节　传染病的预防

两千多年前,《黄帝内经》提出"上医治未病",抗击新冠疫情的实践再次证明,预防是最经济最有效的健康策略。守护人民健康,一个重要立足点就是要更精准、更有效地预防,推动预防关口前移,下好先手棋,把握主动权。《传染病防治法》从传染病的监测、预警、预案、疫苗接种、菌种毒种管理、防止医源性感染和医院感染、健康教育与健康促进等多个方面进行了详细规定。

一、传染病监测

《传染病防治法》规定:国家建立传染病监测制度。国务院卫生行政部门制定国家传染病监测规划和方案。省、自治区、直辖市人民政府卫生行政部门根据国家传染病监测规划和方案,制定本行政区域的传染病监测计划和工作方案。各级疾病预防控制机构对传染病的发生、流行及影响其发生、流行的因素,进行监测;对国外发生、国内尚未发生的传染病或者国内新发生的传染病,进行监测;负责收集、分析和报告传染病监测信息,预测传染病的发生、流行趋势;指导、培训下级疾病预防控制机构及其工作人员开展传染病监测工作。

从 2004 年起,我国在全国范围内启动了传染病和突发公共卫生事件网络直报系统,并多次优化升级,这套直报系统的安全稳定运行极大地提高了疫情监测报告的及时性和准确性。近年来,国家卫健委、国家疾控局密切配合,进一步拓展监测渠道,开展了医疗机构发热门诊(诊室)监测、哨点医院监测、病毒变异监测、城市污水监测等工作,已初步形成兼顾常态与应急、入境与本土、城市与农村、一般人群和重点人群的多渠道传染病监测体系,及时有效地掌握疫情走势。

二、传染病预警

《传染病防治法》规定:国家建立传染病预警制度。国务院卫生行政部门和省、自治区、直辖市人民政府根据传染病发生、流行趋势的预测,及时发出传染病预警,根据情况予以公布。地方人民政府和疾病预防控制机构接到国务院卫生行政部门或者省、自治区、直辖市人民政府发出的传染病预警后,应当按照传染病预防、控制预案,采取相应的预防、控制措施。

例如,在 2020 年 7 月 4 日,内蒙古自治区巴彦淖尔市乌拉特中旗人民医院报告了 1 例疑似腺鼠疫病例。次日,巴彦淖尔市卫健委发布《2020 年乌拉特中旗鼠疫疫情Ⅲ级预警的通告》(以下简称《通告》)。《通告》明确,根据《内蒙古自治区鼠疫疫情预警实施方案》(内鼠防应急发〔2020〕7 号)和《内蒙古自治区鼠疫控制应急预案(2020 年版)》(内政办发〔2020〕17 号)的要求,经研究决定,于7 月 5 日发布鼠疫防控Ⅲ级预警,即日起进入预警期,预警时间从本预警通告发布之日持续到2020 年底。市旗两级党委、政府高度重视疫情防控,相关防控措施已落实,市卫健委将根据鼠疫疫情预警的分级,及时发布和调整预警信息。

三、传染病预防控制预案

《传染病防治法》规定:县级以上地方人民政府应当制定传染病预防、控制预案,报上一级人民政府备案。地方人民政府和疾病预防控制机构接到国务院卫生行政部门或者省、自治区、直辖市人民政府发出的传染病预警后,应当按照传染病预防、控制预案,采取相应的预防、控制措施。

传染病预防控制预案应当包括以下主要内容:①传染病预防控制指挥部的组成和相关部门的职责;②传染病的监测、信息收集、分析、报告、通报制度;③疾病预防控制机构、医疗机构在发生传染病疫情时的任务与职责;④传染病暴发、流行情况的分级及相应的应急工作方案;⑤传染病预防、疫点疫区现场控制,应急设施、设备、救治药品和医疗器械及其他物资和技术的储备与调用。

例如,为了有效预防和快速应对、及时控制鼠疫疫情的暴发和流行,最大限度地减轻鼠疫造成的危害,保障公众身体健康与生命安全,维护社会稳定,2007年6月26日,经国务院同意,卫生部发布修订后的《国家鼠疫控制应急预案》;2020年7月3日,内蒙古自治区人民政府办公厅发布实施《内蒙古自治区鼠疫控制应急预案(2020年版)》;2020年8月3日,内蒙古自治区巴彦淖尔市人民政府印发《巴彦淖尔市鼠疫控制应急预案(2020年版)》,对鼠疫的防控工作进行了详细部署。

四、预防接种 》》》

【案例1】

案例简介 2005年6月16—17日,安徽省泗县大庄镇卫生防疫保健所组织数名乡村医生给全镇范围内的19所中小学的2 500多名学生接种了甲肝疫苗。然而在接种疫苗之后,先后有数百名学生出现了头痛、胸闷、四肢麻木等异常反应,其中一名6岁小学生于6月23日下午因出现呼吸衰竭而死亡。

调查情况 事件发生后,国务院原总理温家宝迅速做出批示,卫生部原部长高强和国家食品药品监督管理局局长率领专家和工作组赶赴泗县指导工作,经调查认定此事件是基层防疫部门违规操作,擅自进行集体疫苗接种导致的群体性心因性反应。主要在以下环节存在违法行为:泗县大庄镇卫生防疫保健所从不具备疫苗经营资格的个体经销商张某处购进疫苗,牟取暴利;购进该批疫苗之后,为降低成本,将按规定应由专车专运的疫苗改以冷藏包、冷藏袋非专车运输;未经县卫生、教育主管部门和地方政府批准,擅自到学校组织群体接种;进行疫苗接种的乡村医生不具备接种疫苗资质;在接种过程中未按规定对发放疫苗的批次、数量等进行登记等。

处理情况 当地有关部门对泗县卫生局、防疫站4名主要负责人分别给予了党纪和行政处分,大庄镇医院院长、卫生防疫保健所所长、负责采购疫苗的防疫员3人被依法追究刑事责任。

【案例2】

案例简介 2015年10月22日下午,按照华容县疾病预防控制中心发布的《关于开展ACYW135群流脑疫苗接种通知》,华容县章华镇卫生院作为疫苗接种承办单位,派工作人员对华容县某校学生吴某接种了ACYW135群脑膜炎球菌多糖疫苗,吴某接种疫苗当天身体出现明显不适,但未做处理。11月1日,吴某父母自行将吴某送至中南大学湘雅医院救治,经过17天的住院治疗,吴某被确诊为慢性肾炎综合征、系膜增生性肾小球肾炎、慢性肾功能不全(5期)、肾性贫血、矿物质和骨代谢异常,需长期进行肾脏替代治疗,等待肾源进行肾移植。

法院确认事实 华容县疾病预防控制中心作为疫苗接种组织机构、华容县章华镇卫生院作为疫苗接种实施机构,在对未成年人实施疫苗接种的过程中,在接种前未按规定询问、记录受种者健康状况及是否有接种禁忌证等情况,为具有禁忌证的受种者吴某接种ACYW135群脑膜炎球菌多糖疫苗后,发现受种者吴某出现不良反应时又未按规定进行报告,致吴某出现疑似预防接种异常事件后未按正规程序调查和诊断,贻误了吴某的诊治时机,其行为具有明显过错,且其过错行为与吴某患肾衰竭具有直接因果关系。

判决情况 法院认定被告华容县疾病预防控制中心和华容县章华镇卫生院有错,应对吴某因患肾衰竭所造成的损失承担相应赔偿责任,判决其赔偿患者各项损失。

以上两个案例涉及群体性预防接种、疫苗采购和运输、疫苗接种资质和管理、疫苗接种异常反应等问题,在我国是哪些法律、法规来进行规定? 又是如何规定的? 接下来我们逐一展开介绍。

接种疫苗是预防控制传染病、保护群众身体健康和生命安全的有效手段。疫苗的发明和预防接种是人类公共卫生的重要成就。全球迄今拥有的疫苗可以预防 20 多种危及生命的疾病,预防接种每年可防止 350 万 ~ 500 万人死于白喉、破伤风、流感和麻疹等。

《传染病防治法》规定:国家实行有计划的预防接种制度,对儿童实行预防接种证制度,国家免疫规划项目的预防接种实行免费。为了加强疫苗管理,保证疫苗质量和供应,规范预防接种,促进疫苗行业发展,保障公众健康,维护公共卫生安全,针对疫苗管理特点和存在的突出问题,整合《疫苗流通和预防接种管理条例(2016 年修订)》等现有法律、行政法规有关规定,2019 年 6 月 29 日,第十三届全国人大常委会第十一次会议通过《中华人民共和国疫苗管理法》(以下简称《疫苗管理法》),自 2019 年 12 月 1 日起施行。作为世界上首部综合性疫苗法律,对疫苗的研制、生产、流通、接种、监管等做了全过程全链条的规定,必将有力推动健康中国建设,对世界疫苗管理制度起到引领作用。

(一)疫苗的分类和免疫规划制度

《疫苗管理法》中所称疫苗,是指为预防、控制疾病的发生、流行,用于人体免疫接种的预防性生物制品,包括免疫规划疫苗和非免疫规划疫苗。

国家实行免疫规划制度。居住在中国境内的居民,依法享有接种免疫规划疫苗的权利,履行接种免疫规划疫苗的义务。政府免费向居民提供免疫规划疫苗。国务院卫生健康主管部门制定国家免疫规划;国家免疫规划疫苗种类由国务院卫生健康主管部门会同国务院财政部门拟订,报国务院批准后公布。国务院卫生健康主管部门建立国家免疫规划专家咨询委员会,并会同国务院财政部门建立国家免疫规划疫苗种类动态调整机制。目前国家免疫规划疫苗包括乙肝疫苗、卡介苗、脊灰疫苗、百白破疫苗等,可预防乙型肝炎、结核病、脊髓灰质炎、百日咳等 15 种传染病,覆盖人群以 0 ~ 6 岁儿童为主。

(二)预防接种规范化管理

《疫苗管理法》规定:国务院卫生健康主管部门应当制定、公布预防接种工作规范、国家免疫规划疫苗的免疫程序和非免疫规划疫苗的使用指导原则。为充分贯彻落实《疫苗管理法》《关于改革和完善疫苗管理体制的意见》及"四个最严"要求,国家卫健委相继印发了《非免疫规划疫苗使用指导原则(2020 年版)》《国家免疫规划疫苗儿童免疫程序及说明(2021 年版)》《预防接种工作规范(2023 年版)》,进一步强化预防接种规范化管理,提升预防接种服务质量。

1. 儿童预防接种管理　《疫苗管理法》规定:国家对儿童实行预防接种证制度。在儿童出生后 1 个月内,其监护人应当到儿童居住地承担预防接种工作的接种单位或者出生医院为其办理预防接种证。接种单位或者出生医院不得拒绝办理。监护人应当妥善保管预防接种证。预防接种实行居住地管理,儿童离开原居住地期间,由现居住地承担预防接种工作的接种单位负责对其实施接种。预防接种证的格式由国务院卫生健康主管部门规定。

儿童入托、入学时,托幼机构、学校应当查验预防接种证,发现未按照规定接种免疫规划疫苗的,应当向儿童居住地或者托幼机构、学校所在地承担预防接种工作的接种单位报告,并配合接种单位督促其监护人按照规定补种。疾病预防控制机构应当为托幼机构、学校查验预防接种证等提供技术指导。儿童入托、入学预防接种证查验办法由国务院卫生健康主管部门会同国务院教育行政部门制定。2021 年 1 月 21 日,国家卫健委会同教育部制定并印发《儿童入托、入学预防接种证查验办法》,进一步规范查验工作,提高适龄儿童国家免疫规划疫苗接种率。

2. 群体性预防接种管理　《疫苗管理法》规定:县级以上地方人民政府卫生健康主管部门根据传染病监测和预警信息,为预防、控制传染病暴发、流行,报经本级人民政府决定,并报省级以上人民政府卫生健康主管部门备案,可以在本行政区域进行群体性预防接种;需要在全国范围或者跨省、自治区、直辖市范围内进行群体性预防接种的,应当由国务院卫生健康主管部门决定。做出群体性预防接种决定的县级以上地方人民政府或者国务院卫生健康主管部门应当组织有关部门做好人员培训、宣传教育、物资调用等工作。任何单位和个人不得擅自进行群体性预防接种。

(三)疫苗接种单位的管理

1.接种单位应当具备的条件　①取得医疗机构执业许可证。②具有经过县级人民政府卫生健康主管部门组织的预防接种专业培训并考核合格的医师、护士或乡村医生。③具有符合疫苗储存、运输管理规范的冷藏设施、设备和冷藏保管制度。

县级以上地方人民政府卫生健康主管部门指定符合条件的医疗机构承担责任区域内免疫规划疫苗接种工作。符合条件的医疗机构可以承担非免疫规划疫苗接种工作,并应当报颁发其医疗机构执业许可证的卫生健康主管部门备案。

2.接种单位的管理　①通过全国儿童预防接种日等活动定期开展疫苗安全法律、法规及预防接种知识等的宣传教育、普及工作。②加强内部管理,遵守预防接种工作规范、免疫程序、疫苗使用指导原则和接种方案。③遵守疫苗储存、运输管理规范,保证疫苗质量,依法如实记录疫苗流通、预防接种等情况,按照规定向全国疫苗电子追溯协同平台提供追溯信息,所有记录文件应当保存至疫苗有效期满后不少于 5 年备查。④在接收或者购进疫苗时,应当索取加盖疫苗上市许可持有人印章的批签发证明或进口药品通关单的复印件或电子文件。不得接收疾病预防控制机构以外的单位和个人供应的疫苗。⑤在接收或者购进疫苗时,应当索取本次运输、储存全过程温度监测记录;对不能提供本次运输、储存全过程温度监测记录或者温度控制不符合要求的,不得接收或者购进,并应当立即向县级以上地方人民政府药品监督管理部门、卫生健康主管部门报告。⑥建立疫苗定期检查制度,对存在包装无法识别、储存温度不符合要求、超过有效期等问题的疫苗,采取隔离存放、设置警示标志等措施,并按照国务院药品监督管理部门、卫生健康主管部门、生态环境主管部门的规定处置,如实记录处置情况。⑦接种免疫规划疫苗不得收取任何费用,接种非免疫规划疫苗除收取疫苗费用外,还可以收取接种服务费,接种服务费的收费标准由省、自治区、直辖市人民政府价格主管部门会同财政部门制定。

(四)医疗卫生人员的管理

1.告知义务和医学建议　医疗卫生人员实施接种,应当告知受种者或者其监护人所接种疫苗的品种、作用、禁忌、不良反应及现场留观等注意事项,询问受种者的健康状况及是否有接种禁忌等情况,并如实记录告知和询问情况。受种者或者其监护人应当如实提供受种者的健康状况和接种禁忌等情况。有接种禁忌不能接种的,医疗卫生人员应当向受种者或者其监护人提出医学建议,并如实记录提出医学建议情况。

2."三查七对一验证"　《预防接种工作规范(2023 年版)》规定:医疗卫生人员在实施接种前,要做到"三查七对一验证",做到受种者、预防接种证和疫苗信息相一致,接种人员和受种者双方确认无误后方可实施接种。"三查"包括:一是检查受种者健康状况、核查接种禁忌;二是查对预防接种证;三是检查疫苗、注射器的外观、批号、有效期。"七对"是指核对受种者的姓名、年龄和疫苗的品名、规格、剂量、接种部位、接种途径。"一验证"是指接种前请受种者或其监护人验证接种疫苗的品种和有效期等。

3.接种与及时救治　医疗卫生人员应当对符合接种条件的受种者实施接种。受种者在现场留观期间出现不良反应的,医疗卫生人员应当按照预防接种工作规范的要求,及时采取救治等措施。

4.记录接种信息　医疗卫生人员应当按照国务院卫生健康主管部门的规定,真实、准确、完整记录疫苗的品种、上市许可持有人、最小包装单位的识别信息、有效期、接种时间、实施接种的医疗卫生人员、受种者等接种信息,确保接种信息可追溯、可查询。接种记录应当保存至疫苗有效期满后不少于 5 年备查。

(五)预防接种异常反应监测和处理

1. 预防接种异常反应的概念和范围　预防接种异常反应是指合格的疫苗在实施规范接种过程中或者实施规范接种后造成受种者机体组织器官、功能损害,相关各方均无过错的药品不良反应。

下列情形不属于预防接种异常反应:①因疫苗本身特性引起的接种后一般反应;②因疫苗质量问题给受种者造成的损害;③因接种单位违反预防接种工作规范、免疫程序、疫苗使用指导原则、接种方案给受种者造成的损害;④受种者在接种时正处于某种疾病的潜伏期或者前驱期,接种后偶合发病;⑤受种者有疫苗说明书规定的接种禁忌,在接种前受种者或者其监护人未如实提供受种者的健康状况和接种禁忌等情况,接种后受种者原有疾病急性复发或者病情加重;⑥因心理因素发生的个体或者群体的心因性反应。

2. 预防接种异常反应的监测、报告和处理　国家加强预防接种异常反应监测。预防接种异常反应监测方案由国务院卫生健康主管部门会同国务院药品监督管理部门制定。从 2020 年 1 月 1 日起,作为全民健康保障信息化工程中国疾病预防控制信息系统建设的重要组成部分,全国疑似预防接种异常反应(AEFI)监测报告模块率先在中国疾病预防控制信息系统上线使用。2022 年 6 月 10 日,国家卫健委会同国家药品监督管理局修改并印发《全国疑似预防接种异常反应监测方案(2022 年版)》,规范监测工作,为改进疫苗质量和提高预防接种服务质量提供依据。

接种单位、医疗机构等发现疑似预防接种异常反应的,应当按照规定向疾病预防控制机构报告。疾病预防控制机构应当按照规定及时报告,组织调查、诊断,并将调查、诊断结论告知受种者或者其监护人。对调查、诊断结论有争议的,可以根据国务院卫生健康主管部门制定的鉴定办法《预防接种异常反应鉴定办法》申请鉴定。

因预防接种导致受种者死亡、严重残疾,或者群体性疑似预防接种异常反应等对社会有重大影响的疑似预防接种异常反应,由设区的市级以上人民政府卫生健康主管部门、药品监督管理部门按照各自职责组织调查、处理。

3. 预防接种异常反应的补偿　国家实行预防接种异常反应补偿制度。实施接种过程中或者实施接种后出现受种者死亡、严重残疾、器官组织损伤等损害,属于预防接种异常反应或者不能排除的,应当给予补偿。预防接种异常反应补偿应当及时、便民、合理。补偿范围实行目录管理,并根据实际情况进行动态调整。预防接种异常反应补偿范围、标准、程序由国务院规定,省、自治区、直辖市制定具体实施办法。2020 年 12 月 7 日,国家卫健委组织制定了《预防接种异常反应补偿范围参考目录及说明(2020 年版)》,便于各部门在预防接种异常反应调查诊断、鉴定及后续补偿工作中参照执行。

接种免疫规划疫苗所需的补偿费用,由省、自治区、直辖市人民政府财政部门在预防接种经费中安排;接种非免疫规划疫苗所需的补偿费用,由相关疫苗上市许可持有人承担。国家鼓励通过商业保险等多种形式对预防接种异常反应受种者予以补偿。

五、传染病菌(毒)种和病原微生物实验室管理 »»

在整个传染病防治工作中,传染病菌(毒)种的分离、引进、培养、试验及传染病菌苗、疫苗的生物制品研制开发、生产使用占据着重要一环。如果疏于对传染病菌(毒)种实验、保藏、携带、运输工作进行规范严格科学细致的管理,一旦造成传染病菌(毒)种扩散失控,则不但无法实现从事这项工作以防治传染病的善良愿望,反而会变成传染病发生、传播乃至流行的肇因,酿成严重危害或威胁公众生命健康安全及公私财产安全的恶果,并导致整个传染病防治工作的失败。

（一）传染病菌（毒）种的分类

传染病菌（毒）种是指可能引起《传染病防治法》规定的传染病发生的细菌菌种、病毒毒种。《传染病防治法实施办法》将传染病的菌（毒）种分为下列 3 类。

一类：鼠疫耶尔森氏菌、霍乱弧菌；天花病毒、艾滋病病毒。

二类：布氏菌、炭疽菌、麻风杆菌；肝炎病毒、狂犬病毒、出血热病毒、登革热病毒；斑疹伤寒立克次体。

三类：脑膜炎双球菌、链球菌、淋病双球菌、结核分枝杆菌、百日咳嗜血杆菌、白喉棒状杆菌、沙门氏菌、志贺氏菌、破伤风梭状杆菌；钩端螺旋体、梅毒螺旋体；乙型脑炎病毒、脊髓灰质炎病毒、流感病毒、流行性腮腺炎病毒、麻疹病毒、风疹病毒。

国务院卫生行政部门可以根据情况增加或者减少菌（毒）种的种类。

（二）传染病菌（毒）种的管理

《传染病防治法》规定：国家建立传染病菌（毒）种库。对传染病菌（毒）种和传染病检测样本的采集、保藏、携带、运输和使用实行分类管理，建立健全严格的管理制度。对可能导致甲类传染病传播的及国务院卫生行政部门规定的菌（毒）种和传染病检测样本，确需采集、保藏、携带、运输和使用的，须经省级以上人民政府卫生行政部门批准。县级以上人民政府卫生行政部门对传染病菌（毒）种和传染病检测样本的采集、保藏、携带、运输、使用行使监督检查的职责。

《传染病防治法实施办法》具体细化了国家对传染病菌（毒）种的保藏、携带、运输的严格管理措施：①菌（毒）种的保藏由国务院卫生行政部门指定的单位负责；②一、二类菌（毒）种由国务院卫生行政部门指定的保藏管理单位供应，三类菌（毒）种由设有专业实验室的单位或者国务院卫生行政部门指定的保藏管理单位供应；③使用一类菌（毒）种的单位必须经国务院卫生行政部门批准，使用二类菌（毒）种的单位必须经省级政府卫生行政部门批准，使用三类菌（毒）种的单位应当经县级政府卫生行政部门批准；④一、二类菌（毒）种应派专人向供应单位领取，不得邮寄，三类菌（毒）种的邮寄必须持有邮寄单位的证明，并按照菌（毒）种邮寄与包装的有关规定办理。

（三）病原微生物的分类和实验室管理

病原微生物是指能够使人或者动物致病的微生物。病原微生物实验室（以下称实验室）是开展与病原微生物菌（毒）种或样本有关的疾控、医疗、科研、教学工作和任务的重要场所，切实做好实验室生物安全是做好各项工作的基础。为了加强实验室生物安全管理，保护实验室工作人员和公众的健康，2004 年 11 月 12 日国务院令第 424 号公布《病原微生物实验室生物安全管理条例》，于2016 年 2 月 6 日、2018 年 3 月 19 日进行两次修订。依据此条例，修订了国家标准《实验室生物安全通用要求》（GB 19489—2008）和卫生行业标准《病原微生物实验室生物安全通用准则》（WS 233—2017）。2020 年 10 月 17 日，第十三届全国人大常委会第二十二次会议通过了《生物安全法》，在第5 章中对病原微生物实验室生物安全也做出了具体要求。

1. 病原微生物的分类 《病原微生物实验室生物安全管理条例》规定：国家根据病原微生物的传染性、感染后对个体或者群体的危害程度，对病原微生物实行分类管理，将其分为 4 类。

第一类病原微生物，是指能够引起人类或者动物非常严重疾病的微生物，以及我国尚未发现或者已经宣布消灭的微生物。

第二类病原微生物，是指能够引起人类或者动物严重疾病，比较容易直接或者间接在人与人、动物与人、动物与动物间传播的微生物。

第三类病原微生物，是指能够引起人类或者动物疾病，但一般情况下对人、动物或者环境不构成严重危害，传播风险有限，实验室感染后很少引起严重疾病，并且具备有效治疗和预防措施的微生物。

第四类病原微生物,是指在通常情况下不会引起人类或者动物疾病的微生物。

第一类、第二类病原微生物统称为高致病性病原微生物。

按照《病原微生物实验室生物安全管理条例》的规定,人间传染的病原微生物名录由国务院卫生主管部门商国务院有关部门后制定、调整并予以公布,我国于2006年公布实施《人间传染的病原微生物名录》,国家卫健委组织对其修订并于2023年8月18日印发更名后的《人间传染的病原微生物目录》;动物间传染的病原微生物名录由国务院兽医主管部门商国务院有关部门后制定、调整并予以公布,我国于2005年5月24日由农业部颁布《动物病原微生物分类名录》。

2. 采集病原微生物样本的条件　①具有与采集病原微生物样本所需要的生物安全防护水平相适应的设备。②具有掌握相关专业知识和操作技能的工作人员。③具有有效的防止病原微生物扩散和感染的措施。④具有保证病原微生物样本质量的技术方法和手段。

采集高致病性病原微生物样本的工作人员在采集过程中应当防止病原微生物扩散和感染,并对样本的来源、采集过程和方法等作详细记录。

3. 运输高致病性病原微生物菌(毒)种或者样本　卫生部于2005年12月28日发布《可感染人类的高致病性病原微生物菌(毒)种或样本运输管理规定》,对此项工作提出具体要求:从事疾病预防控制、医疗、教学、科研、菌(毒)种保藏以及生物制品生产的单位,因工作需要,可以申请运输高致病性病原微生物菌(毒)种或样本;在运输前应当经省级以上人民政府卫生主管部门或者兽医主管部门批准;在运输过程中应当有专人护送,护送人员不得少于两人,申请单位应当对护送人员进行相关的生物安全知识培训,并在护送过程中采取相应的防护措施。

4. 实验室的设立与管理

(1)实验室设立:《生物安全法》规定,设立病原微生物实验室,应当依法取得批准或者进行备案。个人不得设立病原微生物实验室或者从事病原微生物实验活动。

国家根据实验室对病原微生物的生物安全防护水平,并依照实验室生物安全国家标准的规定,将实验室分为一级、二级、三级、四级。从事病原微生物实验活动应当在相应等级的实验室进行。低等级病原微生物实验室不得从事国家病原微生物目录规定应当在高等级病原微生物实验室进行的病原微生物实验活动。高等级病原微生物实验室从事高致病性或者疑似高致病性病原微生物实验活动,应当经省级以上人民政府卫生健康或者农业农村主管部门批准,并将实验活动情况向批准部门报告。对我国尚未发现或者已经宣布消灭的病原微生物,未经批准不得从事相关实验活动。

(2)实验室管理:国家加强对高等级病原微生物实验室的安全保卫,高等级病原微生物实验室应当接受公安机关等部门有关实验室安全保卫工作的监督指导,严防高致病性病原微生物泄漏、丢失和被盗、被抢。国家建立高等级病原微生物实验室人员进入审核制度,进入高等级病原微生物实验室的人员应当经实验室负责人批准。对可能影响实验室生物安全的,不予批准;对批准进入的,应当采取安全保障措施。病原微生物实验室所在地省级人民政府及其卫生健康主管部门应当加强实验室所在地感染性疾病医疗资源配置,提高感染性疾病医疗救治能力。

病原微生物实验室的设立单位负责实验室的生物安全管理,法定代表人和实验室负责人对实验室的生物安全负责:①应当制定科学、严格的管理制度,定期对有关生物安全规定的落实情况进行检查,对实验室设施、设备、材料等进行检查、维护和更新,确保其符合国家标准;②应当建立和完善安全保卫制度,采取安全保卫措施,保障实验室及其病原微生物的安全;③应当制定生物安全事件应急预案,定期组织开展人员培训和应急演练;④应当采取措施加强对实验动物的管理,防止实验动物逃逸,对使用后的实验动物按照国家规定进行无害化处理,实现实验动物可追溯,禁止将使用后的实验动物流入市场;⑤应当加强对实验活动废弃物的管理,依法对废水、废气及其他废弃物进行处置,采取措施防止污染。

六、防止医源性感染和医院感染

医疗机构是群众看病就医的场所,也是疾病汇集场所。感染预防与控制(以下简称感控)相关工作开展不力,极易引发患者之间、医患之间等相互交叉感染,甚至导致院内感染暴发,向社区传播导致疫情播散蔓延。做好感控工作是保障医疗质量和医疗安全的底线要求,是医疗机构开展诊疗活动中必须履行的基本职责。《传染防治法》规定:医疗机构必须严格执行国务院卫生行政部门规定的管理制度、操作规范,防止传染病的医源性感染和医院感染;医疗机构应当确定专门的部门或者人员,承担医疗活动中与医院感染有关的危险因素监测、安全防护、消毒、隔离和医疗废物处置工作。

(一)医源性和医院感染管理

> **案例简介** 2017年1月26日下午,浙江省卫生计生委通报浙江省某医院一起医疗事故,因该院一位技术人员在某次技术操作中严重违反操作规程,该次操作涉及的治疗者可能存在感染艾滋病病毒风险。
>
> **调查情况** 经查,此次传染源为一名治疗者在治疗过程中因个人原因在医院外感染艾滋病病毒,浙江省某医院一名技术人员违反"一人一管一抛弃"操作规程,在操作中重复使用吸管造成交叉污染,导致部分治疗者感染艾滋病病毒,造成重大医疗事故。经疾控机构检测,确诊5例。
>
> **处理情况** 对浙江省某医院相关责任人做出严肃处理:免去院长的行政职务和党委副书记职务,给予党内严重警告处分;免去党委书记的党内职务和副院长的行政职务;撤销分管副院长职务,免去其党委委员并给予党内严重警告处分;撤销检验科主任职务;免去医务部主任职务;免去院感科科长职务。直接责任人以涉嫌医疗事故罪被采取刑事强制措施,由公安机关立案侦查。

通过以上案件我们可以看到,医院感染无小事,安全大于天,轻视医院感染防控工作一定会造成无法挽回的重大医疗事故。那么国家对于医源性和医院感染管理是如何要求的呢? 接下来我们仔细讲解。

医源性感染是指在医学服务中,因病原体传播引起的感染。医院感染是指住院患者在医院内获得的感染,包括在住院期间发生的感染和在医院内获得出院后发生的感染,但不包括入院前已开始或者入院时已处于潜伏期的感染。医院工作人员在医院内获得的感染也属医院感染。为加强医院感染管理,有效预防和控制医院感染,提高医疗质量,保障医疗安全,2006年7月6日,卫生部根据《传染病防治法》《医疗机构管理条例》《突发公共卫生事件应急条例》等法律、行政法规的规定制定发布了《医院感染管理办法》。

1. 医院感染管理的定义 医院感染管理是各级卫生行政部门、医疗机构及医务人员针对诊疗活动中存在的医院感染、医源性感染及相关的危险因素进行的预防、诊断和控制活动。

2. 组织管理 各级各类医疗机构应当建立医院感染管理责任制,制定并落实医院感染管理的规章制度和工作规范,严格执行有关技术操作规范和工作标准,有效预防和控制医院感染,防止传染病病原体、耐药菌、条件致病菌及其他病原微生物的传播。

医疗机构住院床位总数在100张以上的应当设立医院感染管理委员会和独立的医院感染管理部门;医疗机构住院床位总数在100张以下的应当指定分管医院感染管理工作的部门;其他医疗机构应当有医院感染管理专(兼)职人员。

（1）医院感染管理委员会的组成与职责：医院感染管理委员会由医院感染管理部门、医务部门、护理部门、临床科室、消毒供应室、手术室、临床检验部门、药事管理部门、设备管理部门、后勤管理部门及其他有关部门的主要负责人组成，主任委员由医院院长或者主管医疗工作的副院长担任。

其主要职责：①认真贯彻医院感染管理方面的法律、法规及技术规范、标准，制定本医院预防和控制医院感染的规章制度、医院感染诊断标准并监督实施；②根据预防医院感染和卫生学要求，对本医院的建筑设计、重点科室建设的基本标准、基本设施和工作流程进行审查并提出意见；③研究并确定本医院的医院感染管理工作计划，并对计划的实施进行考核和评价；④研究并确定本医院的医院感染重点部门、重点环节、重点流程、危险因素及采取的干预措施，明确各有关部门、人员在预防和控制医院感染工作中的责任；⑤研究并制定本医院发生医院感染暴发及出现不明原因传染性疾病或者特殊病原体感染病例等事件时的控制预案；⑥建立会议制度，定期研究、协调和解决有关医院感染管理方面的问题；⑦根据本医院病原体特点和耐药现状，配合药事管理委员会提出合理使用抗菌药物的指导意见；⑧其他有关医院感染管理的重要事宜。

（2）医院感染管理相关部门及人员的职责：医院感染管理部门、分管部门及医院感染管理专（兼）职人员具体负责医院感控管理和业务工作。

其主要职责：①对有关预防和控制医院感染管理规章制度的落实情况进行检查和指导；②对医院感染及其相关危险因素进行监测、分析和反馈，针对问题提出控制措施并指导实施；③对医院感染发生状况进行调查、统计分析，并向医院感染管理委员会或者医疗机构负责人报告；④对医院的清洁、消毒灭菌与隔离、无菌操作技术、医疗废物管理等工作提供指导；⑤对传染病的医院感染控制工作提供指导；⑥对医务人员有关预防医院感染的职业卫生安全防护工作提供指导；⑦对医院感染暴发事件进行报告和调查分析，提出控制措施并协调、组织有关部门进行处理；⑧对医务人员进行预防和控制医院感染的培训工作；⑨参与抗菌药物临床应用的管理工作；⑩对消毒药械和一次性使用医疗器械、器具的相关证明进行审核；⑪组织开展医院感控方面的科研工作；⑫完成医院感染管理委员会或者医疗机构负责人交办的其他工作。

3. 医院感染的预防与控制 医疗机构应当按照有关医院感染管理的规章制度和技术规范，加强医院感染的预防与控制工作。2019 年 5 月 18 日，国家卫健委发布《医疗机构感染预防与控制基本制度（试行）》，要求各医疗机构根据自身实际情况，细化具体制度措施，加强全过程管理。

（1）严格执行消毒工作：医疗机构应当按照《消毒管理办法》，严格执行医疗器械、器具的消毒工作技术规范，并达到以下要求。①进入人体组织、无菌器官的医疗器械、器具和物品必须达到灭菌水平；②接触皮肤、黏膜的医疗器械、器具和物品必须达到消毒水平；③各种用于注射、穿刺、采血等有创操作的医疗器具必须一用一灭菌。

医疗机构使用的消毒药械、一次性医疗器械和器具应当符合国家有关规定。一次性使用的医疗器械、器具不得重复使用。

（2）落实细化制度措施：医疗机构应当制定具体措施，保证医务人员的手卫生、诊疗环境条件、无菌操作技术和职业卫生防护工作符合规定要求，对医院感染的危险因素进行控制。应当严格执行隔离技术规范，根据病原体传播途径，采取相应的隔离措施。应当制定医务人员职业卫生防护工作的具体措施，提供必要的防护物品，保障医务人员的职业健康。

（3）抗菌药物临床应用管理：医疗机构应当严格按照《抗菌药物临床应用指导原则》，加强抗菌药物临床使用和耐药菌监测管理。2020 年 7 月 20 日国家卫健委发布《关于持续做好抗菌药物临床应用管理工作的通知》，从发挥感控在抗菌药物管理中的作用、持续加强信息化建设、提高监测分析水平等多个方面对医疗机构持续做好抗菌药物临床应用管理工作提出了具体要求。

（4）医院感染病例处置：医疗机构应当按照医院感染诊断标准及时诊断医院感染病例，建立有效的医院感染监测制度，分析医院感染的危险因素，并针对导致医院感染的危险因素，实施预防与控制措施。及时发现医院感染病例和医院感染的暴发,分析感染源、感染途径,采取有效的处理和控制措施,积极救治患者。

(5)医院感染暴发报告:医疗机构经调查证实发生以下情形时,应当于12小时内向所在地的县级地方人民政府卫生行政部门报告,并同时向所在地疾病预防控制机构报告。①5例以上医院感染暴发;②由于医院感染暴发直接导致患者死亡;③由于医院感染暴发导致3人以上人身损害后果。

医疗机构发生以下情形时,应当按照《国家突发公共卫生事件相关信息报告管理工作规范(试行)》的要求进行报告:①10例以上的医院感染暴发事件;②发生特殊病原体或者新发病原体的医院感染;③可能造成重大公共影响或者严重后果的医院感染。

医疗机构发生的医院感染属于法定传染病的,应当按照《传染病防治法》《国家突发公共卫生事件应急预案》的规定进行报告和处理。

4.医疗机构人员培训　各级卫生行政部门和医疗机构应当重视医院感染管理的学科建设,建立专业人才培养制度,充分发挥医院感染专业技术人员在预防和控制医院感染工作中的作用。医院感染专业人员应当具备医院感控工作的专业知识,并能够承担医院感染管理和业务技术工作。

医疗机构应当制订对本机构工作人员的培训计划,对全体工作人员进行医院感染相关法律、法规及医院感染管理相关工作规范和标准、专业技术知识的培训。医务人员应当掌握与本职工作相关的医院感控方面的知识,落实医院感染管理规章制度、工作规范和要求。工勤人员应当掌握有关预防和控制医院感染的基础卫生学和消毒隔离知识,并在工作中正确运用。

(二)消毒与灭菌措施

案例简介　2009年10月9日—2009年12月27日,广东省汕头市潮阳区某卫生院的38名剖宫产患者中,有18名发生手术切口感染,病原菌为快速生长型分枝杆菌。

调查情况　卫生部发布关于此事件的通报:手术器械灭菌不合格是导致该事件发生的主要原因。该院手术器械等清洗不彻底,存有血迹;手术用刀片、剪刀、缝合针和换药用剪刀等用戊二醛浸泡,不能达到灭菌效果,对灭菌效果未实施有效监测,手术用外科手消毒剂不达标等。

处理情况　事件发生后,广东省卫生厅已责成潮阳区某卫生院暂停相关诊疗活动,限期整改;责成汕头市潮阳区卫生局给予院长行政记过、主管副院长行政记大过处分,撤销护理部主任及妇产科主任、护士长的职务。

从案例中可以看到,手术室、消毒供应中心、新生儿病区等医院感染重点部门及有关手术器械、内镜和其他侵入性诊疗器械的消毒灭菌工作,对于保障患者医疗安全至关重要。

消毒是指用化学、物理、生物的方法杀灭或者消除环境中的病原微生物。灭菌是指用物理或化学的方法杀灭全部微生物,包括致病和非致病微生物及芽孢,使之达到无菌保障水平。经过灭菌处理后,未被污染的物品称为无菌物品,未被污染的区域称为无菌区域。

《传染病防治法》规定:对被传染病病原体污染的污水、污物、场所和物品,有关单位和个人必须在疾病预防控制机构的指导下或者按照其提出的卫生要求,进行严格消毒处理;拒绝消毒处理的,由当地卫生行政部门或者疾病预防控制机构进行强制消毒处理。用于传染病防治的消毒产品、饮用水供水单位供应的饮用水和涉及饮用水卫生安全的产品,应当符合国家卫生标准和卫生规范。生产用于传染病防治的消毒产品的单位和生产用于传染病防治的消毒产品,应当经省级以上人民政府卫生行政部门审批。

为了加强消毒管理,预防和控制感染性疾病的传播,保障人体健康,根据《传染病防治法》及其实施办法的有关规定,2002年3月28日卫生部发布《消毒管理办法》,自2002年7月1日起施行;

之后于2016年1月19日和2017年12月26日先后两次进行修订。

《消毒管理办法》对医疗卫生机构的卫生要求进行了详细规定：①应当建立消毒管理组织，制定消毒管理制度，执行国家有关规范、标准和规定，定期开展消毒与灭菌效果检测工作；②工作人员应当接受消毒技术培训、掌握消毒知识，并按规定严格执行消毒隔离制度；③使用的进入人体组织或无菌器官的医疗用品必须达到灭菌要求，各种注射、穿刺、采血器具应当一人一用一灭菌，凡接触皮肤、黏膜的器械和用品必须达到消毒要求，使用的一次性使用医疗用品用后应当及时进行无害化处理；④购进消毒产品必须建立并执行进货检查验收制度；⑤医疗卫生机构的环境、物品应当符合国家有关规范、标准和规定，排放废弃的污水、污物应当按照国家有关规定进行无害化处理，运送传染病患者及其污染物品的车辆、工具必须随时进行消毒处理；⑥发生感染性疾病暴发、流行时，应当及时报告当地卫生行政主管部门，并采取有效消毒措施。

（三）医疗废物管理

医疗废物是指医疗卫生机构在医疗、预防、保健及其他相关活动中产生的具有直接或者间接感染性、毒性及其他危害性的废物。《传染病防治法》规定：医疗机构对本单位内被传染病病原体污染的场所、物品及医疗废物，必须依照法律、法规的规定实施消毒和无害化处置。为了加强医疗废物的安全管理，防止疾病传播，保护环境，保障人体健康，2003年6月16日，国务院颁布了《医疗废物管理条例》，2011年1月8日进行了修订；2021年11月25日，国家卫健委和生态环境部组织修订形成了《医疗废物分类目录（2021年版）》，促进医疗废物科学分类、科学处置。

1. 医疗废物管理的一般规定　①应当建立、健全医疗废物管理责任制，其法定代表人为第一责任人，切实履行职责，防止因医疗废物导致传染病传播和环境污染事故。②制定与医疗废物安全处置有关的规章制度和在发生意外事故时的应急方案，设置监控部门或者专（兼）职人员，负责检查、督促、落实本单位医疗废物的管理工作，防止违反本条例的行为发生。③对本单位从事医疗废物收集、运送、贮存、处置等工作的人员和管理人员，进行相关法律和专业技术、安全防护及紧急处理等知识的培训，采取有效的职业卫生防护措施，配备必要的防护用品，定期进行健康检查，必要时对有关人员进行免疫接种，防止其受到健康损害。④执行危险废物转移联单和登记管理制度，对医疗废物进行登记，采取有效措施防止医疗废物流失、泄漏、扩散，若发生医疗废物流失、泄漏、扩散时，应当采取减少危害的紧急处理措施，对致病人员提供医疗救护和现场救援，同时向所在地的县级人民政府卫生行政主管部门、环境保护行政主管部门报告，并向可能受到危害的单位和居民通报。⑤禁止任何单位和个人转让、买卖医疗废物，禁止在运送过程中丢弃医疗废物，禁止在非贮存地点倾倒、堆放医疗废物或者将医疗废物混入其他废物和生活垃圾，禁止邮寄医疗废物，禁止通过铁路、航空运输医疗废物，禁止将医疗废物与旅客在同一运输工具上载运，禁止在饮用水源保护区的水体上运输医疗废物。

2. 医疗卫生机构的医疗废物管理　①应当及时收集本单位产生的医疗废物，并按照类别分置于防渗漏、防锐器穿透的专用包装物或者密闭的容器内，并有明显的警示标识和警示说明。②应当建立医疗废物的暂时贮存设施、设备，不得露天存放医疗废物；医疗废物暂时贮存的时间不得超过2天。医疗废物的暂时贮存设施、设备，应当远离医疗区、食品加工区和人员活动区及生活垃圾存放场所，并设置明显的警示标识和防渗漏、防鼠、防蚊蝇、防蟑螂、防盗及预防儿童接触等安全措施。医疗废物的暂时贮存设施、设备应当定期消毒和清洁。③应当使用防渗漏、防遗撒的专用运送工具，按照本单位确定的内部医疗废物运送时间、路线，将医疗废物收集、运送至暂时贮存地点；运送工具使用后应当在医疗卫生机构内指定的地点及时消毒和清洁。④应当根据就近集中处置的原则，及时将医疗废物交由医疗废物集中处置单位处置；医疗废物中病原体的培养基、标本和菌（毒）种保存液等高危险废物，在交医疗废物集中处置单位处置前应当就地消毒。⑤产生的污水、传染病患者或者疑似传染病患者的排泄物,应当按照国家规定严格消毒并达到国家规定的排放标准后,方可排入污水处理系统。

3. 自行处置医疗废物的基本要求　《医疗废物管理条例》规定:在不具备集中处置医疗废物条件的农村,医疗卫生机构应当按照县级人民政府卫生行政主管部门、环境保护行政主管部门的要求,自行就地处置其产生的医疗废物。自行处置医疗废物的,应当符合下列基本要求:①使用后的一次性医疗器具和容易致人损伤的医疗废物,应当消毒并做毁形处理;②能够焚烧的,应当及时焚烧;③不能焚烧的,消毒后集中填埋。

4. 医疗废物集中处置单位　从事医疗废物集中处置活动的单位,应当向县级以上人民政府环境保护行政主管部门申请领取经营许可证;未取得经营许可证的单位,不得从事有关医疗废物集中处置的活动。

七、健康教育与健康促进 >>>

健康教育与健康促进被 WHO 确定为 21 世纪疾病预防与控制的三大战略措施之一,是提高公众健康水平最根本、最经济、最有效的措施。为贯彻落实全国卫生与健康大会精神,进一步加强全国健康促进与教育工作,推进健康中国建设,国家卫生计生委分别于 2016 年 11 月 16 日发布《关于加强健康促进与教育的指导意见》、2017 年 1 月 11 日印发《“十三五”全国健康促进与教育工作规划》,对我国的健康教育与健康促进工作做出具体指导和工作规划。2019 年 12 月 28 日,第十三届全国人大常委会第十五次会议审议通过《基本医疗卫生与健康促进法》,指出:医疗卫生与健康事业应当坚持以人民为中心,为人民健康服务;国家实施健康中国战略,普及健康生活,优化健康服务,完善健康保障,建设健康环境,发展健康产业,提升公民全生命周期健康水平;国家建立健康教育制度,保障公民获得健康教育的权利,提高公民的健康素养。

(一)推进“把健康融入所有政策”

各级人民政府应当把人民健康放在优先发展的战略地位,广泛宣传公共政策对公众健康的重要影响作用,将健康理念融入各项政策,构建“政府主导、多部门协作、全社会参与”的工作格局。坚持预防为主,完善健康促进工作体系,组织实施健康促进的规划和行动,建立健康影响评估制度,将公民主要健康指标改善情况纳入政府目标责任考核。针对威胁当地居民健康的主要问题,研究制定综合防治策略和干预措施,开展跨部门健康行动。加强健康教育工作及其专业人才培养,建立健康知识和技能核心信息发布制度,普及健康科学知识,向公众提供科学、准确的健康信息。

(二)创造健康支持性环境

1. 加强农村地区健康促进与教育工作　针对农村人口健康需求,广泛宣传居民健康素养基本知识和技能,提升农村人口健康意识;做好农村地区重点传染病预防与控制;全面推进健康村镇建设,持续开展环境卫生整洁行动,加快农村卫生厕所建设进程,实施农村饮水安全巩固提升工程,推进农村垃圾污水治理,有效提升人居环境质量。

2. 加强学校健康促进与教育工作　将健康教育纳入国民教育体系;学校应当利用多种形式实施健康教育,普及传染病预防健康知识,提高学生主动防病的意识,培养学生良好的卫生习惯和健康的行为习惯,减少、改善学生近视、肥胖等不良健康状况,开设体育与健康课程;县级以上人民政府教育主管部门应当按照规定将学生体质健康水平纳入学校考核体系。

3. 加强机关和企事业单位健康促进与教育工作　开展工作场所健康促进,提高干部职工健康意识,倡导健康生活方式;加强无烟机关建设,改善卫生环境和体育锻炼设施,举办健康知识讲座,定期组织职工体检;加强安全生产工作。

4. 加强医疗卫生机构健康促进与教育工作　将各级各类医疗卫生机构作为健康促进与教育的

重要阵地,坚持预防为主,推进防治结合,实现以治病为中心向以健康为中心转变,推动健康管理关口前移,发挥专业优势大力开展健康促进与教育服务。医学院校应当加强预防医学教育和科学研究,对在校学生及其他与传染病防治相关人员进行预防医学教育和培训,为传染病防治工作提供技术支持。医疗机构应当定期对其工作人员进行传染病防治知识、技能的培训。

5. 加强社区和家庭健康促进与教育工作   依托社区,广泛开展"健康家庭行动""新家庭计划"和"营养进万家"等活动。提高家庭成员健康意识,倡导家庭健康生活方式。

6. 营造绿色安全的健康环境   加强环境卫生建设,消除鼠害和血吸虫危害,以及蚊、蝇等其他传播传染病的动物和病媒生物的危害;贯彻《食品安全法》,加强食品安全监管,提升食品药品安全保障水平;健全公共安全体系和口岸公共卫生体系,提升防灾减灾能力,主动预防、控制、应对境外突发公共事件。

(三)培养自主自律的健康行为

倡导健康生活方式。深入开展全民健康素养促进行动、全民健康生活方式行动、国民营养行动计划等专项行动,实施全民科学素质行动计划,推进全民健康科技工作,大力普及健康知识与技能;针对妇女、儿童、老年人等重点人群,开展符合其特点的健康促进及健康素养传播活动。

(四)营造健康社会氛围

各级人民政府组织开展群众性卫生活动,倡导文明健康的生活方式,提高公众对传染病的防治意识和应对能力。新闻媒体应当无偿开展传染病防治和公共卫生教育的宣传。加强对健康理念和传染病防控知识的宣传教育,教育引导广大人民群众提高文明素质和自我保护能力。利用新闻宣传媒介,开展多层次、多渠道、全方位、广角度的宣传教育活动;创新宣传形式,以大众喜闻乐见的形式开展宣传教育,不断提高全民传染病防治知识的知晓率和参与群防群治的自觉性。

(五)加强健康促进与教育体系建设

逐步建立全面覆盖、分工明确、功能完善、运转高效的健康促进与教育体系。加快推进各级健康教育专业机构建设,充实人员力量;加强健康促进与教育人才队伍建设,加强对健康促进与教育工作人员的培训和继续教育,完善职称晋升制度,健全激励机制,推进健康促进与教育人才的合理流动和有效配置。

八、自然疫源地大型项目建设规定 ▶▶▶

自然疫源地是指某些可引起人类传染病的病原体在自然界的野生动物中长期存在和循环的地区。国家和地方投资的大型建设项目很多,特别是在西部大开发中,西电东送,铁路、公路和机场的建设等,施工区域基本通过或就在传染病自然疫源地内,可能会由于施工区域传染病的流行,严重危害人体健康,从而影响大型建设项目工程进度,造成重大损失,因此加强大型建设项目中的疾病预防控制工作非常重要。

《传染病防治法》规定:在国家确认的自然疫源地计划兴建水利、交通、旅游、能源等大型建设项目的,应当事先由省级以上疾病预防控制机构对施工环境进行卫生调查。建设单位应当根据疾病预防控制机构的意见,采取必要的传染病预防、控制措施。施工期间,建设单位应当设专人负责工地上的卫生防疫工作。工程竣工后,疾病预防控制机构应当对可能发生的传染病进行监测。

九、传染病患者、病原携带者和疑似传染病患者合法权益保护 ▶▶▶

传染病患者、疑似传染病患者是指根据国务院卫生行政部门发布的传染病诊断标准,符合传染病患者和疑似传染病患者诊断标准的人。病原携带者是指感染病原体无临床症状但能排出病原体的人。《传染病防治法》规定:国家和社会应关心、帮助传染病患者、病原携带者和疑似传染病患者,使其得到及时救治。任何单位和个人不得歧视传染病患者、病原携带者和疑似传染病患者。疾病预防控制机构、医疗机构不得泄露涉及个人隐私的有关信息、资料。

第三节 传染病疫情报告、通报和公布

【案例与思考】

案例简介:2017 年 8 月 19 日,湖南省桃江县某中学发生肺结核突发公共卫生事件。该校的 364 班是高中三年级文科重点班,有学生被确诊为肺结核,随后该班多名学生陆续感染。截至 2017 年 11 月 15 日,当地宣传部工作人员表示,具体患病人数暂时无法告知。湖南省疾病预防控制中心尚未就此事做出回应。

2017 年 11 月 17 日,国家卫生计生委主任李斌批示,责成当地核实情况,及时公开发布准确信息,全力以赴做好患病学生的治疗工作。经国家和省里确认,这是一起聚集性肺结核公共卫生事件。截至 2017 年 11 月 24 日 20 时 30 分,该中学共报告肺结核确诊病例 81 例、疑似病例 7 例。该县某职业中专学校共报告肺结核确诊病例 9 例、疑似病例 3 例。

处理情况:2017 年 11 月 21 日,中共桃江县委对桃江县连续发生的两起校园群发肺结核事件相关责任人采取了组织处理措施:免去县卫生和计划生育局周某的党组书记、提名免去其局长职务;免去县教育局黄某的县教育工委书记、提名免去其局长职务;提名免去县疾病预防控制中心文某的主任职务,建议县直属机关工委免去其县疾病预防控制中心党支部书记职务;同时建议县教育工委免去杨某的桃江县某中学党总支部书记、校长职务等。

思考问题:①酿成此次事件的原因是什么?②学校、卫生部门在肺结核预防、应对和处置方面还存在哪些问题?③我们怎样从中吸取教训,避免类似事件发生?

从 2016 年 7 月第一名学生疑似感染肺结核,到 2017 年 7 月陆续有学生确诊,再到 2017 年 8 月明确界定为发生"肺结核突发公共卫生事件",这一年多的时间里,相关部门不仅没有及时上报,果断采取隔离、停课措施,甚至鼓励学生带病坚持上学。隐瞒疫情、迟报缓报,贻误了最佳应对时机,导致了疫情的蔓延,从而造成了聚集性疫情暴发的严重后果。

2017 年 6 月,国家卫生计生委联合教育部修订印发《学校结核病防控工作规范(2017 版)》,要求按照属地管理、联防联控的工作原则,加强对学校结核病防控工作的组织领导,强化部门合作和职责,落实各项防控措施,并加强监管。2020 年 10 月,中国疾病预防控制中心组织专家制定了《中国学校结核病防控指南》,进一步明确了学校结核病散发疫情和聚集性疫情的处置流程,规范和细化了学校结核病防控各项措施的实施要求。

发现传染病及时进行疫情报告,对于疫情的控制至关重要。2015 年 10 月 29 日,国家卫生计生委办公厅印发《传染病信息报告管理规范(2015 版)》,对于加强全国传染病信息报告管理、提高报告质量发挥重要作用。

一、传染病疫情报告

《传染病防治法》规定:疾病预防控制机构、医疗机构和采供血机构及其执行职务的人员发现本法规定的传染病疫情或者发现其他传染病暴发、流行及突发原因不明的传染病时,应当遵循疫情报

告属地管理原则,按照国务院规定的或者国务院卫生行政部门规定的内容、程序、方式和时限报告。军队医疗机构向社会公众提供医疗服务,发现传染病疫情时,应当按照国务院卫生行政部门的规定报告。任何单位和个人发现传染病患者或者疑似传染病患者时,应当及时向附近的疾病预防控制机构或者医疗机构报告。

(一)组织机构职责

《传染病信息报告管理规范(2015版)》规定:遵循分级负责、属地管理的原则,各有关部门与机构在传染病信息报告管理工作中履行以下职责。

1. 卫生行政部门　负责本辖区内传染病信息报告工作的管理:①建设和完善本辖区内传染病信息网络报告系统,并为系统正常运行提供保障条件;②依据相关法律、法规规定,结合本辖区的具体情况,组织制定传染病信息报告工作实施方案,落实传染病信息报告工作;③定期组织开展对各级医疗卫生机构传染病信息报告、管理等工作监督检查;④国家和省级卫生行政部门根据全国或各省(区、市)疾病预防控制工作的需要,可调整传染病监测报告病种和内容。

2. 疾病预防控制机构　负责本辖区内传染病信息报告工作的业务指导和技术支持。

(1)中国疾病预防控制中心负责:①全国传染病信息报告业务管理、技术培训和工作指导,协助国家卫健委制定相关标准、技术规范和指导方案等;②全国传染病信息的收集、分析、报告和反馈,预测重大传染病发生、流行趋势,开展传染病信息报告管理质量评价;③动态监视全国传染病报告信息,对疫情变化态势进行分析,及时分析报告异常情况或甲类及按甲类管理的传染病疫情;④国家信息报告网络系统的规划、建设、维护和应用性能的改进与完善,并为省级相关系统建设提供技术支持;⑤备份全国传染病信息报告数据,确保数据安全;⑥开展全国传染病信息报告的考核和评估。

(2)地方各级疾病预防控制机构负责:①本辖区的传染病信息报告业务管理、技术培训和工作指导,实施传染病信息报告管理规范和相关方案,建立健全传染病信息报告管理组织和制度;②本辖区的传染病信息的收集、分析、报告和反馈,预测传染病发生、流行趋势,开展传染病信息报告管理质量评价;③动态监视本辖区的传染病报告信息,对疫情变化态势进行分析,及时分析报告、调查核实异常情况或甲类及按甲类管理的传染病疫情;④维护本辖区信息报告网络系统,提供技术支持;⑤备份本辖区的传染病信息分析相关数据,确保报告数据安全;⑥开展对本辖区的传染病信息报告工作的考核和评估。

(3)县级疾病预防控制机构在履行以上职责的同时,负责对本辖区内医疗机构和其他责任报告单位报告传染病信息的审核;承担本辖区内不具备网络直报条件的责任报告单位报告的传染病信息的网络直报,或指导本辖区承担基本公共卫生服务项目任务的基层医疗卫生机构对不具备网络直报条件的责任报告单位报告的传染病信息进行网络报告。

3. 卫生监督机构　配合卫生行政部门开展对传染病报告管理工作情况的监督检查,对不履行职责的单位或个人依法进行查处。

4. 医疗机构　执行首诊负责制,依法依规及时报告法定传染病,负责传染病信息报告管理要求的落实:①制定传染病报告工作程序,明确各相关科室在传染病信息报告管理工作中的职责;②建立健全传染病诊断、登记、报告、培训、质量管理和自查等制度;③确立或指定具体部门和专(兼)职人员负责传染病信息报告管理工作,二级及以上医疗机构必须配备2名或以上专(兼)职人员,二级以下医疗机构至少配备1名专(兼)职人员;④一级及以上医疗机构应配备传染病信息报告专用计算机和相关网络设备,保障疫情报告及其管理工作;⑤负责对本单位相关医务人员进行传染病诊断标准和信息报告管理技术等内容的培训;⑥负责传染病信息报告的日常管理、审核检查、网络报告(数据交换)和质量控制,定期对本单位报告的传染病情况及报告质量进行分析汇总和通报。协助疾病预防控制机构开展传染病疫情调查和信息报告质量考核与评估。

承担基本公共卫生服务项目任务的基层医疗卫生机构履行以上职责的同时,负责收集和报告责任范围内的传染病信息,并在县级疾病预防控制机构指导下,承担本辖区内不具备网络直报条件的责任报告单位报告的传染病信息网络报告。

5.采供血机构　对献血人员进行登记。按《艾滋病和艾滋病病毒感染诊断标准》对最终检测结果为阳性病例进行网络报告。

(二)责任报告单位及报告人

各级各类医疗卫生机构为责任报告单位;其执行职务的人员和乡村医生、个体开业医生均为责任疫情报告人。

(三)报告病种

法定传染病;省级人民政府决定按照乙类、丙类管理的其他地方性传染病和其他暴发、流行或原因不明的传染病;不明原因肺炎病例和不明原因死亡病例等重点监测疾病。

(四)报告要求与时限

传染病报告实行属地化管理,首诊负责制。传染病报告卡由首诊医生或其他执行职务的人员负责填写。现场调查时发现的传染病病例,由属地医疗机构诊断并报告。采供血机构发现阳性病例也应填写报告卡。

责任报告单位和责任疫情报告人发现甲类传染病和乙类传染病中的肺炭疽、传染性非典型肺炎等按照甲类管理的传染病患者或疑似患者时,或发现其他传染病和不明原因疾病暴发时,应于2小时内将传染病报告卡通过网络报告。对其他乙、丙类传染病患者、疑似患者和规定报告的传染病病原携带者在诊断后,应于24小时内进行网络报告。

不具备网络直报条件的医疗机构及时向属地乡镇卫生院、城市社区卫生服务中心或县级疾病预防控制机构报告,并于24小时内寄送出传染病报告卡至代报单位。

《传染病防治法》规定:负有传染病疫情报告职责的人民政府有关部门、疾病预防控制机构、医疗机构、采供血机构及其工作人员,不得隐瞒、谎报、缓报传染病疫情。

(五)诊断、分类与报告

《传染病信息报告管理规范(2015版)》规定:责任报告人应按照传染病诊断标准(卫生健康行业标准)及时对传染病患者或疑似患者进行诊断。根据不同传染病诊断分类,分为疑似病例、临床诊断病例、确诊病例和病原携带者4类。其中,需要报告病原携带者的病种包括霍乱、脊髓灰质炎及国家卫生计生委规定的其他传染病。

责任报告单位或责任报告人在诊疗过程中应规范填写或由电子病历、电子健康档案自动生成规范的门诊日志、入或出院登记、检测检验和放射登记。首诊医生在诊疗过程中发现传染病患者、疑似患者和规定报告的病原携带者后应按照要求填写中华人民共和国传染病报告卡(以下简称传染病报告卡)或通过电子病历、电子健康档案自动抽取符合交换文档标准的电子传染病报告卡。省级人民政府决定按照乙类、丙类管理的其他地方性传染病和其他暴发、流行或原因不明的传染病也应填报(或抽取)传染病报告卡信息。

二、传染病疫情分析与通报 ▶▶▶

(一)传染病疫情分析

《传染病防治法》规定:疾病预防控制机构应当主动收集、分析、调查、核实传染病疫情信息。各级疾病预防控制机构必须每日对通过网络报告的传染病疫情进行动态监控。省级及以上疾病预防控制机构须按周、月、年进行动态分析报告,市(地)和县级疾病预防控制机构须按月、年进行传染病疫情分析,二级及以上医疗机构按季、年进行传染病报告的汇总或分析。疾病预防控制机构接到甲类、乙类传染病疫情报告或者发现传染病暴发、流行时,应当立即报告当地卫生行政部门,由当地卫生行政部门立即报告当地人民政府,同时报告上级卫生行政部门和国务院卫生行政部门,并做出专题分析和报告。疾病预防控制机构应当设立或者指定专门的部门、人员负责传染病疫情信息管理工作,及时对疫情报告进行核实、分析。

各级疾病预防控制机构要及时将疫情分析结果以信息、简报或报告等形式向上级疾病预防控制机构和同级卫生健康行政部门报告,并反馈到下一级疾病预防控制机构。县级疾病预防控制机构应定期将辖区内疫情分析结果反馈到辖区内的医疗机构。

(二)传染病疫情通报

《传染病防治法》要求:国务院卫生行政部门应当及时向国务院其他有关部门和各省、自治区、直辖市人民政府卫生行政部门通报全国传染病疫情及监测、预警的相关信息。毗邻的及相关的地方人民政府卫生行政部门,应当及时互相通报本行政区域的传染病疫情及监测、预警的相关信息。县级以上人民政府有关部门发现传染病疫情时,应当及时向同级人民政府卫生行政部门通报。中国人民解放军卫生主管部门发现传染病疫情时,应当向国务院卫生行政部门通报。

县级以上地方人民政府卫生行政部门应当及时向本行政区域内的疾病预防控制机构和医疗机构通报传染病疫情及监测、预警的相关信息。接到通报的疾病预防控制机构和医疗机构应当及时告知本单位的有关人员。

动物防疫机构和疾病预防控制机构,应当及时互相通报动物间和人间发生的人畜共患传染病疫情及相关信息。

三、传染病疫情信息公布 ▶▶▶

《传染病防治法》规定:国家建立传染病疫情信息公布制度。国务院卫生行政部门定期公布全国传染病疫情信息。省、自治区、直辖市人民政府卫生行政部门定期公布本行政区域的传染病疫情信息。传染病暴发、流行时,国务院卫生行政部门负责向社会公布传染病疫情信息,并可以授权省、自治区、直辖市人民政府卫生行政部门向社会公布本行政区域的传染病疫情信息。公布传染病疫情信息应当及时、准确。

四、传染病疫情信息管理与信息安全 ▶▶▶

《传染病信息报告管理规范(2015 版)》规定:传染病疫情信息实行分级分类管理。卫生健康系统内部实现互联共享,公民、法人或其他组织申请公开相关信息的,按照《政府信息公开条例》有关规定办理。

(一)资料保存

各级各类医疗卫生机构的纸质传染病报告卡及传染病报告记录保存 3 年。不具备网络直报条件的医疗机构,其传染病报告卡由代报单位保存,原报告单位必须进行登记备案。

符合《中华人民共和国电子签名法》的电子传染病报告卡视为与纸质文本具有同等法律效力,须做好备份工作,备份保存时间至少与纸质传染病报告卡一致;暂不符合的须打印成纸质卡片由首诊医生签名后进行保存备案。

各级疾病预防控制机构应将传染病信息资料按照国家有关规定纳入档案管理。

(二)信息安全管理

医疗机构的电子病历系统实施传染病报告功能时,应通过身份鉴别和授权控制加强用户管理,做到其行为可管理、可控制、可追溯。信息系统使用人员不得转让或泄露信息系统操作账号和密码。发现账号、密码已泄露或被盗用时,应立即采取措施,更改密码,同时向上级疾病预防控制机构报告。传染病信息报告、管理、使用部门和个人应建立传染病数据使用的登记和审核制度,不得利用传染病数据从事危害国家安全、社会公共利益和他人合法权益的活动,不得对外泄露传染病病人的个人隐私信息资料。

第四节 传染病疫情控制

传染病的预防工作是事前防范措施,传染病的疫情控制则是在发现传染病和传染病流行、暴发后切断传染病传播途径的核心环节。《传染病防治法》对疾病预防控制机构、医疗卫生机构、卫生主管部门等相关机构的职能和责任,以及不同类别传染病的疫情控制措施做出了明确规定,加强了部门之间、地区之间的协作,构建了传染病疫情控制体系。

一、医疗机构采取的控制措施

《传染病防治法》规定:医疗机构发现甲类传染病时,应当及时采取下列措施。①对患者、病原携带者,予以隔离治疗,隔离期限根据医学检查结果确定;②对疑似患者,确诊前在指定场所单独隔离治疗;③对医疗机构内的患者、病原携带者、疑似患者的密切接触者,在指定场所进行医学观察和采取其他必要的预防措施。对于拒绝隔离治疗或者隔离期未满擅自脱离隔离治疗的,可以由公安机关协助医疗机构采取强制隔离治疗措施。

医疗机构发现乙类或者丙类传染病患者,应当根据病情采取必要的治疗和控制传播措施。

医疗机构对本单位内被传染病病原体污染的场所、物品及医疗废物,必须依照法律、法规的规定实施消毒和无害化处置。

二、疾病预防控制机构采取的控制措施

《传染病防治法》要求:疾病预防控制机构发现传染病疫情或者接到传染病疫情报告时,应当及时采取下列措施。①对传染病疫情进行流行病学调查,根据调查情况提出划定疫点、疫区的建议,对被污染的场所进行卫生处理,对密切接触者在指定场所进行医学观察和采取其他必要的预防措施,并向卫生行政部门提出疫情控制方案;②传染病暴发、流行时,对疫点、疫区进行卫生处理,向卫生行政部门提出疫情控制方案,并按照卫生行政部门的要求采取措施;③指导下级疾病预防控制机构实施传染病预防、控制措施,组织、指导有关单位对传染病疫情的处理。

三、人民政府采取的控制措施

(一)隔离措施

对已经发生甲类传染病病例的场所或者该场所内的特定区域的人员,所在地的县级以上地方人民政府可以实施隔离措施,并同时向上一级人民政府报告;接到报告的上级人民政府应当即时做出是否批准的决定。上级人民政府做出不予批准决定的,实施隔离措施的人民政府应当立即解除隔离措施。在隔离期间,实施隔离措施的人民政府应当对被隔离人员提供生活保障;被隔离人员有工作单位的,所在单位不得停止支付其隔离期间的工作报酬。隔离措施的解除,由原决定机关决定并宣布。

（二）紧急措施

当传染病暴发、流行时，县级以上地方人民政府应当立即组织力量，按照预防、控制预案进行防治，切断传染病的传播途径，必要时报经上一级人民政府决定，可以采取紧急措施并予以公告。上级人民政府接到下级人民政府关于采取紧急措施的报告时，应当即时做出决定。紧急措施的解除，由原决定机关决定并宣布。

（三）疫区封锁

甲类、乙类传染病暴发、流行时，县级以上地方人民政府报经上一级人民政府决定，可以宣布本行政区域部分或者全部为疫区；国务院可以决定并宣布跨省、自治区、直辖市的疫区。县级以上地方人民政府可以在疫区内采取相应的紧急措施，并可以对出入疫区的人员、物资和交通工具实施卫生检疫。省、自治区、直辖市人民政府可以决定对本行政区域内的甲类传染病疫区实施封锁；但是，封锁大、中城市的疫区或者封锁跨省、自治区、直辖市的疫区，以及封锁疫区导致中断干线交通或者封锁国境的，由国务院决定。疫区封锁的解除，由原决定机关决定并宣布。

四、交通卫生检疫

《传染病防治法》规定：发生甲类传染病时，为了防止该传染病通过交通工具及其乘运的人员、物资传播，可以实施交通卫生检疫。

列车、船舶、航空器和其他车辆（以下简称交通工具）出入检疫传染病疫区和在非检疫传染病疫区的交通工具上发现检疫传染病疫情时，依照1998年11月28日国务院发布的《国内交通卫生检疫条例》对交通工具及其乘运的人员、物资实施交通卫生检疫。

在中华人民共和国国际通航的港口、机场及陆地边境和国界江河口岸的国境卫生检疫，依照1986年12月2日发布并于2007年、2009年和2018年3次修正的《国境卫生检疫法》的规定，在我国国境口岸设立国境卫生检疫机关，实施传染病检疫、监测和卫生监督。

五、紧急调度及优先运送

《传染病防治法》规定：传染病暴发、流行时，根据传染病疫情控制的需要，国务院有权在全国范围或者跨省、自治区、直辖市范围内，县级以上地方人民政府有权在本行政区域内紧急调集人员或者调用储备物资，临时征用房屋、交通工具及相关设施、设备。紧急调集人员的，应当按照规定给予合理报酬。临时征用房屋、交通工具及相关设施、设备的，应当依法给予补偿；能返还的，应当及时返还。

传染病暴发、流行时，药品和医疗器械生产、供应单位应当及时生产、供应防治传染病的药品和医疗器械。铁路、交通、民用航空经营单位必须优先运送处理传染病疫情的人员及防治传染病的药品和医疗器械。县级以上人民政府有关部门应当做好组织协调工作。

例如，在新冠疫情发生后，全国上下紧急行动，开展中华人民共和国成立以来规模最大的医疗支援行动，调动全国医疗资源和力量，全力支持湖北省医疗救治，极大缓解了重灾区医疗资源严重不足的压力；大力加强医疗物资生产供应，快速启动防控医疗物资应急审批程序，医用物资产能不断提升；畅通供应链条和物流渠道，建立联保联供协作机制，源源不断地把全国支援物资运送到疫情防控重点地区，在最短时间集中最大力量阻断疫情传播。

六、尸体卫生处理

患甲类传染病、炭疽死亡的，应当将尸体立即进行卫生处理，就近火化。患其他传染病死亡的，必要时，应当将尸体进行卫生处理后火化或者按照规定深埋。

为了及时查明传染病病因,提高传染病诊疗水平,有效控制传染病流行,防止疫情扩散,根据《传染病防治法》的要求,《传染病病人或疑似传染病病人尸体解剖查验规定》于2005年4月30日发布,自2005年9月1日起施行。此规定适用于病因不明的传染病患者或者疑似传染病患者尸体的解剖查验工作,工作应当在卫生行政部门指定的具有传染病患者尸体解剖查验资质的机构内进行;医疗机构为了查找传染病病因,对在医疗机构死亡的传染病患者或疑似传染病患者,经所在地设区的市级卫生行政部门批准,进行尸体解剖查验,并告知死者家属,做好记录;医疗机构应当向查验机构提供临床资料复印件,并与查验机构办理交接手续;解剖查验工作应当严格遵守有关技术操作规范和常规,并符合传染病预防控制的规定;查验机构应当尽快出具初步查验报告,并及时反馈相应的医疗机构等部门;医疗机构根据初步查验报告、病理报告和病原学检验报告,综合临床表现,尽快明确诊断,并按规定报告。

第五节　传染病医疗救治

医疗救治是传染病疫情应对的重要环节,目前来看,我国的公共卫生安全形势仍然复杂严峻,突发急性传染病传播速度快、波及范围广、影响和危害大,在新冠疫情中暴露出我国公共卫生特别是重大传染病疫情防控救治能力短板和体制机制问题,医防协同不充分,平急结合不紧密。为了全面做好补短板、堵漏洞、强弱项工作,在总结新冠疫情防控经验基础上,2021年3月11日第十三届全国人大第四次会议通过《中华人民共和国国民经济和社会发展第十四个五年规划和2035年远景目标纲要》,要求构建强大公共卫生体系,建立分级、分层、分流的传染病救治网络,大型公共建筑预设平疫结合改造接口,织牢国家公共卫生防护网。

一、传染病医疗救治服务网络

《传染病防治法》规定:县级以上人民政府应当加强和完善传染病医疗救治服务网络的建设,指定具备传染病救治条件和能力的医疗机构承担传染病救治任务,或者根据传染病救治需要设置传染病医院。2020年5月9日,国家发展改革委、国家卫健委、国家中医药局制定了《公共卫生防控救治能力建设方案》,对调整公共卫生救治医疗资源布局、提高平战结合能力、实现医防协同发展等工作做出了具体要求。

(一)提升县级医院救治能力

适应县城城镇化补短板需要,重点改善一所县级医院(含县中医院)基础设施条件,提高传染病检测和诊治能力,建设可转换病区,充分发挥县级医院龙头作用,辐射带动县域内医疗服务能力整体提升,统筹做好乡镇卫生院、社区卫生服务中心、村卫生室等基层医疗卫生机构能力建设,形成县域内医疗救治和疫情防控合力,筑牢疫情救治第一道关口。

(二)健全完善城市传染病救治网络

以"平战结合、分层分类、高效协作"为原则,构建分级分层分流的城市传染病救治网络,直辖市、省会城市、地级市要建有传染病医院或相对独立的综合性医院传染病区或指定具备条件的三级综合性医院作为传染病定点收治医院,扩大传染病集中收治容量,加强重症监护病区建设。

(三)改造升级重大传染病疫情救治基地

依托综合实力强,特别是感染性疾病、呼吸、重症等专科优势突出的高水平医院(含中医医院),按照人口规模、辐射区域和疫情防控压力,每省份建设重大疫情救治基地,组建高水平重大传染病疫情救治专业技术队伍,承担危重症患者集中救治和应急物资集中储备任务,能够在重大疫情发生时快速反应,有效提升危重症患者治愈率、降低病亡率。

(四)推进公共设施平战两用改造

借鉴方舱医院和人防工程改造经验,提高大型体育场馆、展览馆(会展中心)等公共设施建设标准,在相关设施新建或改建过程中充分考虑应急需求,完善场地设置、通风系统、后勤保障设计,预留管道、信息等接口和改造空间,具备快速转化为救治和隔离场所的基本条件。

(五)发挥中医药重要作用

支持中医药传承创新发展,加强中医药服务体系建设,发挥中医药在传染病防控救治等方面的重要作用。建立中医传染病临床救治和科研体系,依托高水平中医医院建设国家中医疫病防治基地,打造中医药疫病防治和紧急医学救援队伍。深入开展重大传染病疫情防控中西医临床协作,提升中西医结合防治传染病能力。

二、传染病医疗救治的实施 »»»

医疗机构应当对传染病患者或者疑似传染病患者提供医疗救护、现场救援和接诊治疗,书写病历记录及其他有关资料,并妥善保管。

按照《院前医疗急救管理办法》的定义,医疗救护是指在患者送达医疗机构救治前,在医疗机构外施行的现场初步紧急救护,包括:①对常见急症进行现场初步处理;②对患者进行通气、止血、包扎、骨折固定等初步救治;③搬运、护送患者;④现场心肺复苏;⑤在现场指导群众自救、互救。在突发公共卫生事件的现场进行紧急医学救援时,需要及时、迅速地对大量伤员进行妥善救治,必须合理开展分级救治。

进行医疗救治后应按照《病历书写基本规范》的要求,将医务人员通过问诊、查体、辅助检查、诊断、治疗、护理等医疗活动获得的有关资料,进行归纳、分析、整理,形成医疗活动记录,病历书写应客观、真实、准确、及时、完整、规范。

三、传染病预检分诊 »»»

案例简介　被告闫某为沈阳某医院的法定代表人,担任院长职务。2020年12月,闫某拒绝执行新冠疫情防控措施,致使医院的医护人员在接诊过程中,未严格落实"预检分诊""一患一消杀"等防控措施,擅自收治发热患者尹某,后尹某被确诊为新型冠状病毒感染病例。后续沈阳确诊新型冠状病毒感染患者共计37人,其中27人与该医院存在直接或间接交集,206人成为该医院的第一密切接触者,其中179人被医学隔离观察,外地关联人员16人。

法院确认事实　被告闫某违反《传染病防治法》的规定,拒绝执行县级以上人民政府、疾病预防控制机构依照《传染病防治法》提出的预防、控制措施,具有引起新冠疫情传播的严重风险,其行为已构成妨害传染病防治罪。

判决情况　被告闫某经电话传唤及时到案,并能如实供述罪行,系自首,可以从轻处罚。法院以妨害传染病防治罪判处其有期徒刑1年2个月。

案例涉及的问题　①在传染病防治工作中,医疗机构进行预检分诊起到了什么作用?②我国又是如何规定的?

《传染病防治法》规定:医疗机构应当实行传染病预检分诊制度;对传染病患者、疑似传染病患者,应当引导至相对隔离的分诊点进行初诊。为规范医疗机构传染病预检分诊工作,有效控制传染病疫情,防止医疗机构内交叉感染,2005 年 2 月 28 日国家发布《医疗机构传染病预检分诊管理办法》,对预检分诊工作进行了详细规定。

(一)组织管理

预检分诊是医疗机构门急诊对就诊人员进行初筛、合理引导就医、及时发现传染病风险、有效利用医疗资源、提高工作效率的有效手段。

二级以上综合医院应当设立感染性疾病科,具体负责本医疗机构传染病的分诊工作,并对本医疗机构的传染病预检分诊工作进行组织管理;没有设立感染性疾病科的医疗机构应当设立传染病分诊点,指派有专业能力和经验的感染性疾病科或相关专业的医师,充实预检分诊力量,承担预检分诊任务,提高预检分诊能力。

(二)预检分诊流程

医疗机构各科室的医师在接诊过程中,应当注意询问患者有关的流行病学史、职业史,结合患者的主诉、病史、症状和体征等,对来诊的患者进行传染病的预检。

经预检为传染病患者或者疑似传染病患者的,应当将患者分诊至感染性疾病科或者分诊点就诊,同时对接诊处采取必要的消毒措施。医疗机构不具备传染病救治能力时,应当及时将患者转诊到具备救治能力的医疗机构诊疗,并将病历资料复印件转至相应的医疗机构。转诊传染病患者或疑似传染病患者时,应当按照当地卫生行政部门的规定使用专用车辆。

对呼吸道等特殊传染病患者或者疑似患者,医疗机构应当依法采取隔离或者控制传播措施,并按照规定对患者的陪同人员和其他密切接触人员采取医学观察和其他必要的预防措施。

(三)特定传染病预检分诊

医疗机构应当根据传染病的流行季节、周期和流行趋势做好特定传染病的预检分诊工作。

医疗机构应当在接到国务院卫生行政部门和省、自治区、直辖市人民政府发布特定传染病预警信息后,或者按照当地卫生行政部门的要求,加强特定传染病的预检分诊工作。必要时,设立相对独立的针对特定传染病的预检处,引导就诊患者首先到预检处检诊,初步排除特定传染病后,再到相应的普通科室就诊。

(四)人员和院感要求

医疗机构应当按照传染病诊断标准和治疗要求,定期对医务人员进行传染病防治知识的培训,提高传染病医疗救治能力。从事传染病预检分诊的医务人员应当严格遵守卫生管理法律、法规和有关规定,认真执行临床技术操作规范及有关工作制度。

医疗机构感染性疾病科和分诊点应当标识明确,相对独立,通风良好,流程合理,具有消毒隔离条件和必要的防护用品;应当采取标准防护措施,按照规范严格消毒,并按照《医疗废物管理条例》的规定处理医疗废物。

四、预防和控制医院感染 >>>

为预防和控制传染病在医院的传播,造成医源性感染,医疗机构的基本标准、建筑设计和服务流程,应当符合预防传染病医院感染的要求,执行《综合医院建设标准》(建标 110—2021)、《传染病医院建设标准》(建标 173—2016)等。医疗机构应当按照规定对使用的医疗器械进行消毒;对按照规定一次使用的医疗器具,应当在使用后予以销毁。

第六节 传染病防治保障措施

传染病防治工作是一项复杂的系统工程,涉及面广,需要完善的保障措施进行支撑。《传染病防治法》从经费、人员、机构、药品、医疗器材等方面建立传染病防治保障体系。

一、国民经济和社会发展方面

传染病防治工作不仅关系人民群众的身体健康,也关系经济的发展和社会的进步,是国民经济和社会发展的重要组成部分。《传染病防治法》要求:国家将传染病防治工作纳入国民经济和社会发展计划,县级以上地方人民政府将传染病防治工作纳入本行政区域的国民经济和社会发展计划。我国政府用长期计划、中期计划和短期计划这3种形式,确立了传染病防治工作的长期战略目标、战略重点和战略途径,明确了传染病防治工作的中期目标、政策和原则,确定了传染病防治工作的年度任务、方针和有关措施。

二、经费保障措施

经费不足会影响疾病预防控制能力的提高,而一些传染病患者由于经济困难不能得到及时、有效、规范的治疗,会成为新的传染源。《传染病防治法》规定:国务院卫生行政部门会同国务院有关部门,根据传染病流行趋势,确定全国传染病预防、控制、救治、监测、预测、预警、监督检查等项目。中央财政对困难地区实施重大传染病防治项目给予补助。省、自治区、直辖市人民政府根据本行政区域内传染病流行趋势,在国务院卫生行政部门确定的项目范围内,确定传染病预防、控制、监督等项目,并保障项目的实施经费。县级以上地方人民政府按照本级政府职责负责本行政区域内传染病预防、控制、监督工作的日常经费。

例如,为了解决我国当前艾滋病防治工作中的重点和难点问题,遏制艾滋病传播上升势头,将疫情持续控制在低流行水平,国家卫健委等10部门联合制定《遏制艾滋病传播实施方案(2019—2022年)》,同时每年国家下发专项经费用于艾滋病防控工作,并对“三区三州”深度贫困地区加大项目资金的倾斜支持力度,设立专项项目资金。按照国家的决策部署,四川省结合省内艾滋病流行情况制定了《四川省遏制艾滋病传播实施方案(2020—2022年)》。四川省凉山彝族自治州鉴于自身经济深度贫困及毒品、艾滋病双双流行,在凉山彝族自治州艾滋病防治和健康扶贫攻坚战第一阶段行动(2017—2020年)圆满收官的基础上,为继续深入推进艾滋病防治和健康扶贫工作,制定了《凉山彝族自治州艾滋病防治条例》,并于2021年启动实施凉山彝族自治州艾滋病等重大传染病防治和健康扶贫攻坚第二阶段行动,进一步减轻艾滋病重大传染病公共卫生危害。

三、物资保障措施

在大规模疫情处置当中,需要应急保障的物资种类多、总量大,并且由于我国地域广,各地需求也有较大差异。《传染病防治法》规定:县级以上人民政府负责储备防治传染病的药品、医疗器械和其他物资,以备调用。

2020年2月15日习近平总书记在中央全面深化改革委员会第十二次会议上强调:完善重大疫情防控体制机制,健全国家公共卫生应急管理体系。应急物资保障作为国家应急管理体系建设的重要内容,健全统一的应急物资保障体系:①按照集中管理、统一调拨、平时服务、灾时应急、采储结合、节约高效的原则,健全工作机制和应急预案;②完善分级储备制度,除了中央要做好应急医药物资储备外,地方也要加大储备力度,形成国家储备、区域储备、省市县储备和医疗机构储备相结合的立体化储备格局;③制定储备目录,科学调整储备的品类、规模、结构,提升储备效能;④建立国家统一的应急物资采购供应体系,对应急救援物资实行集中管理、统一调拨、统一配送,推动应急物资供应保障网更加高效安全可控;⑤优化重要医疗物资产能保障和区域布局,对短期可能出现的物资供应短缺,建立集中生产调度机制,统一组织原材料供应、安排定点生产、规范质量标准,确保应急物资保障有序有力,做到关键时刻调得出、用得上。

四、基层传染病防治体系建设

城乡基层传染病防治体系是传染病防治工作的基础,是守护人民群众健康的第一道防线。《传染病防治法》规定:国家加强基层传染病防治体系建设,扶持贫困地区和少数民族地区的传染病防治工作,地方各级人民政府应当保障城市社区、农村基层传染病预防工作的经费。

国务院办公厅印发的《"十四五"城乡社区服务体系建设规划》中,对于"十四五"期间推动城乡社区传染病防治体系高质量发展,从增强基层疫情防控能力、推动统筹配置医疗资源、健全县乡村三级医疗服务体系、按规定落实经费保障等方面做出要求。国家重视贫困地区和少数民族地区的传染病防治工作,2018年10月17日国家卫健委、国家发展改革委、财政部、国家医保局和国务院扶贫办联合制定印发《健康扶贫三年攻坚行动实施方案》,坚持预防为主,聚焦重点地区、重点人群、重点疾病,实施艾滋病、结核病、包虫病等重点传染病综合防控3年攻坚行动。

五、特定传染病困难人群的医疗救助

《传染病防治法》规定:国家对患有特定传染病的困难人群实行医疗救助,减免医疗费用。

针对传染病暴发、流行给普通居民带来的巨大经济负担,国家减免重大传染病患者的医疗救治费用,建立基本医疗保险制度和医疗救助制度。2019年在农村贫困人口大病专项救治病种中纳入了艾滋病机会感染、耐多药结核病等传染病;通过中央转移支付结核病防治项目、基本公共卫生服务项目和国际合作项目等,为普通结核病患者提供抗结核药物等服务;将符合城乡低保和农村五保的传染病患者纳入相应救助范围;从2004年起我国正式对艾滋病患者实施"四免一关怀"政策;对农民免费提供抗血吸虫病基本预防药物,对经济困难农民的血吸虫病治疗费用予以减免。

六、传染病防治人员的卫生防护、医疗保健和津贴

《传染病防治法》规定:对从事传染病预防、医疗、科研、教学、现场处理疫情的人员,以及在生产、工作中接触传染病病原体的其他人员,有关单位应当按照国家规定,采取有效的卫生防护措施和医疗保健措施,并给予适当的津贴。

2021年国家卫健委、人力资源社会保障部、财政部发布的《关于建立保护关心爱护医务人员长效机制的指导意见》提出:切实为医务人员(含疾控人员)加强职业暴露防护设施建设和防护设备配置;切实做好医疗卫生机构内部感控工作,加强全员培训,全面落实标准预防措施;在突发公共卫生事件中,切实保障医务人员防护物资需求,提供基础性疾病药物保障;合理安排休息休假时间,加强医务人员心理干预和疏导,根据需要组织相关健康体检和疗养、休养;深化公立医疗卫生机构薪酬制度改革,动态调整卫生防疫津贴标准,提高医务人员在突发公共卫生事件期间的薪酬待遇,按照《关于建立传染病疫情防治人员临时性工作补助的通知》(人社部规〔2016〕4号)的规定,及时发放临时性工作补助。

第七节　几种有专门规定的传染病的防治

近年来,我国传染病疫情形势总体平稳,但防控形势依然严峻:性传播成为艾滋病的主要传播途径,疫情逐步由易感染艾滋病危险行为人群向一般人群传播,波及范围广,影响因素复杂,干预难度大;现有慢性乙型病毒性肝炎患者约 2 800 万人,慢性丙型病毒性肝炎患者约 450 万人,每年新发结核病患者约 90 万例;包虫病等重点寄生虫病仍然严重威胁流行地区居民的健康。针对这些危害广泛的传染病,国务院不仅制定了专项行动计划或规划,还陆续颁布了一系列防治工作相关法规条例,从法律制度层面保障了传染病防治工作的深入贯彻和具体落实。

一、《艾滋病防治条例》 >>>

艾滋病是获得性免疫缺陷综合征的简称,是由人类免疫缺陷病毒引起的慢性传染病,主要经性接触、血液及母婴传播。人类免疫缺陷病毒主要侵犯、破坏 $CD4^+T$ 淋巴细胞,导致机体免疫细胞功能受损乃至缺陷,最终并发各种严重机会性感染和肿瘤。艾滋病传播迅速、发病缓慢、病死率高,其流行对全球的政治、经济、文化、社会、医疗等领域造成严重的影响。

我国自 1985 年首次报告艾滋病病例以来,高度重视艾滋病防治工作。《传染病防治法》第 24 条专门规定:各级人民政府应当加强艾滋病的防治工作,采取预防、控制措施,防止艾滋病的传播,具体办法由国务院制定。为了预防、控制艾滋病的发生与流行,保障人体健康和公共卫生,2006 年 1 月 29 日,国务院颁布了《艾滋病防治条例》,于 2006 年 3 月 1 日起施行;2019 年 3 月 2 日,国务院颁布并实施第 709 号国务院令,对《艾滋病防治条例》进行修订。该条例把国家有关艾滋病防治的方法、策略、各个部门的防治责任等都以法律的形式确定下来,极大地推动了艾滋病防治工作的顺利开展。

(一)艾滋病防治工作方针

我国的艾滋病防治工作坚持预防为主、防治结合的方针,建立政府组织领导、部门各负其责、全社会共同参与的机制,加强宣传教育,采取行为干预和关怀救助等措施,实行综合防治。

(二)艾滋病病毒感染者和艾滋病患者的权利和义务

1. 权利　任何单位和个人不得歧视艾滋病病毒感染者、艾滋病患者及其家属。艾滋病病毒感染者、艾滋病患者及其家属享有的婚姻、就业、就医、入学等合法权益受法律保护。未经本人或者其监护人同意,任何单位或者个人不得公开艾滋病病毒感染者、艾滋病患者及其家属的姓名、住址、工作单位、肖像、病史资料及其他可能推断出其具体身份的信息。

2. 义务　艾滋病病毒感染者和艾滋病患者应当履行下列义务:接受疾病预防控制机构或者出入境检验检疫机构的流行病学调查和指导;将感染或者发病的事实及时告知与其有性关系者;就医时,将感染或者发病的事实如实告知接诊医生;采取必要的防护措施,防止感染他人。艾滋病病毒感染者和艾滋病患者不得以任何方式故意传播艾滋病。艾滋病病毒感染者或者艾滋病患者故意传播艾滋病的,依法承担民事赔偿责任;构成犯罪的,依法追究刑事责任。

(三)艾滋病防治的宣传教育

艾滋病尚无可以预防的疫苗,也没有可以彻底治愈的药物,因此通过宣传教育普及艾滋病基本知识、避免易感行为、促进重点人群早检测早治疗,是控制艾滋病的首要环节。2004 年国务院防治艾滋病工作委员会成立,包含中宣部、教育部、广电总局、国家卫健委等成员单位,将动员和组织各部门、单位和社会各方面力量积极开展艾滋病防治宣传教育纳入多部门工作职责。

《艾滋病防治条例》规定:地方各级人民政府和政府有关部门应当组织开展艾滋病防治及关怀和不歧视艾滋病病毒感染者、艾滋病患者及其家属的宣传教育,提倡健康文明的生活方式,营造良好的艾滋病防治的社会环境。医疗卫生机构应当组织工作人员学习有关艾滋病防治的法律、法规、政策和知识;医务人员在开展艾滋病、性病等相关疾病咨询、诊断和治疗过程中,应当对就诊者进行艾滋病防治的宣传教育。

(四)艾滋病的预防与控制

1. 艾滋病监测网络 艾滋病监测是指连续、系统地收集各类人群中艾滋病(或者艾滋病病毒感染)及其相关因素的分布资料,对这些资料综合分析,为有关部门制定预防控制策略和措施提供及时可靠的信息和依据,并对预防控制措施进行效果评价。

《艾滋病防治条例》要求国家建立健全艾滋病监测网络,国务院卫生主管部门制定国家艾滋病监测规划和方案。我国从 1995 年开始在全国设立艾滋病监测哨点,对包括暗娼在内的多种高危人群进行监测;2009 年将现有国家级艾滋病哨点和综合监测点进行调整和整合,建立起全国艾滋病哨点监测系统,并于 2010 年发布指导性文件《全国艾滋病哨点监测实施方案(试行)》,目前已更新至2022 年修订版。

省、自治区、直辖市人民政府卫生主管部门根据国家艾滋病监测规划和方案,制定本行政区域的艾滋病监测计划和工作方案,组织开展艾滋病监测和专题调查,掌握艾滋病疫情变化情况和流行趋势。疾病预防控制机构负责对艾滋病发生、流行及影响其发生、流行的因素开展监测活动。出入境检验检疫机构负责对出入境人员进行艾滋病监测,并将监测结果及时向卫生主管部门报告。

2. 艾滋病自愿咨询和自愿检测制度 艾滋病检测是指采用实验室方法对人体血液、其他体液、组织器官、血液衍生物等进行艾滋病病毒、艾滋病病毒抗体及相关免疫指标检测,包括监测、检验检疫、自愿咨询检测、临床诊断、血液及血液制品筛查工作中的艾滋病检测。

《艾滋病防治条例》规定:国家实行艾滋病自愿咨询和自愿检测制度。中国疾病预防控制中心性病艾滋病预防控制中心结合以往的检测工作经验,组织修订了《艾滋病自愿咨询检测工作指南(2021 版)》《全国艾滋病检测技术规范(2020 年修订版)》。县级以上地方人民政府卫生主管部门指定的医疗卫生机构,应当按照国务院卫生主管部门会同国务院其他有关部门制定的艾滋病自愿咨询和检测办法,为自愿接受艾滋病咨询、检测的人员免费提供咨询和初筛检测。

医疗卫生机构和出入境检验检疫机构应当按照国务院卫生主管部门的规定,遵守标准防护原则,严格执行操作规程和消毒管理制度,防止发生艾滋病医院感染和医源性感染。医疗机构应当对因应急用血而临时采集的血液进行艾滋病检测,对临床用血艾滋病检测结果进行核查;对未经艾滋病检测、核查或者艾滋病检测阳性的血液,不得采集或者使用。

(五)医疗卫生机构的治疗与救助责任

《艾滋病防治条例》规定:医疗机构应当为艾滋病病毒感染者和艾滋病患者提供艾滋病防治咨询、诊断和治疗服务;不得因就诊的患者是艾滋病病毒感染者或者艾滋病患者,推诿或者拒绝对其其他疾病进行治疗。我国的艾滋病诊疗指南随着艾滋病防治和研究工作进展而不断更新修订,从2006 年第一版的制定发布到 2021 年的第五版更新修订,继续在我国艾滋病防治工作中发挥重要作用。

对确诊的艾滋病病毒感染者和艾滋病患者,医疗卫生机构的工作人员应当将其感染或者发病的事实告知本人;本人为无行为能力人或者限制行为能力人的,应当告知其监护人。

医疗卫生机构应当按照国务院卫生主管部门制定的预防艾滋病母婴传播技术指导方案的规定,对孕产妇提供艾滋病防治咨询和检测,对感染艾滋病病毒的孕产妇及其婴儿,提供预防艾滋病母婴传播的咨询、产前指导、阻断、治疗、产后访视、婴儿随访和检测等服务。目前最新一版的工作规范是国家卫健委于 2020 年 11 月 12 日发布的《预防艾滋病、梅毒和乙肝母婴传播工作规范（2020 年版）》。

（六）医疗卫生机构的法律责任

医疗卫生机构未依照《艾滋病防治条例》规定履行职责的，由县级以上人民政府卫生主管部门责令限期改正，通报批评，给予警告；造成艾滋病传播、流行或者其他严重后果的，对负有责任的主管人员和其他直接责任人员依法给予降级、撤职、开除的处分，并可以依法吊销有关机构或者责任人员的执业许可证件；构成犯罪的，依法追究刑事责任。

医疗卫生机构违反《艾滋病防治条例》规定，公开艾滋病病毒感染者、艾滋病患者或者其家属的信息的，依照《传染病防治法》的规定予以处罚。血站、单采血浆站、医疗卫生机构和血液制品生产单位违反法律、行政法规的规定，造成他人感染艾滋病病毒的，应当依法承担民事赔偿责任。

二、《结核病防治管理办法》

结核病是由结核分枝杆菌感染引起的慢性传染病。结核分枝杆菌可以侵犯人体全身各种器官，主要侵犯肺脏，称为肺结核。结核病严重危害人体健康和公共卫生安全，是仅次于新型冠状病毒感染的全球第二大单一传染源死亡原因，位列全球死因第 13 位，同时它也是艾滋病病毒感染者的"头号杀手"。2023 年 11 月 7 日 WHO 发布的《2023 年全球结核病报告》显示，我国 2022 年估算的结核病新发患者数为 74.8 万，发病率为 52/10 万，相较 2021 年下降 4.1%，在 30 个结核病高负担国家中，我国估算结核病发病数排第 3 位。

面对严峻复杂的结核病防控形势，我国高度重视结核病防治工作，为有效预防、控制结核病的传播和流行，保障人体健康和公共卫生安全，根据《传染病防治法》及有关法律、法规，1991 年颁布实施了《结核病防治管理办法》；2013 年对其进行了修订。该办法明确了新型结核病服务体系，尤其对各级各类医疗机构的职责进行了重点强调明确。

（一）结核病防治工作方针

《结核病防治管理办法》规定：结核病防治坚持预防为主、防治结合的方针，建立政府组织领导、部门各负其责、全社会共同参与的结核病防治机制。加强宣传教育，实行以及时发现患者、规范治疗管理和关怀救助为重点的防治策略。

（二）医疗卫生机构在结核病防治工作中的职责

1. 结核病定点医疗机构 在结核病防治工作中履行以下职责：①负责肺结核患者诊断治疗，落实治疗期间的随访检查；②负责肺结核患者报告、登记和相关信息的录入工作；③对传染性肺结核患者的密切接触者进行检查；④对患者及其家属进行健康教育。

2. 非结核病定点医疗机构 在结核病防治工作中履行以下职责：①指定内设职能科室和人员负责结核病疫情的报告；②负责结核病患者和疑似患者的转诊工作；③开展结核病防治培训工作；④开展结核病防治健康教育工作。

3. 基层医疗卫生机构 在结核病防治工作中履行以下职责：①负责肺结核患者居家治疗期间的督导管理；②负责转诊、追踪肺结核或者疑似肺结核患者及有可疑症状的密切接触者；③对辖区内居民开展结核病防治知识宣传。

（三）结核病的预防

1. 宣传教育 各级各类医疗卫生机构应当开展结核病防治的宣传教育，对就诊的肺结核患者及家属进行健康教育，宣传结核病防治政策和知识。基层医疗卫生机构定期对辖区内居民进行健康教育和宣传。同时，国家为了广泛动员社会各界力量参与结核病防治工作，2012 年 3 月，卫生部启动实施了"百千万志愿者结核病防治知识传播活动",产生了良好的社会效果;2023年3月2日,国家疾控局等四部门印发《百千万志愿者结核病防治知识传播活动提升行动工作方案(2023—2025年)》,推进该项活动规范化、常态化,进一步提高全民结核病防治的意识和健康知识的全面普及。

2. **预防接种** 根据国家免疫规划对适龄儿童开展卡介苗预防接种工作。承担预防接种工作的医疗卫生机构应当按照《疫苗管理法》和预防接种工作规范的要求,规范提供预防接种服务。

3. **肺结核筛查** 医疗卫生机构在组织开展健康体检和预防性健康检查时,应当重点做好以下人群的肺结核筛查工作:①从事结核病防治的医疗卫生人员;②食品、药品、化妆品从业人员;③《公共场所卫生管理条例》中规定的从业人员;④各级各类学校、托幼机构的教职员工及学校入学新生;⑤接触粉尘或者有害气体的人员;⑥乳牛饲养业从业人员;⑦其他易使肺结核扩散的人员。

4. **防止医源性感染和传播** 医疗卫生机构要制订结核病感染预防与控制计划,健全规章制度和工作规范,开展结核病感染预防与控制相关工作,落实各项结核病感染防控措施,防止医源性感染和传播。

结核病定点医疗机构应当重点采取以下感染预防与控制措施:①结核病门诊、病房设置应当符合国家有关规定;②严格执行环境卫生及消毒隔离制度,注意环境通风;③对于被结核分枝杆菌污染的痰液等排泄物和污物、污水及医疗废物,应当按照医疗废物管理的相关规定进行分类收集、暂存及处置;④为肺结核可疑症状者或者肺结核患者采取必要的防护措施,避免交叉感染发生。

医务人员在工作中严格遵守个人防护的基本原则,接触传染性肺结核患者或者疑似肺结核患者时,应当采取必要的防护措施。

(四)结核病患者发现、报告与登记

各级各类医疗机构应当对肺结核可疑症状者及时进行检查,对发现的确诊和疑似肺结核患者应当按照有关规定进行疫情报告,并将其转诊到患者居住地或者就诊医疗机构所在地的结核病定点医疗机构。结核病定点医疗机构对肺结核患者进行管理登记,根据患者治疗管理等情况,及时更新患者管理登记内容。

(五)肺结核患者的治疗与管理

《结核病防治管理办法》要求对发现的肺结核患者进行规范化治疗和督导管理。各级各类医疗机构对危、急、重症肺结核患者负有救治的责任,应当及时对患者进行医学处置,不得以任何理由推诿,不得因就诊的患者是结核病患者拒绝对其其他疾病进行治疗。医疗卫生机构对流动人口肺结核患者实行属地化管理,提供与当地居民同等的服务。

结核病定点医疗机构应当为肺结核患者制定合理的治疗方案,提供规范化的治疗服务。设区的市级以上结核病定点医疗机构严格按照实验室检测结果,为耐多药肺结核患者制定治疗方案,并规范提供治疗。耐药结核病存在治疗时间长、治疗花费高等特点,我国耐药结核病防治工作目前仍有诊断不够及时、发现不够充分等问题。为了持续推进遏制耐药结核病防治行动,国家疾控局、国家卫健委两部门于2023年2月23日发布《关于进一步加强耐药结核病防治工作的通知》,中华医学会结核病学分会发布《中国耐多药和利福平耐药肺结核外科治疗专家共识(2022年版)》,从多方面指导提升耐药结核病防治水平。

转出地和转入地结核病定点医疗机构应当及时交换流动人口肺结核患者的信息,确保落实患者的治疗和管理措施。基层医疗卫生机构应当对居家治疗的肺结核患者进行定期访视、督导服药等管理。卫生行政部门指定的医疗机构应当按照有关工作规范对结核分枝杆菌和艾滋病病毒双重感染患者进行抗结核和抗艾滋病病毒治疗、随访复查和管理。

(六)医疗卫生机构的法律责任

医疗机构违反本办法规定,由县级以上卫生行政部门责令改正,通报批评,给予警告;造成肺结

核传播、流行或者其他严重后果的,对负有责任的主管人员和其他直接责任人员,依法给予处分;构成犯罪的,依法追究刑事责任。基层医疗卫生机构违反本办法规定,由县级卫生行政部门责令改正,给予警告。其他单位和个人违反本办法规定,导致肺结核传播或者流行,给他人人身、财产造成损害的,应当依法承担民事责任;构成犯罪的,依法追究刑事责任。

三、《性病防治管理办法》

性传播疾病简称性病,是以性接触为主要传播途径的一组传染病。其流行广泛,在我国传染病发病报告数中位居前列,已成为重要的公共卫生问题和社会问题。性病会促进艾滋病的传播,防治性病是预防控制艾滋病的一项重要策略。为预防、控制性病的传播流行,保护人体健康,根据《传染病防治法》和《艾滋病防治条例》有关规定,1991年卫生部发布了《性病防治管理办法》;2012年对其进行修订,于2013年1月1日施行。

性病防治坚持预防为主、防治结合的方针,遵循依法防治、科学管理、分级负责、专业指导、部门合作、社会参与的原则。性病防治工作与艾滋病防治工作相结合,将性病防治工作纳入各级艾滋病防治工作协调机制,整合防治资源,实行性病艾滋病综合防治。

(一)性病的范围

《性病防治管理办法》中所称性病包括以下几类:①《传染病防治法》规定的乙类传染病中的梅毒和淋病;②生殖道沙眼衣原体感染、尖锐湿疣、生殖器疱疹;③根据疾病危害程度、流行情况等因素,确定需要管理的其他性病。艾滋病防治管理工作依照《艾滋病防治条例》的有关规定执行。

(二)性病防治的机构

卫生行政部门应当根据当地性病防治工作需求,指定承担性病防治任务的疾病预防控制机构,合理规划开展性病诊疗业务的医疗机构。医疗机构应当积极提供性病诊疗服务,方便患者就医。

1. 医疗机构和人员开展性病诊疗业务的条件　医疗机构应当取得与性传播疾病诊疗相关的诊疗科目,确定相应科室,并应当具备以下条件:①具有相应的诊疗场所,包括诊室、治疗室和检验科等;②具备性病诊断治疗、消毒灭菌所必需的设备、设施及药品等;③具有依法取得执业资格,并经性病诊疗培训考核合格的人员。

医疗机构人员开展性病诊疗业务,应当依法取得执业资格,并应当定期接受性病防治知识和专业技术岗位培训。

2. 开展性病诊疗业务的医疗机构职责　①根据性病诊断标准和技术规范对性病患者或者疑似患者进行诊断治疗,并按照规定报告疫情。②开展性病防治知识宣传、健康教育、咨询和必要的干预。③协助卫生行政部门开展性病诊疗业务培训。④开展实验室检测质量控制。⑤协助疾病预防控制机构开展性病疫情漏报调查和流行病学调查等工作。

(三)性病的预防和控制

《性病防治管理办法》规定:疾病预防控制机构和开展性病诊疗业务的医疗机构应当根据当地性病流行特点,确定性病宣传和健康教育内容,对大众开展性病防治知识的宣传。

开展性病诊疗业务的医疗机构应当为性病就诊者提供性病和生殖健康教育、咨询检测及其他疾病的转诊服务。基层医疗卫生机构和开展性病防治工作的社会组织,应当在当地卫生行政部门的统一规划和疾病预防控制机构的指导下,对有易感染性病危险行为的人群开展性病、生殖健康知识宣传和行为干预,提供咨询等服务。

艾滋病自愿咨询检测机构和社区药物维持治疗门诊应当将梅毒免费咨询检测纳入日常服务内容;对咨询检测中发现的梅毒阳性患者,应当告知其到开展性病诊疗业务的医疗机构就诊。开展妇幼保健和助产服务的医疗机构应当对孕产妇进行梅毒筛查检测、咨询、必要的诊疗或者转诊服务,预防先天梅毒的发生。

（四）性病的诊断和治疗

1. 首诊负责制　开展性病诊疗业务的医疗机构,应当实行首诊负责制,建立门诊日志,对就诊者逐例登记,对有可能感染性病或者具有性病可疑症状、体征的就诊者应当及时进行相关性病检查,不得以任何理由推诿。

2. 转诊要求及伴随疾病的诊治　不具备开展性病诊疗条件的医疗机构或者科室,在诊治、体检、筛查活动中发现疑似或者确诊的性病患者时,应当及时转诊至具备性病诊疗条件的医疗机构或者科室处置。当患者存在严重危及健康和生命的伴随疾病,可以转诊至伴随疾病的专科继续诊治,开展性病诊疗业务的医疗机构或者科室应当给予性病诊治支持。

3. 开展性病诊疗业务的医疗机构和医务人员的职责　医疗机构及其医务人员对就诊者进行性病相关检查时,应当遵循知情同意的原则。

开展性病诊疗业务的医疗机构,应当:①按照安全、有效、经济、方便的原则提供性病治疗服务,优先使用基本药物;②公示诊疗、检验及药品、医疗器械等服务价格,按照有关规定收费。

开展性病诊疗业务的医务人员,应当:①严格按照卫生部发布的性病诊断标准及相关规范的要求,采集完整病史,进行体格检查、临床检验和诊断治疗;②规范书写病历,准确填报传染病报告卡报告疫情,对性病患者进行复查,提供健康教育与咨询等预防服务,并予以记录;③告知性病患者及早通知与其有性关系者及时就医。

4. 消除梅毒母婴传播的策略　开展性病诊疗业务并提供孕产期保健和助产服务的医疗机构,应当按照国家推荐方案及时为感染梅毒的孕产妇提供治疗,并为其婴幼儿提供必要的预防性治疗、随访、梅毒相关检测服务等。对确诊的先天梅毒的患儿根据国家推荐治疗方案给予治疗或者转诊。消除母婴传播是预防和减少儿童新发感染梅毒等传染病的重要战略行动,2022年12月5日国家卫健委专门印发《消除艾滋病、梅毒和乙肝母婴传播行动计划（2022—2025年)》,以期在全国范围内实现消除梅毒等传染病母婴传播的目标。

5. 性病临床检验的要求　开展性病诊疗业务的医疗机构进行性病临床检验,应当制定检验标准操作和质量控制程序,按照技术规范进行检验和结果报告,参加性病实验室间质量评价,加强实验室生物安全管理。2019年中国疾病预防控制中心性病控制中心和中国医学科学院皮肤病研究所组织编写并出版《性传播疾病实验室检测指南》,为实验室进行相关检测提供技术指导。

（五）性病的监测和报告

开展性病诊疗业务的医疗机构是性病疫情责任报告单位,应当建立健全性病疫情登记和报告制度,应当结合流行病学史、临床表现和实验室检验结果等做出诊断,按照规定进行疫情报告,不得隐瞒、谎报、缓报疫情。艾滋病自愿咨询检测机构和社区药物维持治疗门诊应当按照要求收集和上报相关信息。医疗卫生机构不得泄露性病患者涉及个人隐私的有关信息、资料。

开展性病诊疗的医务人员是性病疫情责任报告人,发现应当报告的性病病例时,应当按照要求及时报告疫情。

传染病防治的法律责任

第七章 药品及处方管理法律制度

第一节 药品及处方管理概述

药品为预防治疗人类的疾病而存在,与人类的生命健康息息相关。为保证药品质量,保障药品安全合理使用,自中华人民共和国成立后,国务院及卫生行政部门相继出台多部法律、法规及规范性文件,对药品的生产、经营、使用与进出口管理等起到了重要的作用,维护了人体健康和人民公平用药的合法权益。

一、药品管理的法律规定

(一)药品立法沿革

1950 年,卫生部成立了药典委员会,以药品标准管理为主要内容。为配合禁止鸦片烟毒工作,1950 年 11 月,卫生部颁布了《麻醉药品管理暂行办法》,这是我国药品管理的第一个行政法规。1963 年,卫生部、化工部、商业部联合印发《关于加强药政管理的若干规定》,规定了新药的定义、报批程序、临床试验、生产审批及卫生行政职权划分,为以后药品管理打下重要基础。

1978 年,随着改革开放逐步兴起,药品管理的形势逐步完善,国务院颁布了《药政管理条例》,规定了药品生产企业、新药临床试验、药品检验等内容,对麻醉药品和剧毒药品做出了具体规定,确定了淘汰疗效不确、毒副作用大的药品等原则。

随着改革开放不断深入,假劣药开始盛行,为了加强药品管理,1984 年 9 月 20 日第六届全国人大常委会第七次会议通过了《中华人民共和国药品管理法》(以下简称《药品管理法》),自1985 年 7 月 1 日起施行。这是我国第一部药品管理的法律,标志着我国药品管理进入法制化管理阶段。《药品管理法》明确了假劣药品的定义及处罚原则,对解决当时假劣药品的状况发挥了重要的作用。

为保证《药品管理法》的有效实施,2002 年 8 月 4 日国务院发布了《中华人民共和国药品管理法实施条例》(以下简称《药品管理法实施条例》)。为贯彻实施《药品管理法》及《药品管理法实施条例》,国务院及卫生行政部门先后制定了《医疗用毒性药品管理办法》《放射性药品管理办法》《麻醉药品和精神药品管理条例》《药品类易制毒化学品管理办法》等行政法规。为规范医疗机构内药品的使用等行为,卫生行政部门相继发布《处方管理办法》《医疗机构药事管理规定》《药品不良反应报告和监测管理办法》《抗菌药物临床应用管理办法》《抗肿瘤药物临床应用管理办法(执行)》,形成了较完备的医疗机构药品使用监督管理法律体系。

(二)医疗机构药品与处方管理法规体系

1. 药品管理 我国首部《药品管理法》于 1984 年颁布,后经两次修正、两次修订,最新版《药品管理法》于 2019 年 12 月 1 日起施行,该法明确了药品管理的原则和要求,推行药品上市许可持有人制度、药品追溯制度和药物警戒制度,对药品的生产使用进行全周期的监测。

2002年8月4日颁布的《药品管理法实施条例》是根据《药品管理法》制定的配套实施条例,后经两次修订。2022年6月,国家药品监督管理局发布《中华人民共和国药品管理法实施条例(修订草案征求意见稿)》,拟建立药品网络销售质量管理体系。目前,该条例仍在修订过程中。

2. 药事管理规定　为加强医疗机构药事管理,促进药物合理应用,保障公众身体健康,2002年卫生部会同国家中医药管理局、总后勤部共同制定了《医疗机构药事管理暂行规定》。在实施8年后,结合国家药物政策及医疗机构药事管理工作的新形势和新任务,2011年1月卫生部会同国家中医药管理局、总后勤部卫生部印发了《医疗机构药事管理规定》,对加强临床用药监管,促进药物合理应用,保障患者用药权益,提升药学专业技术服务水平具有重大意义,对医院药学的转型与发展有重要指导作用。

3. 特殊药品管理　为保证麻醉药品和精神药品的合法、安全、合理使用,防止流入非法渠道,国务院于2005年8月3日颁布《麻醉药品和精神药品管理条例》,明确规定了麻醉药品和精神药品的原植物种植、实验研究、生产、经营、使用、储存、运输及相应法律责任。为落实《麻醉药品和精神药品管理条例》的有关要求,卫生部于2005年11月2日发布《麻醉药品、第一类精神药品购用印鉴卡管理规定》,2005年11月14日发布《医疗机构麻醉药品、第一类精神药品管理规定》,以加强和规范医疗机构内麻醉药品、第一类精神药品的购用和使用管理。2013年国家药品监督管理局、公安部、卫生部联合公布的《麻醉药品和精神药品的品种目录》,对2007年的麻精药品目录的品种进行了调整。2018年国家卫健委发布《关于实施麻醉药品、第一类精神药品购用印鉴卡电话管理的通知》,对印鉴卡实施电子化管理,提高管理效率和水平。

为加强医疗用毒性药品的管理,防止中毒或死亡事故的发生,1988年12月国务院发布《医疗用毒性药品管理办法》,对三氧化二砷、阿托品等品种的生产、经营、加工、使用等进行管理。

为加强药品类易制毒化学品管理,防止流入非法渠道,2010年卫生部发布《药品类易制毒化学品管理办法》,对麻黄素、麦角酸等物质的生产、经营、购买进行监督管理。

为加强放射性药品的管理,1989年国务院发布《放射性药品管理办法》,并分别于2011年、2017年进行两次修订,对放射性新药的研制、生产经营、包装运输、使用等进行管理。

4. 处方管理　21世纪初期,我国医疗质量和医疗安全管理中面临较严重的不合理用药问题,因处方书写、处方调剂和药品使用不规范而造成的用药失误、滥用现象普遍存在,对药师作用的发挥未给予足够的重视。2001年9月卫生部医政司制定《处方管理办法(试行)》,后经多次讨论修改,2006年11月27日卫生部正式发布《处方管理办法》,自2007年5月1日起施行。《处方管理办法》规范了医师、药师在处方开具、处方调剂及安全、有效、经济用药方面的专业作用,以加强临床用药体系,保证患者安全用药,提高药物治疗质量。

5. 抗菌药物临床应用管理　20世纪初,国际社会对抗菌药物耐药性问题的关注度日益上升,我国积极响应WHO要求,参与到耐药性问题的治理中。2003年10月23日国家食品药品监督管理局发布《关于开展加强抗菌药物监管促进合理用药宣传活动的通知》,面向全社会开展抗菌药物合理使用的宣传。2004年8月19日卫生部发布《抗菌药物临床应用指导原则》,2005年建立抗菌药物临床应用与细菌耐药监测网,2006—2010年,多次发布文件加强抗菌药物临床应用管理。从2011年开始,卫生部提出在全国开展抗菌药物临床应用专项整治活动,以促进抗菌药物合理使用,控制细菌耐药。2012年4月24日卫生部发布《抗菌药物临床应用管理办法》,明确抗菌药物临床应用管理、监督管理及法律责任,被誉为"史上最严抗令"。自此,抗菌药物的管理进入一个新的阶段,以行政干预为主进行强制性抗菌药物管理。

6. 抗肿瘤药物临床应用管理　随着时代的发展,肿瘤患者日益增多,抗肿瘤药物的给药途径、治疗方案越来越多,为规范药物安全、合理使用,国家卫健委于2020年12月28日发布《抗肿瘤药物临床应用管理办法(试行)》,对抗肿瘤药物实行分级管理,强调药物的循证使用证据,重视药物治疗方案的规范制定,并明确监管措施。抗肿瘤药物的使用管理进入全过程管理时代。

7. 药品不良反应报告与监测　随着新药开发不断增多,与药品相关的安全事件不断增加。为保障上市后药品的安全,1999 年 11 月国家药品监督管理局联合卫生部发布了《药品不良反应监测管理办法(试行)》,我国药品不良反应监测管理进入法制化阶段。2001 年修订的《药品管理法》对我国建立药品不良反应报告制度进行了原则性的规定:国家实行药品不良反应报告制度。近年来,随着药品不良反应监测工作的不断推进,《药品不良反应报告和监测管理办法(试行)》历经两次修订与完善,2011 年 5 月 24 日新修订的《药品不良反应报告和监测管理办法》正式颁布,于 2011 年 7 月 1 日起施行,对落实药品安全监管责任、保障公众用药安全具有重要意义。

二、药品的概念和特性

(一)药品的概念

《药品管理法》第 2 条规定:药品是指用于预防、治疗、诊断人的疾病,有目的地调节人的生理功能并规定有适应证或者功能主治、用法和用量的物质,包括中药、化学药和生物制品等。

在我国,药品特指人用药,不包括兽用药。药品的法定范围主要包括"中药、化学药和生物制品"。中药,包括中药材、中药饮片、中成药,其中中药配方颗粒纳入中药饮片管理范畴。化学药,包括化学原料药及其制剂;生物制品,包括血清、血液制品。

药品不同于保健品、食品,药品的使用目的、使用方法有严格规定,使用目的是用于预防、治疗、诊断人的疾病,有目的地调节人的生理功能,在使用中应严格遵守适应证或功能主治、用法用量等的要求。

(二)药品的特性

药品作为一种商品,具有商品的一般属性,但由于药品是以预防、治疗人的疾病为目的,直接关系到人们的生命健康,因此又不同于一般商品。药品具有以下特性。

1. 药品的双重性　药品的双重性是指药品有预防、治疗人的疾病的一面,也有发生不良反应的一面。合理使用药品,能够达到治病救人的目的,如果滥用或者不按规定使用药品,可危害人体健康甚至生命安全。如青霉素有抗菌活性,用于扁桃体炎、中耳炎等感染性疾病的治疗,但也可能发生过敏性休克等严重威胁人体健康的不良反应。

2. 药品的专属性　药品的专属性主要表现为对症治疗,根据治疗的目的选用合适的药品。其专属性与医学检查诊断密切相关、相辅相成。药品分为处方药和非处方药,处方药是指需经过医师开具处方,并在医师或药师的指导下使用的药品;非处方药是指不需要持医师处方可自行购买,按照药品标签和使用说明可自行使用的药品。

3. 药品质量的重要性　由于药品直接与人的生命健康相关,因此确保药品的质量尤为重要。药品上市前必须经过检验、检查,确保符合国家药品标准。为保证药品质量,国家推行药物非临床研究质量管理规范(GLP)、药物临床试验质量管理规范(GCP)、药品生产质量管理规范(GMP)、药品经营质量管理规范(GSP)、中药材生产质量管理规范(GAP),规范药品在研制、生产、流通和使用中的行为,确保药品质量。

4. 药品的时效性　药品的时效性表现为两个方面:一是药品存在有效期,在规定的期限内,药品质量可以得到保证,超过有效期的药品,药品质量无法得到保证;二是药品应有适当的生产和储备,由于疾病的发生不可预料,一旦需要必须及时供应,因此药品生产、经营企业应把握药品使用人群范围,平常储备适当的数量以备急用。

三、医疗机构药事管理规定

为加强医疗机构药事管理,促进药物合理应用,保障公众身体健康,卫生部、国家中医药管理局和总后勤部卫生部制定了《医疗机构药事管理规定》,明确了医院药学的发展方向和工作职责。

(一)药学人员配置要求

医疗机构应当配备依法经过资格认定的药师或者其他药学技术人员,负责本单位的药品管理、处方审核和调配、合理用药指导等工作。非药学技术人员不得直接从事药剂技术工作。

(二)药品购进与储存要求

医疗机构购进药品,应当建立并执行进货检查验收制度,验明药品合格证明和其他标识;不符合规定要求的,不得购进和使用。

医疗机构应当有与所使用药品相适应的场所、设备、仓储设施和卫生环境,制定和执行药品保管制度,采取必要的冷藏、防冻、防潮、防虫、防鼠等措施,保证药品质量。

(三)合理用药原则

医疗机构应当坚持安全有效、经济合理的用药原则,遵循药品临床应用指导原则、临床诊疗指南和药品说明书等合理用药,对医师处方、用药医嘱的适宜性进行审核。

(四)药品调配要求

依法经过资格认定的药师或者其他药学技术人员调配处方,应当进行核对,对处方所列药品不得擅自更改或者代用。对有配伍禁忌或者超剂量的处方,应当拒绝调配;必要时,经处方医师更正或者重新签字,方可调配。

(五)医疗机构制剂

医疗机构配制制剂,应当经所在地省、自治区、直辖市人民政府药品监督管理部门批准,取得医疗机构制剂许可证。无医疗机构制剂许可证的,不得配制制剂。医疗机构制剂许可证应当标明有效期,到期重新审查发证。

医疗机构配制制剂,应当有能够保证制剂质量的设施、管理制度、检验仪器和卫生环境。医疗机构配制制剂,应当按照经核准的工艺进行,所需的原料、辅料和包装材料等应当符合药用要求。

医疗机构配制的制剂,应当是本单位临床需要而市场上没有供应的品种,并应当经所在地省、自治区、直辖市人民政府药品监督管理部门批准。但是,法律对配制中药制剂另有规定的除外。

医疗机构配制的制剂应当按照规定进行质量检验;合格的,凭医师处方在本单位使用。经国务院药品监督管理部门或者省、自治区、直辖市人民政府药品监督管理部门批准,医疗机构配制的制剂可以在指定的医疗机构之间调剂使用。

医疗机构配制的制剂不得在市场上销售。

第二节　特殊药品的管理

国家对麻醉药品、精神药品、医疗用毒性药品、放射性药品、药品类易制毒化学品实行特殊管理,这些药品一方面具有医疗价值,但使用不当可对社会产生危害。为保证此类药品的合法、安全、合理使用,防止因管理不当产生对社会造成的危害,国家对这类药品的生产、经营、使用和监督管理均采取不同于一般药品的管理措施。

一、麻醉药品和精神药品

(一)麻醉药品和精神药品的概念

1. 麻醉药品 麻醉药品是指连续使用后易产生依赖性,能成瘾癖的药品。麻醉药品品种是指列入麻醉药品品种目录的药品和其他物质。麻醉药品在临床医学上主要用于镇痛,对癌症等伴有剧烈疼痛的疾病的临床治疗具有不可替代的作用。

值得注意的是,在手术中用于患者麻醉的麻醉药和麻醉药品在概念和品种上并不一样。麻醉药是指在使用后能够使整个机体或者机体局部暂时可逆的失去知觉,或者感受不到疼痛的药品,具有临床麻醉的作用,在正常使用范围内,不会构成成瘾性。麻醉药分为全麻药和局麻药,全麻药有静脉用麻醉药(丙泊酚、依托咪酯等)和吸入性麻醉药(乙醚、七氟烷等),局麻药是用于患者局部麻醉的药品,如普鲁卡因、利多卡因等。另外,还有一些肌肉松弛药。

2. 精神药品 精神药品是指直接作用于中枢神经系统,使之兴奋或抑制,连续使用能产生依赖性的药品,包括致幻剂、兴奋剂、镇静催眠剂等一些具有依赖性潜力的药品和物质。精神药品品种是指列入精神药品品种目录的药品和其他物质。

依据对人体产生的依赖性和危害健康的程度,精神药品分为第一类精神药品和第二类精神药品。

(二)麻醉药品和精神药品品种目录

麻醉药品和精神药品品种目录由国务院药品监督管理部门会同国务院公安部门、国务院卫生主管部门制定、调整并公布。现行版麻醉药品和精神药品品种目录为 2013 年 11 月 11 日由食品药品监督管理总局、公安部、国家卫生计生委联合公布的《麻醉药品品种目录(2013 年版)》和《精神药品品种目录(2013 年版)》(食药监药化监〔2013〕230 号),自 2014 年 1 月 1 日起施行。

1. 麻醉药品目录 《麻醉药品品种目录(2013 年版)》共有 121 个品种,其中我国生产及使用的药品有 22 个品种。国家公布的麻醉药品品种包括其可能存在的盐和单方制剂(除非另有规定),包括其可能存在的异构体、酯及醚(除非另有规定)。

2. 精神药品目录 《精神药品品种目录(2013 年版)》共有 149 个品种,其中第一类精神药品有 68 个品种,第二类精神药品有 81 个品种。目前,我国生产及使用的第一类精神药品有 7 个品种,第二类精神药品有 27 个品种。国家公布的精神药品品种包括其可能存在的盐和单方制剂(除非另有规定),包括其可能存在的异构体、酯及醚(除非另有规定)。

我国生产及使用的麻醉药品和精神药品品种目录见表7-1。

表7-1 我国生产及使用的麻醉药品和精神药品品种目录

分类		品种
麻醉药品		可卡因,罂粟浓缩物(包括罂粟果提取物、罂粟果提取物粉),二氢埃托啡,地芬诺酯,芬太尼,氢可酮,氢吗啡酮,美沙酮,吗啡(包括吗啡阿托品注射液),阿片(包括复方樟脑酊、阿桔片),羟考酮,哌替啶,瑞芬太尼,舒芬太尼,蒂巴因,可待因,右丙氧芬,双氢可待因,乙基吗啡,福尔可定,布桂嗪,罂粟壳
精神药品	第一类精神药品	哌醋甲酯,司可巴比妥,丁丙诺啡,γ-羟丁酸,氯胺酮,马吲哚,三唑仑
	第二类精神药品	异戊巴比妥,格鲁米特,喷他佐辛,戊巴比妥,阿普唑仑,巴比妥,氯硝西泮,地西泮,艾司唑仑,氟西泮,劳拉西泮,甲丙氨酯,咪达唑仑,硝西泮,奥沙西泮,匹莫林,苯巴比妥,唑吡坦,丁丙诺啡透皮贴剂,布托啡诺及其注射剂,咖啡因,安钠咖,地佐辛及其注射剂,麦角胺咖啡因片,氨酚氢可酮片,曲马多,扎来普隆

3. 目录调整　随着管控形势的变化,一些未列入特殊药品管理的处方药和非处方药出现从药用渠道流失,被滥用或提取制毒的现象,因此国家麻精药品管制重点逐渐转移到易流入非法渠道制毒、贩毒的含麻精药品的复方制剂。

2014年6月5日国家药品监督管理局发布《进一步加强含麻醉药品和曲马多口服复方制剂购销管理的通知》(食药监办药化监〔2014〕111号),对含麻醉药品和曲马多口服复方制剂的药品进行管制。

2019年8月6日国家药品监督管理局、公安部、国家卫健委联合发布公告,将含羟考酮复方制剂等品种列入精神药品进行管理,其中口服固体制剂每剂量单位含羟考酮碱大于5 mg,且不含其他麻醉药品、精神药品或药品类易制毒化学品的复方制剂列入第一类精神药品管理;口服固体制剂每剂量单位含羟考酮碱不超过5 mg,且不含其他麻醉药品、精神药品或药品类易制毒化学品的复方制剂列入第二类精神药品管理;丁丙诺啡与纳洛酮的复方口服固体制剂列入第二类精神药品管理。

2019年12月16日国家药品监督管理局、公安部、国家卫健委联合公布将瑞马唑仑(包括其可能存在的盐、单方制剂和异构体)列入第二类精神药品进行管理。

2023年4月18日,国家药品监督管理局、公安部、国家卫健委发布《关于调整麻醉药品和精神药品目录的公告》,将奥赛利定列入麻醉药品目录,将苏沃雷生、吡仑帕奈、依他佐辛、曲马多复方制剂列入第二类精神药品目录,将每剂量单位含氢可酮碱大于5 mg,且不含其他麻醉药品、精神药品或药品类易制毒化学品的复方口服固体制剂列入第一类精神药品目录,将每剂量单位含氢可酮碱不超过5 mg,且不含其他麻醉药品、精神药品或药品类易制毒化学品的复方口服固体制剂列入第二类精神药品目录,自2023年7月1日起施行。

2023年9月11日,国家药品监督管理局、公安部、国家卫健委发布《关于调整麻醉药品和精神药品目录的公告》,将泰吉利定列入麻醉药品目录,将地达西尼、依托咪酯(在中国境内批准上市的含依托咪酯的药品制剂除外)列入第二类精神药品目录,将莫达非尼由第一类精神药品调整为第二类精神药品。

(三)麻醉药品和第一类精神药品的使用

1. 购用管理　医疗机构需要使用麻醉药品和第一类精神药品的,应当取得麻醉药品、第一类精神药品购用印鉴卡(以下简称印鉴卡),凭印鉴卡向本省、自治区、直辖市范围内的定点批发企业购买麻醉药品和第一类精神药品。

医疗机构向设区的市级卫生行政部门提出办理印鉴卡的申请,需必备4项条件:①有与使用麻醉药品和第一类精神药品相关的诊疗科目;②有专职的麻醉药品和第一类精神药品管理人员;③有获得麻醉药品和第一类精神药品处方资格的执业医师;④有保证麻醉药品和第一类精神药品安全储存的设施和管理制度。

印鉴卡的有效期为3年,在有效期满前3个月,医疗机构应当向市级卫生行政部门重新提出申请,重新申请时还应当提交原印鉴卡有效期内麻醉药品、第一类精神药品使用情况。

当印鉴卡中医疗机构名称、地址、医疗机构法人、医疗管理部门负责人、药学部门负责人、采购人员等项目发生变更时,医疗机构应当在变更发生之日起3日内到市级卫生行政部门办理变更手续。市级卫生行政部门自收到医疗机构变更申请之内起5日内完成印鉴卡变更手续,并将变更情况抄送所在地同级药品监督管理部门、公安机关,报省级卫生行政部门备案。

2. 采购与储存　医疗机构应当根据本单位医疗需要,按照规定购进麻醉药品和第一类精神药品,保持合理库存。购买药品付款应当采取银行转账方式。

麻醉药品、第一类精神药品入库验收必须货到即验,至少双人开箱验收,清点验收到最小包装,验收记录双人签字。在验收中发现缺少、缺损的麻醉药品、第一类精神药品应当双人清点登记,报医疗机构负责人批准并加盖公章后向供货单位查询、处理。

(1)"五专"管理:麻醉药品、第一类精神药品的采购、储存与调配实行"五专管理"制度,即专人负责、专柜加锁、专用处方、专用账册、专册登记。

专人负责:配备麻醉药品、第一类精神药品的部门应实行专人负责,明确责任。

专柜加锁:储存麻醉药品、第一类精神药品应专柜加锁,尤其是门急诊药房、住院药房、病房、手术室、内镜室等配备麻精药品基数的重点部门,要采用双锁保险柜或麻精药品智能调配柜储存,储存区域要设有防盗设施和安全监控系统。

专用处方:开具麻醉药品、第一类精神药品使用专用处方,处方呈淡红色,俗称"红处方",且应对麻醉药品、第一类精神药品处方统一编号,计数管理,规范处方保管、领取、使用、退回、销毁管理。

专用账册:对进出专柜的麻醉药品、第一类精神药品建立专用账册,进出逐笔记录,内容包括日期、凭证号、领用部门、品名、剂型、规格、单位、数量、批号、有效期、生产单位、发药人、复核人和领用签字,做到账、物、批号相符。专用账册的保存期限应当自药品有效期期满之日起不少于5年。

专册登记:药房发放麻醉药品、第一类精神药品,应对开具的处方进行专册登记,内容包括患者(代办人)姓名、性别、年龄、身份证明编号、病历号、疾病名称、药品名称、规格、数量、处方医师、处方编号、处方日期、发药人、复核人。专用账册的保存应当在药品有效期满后不少于2年。

(2)双人操作:对麻醉科、手术室等重点部门,麻精药品的处方开具、使用和管理等均实行全程双人操作,不得由同一人实施,且麻醉医师原则上不能参与麻精药品管理工作。

3. 处方资格　医疗机构对本机构执业医师和药师进行麻醉药品和精神药品使用知识和规范化管理的培训,执业医师经考核合格后取得麻醉药品和第一类精神药品的处方权,药师经考核合格后取得麻醉药品和第一类精神药品调剂资格。医师取得麻醉药品和第一类精神药品处方权后,方可在本机构开具麻醉药品和第一类精神药品处方,但不得为自己开具该类药品处方。药师取得麻醉药品和第一类精神药品调剂资格后,方可在本机构调剂麻醉药品和第一类精神药品。

医疗机构应当将具有麻醉药品和第一类精神药品处方资格的医师名单及其变更情况,定期报送所在地设区的市级卫生行政部门,并抄送同级药品监督管理部门。

4. 处方签名　医师利用计算机开具、传递普通处方时,应当同时打印出纸质处方,其格式与手写处方一致;打印的纸质处方经签名或者加盖签章后有效。药师核发药品时,应当核对打印的纸质处方,无误后发给药品,并将打印的纸质处方与计算机传递处方同时收存备查。

试用期人员开具处方,应当经所在医疗机构有处方权的执业医师审核并签名或加盖专用签章后方有效。进修医师由接收进修的医疗机构对其胜任本专业工作的实际情况进行认定后授予相应的处方权。

药师在完成处方调剂后,应当在处方上签名或者加盖专用签章。药师应当对麻醉药品和第一类精神药品处方,按年月日逐日编制顺序号。

5. 安全管理　对麻醉药品、第一类精神药品的购入、储存、发放、调配、使用实行批号管理和追踪,必要时可以及时查找或者追回。

患者使用麻醉药品、第一类精神药品注射剂或者贴剂的,再次调配时,应当要求患者将原批号的空安瓿或者用过的贴剂交回,并记录收回的空安瓿或废贴数量。

医疗机构内各病区、手术室等调配使用麻醉药品、第一类精神药品注射剂时应收回空安瓿,核对批号和数量,并做记录。剩余的麻醉药品、第一类精神药品应办理退库手续。收回的麻醉药品、第一类精神药品注射剂空安瓿、废贴由专人负责计数、监督销毁,并做记录。

对于未使用完的注射液和镇痛泵中的剩余药液,应由医师、药师或护士在视频监控下双人进行倾泻入下水道等处置,并逐条记录,防止流弊。手术室内要安装视频监控装置,以监控取药及回收药品等行为,且相关监控视频保存期限原则上不少于180天。

患者不再使用麻醉药品、第一类精神药品时,医疗机构应当要求患者将剩余的麻醉药品、第一类精神药品无偿交回医疗机构,由医疗机构按照规定销毁处理。

6. 其他有关规定

(1)科研、教学单位使用:科学研究、教学单位需要使用麻醉药品和精神药品开展实验、教学活动的,应当经所在地省级药品监督管理部门批准,向定点批发企业或者定点生产企业购买。

(2)药品借用与备案:医疗机构抢救患者急需麻醉药品和第一类精神药品而本医疗机构无法提供时,可以从其他医疗机构或者定点批发企业紧急借用;抢救工作结束后,应当及时将借用情况报所在地设区的市级药品监督管理部门和卫生主管部门备案。

对临床需要而市场无供应的麻醉药品和精神药品,持有医疗机构制剂许可证和印鉴卡的医疗机构需要配制制剂的,应当经所在地省级药品监督管理部门批准。医疗机构配制的麻醉药品和精神药品制剂只能在本医疗机构使用,不得对外销售。

(四)第二类精神药品的使用

国家对第二类精神药品的管理有别于麻醉药品和第一类精神药品,不及麻醉药品和第一类精神药品管控严格。对第二类精神药品的管理,主要是根据《麻醉药品和精神药品管理条例》和《处方管理办法》的要求进行日常管理。

1. 销售 经所在地设区的市级药品监督管理部门批准,实行统一进货、统一配送、统一管理的药品零售连锁企业可以从事第二类精神药品零售业务。第二类精神药品零售企业应当凭执业医师出具的处方,按规定剂量销售第二类精神药品,并将处方保存2年备查;禁止超剂量或者无处方销售第二类精神药品;不得向未成年人销售第二类精神药品。

2. 储存 第二类精神药品经营企业应当在药品库房中设立独立的专库或者专柜储存第二类精神药品,并建立专用账册,实行专人管理。专用账册的保存期限应当自药品有效期期满之日起不少于5年。

3. 专册登记 处方医师应按照临床应用指导原则的要求开具第二类精神药品。医疗机构应根据第二类精神药品处方开具情况,对其消耗量进行专册登记。

二、医疗用毒性药品 ▶▶▶

医疗用毒性药品因其毒性剧烈,使用不当会致人中毒或者死亡,如果管理不严导致从药用渠道流失,将会对社会造成重大影响和危害。为加强医疗用毒性药品的管理,1988年12月27日国务院发布《医疗用毒性药品管理办法》,明确医疗用毒性药品的生产、加工、收购、经营、配方使用等的管理规定,以及相应的法律责任。为做好医疗用毒性药品监管工作,保证公众用药安全有效,防止发生中毒等严重事件,维护社会稳定,国家药品监督管理局于2002年10月14日发布《关于切实加强医疗用毒性药品监管的通知》,进一步明确对毒性药品的生产、经营、储存和使用环节的监管要求。

(一)医疗用毒性药品的概念与种类

医疗用毒性药品是指毒性剧烈,治疗剂量与中毒剂量相近,使用不当会致人中毒或死亡的药品。

《医疗用毒性药品管理办法》规定:毒性药品的管理品种,由卫生部会同国家医药管理局、国家中医药管理局规定。目前,国家公布的医疗用毒性药品分为两类,分别为中药品种和西药品种,其中中药品种有28种,西药品种有13种。

1. 中药品种 砒石(红砒、白砒)、砒霜、水银、生马钱子、生川乌、生草乌、生白附子、生附子、生半夏、生南星、生巴豆、斑蝥、青娘虫、红娘虫、生甘遂、生狼毒、生藤黄、生千金子、生天仙子、闹阳花、雪上一枝蒿、红升丹、白降丹、蟾酥、洋金花、红粉、轻粉、雄黄。

2. 西药品种   去乙酰毛花苷丙、阿托品、洋地黄毒苷、氢溴酸后马托品、三氧化二砷、毛果芸香碱、升汞、水杨酸毒扁豆碱、亚砷酸钾、氢溴酸东莨菪碱、士的宁、亚砷酸注射液、A 型肉毒毒素。

（二）医疗用毒性药品的经营与使用要求

1. 药品经营   药品经营企业（含医疗机构药房）要严格按照 GSP 或相关规定的要求，储存毒性药品应专柜加锁并由专人保管，做到双人双锁、专账记录。必须建立健全保管、验收、领发、核对等制度，严防收假、发错，严禁与其他药品混杂。

2. 药品零售   药品零售企业供应毒性药品，须凭盖有医生所在医疗机构公章的处方。医疗机构供应和调配毒性药品，须凭医生签名的处方。每次处方剂量不得超过 2 日极量。

3. 科研与教学   科研和教学单位所需的毒性药品，必须持本单位的证明信，经所在地县级以上药品监督管理部门批准后，供应单位方能发售。

群众自配民间单、秘、验方需用毒性中药，购买时要持有本单位或者城市街道办事处、乡（镇）人民政府的证明信，供应部门方可发售。每次购用量不得超过 2 日极量。

4. 药品调配   毒性药品的配方用药由有关药品零售企业、医疗机构负责供应。其他任何单位或者个人均不得从事毒性药品的配方业务。

医疗单位供应和调配毒性药品，凭医生签名的正式处方。国有药店供应和调配毒性药品，凭盖有医生所在的医疗单位公章的正式处方。每次处方剂量不得超过 2 日极量。

调配处方时，必须认真负责，计量准确，按医嘱注明要求，并由配方人员及具有药师以上技术职称的复核人员签名盖章后方可发出。对处方未注明"生用"的毒性中药，应当付炮制品。如发现处方有疑问时，须经原处方医生重新审定后再行调配。处方一次有效，取药后处方保存 2 年备查。

三、药品类易制毒化学品

为加强药品类易制毒化学品管理，防止流入非法渠道，卫生部于 2010 年 3 月 18 日发布《药品类易制毒化学品管理办法》，对药品类易制毒化学品的生产、经营、购买、购销及安全进行管理。

（一）药品类易制毒化学品的概念和种类

药品类易制毒化学品是指《易制毒化学品管理条例》中所确定的麦角酸、麻黄素等物质，包括麦角酸，麦角胺，麦角新碱，麻黄素、伪麻黄素、消旋麻黄素、去甲麻黄素、甲基麻黄素、麻黄浸膏、麻黄浸膏粉等麻黄类物质。所列物质包括可能存在的盐类，药品类易制毒化学品包括原料药及单方制剂。

（二）经营、购买许可要求

国家对药品类易制毒化学品实行购买许可制度。购买药品类易制毒化学品的，应当办理药品类易制毒化学品购用证明（以下简称购用证明）。购用证明的申请范围：①经批准使用药品类易制毒化学品用于药品生产的药品生产企业；②使用药品类易制毒化学品的教学、科研单位；③具有药品类易制毒化学品经营资格的药品经营企业；④取得药品类易制毒化学品出口许可的外贸出口企业；⑤经农业部会同国家食品药品监督管理局下达兽用盐酸麻黄素注射液生产计划的兽药生产企业。药品类易制毒化学品生产企业自用药品类易制毒化学品原料药用于药品生产的，也应当按照规定办理购用证明。

对符合以下情形之一的，可以豁免办理购用证明：①医疗机构凭麻醉药品、第一类精神药品购用印鉴卡购买药品类易制毒化学品单方制剂和小包装麻黄素的；②麻醉药品全国性批发企业、区域性批发企业持麻醉药品调拨单购买小包装麻黄素及单次购买麻黄素片剂 6 万片以下、注射剂 1.5 万支以下的；③按规定购买药品类易制毒化学品标准品、对照品的；④药品类易制毒化学品生产企业凭药品类易制毒化学品出口许可自营出口药品类易制毒化学品的。

（三）购销管理

教学科研单位只能凭购用证明从麻醉药品全国性批发企业、区域性批发企业和药品类易制毒化学品经营企业购买药品类易制毒化学品。药品类易制毒化学品禁止使用现金或者实物进行交易。药品类易制毒化学品生产企业、经营企业销售药品类易制毒化学品，应当逐一建立购买方档案。

购买方为非医疗机构的，档案内容至少包括：①购买方药品生产许可证、药品经营许可证、企业营业执照等资质证明文件复印件；②购买方企业法定代表人、主管药品类易制毒化学品负责人、采购人员姓名及其联系方式；③法定代表人授权委托书原件及采购人员身份证明文件复印件；④购用证明或者麻醉药品调拨单原件；⑤销售记录及核查情况记录。购买方为医疗机构的，档案应当包括医疗机构麻醉药品、第一类精神药品购用印鉴卡复印件和销售记录。除药品类易制毒化学品经营企业外，购用单位应当按照购用证明载明的用途使用药品类易制毒化学品，不得转售；外贸出口企业购买的药品类易制毒化学品不得内销。

（四）安全管理

药品类易制毒化学品的使用和教学科研单位，应当配备保障药品类易制毒化学品安全管理的设施，建立层层落实责任制的药品类易制毒化学品管理制度；设置专库或者在药品仓库中设立独立的专库（柜）储存药品类易制毒化学品，专库应当设有防盗设施，专柜应当使用保险柜，专库和专柜应当实行双人双锁管理；储存场所应当设置电视监控设施，安装报警装置并与公安机关联网；建立药品类易制毒化学品专用账册，专用账册保存期限应当自药品类易制毒化学品有效期期满之日起不少于 2 年；药品入库应当双人验收，出库应当双人复核，做到账物相符。

四、放射性药品

1989 年 1 月 13 日国务院发布《放射性药品管理办法》，并于 2011 年 1 月 8 日、2017 年 3 月 1 日进行了两次修订。

（一）放射性药品的概念和购销管理

放射性药品是指用于临床诊断或者治疗的放射性核素制剂或者其标记药物。

医疗单位应凭省、自治区、直辖市药品监督管理部门发给的放射性药品使用许可证，开展放射性药品的购销活动。

（二）放射性药品的使用

医疗单位设置核医学科、室（同位素室），必须配备与其医疗任务相适应的并经核医学技术培训的技术人员。非核医学专业技术人员未经培训，不得从事放射性药品使用工作。

医疗单位使用放射性药品，必须符合国家有关放射性同位素安全和防护的规定。所在地的省、自治区、直辖市药品监督管理部门，应当根据医疗单位核医疗技术人员的水平、设备条件，核发相应等级的放射性药品使用许可证，无许可证的医疗单位不得临床使用放射性药品。放射性药品使用许可证有效期为 5 年，期满前 6 个月，医疗单位应当向原发证的行政部门重新提出申请，经审核批准后，换发新证。

医疗单位配制、使用放射性制剂，应当符合《药品管理法》及其实施条例的相关规定。

持有放射性药品使用许可证的医疗单位，必须负责对使用的放射性药品进行临床质量检验，收集药品不良反应等项工作，并定期向所在地药品监督管理、卫生行政部门报告。由省、自治区、直辖市药品监督管理、卫生行政部门汇总后分别报国务院药品监督管理、卫生行政部门。

放射性药品使用后的废物（包括患者排出物），必须按国家有关规定妥善处置。

五、经典案例

案例简介 2018年6月8日公安机关接警后发现邸某在其住所内死亡,有注射盐酸曲马多针剂及口服片剂后死亡的嫌疑,遂立案侦查。经查,其使用的药品为被告李某非法提供,李某的药品是从在医院从事麻醉工作的医师王某、齐某处获取。

李某自2014年开始从事麻醉专业工作,2016年开始利用网络交流群获取需求信息,通过快递物流寄售的方式,多次将国家规定管制的麻醉药品芬太尼、瑞芬太尼,以及第二类精神药品咪达唑仑、地佐辛等贩卖给外省多地医药从业人员及吸毒人员。

被告王某为另一医院麻醉医师,通过手术节余及向同科室医师收集的方式套取大量麻醉药品舒芬太尼、瑞芬太尼等,在没有依法取得药品销售许可的情况下,利用网络交流群获取需求信息后,通过快递物流寄售的方式,多次将套取的药品出售给被告李某。

被告齐某为某医院麻醉科医师,其利用职业便利,通过网络交流群获取需求信息后,采取手术节余及向同科室医师收购等方式,套取第二类精神药品盐酸曲马多注射液等药品,向被告李某出售。

后被告李某、王某、齐某被公诉机关提起公诉,李某被指控犯非法经营罪、贩卖毒品罪,王某被指控犯非法经营罪,齐某被指控犯贩卖毒品罪。

判决情况 法院认为,被告李某以牟利为目的,在没有依法取得药品销售许可的情况下,非法经营药品,扰乱市场秩序,情节特别严重,非法经营数额60万元,其行为已构成非法经营罪;以牟利为目的,多次向注射毒品的人贩卖国家规定管制的能够使人形成瘾癖的精神药品曲马多,情节严重,其行为已构成贩卖毒品罪,依法应予刑罚处罚。被告李某一人犯数罪,应当数罪并罚。被告王某以牟利为目的,在没有依法取得药品销售许可的情况下,非法经营药品,扰乱市场秩序,非法经营数额20万元,情节严重,其行为已构成非法经营罪,依法应予刑罚处罚。被告齐某以牟利为目的,向注射毒品的人贩卖国家规定管制的能够使人形成瘾癖的精神药品曲马多,其行为已构成贩卖毒品罪,依法应予刑罚处罚。公诉机关指控被告李某犯非法经营罪、贩卖毒品罪,被告王某犯非法经营罪,被告齐某犯贩卖毒品罪的罪名成立。判决如下:①被告李某犯非法经营罪,判处有期徒刑6年,并处罚金20万元;犯贩卖毒品罪,判处有期徒刑4年,并处罚金1万元;合并执行有期徒刑9年,并处罚金21万元。②被告王某犯非法经营罪,判处有期徒刑2年,并处罚金9万元。③被告齐某犯贩卖毒品罪,判处有期徒刑1年2个月,并处罚金5000元。④没收扣押在案的药品,由有关机关依法予以处理。

案例涉及的问题 麻醉药品和精神药品与毒品有什么区别?

国家对麻醉药品、精神药品、医疗用毒性药品、药品类易制毒化学品、放射性药品,实行特殊管理,简称"麻、精、毒、放"。

《中华人民共和国禁毒法》第2条规定:毒品是指鸦片、冰毒、吗啡、大麻、可卡因及国家规定管制的其他能够使人形成瘾癖的麻醉药品和精神药品。

麻醉药品和精神药品因其具有临床治疗价值,在医疗机构内作为药品使用,但如果非法流入社会,出于满足药物瘾癖使用时,则属于毒品。本案中的舒芬太尼、瑞芬太尼为国家管制的麻醉药品,盐酸曲马多注射液为国家管制的第二类精神药品。

随着我国对毒品犯罪的打击力度不断加强,部分常见毒品逐渐不易获得,一些吸毒、贩毒人员转而通过非法手段获取麻醉药品和精神药品作为毒品替代而滥用,则有可能发生医疗机构内麻精药品流入非法途径的情况。麻精药品从医疗机构内流出,与接触麻精药品的管理及使用人员不无关系,尤其是麻醉科及手术科室的工作人员,作为直接为患者使用麻精药品的人员,能够掌握患者使用药品的用量及节余留用情况,给麻精药品流弊提供了一定的作案空间。

《全国法院毒品犯罪审判工作座谈会纪要》(法〔2015〕129 号文件)明确规定:向吸食、注射毒品的人员贩卖国家规定管制的能够使人形成瘾癖的麻醉药品或者精神药品,以贩卖毒品罪定罪处罚。行为人出于医疗目的,违反有关药品管理的国家规定,非法贩卖上述麻醉药品或者精神药品,扰乱市场秩序,情节严重的,以非法经营罪定罪处罚。

第三节　处方的管理

为规范处方管理,提高处方质量,促进合理用药,保障医疗安全,2007 年 2 月 14 日卫生部发布《处方管理办法》。随着人口老龄化进程加快及疾病谱变化,慢性病患者的长期用药需求日益增加,2021 年 8 月 10 日国家卫健委会同国家医保局组织制定了《长期处方管理规范(试行)》,以满足慢性病患者长期用药需求。

一、处方的概念

处方是指由注册的执业医师和执业助理医师(以下简称医师)在诊疗活动中为患者开具的由取得药学专业技术职务任职资格的药学专业技术人员(以下简称药师)审核、调配、核对,并作为患者用药凭证的医疗文书。处方包括医疗机构病区用药医嘱单。

开具处方和调剂处方应当遵循安全、有效、经济的原则。处方药凭医师处方可销售、调剂和使用。

二、处方的书写要求

(一)处方的内容与格式

处方标准由卫生部统一规定,具体处方格式由省、自治区、直辖市卫生行政部门统一制定,处方由医疗机构按照规定的标准和格式印制。按照卫生部统一规定的处方标准,处方由前记、正文和后记三部分组成。

前记包括医疗机构名称、费别、患者姓名、性别、年龄、门诊或住院病历号,科别或病区和床位号、临床诊断、开具日期等。可添列特殊要求的项目。麻醉药品和第一类精神药品处方还应当包括患者身份证明编号,代办人姓名、身份证明编号。

正文:以 Rp 或 R(拉丁文 Recipe"请取"的缩写)标示,分列药品名称、剂型、规格、数量、用法用量。

后记:医师签名或者加盖专用签章,药品金额及审核、调配,核对、发药药师签名或者加盖专用签章。

(二)处方的颜色

普通处方的印刷用纸为白色;急诊处方印刷用纸为淡黄色,右上角标注"急诊"(图7-1);儿科处方印刷用纸为淡绿色,右上角标注"儿科"(图7-2);麻醉药品和第一类精神药品处方印刷用纸为淡红色,右上角标注"麻、精一"(图7-3);第二类精神药品处方印刷用纸为白色,右上角标注"精二"(图7-4)。彩图见二维码。

彩图

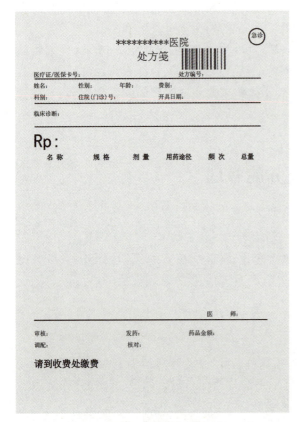

图7-1　急诊处方样式

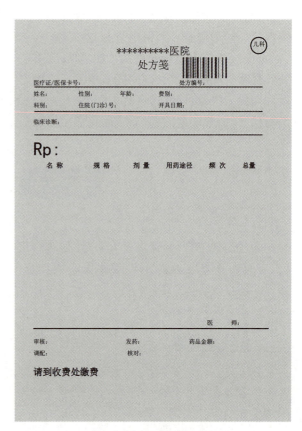

图7-2　儿科处方样式

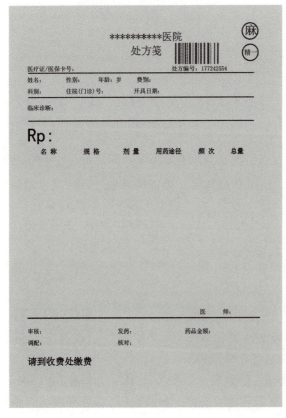

图7-3　麻醉、精一处方样式

图7-4　精二处方样式

处方颜色的不同主要是为了区分处方的不同类型、科别及患者用药群体,提高医师、药师视觉警觉感,防止用药失误,保障用药安全。

(三)处方书写规则

处方书写应当符合以下规则:①患者一般情况、临床诊断填写清晰、完整,并与病历记载相一致;②每张处方限于1名患者的用药;③字迹清楚,不得涂改;如需修改,应当在修改处签名并注明修改日期;④药品名称应当使用规范的中文名称书写,没有中文名称的可以使用规范的英文名称书写;医疗机构或者医师、药师不得自行编制药品缩写名称或者使用代号;书写药品名称、剂量、规格、用法、用量要准确规范,药品用法可用规范的中文、英文、拉丁文或者缩写体书写,但不得使用"遵医嘱""自用"等含糊不清字句;⑤患者年龄应当填写实足年龄,新生儿、婴幼儿写日、月龄,必要时要注明体重;⑥西药和中成药可以分别开具处方,也可以开具一张处方,中药饮片应当单独开具处方;⑦开具西药、中成药处方,每一种药品应当另起一行,每张处方不得超过5种药品;⑧中药饮片处方的书写,一般应当按照"君、臣、佐、使"的顺序排列;调剂、煎煮的特殊要求注明在药品右上方,并加括号,如布包、先煎、后下等;对饮片的产地、炮制有特殊要求的,应当在药品名称之前写明;⑨药品用法用量应当按照药品说明书规定的常规用法用量使用,特殊情况需要超剂量使用时,应当注明原因并再次签名;⑩除特殊情况外,应当注明临床诊断;⑪开具处方后的空白处画一斜线以示处方完毕;⑫处方医师的签名式样和专用签章应当与院内药学部门留样备查的式样相一致,不得任意改动,否则应当重新登记留样备案。

药品剂量与数量用阿拉伯数字书写。剂量应当使用法定剂量单位:质量以克(g)、毫克(mg)、微克(μg)、纳克(ng)为单位;容量以升(L)、毫升(mL)为单位;国际单位(IU)、单位(U);中药饮片以克(g)为单位。片剂、丸剂、胶囊剂、颗粒剂分别以片、丸、粒、袋为单位;溶液剂以支、瓶为单位;软膏及乳膏剂以支、盒为单位;注射剂以支、瓶为单位,应当注明含量;中药饮片以剂为单位。

(四)处方保管

医疗机构应当妥善保存处方:普通处方、急诊处方、儿科处方保存期限为1年,医疗用毒性处方、第二类精神药品处方保存期限为2年,麻醉药品和第一类精神药品处方保存期限为3年。处方保存期满后,经医疗机构主要负责人批准、登记备案,方可销毁。

三、处方权的获得

经注册的执业医师在执业地点取得相应的处方权。经注册的执业助理医师在医疗机构开具的处方,应当经所在执业地点执业医师签名或加盖专用签章后方有效。经注册的执业助理医师在乡、民族乡、镇、村的医疗机构独立从事一般的执业活动,可以在注册的执业地点取得相应的处方权。试用期人员开具处方,应当经所在医疗机构有处方权的执业医师审核并签名或加盖专用签章后方有效。进修医师由接收进修的医疗机构对其胜任本专业工作的实际情况进行认定后授予相应的处方权。

医师应当在注册的医疗机构签名留样或者专用签章备案后,方可开具处方。

四、处方的开具

(一)处方药品的开具依据

医师应当根据医疗、预防、保健需要,按照诊疗规范、药品说明书中的适应证、药理作用、用法、用量、禁忌、不良反应和注意事项等开具处方。开具医疗用毒性药品、放射性药品的处方应当严格遵守有关法律、法规和规章的规定。

（二）处方中开具药品的名称与用量限制

医师开具处方应当使用经药品监督管理部门批准并公布的药品通用名称、新活性化合物的专利药品名称和复方制剂药品名称。医师开具院内制剂处方时应当使用经省级卫生行政部门审核、药品监督管理部门批准的名称。医师可以使用由卫生部公布的药品习惯名称开具处方。

处方一般不得超过7日用量；急诊处方一般不得超过3日用量；对于某些慢性病、老年病或特殊情况，处方用量可适当延长，但医师应当注明理由。医疗用毒性药品、放射性药品的处方用量应当严格按照国家有关规定执行。

麻醉药品和精神药品处方应当按照麻醉药品和精神药品临床应用指导原则开具，为门（急）诊患者开具的麻醉药品注射剂，每张处方为一次常用量；控缓释制剂，每张处方不得超过7日常用量；其他剂型，每张处方不得超过3日常用量。第一类精神药品注射剂，每张处方为一次常用量；控缓释制剂，每张处方不得超过7日常用量；其他剂型，每张处方不得超过3日常用量。哌醋甲酯用于治疗儿童多动症时，每张处方不得超过15日常用量。第二类精神药品一般每张处方不得超过7日常用量；对于慢性病或某些特殊情况的患者，处方用量可以适当延长，医师应当注明理由。

为门（急）诊癌症疼痛患者和中、重度慢性疼痛患者开具的麻醉药品、第一类精神药品注射剂，每张处方不得超过3日常用量；控缓释制剂，每张处方不得超过15日常用量；其他剂型，每张处方不得超过7日常用量。

为住院患者开具的麻醉药品和第一类精神药品处方应当逐日开具，每张处方为1日常用量。

对于需要特别加强管制的麻醉药品，盐酸二氢埃托啡处方为一次常用量，仅限于二级以上医院内使用；盐酸哌替啶处方为一次常用量，仅限于医疗机构内使用。

除需长期使用麻醉药品和第一类精神药品的门（急）诊癌症疼痛患者和中、重度慢性疼痛患者外，麻醉药品注射剂仅限于医疗机构内使用。

（三）处方有效期

处方开具当日有效。特殊情况下需延长有效期的，由开具处方的医师注明有效期限，但有效期最长不得超过3天。

（四）处方传递

医师利用计算机开具、传递普通处方时，应当同时打印出纸质处方，其格式与手写处方一致；打印的纸质处方经签名或者加盖签章后有效。药师核发药品时，应当核对打印的纸质处方，无误后发给药品，并将打印的纸质处方与计算机传递处方同时收存备查。

五、处方调剂 »»

（一）处方药品调剂的人员要求与操作规程

取得药学专业技术职务任职资格的人员，在执业的医疗机构取得处方调剂资格，可从事处方调剂工作，药师凭医师处方调剂处方药品，非经医师处方不得调剂。

药师应当按照操作规程调剂处方药品：应认真审核处方，准确调配药品，正确书写药袋或粘贴标签，注明患者姓名和药品名称、用法、用量，包装；向患者交付药品时，按照药品说明书或者处方用法，进行用药交代与指导，包括每种药品的用法、用量、注意事项等。

(二)处方审核要求

药师主要从以下三方面对处方进行审核。

1. 审查处方的形式　药师应当认真逐项检查处方前记、正文和后记书写是否清晰、完整,并确认处方的合法性。对于书写不规范处方可以要求医师修改,否则可拒绝调配。

2. 确认处方的合法性　通过看开具处方的机构是否为卫生行政部门批准建立的医疗、预防、保健机构,包括基层医疗机构、社区卫生服务中心等,确认开具处方的医师是否具有处方权,且要有处方医师的签名或专用签章。如果不符合上述规定,属于无效处方,药房或社会药店不得进行调剂,对于无法判定处方的合法性时,也不予调剂。

3. 审核用药适宜性　依据处方上的临床诊断开具药品,对其用药适宜性进行审核,主要内容有:对规定必须做皮试的药物,处方医师是否注明过敏试验及结果的判定;处方用药与临床诊断的相符性;剂量、用法的正确性;选用剂型与给药途径的合理性;是否有重复给药现象;是否有潜在临床意义的药物相互作用和配伍禁忌;其他用药不适宜情况。药师经处方审核后,认为存在用药不适宜时,应当告知处方医师进行确认或者重新开具处方。药师发现严重不合理用药或者用药错误,应当拒绝调剂,及时告知处方医师,并应当记录,按照有关规定报告。

六、处方点评 »»

2010 年 2 月 10 日卫生部发布《医院处方点评管理规范(试行)》,以规范医院处方点评工作,提高处方质量,促进合理用药,保障医疗安全。

(一)处方点评的定义

处方点评是根据相关法规、技术规范,对处方书写的规范性及药物临床使用的适宜性(用药适应证、药物选择、给药途径、用法用量、药物相互作用、配伍禁忌等)进行评价,发现存在或潜在的问题,制定并实施干预和改进措施,促进临床药物合理应用的过程。

(二)处方点评的实施范围

医院药学部门应当会同医疗管理部门,根据医院诊疗科目、科室设置、技术水平、诊疗量等实际情况,确定具体抽样方法和抽样率,其中门急诊处方的抽样率不应少于总处方量的 1‰,且每月点评处方绝对数不应少于 100 张;病房(区)医嘱单的抽样率(按出院病历数计)不应少于 1%,且每月点评出院病历绝对数不应少于 30 份。

三级以上医院应当逐步建立健全专项处方点评制度。专项处方点评是医院根据药事管理和药物临床应用管理的现状和存在的问题,确定点评的范围和内容,对特定的药物或特定疾病的药物(如国家基本药物、血液制品、中药注射剂、肠外营养制剂、抗菌药物、辅助治疗药物、激素等临床使用及超说明书用药、肿瘤患者和围手术期用药等)使用情况进行的处方点评。

(三)处方点评结果分类

处方点评结果分为合理处方和不合理处方。不合理处方包括不规范处方、用药不适宜处方及超常处方(表 7-2)。

表7-2   不合理处方类型及结果判定

不合理处方类型	内容
不规范处方	1.处方的前记、正文、后记内容缺项，书写不规范或者字迹难以辨认的 2.医师签名、签章不规范或者与签名、签章的留样不一致的 3.药师未对处方进行适宜性审核的（处方后记的审核、调配、核对、发药栏目无审核调配药师及核对发药药师签名，或者单人值班调剂未执行双签名规定） 4.新生儿、婴幼儿处方未写明日、月龄的 5.西药、中成药与中药饮片未分别开具处方的 6.未使用药品规范名称开具处方的 7.药品的剂量、规格、数量、单位等书写不规范或不清楚的 8.用法、用量使用"遵医嘱""自用"等含糊不清字句的 9.处方修改未签名并注明修改日期，或药品超剂量使用未注明原因和再次签名的 10.开具处方未写临床诊断或临床诊断书写不全的 11.单张门急诊处方超过5种药品的 12.无特殊情况下，门诊处方超过7日用量，急诊处方超过3日用量，慢性病、老年病或特殊情况下需要适当延长处方用量未注明理由的 13.开具麻醉药品、精神药品、医疗用毒性药品、放射性药品等特殊管理药品处方未执行国家有关规定的 14.医师未按照抗菌药物临床应用管理规定开具抗菌药物处方的 15.中药饮片处方药物未按照"君、臣、佐、使"的顺序排列，或未按要求标注药物调剂、煎煮等特殊要求的
用药不适宜处方	1.适应证不适宜的 2.遴选的药品不适宜的 3.药品剂型或给药途径不适宜的 4.无正当理由不首选国家基本药物的 5.用法、用量不适宜的 6.联合用药不适宜的 7.重复给药的 8.有配伍禁忌或者不良相互作用的 9.其他用药不适宜情况的
超常处方	1.无适应证用药 2.无正当理由开具高价药的 3.无正当理由超说明书用药的 4.无正当理由为同一患者同时开具2种以上药理作用相同药物的

七、长期处方管理

2021年8月12日国家卫健委发布了《长期处方管理规范（试行）》，以规范长期处方管理，推进分级诊疗，保障医疗质量和医疗安全。

（一）长期处方的概念及适用范围

长期处方是指具备条件医师按照规定，对符合条件的慢性病患者开具的处方用量适当增加的处方，适用于临床诊断明确、用药方案稳定、依从性良好、病情控制平稳、需长期药物治疗的慢性病患者。

治疗慢性病的一般常用药品可用于长期处方,而医疗用毒性药品、放射性药品、易制毒药品、麻醉药品、第一类和第二类精神药品、抗微生物药物(治疗结核等慢性细菌、真菌感染性疾病的药物除外),以及对储存条件有特殊要求的药品不得用于长期处方。

(二)开具长期处方的医疗机构应具备的条件

开具长期处方的医疗机构,应当配备具有评估患者病情能力的医师、能够审核调剂长期处方的药师(含其他药学技术人员)以及相应的设备设施等条件。基层医疗卫生机构不具备相应条件的,可以通过远程会诊、互联网复诊、医院会诊等途径在医联体内具备条件的上级医疗机构指导下开具。

原则上,首次长期处方应当由二级以上医疗机构具有与疾病相关专业的中级以上专业技术职务任职资格的医师开具,或由基层医疗卫生机构具有中级以上专业技术职务任职资格的医师开具。再次开具长期处方时,应当由二级以上医疗机构疾病相关专业医师,或基层医疗卫生机构医师开具。国家鼓励患者通过基层医疗卫生机构签约家庭医生开具长期处方。

(三)长期处方的开具与终止

首次开具长期处方前,医师应当对患者的既往史、现病史、用药方案、依从性、病情控制情况等进行全面评估,在确定当前用药方案安全、有效、稳定的情况下,方可为患者开具长期处方。首次开具长期处方,应当在患者病历中详细记录有关信息。

再次开具长期处方的,医师应当根据患者病历信息中的首次开具的长期处方信息和健康档案,对患者进行评估。经评估认为患者病情稳定并达到长期用药管理目标的,可以再次开具长期处方,并在患者病历中记录;不符合条件的,终止使用长期处方。停用后再次使用长期处方的,应当按照首次开具长期处方进行管理。

长期处方的处方量一般在 4 周内;根据慢性病特点,病情稳定的患者适当延长,最长不超过 12 周。超过 4 周的长期处方,医师应当严格评估,强化患者教育,并在病历中记录,患者通过签字等方式确认。

出现以下情况,需要重新评估患者病情,判断是否终止长期处方:①患者长期用药管理未达预期目标;②罹患其他疾病需其他药物治疗;③患者因任何原因住院治疗;④其他需要终止长期处方的情况。

(四)长期处方的调剂与用药管理

医师开具长期处方后,患者可以自主选择在医疗机构或者社会零售药店进行调剂取药。长期处方药品原则上由患者本人领取。特殊情况下,因行动不便等原因,可由熟悉患者基本情况的人员,持本人及患者有效身份证件代为领取,并配合做好相应取药登记记录。鼓励通过配送物流延伸等方式,解决患者取药困难问题。

基层医疗卫生机构应当将本机构开具的长期处方信息纳入患者健康档案,详细记录患者诊疗和用药记录。家庭医生团队应当对患者进行定期随访管理,对患者病情变化、用药依从性和药物不良反应等进行评估,必要时及时调整或终止长期处方,并在患者健康档案及病历中注明。

医疗机构应当建立安全用药监测与报告制度。发生药品严重不良事件后,应当积极救治患者,立即向医务和药学部门报告,做好观察与记录。按照有关规定向有关部门报告药品不良反应等信息。

八、典型案例

案例简介   患者张某,2010 年 5 月 26 日因颈部皮疹反复 3 个月到杭州某医院就诊,被诊断为玫瑰糠疹,口服左旋咪唑片 25 mg 18 片,每日 3 次,每次 2 片,以及复合维生素、西替利嗪等。同月 29 日复诊,该医院再次给予其左旋咪唑片 18 片。2010 年 7 月 1 日,张某因头晕、左下肢麻木 3 天到浙江省某医院就诊,次日住院,此后病情持续恶化,直至出现昏迷,并辗转至浙江、北京等地医院住院治疗。至 10 月 23 日,张某病情危重,转回当地医院治疗,并于 2010 年 11 月 13 日死亡,未做尸体解剖。病历记载死亡原因为"急性散播性脑脊髓炎伴随的重症感染"。

鉴定情况   患方认为杭州某医院左旋咪唑片存在超说明书适应证用药、超剂量用药,且未告知患者用药风险。而院方认为使用左旋咪唑未超剂量,且与急性散播性脑脊髓炎无因果关系,左旋咪唑并非伪劣药物,无须特别告知风险。

浙江省医学会对患者进行了医学鉴定。因未行尸体解剖,无法明确患者确切死因,根据现有资料分析,患者临床死亡原因为急性散播性脑脊髓炎。该疾病的发生考虑系左旋咪唑的药物不良反应引起变态反应性脑神经脱髓鞘炎,但也不排除其他因素(如玫瑰糠疹病毒)引起的可能。此类迟发型变态反应与左旋咪唑药物本身及个体特殊体质有关,且在现有医疗条件下无法预测,而与用药剂量无关。对于医疗过错,鉴定意见为患者系玫瑰糠疹,该疾病已持续 3 个月之久,被告医院使用左旋咪唑作为免疫调节辅助治疗,有临床用药指征,但医方未交代左旋咪唑详细服用方法,使用剂量、疗程不符合常规,对药物严重不良反应认识不足,未尽到告知义务,存在过错。鉴定结论:杭州某医院在对患者的诊疗过程中存在过错,但与患者死亡之间没有因果关系。

判决情况   法院审理后认为,左旋咪唑的说明书"适应证"部分的确未见玫瑰糠疹,但在药理毒理部分明确该药具有免疫调节和免疫兴奋功能,鉴定意见称被告医院为患者配服左旋咪唑有临床用药指征,应属合理,而用法超过剂量,存在过错。《药理学》和《新编药物学》均记载了左旋咪唑与脑炎综合征之间的关系,2004 年 4 月国家食品药品监督管理局发布的信息通报中也明确该药可引起脑炎综合征的严重不良反应,但被告医院对该药物的严重不良反应认识不足,未充分告知上述风险,存在过错。被告医院未提供证据证明患者生前患有其他致命性疾病,故应认定患者系死于服用左旋咪唑引起的急性散播性脑脊髓炎,患者的死亡与医院配服左旋咪唑片的诊疗行为之间具有法律上的因果关系。

一审法院判决由被告医院承担全部赔偿责任。医院上诉后,二审法院认为,左旋咪唑的迟发型变态反应与个人体质也有一定关联,故改判为由医院承担 80% 的赔偿责任。

案例涉及的问题   ①医师在诊疗活动中用药的法定依据有哪些? ②为什么会存在超说明书用药行为? ③超说明书用药存在什么风险? 如何防范?

(一)医师在诊疗活动中用药的法定依据

医师在诊疗活动中的用药需遵循的相关法律、法规见表 7-3。

表7-3 有关诊疗用药的法律、法规、规章、规范性文件

法律、法规、规章、规范性文件	颁布时间	颁布机关
《药品管理法》	1985年(2019年修订)	全国人大
《医疗事故处理条例》	2002年	国务院
《处方管理办法》	2007年	卫生部
《医疗机构药事管理规定》	2011年	卫生部
《民法典》	2020年	全国人大
《医师法》	2021年	全国人大

《药品管理法》第72条规定:医疗机构应当坚持安全有效、经济合理的用药原则,遵循药品临床应用指导原则、临床诊疗指南和药品说明书等合理用药,对医师处方、用药医嘱的适宜性进行审核。可以看出,医师用药应遵循的不只有药品说明书,尚有药品临床应用指导原则、临床诊疗指南作为诊疗依据。

《处方管理办法》第14条规定:医师应当根据医疗、预防、保健需要,按照诊疗规范、药品说明书中的药品适应证、药理作用、用法、用量、禁忌、不良反应和注意事项等开具处方。第6条第1款第9项规定,处方书写应当符合下列规则:药品用法用量应当按照药品说明书规定的常规用法用量使用,特殊情况需要超剂量使用时,应当注明原因并再次签名。

《医疗机构药事管理规定》第18条规定:医疗机构应当遵循有关药物临床应用指导原则、临床路径、临床诊疗指南和药品说明书等合理使用药物。由此可见,药品说明书并不是唯一法定参考标准。临床用药中的指导原则、临床路径等,与药品说明书具有同等的指导价值。

《医疗事故处理条例》中的医疗事故,是指医疗机构及其医务人员在医疗活动中,违反医疗卫生管理法律、行政法规、部门规章和诊疗护理规范、常规,过失造成患者人身损害的事故。由于医学实践的复杂性和进展性,一般需要依靠具有医学知识的鉴定机构来鉴定医疗机构及医务人员在医疗过程中是否存在违反诊疗规范,鉴定意见可作为认定医院是否承担责任的参考依据。

《民法典》第1219条规定:医务人员在诊疗活动中应当向患者说明病情和医疗措施。需要实施手术、特殊检查、特殊治疗的,医务人员应当及时向患者具体说明医疗风险、替代医疗方案等情况,并取得其明确同意;不能或者不宜向患者说明的,应当向患者的近亲属说明,并取得其明确同意。

《医师法》第29条规定:医师应当坚持安全有效、经济合理的用药原则,遵循药品临床应用指导原则、临床诊疗指南和药品说明书等合理用药。在尚无有效或者更好治疗手段等特殊情况下,医师取得患者明确知情同意后,可以采用药品说明书中未明确但具有循证医学证据的药品用法实施治疗。医疗机构应当建立管理制度,对医师处方、用药医嘱的适宜性进行审核,严格规范医师用药行为。《医师法》首次对超说明书用药提供了法律依据。

(二)超说明书用药的概念及产生原因

1. 超说明书用药的概念 超说明书用药是指临床实际使用药品的适应证、给药方法或剂量不在具有法律效力的说明书之内的用法,包括给药剂量、适应人群、给药途径等与药品说明书中不同的情况,又称超范围用药、药品未注册用药或药品说明书之外的用法。

2. 超说明书用药产生的原因

(1)医学实践的不断发展:医学是在临床实践中不断被认识、不断发展的学科,信息技术的发展使得医师对前沿知识的了解触手可及,对疾病的诊疗已不完全拘泥于药品说明书的信息,通过检索

国内外临床应用指南、高级别杂志的研究分析报告等,了解最新诊疗方案及治疗效果,为疑难病例或已无有效治疗手段的患者提供可借鉴的治疗方案。

(2)药品说明书的局限性与滞后性:药品说明书中的信息主要通过上市前临床试验确定,但是临床试验的病例数有限,有些内容可能未被发现或证实。药品上市后,通过大量的临床实践,一些新的用法被发现,但是药品说明书的修改更新较为复杂与耗时,导致药品说明书的内容往往滞后于临床实践的发展。

(3)特殊人群用药局限性:一方面,药品说明书由于信息有限,对特殊人群的用药信息缺失,导致部分人群诊疗时无参考依据;另一方面,药品的研发是在认识疾病的基础上进行的,对于罕见病或其他疑难疾病,由于病例较少,无法进行大规模的临床试验或充分的循证医学证据,超说明书用药成了为数不多的选择。

(4)不合理用药行为:超说明书用药也包括医师、药师对药物认识不足,无法准确把握临床应用指征而使用说明书以外的用法,以及药品生产企业的夸大宣传和利益驱动而出现的不合理用药行为。

因此,超说明书用药有其合理性,在一定程度上能够满足临床用药的需求,但不合理的超说明书用药却存在极大的安全风险,甚至引起医疗纠纷。

(三)超说明书用药的风险及防范措施

不可否认,部分超说明书用药在客观上有利于发现药物的新疗法和新功效,从而推动临床医学的发展,超说明书用药行为有其存在的必要性与合理性,但缺乏循证医学证据的超说明书用药可能会存在严重的安全隐患,增大患者用药风险,导致不良反应发生,甚至引发医疗纠纷,给患者及医务人员带来用药风险。

1. 超说明书用药存在的风险

(1)患者安全风险:超说明书用药使用的为未注册的用法,由于研究数据有限,其治疗效果及不良反应的发生均存在不确定性,患者用药时存在潜在的安全隐患。

(2)法律风险:对医师或医院的风险主要为使用超说明用药出现不良后果而产生的法律风险。如果因超说明书用药对患者造成损害,医师和医院则需要承担一定的法律责任。在中国裁判文书网中,以"超说明书"为关键词进行检索得到了26起医疗纠纷案,判决医方存在医疗过错需承担责任的有18例,仅有7例判决医方无责,1例未明确责任比例。

2. 防范措施

根据《医师法》的规定,超说明书用药需要满足3个前提条件,且缺一不可,分别是:①在当前医疗水平下,没有有效或更好的治疗手段;②用药需具有循证医学证据;③需对患者进行充分告知,并取得知情同意。

由于超说明书用药存在着未知的风险,因此患者在用药期间应做好用药监护。如果发生严重不良反应,应立即采取救治措施。

第四节 药品不良反应报告与监测

随着药品开发的不断增多,因使用药物发生的安全事件日益增多,严重影响了患者的健康和医疗安全。对上市后药品开展用药安全性监测,对保障公众用药安全具有重要意义。

一、药品不良反应的定义与分类 »»»

(一)药品不良反应的定义

WHO《医用产品安全性监测》定义,药品不良反应(ADR)是药品在正常剂量使人体发生有害的、非期望的反应。我国《药品不良反应报告和监测管理办法》对药品不良反应的相关用语给出的含义如下。

1. 药品不良反应 药品不良反应是指合格药品在正常用法用量下出现的与用药目的无关的有害反应。

从以上定义可以看出,判定为药品不良反应需满足3个前提条件:①合格药品,使用的药品为符合国家药品标准的合格药品;②是在正常用法用量下出现的,医师或药师在指导药品使用时不存在过错;③与用药目的无关的有害反应,超出预期的任何有害的、意外的反应。因此,某些用药错误、不合理用药甚至使用假劣药而导致的不良后果,均不应判定为药品不良反应。

2. 药品不良反应报告与监测 药品不良反应报告与监测是指药品不良反应的发现、报告、评价和控制的过程。

3. 严重药品不良反应 严重药品不良反应是指因使用药品引起以下损害情形之一的反应:①导致死亡;②危及生命;③致癌、致畸、致出生缺陷;④导致显著的或者永久的人体伤残或者器官功能的损伤;⑤导致住院或者住院时间延长;⑥导致其他重要医学事件,如不进行治疗可能出现上述所列情况的。

4. 新的药品不良反应 新的药品不良反应是指药品说明书中未载明的不良反应。说明书中已有描述,但不良反应发生的性质、程度、后果或者频率与说明书描述不一致或者更严重的,按照新的药品不良反应处理。

5. 药品群体不良事件 药品群体不良事件是指同一药品在使用过程中,在相对集中的时间、区域内,对一定数量人群的身体健康或者生命安全造成损害或者威胁,需要予以紧急处置的事件。同一药品是指同一生产企业生产的同一药品名称、同一剂型、同一规格的药品。

药品不良事件不同于药品不良反应,它通常指药品作用于机体,除发挥治疗功效外,有时还会产生某些与用药目的无关的对人体有害的反应,它不以"合格药品"为前提条件。

(二)药品不良反应的临床表现

根据药品不良反应的表现,药品不良反应一般包括以下几种类型。

1. 副作用 药品按正常用法用量使用时所出现的与药品的药理学活性相关但与用药目的无关的作用。一般是因为药物作用选择性低、作用范围广,当治疗利用其中的一个药理作用时,其他作用就成了副作用。随着治疗目的的不同,副作用也可以转化为治疗作用。

2. 毒性作用 由于患者的个体差异、病理状态或合用其他药品引起敏感性增加,在治疗量时造成某种功能或器质性损害。毒性作用在性质和程度上都与副作用不同,对患者的危害性也较大。

3. 后遗效应 后遗效应是指停药后血药浓度已降至有效浓度以下仍存在的生物效应。遗留时间可长可短、危害轻重不一。

4. 过敏反应 又称变态反应,药物或药物在体内的代谢产物作为抗原刺激机体而发生的不正常的免疫反应。这种反应的发生与药品的剂量无关或关系甚少,治疗量或极小量都可发生。临床主要表现为皮疹、血管神经性水肿、过敏性休克、血清病综合征、哮喘等。

5. 继发反应 继发反应是由药品的治疗作用所引起的不良后果,又称为治疗矛盾。不是药物本身的效应,而是药物主要作用的间接结果,一般不发生于首次用药,初次接触时需要诱导期,停止给药反应消失。

6. 特异质反应 即因先天性遗传异常,少数患者用药后发生与药物本身药理作用无关的有害反应。这些反应与一般人群反应不同,往往与这些人的先天性和遗传性因素有关。大多是由于肌体缺乏某种酶,是药物在体内代谢受阻所致反应。

7. 首剂效应 首剂效应是指一些患者在初服某种药物时,由于机体对药物作用尚未适应而引起不可耐受的强烈反应。

8. 停药综合征 停药综合征是指一些药物在长期应用后,机体对这些药物产生了适应性,若突然停药或减量过快,易使机体的调节机制失调而发生功能紊乱,导致病情或临床症状上的一系列反跳、回升现象和疾病加重等。

9. 药物依赖性 药物依赖性是由药物与机体相互作用造成的一种精神状态,表现出一种强迫性使用或定期使用该药的行为和其他反应——精神依赖;为的是体验它的精神效应,有时也包括身体状态,有时也是为了避免停药所引起的不舒适(戒断症状)——身体依赖,可以发生或不发生耐受性。

10. 致癌、致畸、致突变 药物引起的 3 种特殊毒性,均为药物和遗传物质在细胞的表达发生相互作用的结果。

(三)药品不良反应的分类

按照 WHO 的分类,一般将药品不良反应分为以下 3 类。

1. A 型药品不良反应(剂量性异常) 这类药品不良反应是由于药品本身的药理作用增强而发生的,常与剂量或合并用药有关。其特点是可以预测,停药或减量后症状减轻或消失,一般发生率高、死亡率低。临床表现包括副作用、毒性反应、首剂效应、继发反应、停药综合征、后遗效应。

2. B 型药品不良反应(质变性异常) 这类药品不良反应是与药品的正常药理作用完全无关的异常反应,与剂量无关。其特点是常规药理学筛选难以发现,一般很难预测,发生率低,但死亡率高。临床表现包括过敏反应、特异质反应。

3. C 型药品不良反应 一般用药后很长一段时间后出现,潜伏期较长,药品和药品不良反应之间没有明确的时间关系,又称为迟现性不良反应。其特点是发生率高,用药史复杂,难以预测。有些与癌症、致畸有关,发生的机制大多不清,有待进一步研究。

二、药品不良反应报告与监测制度

20 世纪 60 年代发生的"反应停"事件促使各国加强对新药注册的管理,并加强药品上市后不良反应监测和再评价。据报道,美国估计因药品不良反应导致的死亡占死亡主要原因的第 4 位至第 6 位,每年有大量的患者死于药源性疾病。在一些西方国家因药品不良反应导致入院的患者占入院患者总数的比例,英国为 16%,法国为 13%,挪威为 11.5%。有研究指出,我国每年 5 000 多万住院患者中,至少有 250 万人是因药物不良反应而入院治疗,其中 50 万人属于严重不良反应,因此致死人数每年约 19.2 万人。现有的 180 万聋哑儿童中,60% 是由药物引起的。

药物安全性问题正在引起医药领域及公众的关注。

(一)国外药品不良反应监测情况

美国基于对食品药品安全的考量,于 1906 年颁布了《纯净食品药品法案》,开启了对药品使用安全的监管,在此后的百余年里,美国建立了严格的以食品药品监督管理局(FDA)为中心的药品安全监管模式。1963 年 WHO 建议在世界范围内建立药品不良反应监测系统,此后有更多的国家建立了药品不良反应监测报告制度。英国于 1964 年开始建立黄色卡片制度,对发生药品不良反应进行自查并报告。澳大利亚的药物评价委员会 1964 年要求医师报告可疑的药品不良反应,其统一表格为蓝色,称蓝卡系统。日本于 1967 年建立药品不良反应监测制度,规定对生产上市的新药执行再审查制度。WHO 于 1968 年成立了国际药品监测合作中心,中心设在瑞典,负责维持全球药品不良反应监测数据库,至 2004 年已存有 300 多万份药品不良反应监测报告。

(二)我国药品不良反应监测工作

我国在 1984 年颁布的《药品管理法》规定:对已批准生产的药品应当组织调查,对疗效不确、不良反应大或者其他危害人民健康的药品,应当撤销其批准文号。1986 年在北京、上海指定的 10 家医院开展药品不良反应监测试点工作。1989 年 11 月卫生部成立药品不良反应监测中心,1998 年我国成为 WHO 国际药品监测合作计划的成员国。

为保障药品上市后的安全,1999 年 11 月国家药品监督管理局、卫生部联合发布了《药品不良反应监测管理办法(试行)》,使我国药品不良反应监测管理工作步入法制化轨道。2001 年修订的《药品管理法》规定:国家实行药品不良反应报告制度。药品不良反应工作的开展上升到法律层面。随着药品不良反应监测工作的推进,《药品不良反应监测管理办法(试行)》经过了两次修订和完善。新修订的《药品不良反应报告和监测管理办法》于 2011 年 5 月 24 日正式颁布,对加强药品上市后的监管,及时有效控制药品风险,保障公众用药安全起到了重要的作用。

(三)我国建立药品不良反应报告与监测制度的意义

1. 补充药品上市前研究的不足 药品上市前研究主要包括动物实验和临床试验。动物实验结果不足以完全预测人类用药的安全性,而临床试验病例有限,Ⅰ期临床试验 20～30 例、Ⅱ期临床试验 100 例、Ⅲ期临床试验 300 例以上。另外,临床试验对象一般不选择老人、儿童、妊娠期妇女等特殊人群,所以实验条件的限制很难反映药品上市后医师实际用药的情况。因此,通过临床试验并不能完全反映药品安全性问题。

有研究指出,在上市药品中,因发现安全问题,有 51% 的药品修改标签,有 20% 增加黑框警告,3%～4% 撤市。如 1997 年拜耳公司上市的西立伐他汀(拜斯停),上市后有数万人服用此药,截至 2001 年,在发达国家中报告有 52 例用药期间发生横纹肌溶解、肾功能不全致死病例,其因严重的不良反应于 2001 年 8 月从全球撤市。

2. 不同国家不同地区用药相关情况的不同 不同国家、不同地区存在遗传饮食生活习惯的不同、疾病与处方实践的差异、药品生产工艺对药品质量及成分的影响的差异,均会影响药品不良反应的发生,因此建立本国、本地区的药品不良反应监测体系至关重要。

3. 可预防药源性疾病 “是药三分毒”,了解药品不良反应的特点,可提前加以预防或避免,如为肿瘤患者使用化疗药物之前应用止吐药以预防因使用化疗药物引起的呕吐的不良反应。自建立药品不良反应报告和监测制度以来,一些新上市药品因较快被发现有严重的药品不良反应而被撤出市场。如溴芬那 1997 年上市、1998 年撤出市场,替马沙星 1992 年上市后同年就被撤出市场。

4. 有利于医师合理用药 建立药品不良反应报告和监测制度,能够根据上市后药品不良反应发生情况修改药品标签、说明书,及时传递药品安全信息,提高医师对药物的认识,提高合理用药水平。

三、药品不良反应制度的实施

(一)药品不良反应报告的基本要求

药品生产、经营企业和医疗机构获知或者发现可能与用药有关的不良反应,应当通过国家药品不良反应监测信息网络报告;不具备在线报告条件的,应当通过纸质报表报所在地药品不良反应监测机构,由所在地药品不良反应监测机构代为在线报告。报告内容应当真实、完整、准确。

各级药品不良反应监测机构应当对本行政区域内的药品不良反应报告和监测资料进行评价和管理。

药品生产、经营企业和医疗机构应当配合药品监督管理部门、卫生行政部门和药品不良反应监测机构对药品不良反应或者群体不良事件的调查,并提供调查所需的资料。

药品生产、经营企业和医疗机构应当建立并保存药品不良反应报告和监测档案。

(二)个例药品不良反应报告

新药监测期内的国产药品应当报告该药品的所有不良反应;其他国产药品,报告新的和严重的不良反应。进口药品自首次获准进口之日起 5 年内,报告该进口药品的所有不良反应;满 5 年的,报告新的和严重的不良反应。

药品生产、经营企业和医疗机构发现或者获知新的、严重的药品不良反应应当在 15 日内报告,其中死亡病例须立即报告;其他药品不良反应应当在 30 日内报告。有随访信息的,应当及时报告。

个人发现新的或者严重的药品不良反应,可以向经治医师报告,也可以向药品生产、经营企业或者当地的药品不良反应监测机构报告,必要时提供相关的病历资料。

(三)药品群体不良事件报告

药品生产、经营企业和医疗机构获知或者发现药品群体不良事件后,应当立即通过电话或者传真等方式报所在地的县级药品监督管理部门、卫生行政部门和药品不良反应监测机构,必要时可以越级报告。

药品经营企业发现药品群体不良事件应当立即告知药品生产企业,同时迅速开展自查,必要时应当暂停药品的销售,并协助药品生产企业采取相关控制措施。

医疗机构发现药品群体不良事件后应当积极救治患者,迅速开展临床调查,分析事件发生的原因,必要时可采取暂停药品的使用等紧急措施。

(四)境外发生的严重药品不良反应报告

进口药品和国产药品在境外发生的严重药品不良反应(包括自发报告系统收集的、上市后临床研究发现的、文献报道的),药品生产企业应当自获知之日起 30 日内报送国家药品不良反应监测中心。

(五)药品不良反应的评价与控制

药品生产企业对已确认发生严重不良反应的药品,应当通过各种有效途径将药品不良反应、合理用药信息及时告知医务人员、患者和公众;采取修改标签和说明书,暂停生产、销售、使用和召回等措施,减少和防止药品不良反应的重复发生。对不良反应大的药品,应当主动申请注销其批准证明文件。

药品经营企业和医疗机构应当对收集到的药品不良反应报告和监测资料进行分析和评价,并采取有效措施减少和防止药品不良反应的重复发生。

四、典型案例 »»»

　　案例简介　患者张某于 2015 年 4 月 29 日以急性尿路感染入住某医院肾内科,医生给予头孢甲肟抗感染治疗。静脉滴注头孢甲肟十余滴后患者诉全身发麻,喉部发痒,立即停止输液,被诊断为过敏反应。患者出现呕吐,随即出现呼吸暂停,双侧瞳孔散大,对光反射消失。医生立即打开静脉通道,静脉注射地塞米松 10 mg,皮下注射肾上腺素 1 mg,0.9% 氯化钠注射液 100 mL 加葡萄糖酸钙 20 mL 静脉滴注,同时给予胸外心脏按压、心电监护、持续吸氧、气管插管、辅助呼吸,后转至重症监护病房进一步抢救。患者经抢救无效死亡。

　　鉴定情况　根据司法鉴定意见书的分析及结论,张某以急性尿路感染入住被告医院后行相关检查,未做皮试,输注头孢甲肟后被诊断为过敏反应。《中华人民共和国药典》等虽然没有明确关于使用头孢菌素类抗生素必须做皮试的相关规定,但是头孢菌素类抗生素有发生过敏的病例和概率,大多数医院为预防过敏反应发生,在使用前需要做皮试。而且注射用盐酸头孢甲肟说明书亦提示因有可能发生休克反应,建议在注射前做皮试。被告对老年患者在生理功能下降有可能发生过敏反应的情况下,使用头孢菌素类抗生素时注意不够,被告上述过错与张某输注头孢甲肟后发生过敏反应之间存在因果关系。

　　判决情况　一审法院根据被告的过错程度,综合考虑本案案情,确认被告承担50%的赔偿责任。

　　一审宣判后,患方不服,提起上诉。二审法院认为:被告医院应当预见而没有预见到未做药物皮试可能会导致的损害后果,未尽到注意义务,造成张某因过敏性休克死亡的损害后果,因此医院在此次医疗事故中应当承担主要责任。但头孢甲肟并不是《中华人民共和国药典》及卫生部相关条例及规范中明确规定的在注射前需要进行皮试前置程序的药物,医院在医治过程中并没有违反法律及法规的强制性规定。张某死亡后未进行尸体解剖,无法排除患者死亡系其本身疾病诱导或发展所致,可适当减轻医院的责任。确认被告医院应当承担责任比例为80%。

　　案例涉及的问题　①头孢菌素类药物给药前有必要进行常规皮试吗?②对于药物不良反应给患者造成的损害,医师是否承担法律责任?

(一)头孢菌素类药物给药前的皮试问题

　　1.药物过敏反应　过敏反应是指药物或药物在体内的代谢产物作为抗原刺激机体而发生的不正常的免疫反应,与药物剂量无关或关系甚少。药物过敏反应根据免疫机制的不同分为4型,即Ⅰ、Ⅱ、Ⅲ、Ⅳ型。Ⅰ型为IgE介导的速发型过敏反应,通常在给药后数分钟到1小时之内发生,典型临床表现为荨麻疹、血管神经性水肿、支气管痉挛、过敏性休克等。Ⅱ型为抗体介导的溶靶细胞过程,如药物诱发的血小板减少性紫癜。Ⅲ型为免疫复合物介导,如血清病、药物相关性血管炎等。Ⅳ型为T细胞介导,如药物接触性皮炎、固定性药疹、史-约综合征、中毒性表皮坏死松解症等。Ⅱ、Ⅲ、Ⅳ型为非IgE介导的迟发型过敏反应,通常在给药1小时之后直至数天发生。

　　2.药物过敏反应机制

　　(1)青霉素类药物结构及过敏机制:青霉素分子量小,为半抗原,其代谢、降解产物与蛋白质或多肽结合形成可引发过敏反应的完全抗原。青霉素的β内酰胺环开环形成的青霉噻唑基,占其分解产物大多数,被称为主要抗原决定簇,青霉素还可形成其他降解物、重排物或降解中间体,这些分解产物量少,构成次要抗原决定簇。此外,半合成青霉素侧链结构也可成为抗原决定簇,能刺激机体产生特异性IgE,诱发过敏反应。若侧链相似,抗菌药物间则可能存在完全交叉反应。

　　(2)头孢菌素类药物结构及过敏机制:头孢菌素也是β内酰胺类抗菌药物,含有噻唑环、R_1侧链和R_2侧链。与青霉素类相比,头孢菌素的噻唑环为六元环,结构更稳定。头孢菌素分解产物尚未完全明确,但现有证据表明头孢菌素类的抗原决定簇主要由其侧链结构所构成。头孢菌素之间的交叉过敏性可能主要是由于具有相同或相似的C_7位的R_1侧链。

　　(3)青霉素与头孢菌素的交叉过敏反应:青霉素与第一代头孢菌素之间的交叉过敏性较多见,可达10%。但第二代头孢菌素与青霉素之间的交叉过敏反应率仅为2%～3%,第三、四代头孢菌素与青霉素之间的交叉过敏反应率更低(0.17%～0.70%)。目前研究认为头孢菌素C_7位的R_1侧链与青霉素C_6位的侧链结构相同或相似是导致交叉过敏反应的主要因素(表7-4)。

表 7-4   β 内酰胺类药物侧链相似性比较

青霉素 C_6 位与头孢菌素 C_7 位侧链相同或相似		头孢菌素 C_7 位侧链相同或相似		
阿莫西林	哌拉西林	头孢噻吩	头孢泊肟	头孢他啶
氨苄西林	头孢哌酮	头孢西丁	头孢克肟	氨曲南
头孢氨苄			头孢唑肟	
头孢克洛			头孢曲松	
头孢拉定			头孢噻肟	
头孢丙烯			头孢匹罗	
头孢羟氨苄			头孢吡肟	

注:同一列内药物具有相同或相似的侧链结构。

3.头孢菌素类药物皮试的预测价值   头孢菌素类抗菌药物用药前是否必须进行皮试一直是学术界争论的难题,医务人员在具体操作上也存在疑虑和分歧。

青霉素类药物皮试准确性较高,研究表明,通过完整、规范的皮试诊断方法,青霉素皮试的阳性预测值为 50% ,阴性预测值为 70%~97% ,青霉素类药物皮试有充分的证据支持。头孢菌素与青霉素均属于 β 内酰胺类药物,但头孢菌素给药前常规皮试对过敏反应的临床预测价值无充分循证医学证据支持,大多数头孢菌素类抗菌药物的说明书、《抗菌药物临床应用指导原则》和《中华人民共和国药典临床用药须知》均未要求头孢菌素用药前常规进行皮试。

根据《抗菌药物临床应用指导原则》,β 内酰胺类抗菌药物皮试的主要目的是预测由 IgE 介导的 Ⅰ 型(速发型)过敏反应的可能性,降低发生过敏性休克等严重过敏反应风险。2021 年国家卫健委委托抗菌药物临床应用与细菌耐药评价专家委员会制定了《β 内酰胺类抗菌药物皮肤试验指导原则(2021 年版)》,文中不推荐在使用头孢菌素类药物前常规进行皮试,仅以下情况需要皮试:①既往有明确的青霉素或头孢菌素 Ⅰ 型(速发型)过敏史患者,此类患者如临床确有必要使用头孢菌素,并具有专业人员、急救条件,在获得患者知情同意后,选用与过敏药物侧链不同的头孢菌素进行皮试,其结果具有一定的参考价值;②药品说明书中规定需进行皮试的,应当向药品提供者进一步了解药品引发过敏反应的机制,皮试的灵敏度、特异度、阳性预测值和阴性预测值,并要求提供相应皮试试剂。

由于皮试仅对 IgE 介导的速发型过敏反应有预测价值,对非 IgE 介导的迟发型过敏反应无预测价值;且未常规采用阳性对照,不能排除假阴性结果。因此即使皮试为阴性,依然不能完全排除过敏反应发生的可能,在药物使用过程中仍需注意密切观察,并做好过敏反应抢救准备。另外,青霉素的皮试阴性也不能完全排除过敏反应的发生,由于我国青霉素皮试检测试剂仅含青霉素 G,部分医院加入了半合成青霉素,但未包含青霉噻唑酰多聚赖氨酸(penicilloyl-poly-lysine,PPL)、青霉酸次要抗原决定簇混合物(minor determinant mixture,MDM),皮试的灵敏度有限。

(二)发生药品不良反应医师的责任问题

因药品药理作用或患者自身特异性体质,用药后发生严重后果的,对医师责任的判定,主要是判断是否尽到注意义务。根据《侵权责任法》中医疗损害责任的条款,结合《中华人民共和国药典临床用药须知》《抗菌药物临床应用指导原则》《β 内酰胺类抗菌药物皮肤试验指导原则(2021 年版)》及药品说明书中的规定,主要从以下 4 个方面综合判断医师是否尽到注意义务。

1.是否规范诊疗与合理用药   《药品管理法》第 72 条规定:医疗机构应当坚持安全有效、经济合理的用药原则,遵循药品临床应用指导原则、临床诊疗指南和药品说明书等合理用药。《侵权责任法》第 57 条规定:医务人员在诊疗活动中未尽到与当时的医疗水平相应的诊疗义务,造成患者损害的,医疗机构应当承担赔偿责任。因此,医师有根据患者病情,按照药品说明书、诊疗规范等正确使用药物的义务。

2. 是否掌握患者及药品信息　医师在用药前应详细询问患者过敏史,尤其是药物过敏史,过敏药物的种类、临床表现及转归情况,结合患者年龄、疾病特征等综合判断是否属于过敏体质。熟练掌握应用药物的药理作用及不良反应信息,对于需要做皮试的应按照要求为患者进行皮试,无须进行皮试的药物应了解其不良反应发生特点、是否有发生严重不良反应的可能性。

3. 是否提前告知患者用药风险　《侵权责任法》第 54 条规定:医务人员在诊疗活动中应当向患者说明病情和医疗措施。对于为患者应用可能发生过敏反应或严重不良反应的药品,应提前告知患者使用中可能出现的不适症状及不良结果,提醒其如有任何不适要及时告知医务人员。

4. 是否积极实施救治　《侵权责任法》第 60 条第 2 款规定:患者有损害,因医务人员在抢救生命垂危的患者等紧急情况下已经尽到合理诊疗义务的,医疗机构不承担责任。这与《β 内酰胺类抗菌药物皮肤试验指导原则(2021 年版)》的内容相一致,如发生严重不良反应如过敏性休克等,须立即停药,积极救治。

第五节　抗菌药物临床应用管理

抗菌药物种类繁多,广泛应用于各种感染性疾病的预防与治疗中,在挽救患者生命保障公众健康方面发挥了重要作用。但随之而来的细菌耐药问题却不容忽视,已成为公共卫生领域面临的严峻挑战。为加强医疗机构抗菌药物临床应用管理,2012 年 8 月 30 日卫生部颁布实施《抗菌药物临床应用管理办法》,为我国临床抗菌药物合理使用提供了法制保障。

一、抗菌药物的概念与分级管理

(一)抗菌药物的概念

抗菌药物是指治疗细菌、支原体、衣原体、立克次体、螺旋体、真菌等病原微生物所致感染性疾病病原的药物,不包括治疗结核病、寄生虫病和各种病毒所致感染性疾病的药物及具有抗菌作用的中药制剂。

(二)抗菌药物的分级原则

抗菌药物临床应用实行分级管理。根据安全性、疗效、细菌耐药性、价格等因素,将抗菌药物分为 3 级:非限制使用级、限制使用级与特殊使用级。

1. 非限制使用级　非限制使用级抗菌药物是指经长期临床应用证明安全、有效,对细菌耐药性影响较小,价格相对较低的抗菌药物。

2. 限制使用级　限制使用级抗菌药物是指经长期临床应用证明安全、有效,对细菌耐药性影响较大,或者价格相对较高的抗菌药物。

3. 特殊使用级　特殊使用级抗菌药物是指具有以下情形之一的抗菌药物:具有明显或者严重不良反应,不宜随意使用的抗菌药物;需要严格控制使用,避免细菌过快产生耐药的抗菌药物;疗效、安全性方面的临床资料较少的抗菌药物;价格昂贵的抗菌药物。

(三)抗菌药物处方权限与临床应用

二级以上医院应定期对医师和药师进行抗菌药物临床应用知识和规范化管理的培训。医师经本机构培训并考核合格后,方可获得相应的处方权。具有高级专业技术职务任职资格的医师,可授予特殊使用级抗菌药物处方权;具有中级以上专业技术职务任职资格的医师,可授予限制使用级抗菌药物处方权;具有初级专业技术职务任职资格的医师,在乡、民族乡、镇、村的医疗机构独立从事一般执业活动的执业助理医师及乡村医生,可授予非限制使用级抗菌药物处方权。药师经培训并考核合格后,方可获得抗菌药物调剂资格。

其他医疗机构依法享有处方权的医师、乡村医生和从事处方调剂工作的药师,由县级以上地方卫生行政部门组织相关培训、考核。经考核合格的,授予相应的抗菌药物处方权或者抗菌药物调剂资格。

(四)特殊使用级抗菌药物的应用

医疗机构和医务人员应当严格掌握使用抗菌药物预防感染的指征。预防感染、治疗轻度或者局部感染应当首选非限制使用级抗菌药物;严重感染、免疫功能低下合并感染或者病原菌只对限制使用级抗菌药物敏感时,方可选用限制使用级抗菌药物。

特殊使用级抗菌药物不得在门诊使用。临床应用特殊使用级抗菌药物应当严格掌握用药指征,经抗菌药物管理工作组指定的专业技术人员会诊同意后,由具有相应处方权医师开具处方。

特殊使用级抗菌药物会诊人员由具有抗菌药物临床应用经验的感染性疾病科、呼吸科、重症医学科、微生物检验科、药学部门等具有高级专业技术职务任职资格的医师、药师或具有高级专业技术职务任职资格的抗菌药物专业临床药师担任。

因抢救生命垂危的患者等紧急情况,医师可以越级使用抗菌药物。越级使用抗菌药物应当详细记录用药指征,并应当于24小时内补办越级使用抗菌药物的必要手续。

二、抗菌药物临床应用管理

(一)设立抗菌药物管理工作组

医疗机构应当设立抗菌药物管理工作机构或者配备专(兼)职人员负责本机构的抗菌药物管理工作。二级以上的医院、妇幼保健院及专科疾病防治机构(以下简称二级以上医院)应当在药事管理与药物治疗学委员会下设立抗菌药物管理工作组。抗菌药物管理工作组由医务、药学、感染性疾病、临床微生物、护理、医院感染管理等部门负责人和具有相关专业高级技术职务任职资格的人员组成,医务、药学等部门共同负责日常管理工作。其他医疗机构设立抗菌药物管理工作小组或者指定专(兼)职人员,负责具体管理工作。

工作组应贯彻执行抗菌药物管理相关的法律、法规、规章,制定本机构抗菌药物管理制度并组织实施;审议本机构抗菌药物供应目录,制定抗菌药物临床应用相关技术性文件,并组织实施;对本机构抗菌药物临床应用与细菌耐药情况进行监测,定期分析、评估、上报监测数据并发布相关信息,提出干预和改进措施;对医务人员进行抗菌药物管理相关法律、法规、规章制度和技术规范培训,组织对患者合理使用抗菌药物的宣传教育。

(二)建设抗菌药物临床应用管理专业技术团队

二级以上医院应当设置感染性疾病科,配备感染性疾病专业医师。感染性疾病科和感染性疾病专业医师负责对本机构各临床科室抗菌药物临床应用进行技术指导,参与抗菌药物临床应用管理工作。

二级以上医院应当配备抗菌药物等相关专业的临床药师。临床药师负责对本机构抗菌药物临床应用提供技术支持,指导患者合理使用抗菌药物,参与抗菌药物临床应用管理工作。

二级以上医院应当根据实际需要,建立符合实验室生物安全要求的临床微生物室。临床微生物室开展微生物培养、分离、鉴定和药物敏感试验等工作,提供病原学诊断和细菌耐药技术支持,参与抗菌药物临床应用管理工作。

（三）制定抗菌药物供应目录

1. 抗菌药物遴选与定期评估　医疗机构遴选和新引进抗菌药物品种,应当由临床科室提交申请报告,经药学部门提出意见后,由抗菌药物管理工作组审议。抗菌药物管理工作组三分之二以上成员审议同意,并经药事管理与药物治疗学委员会三分之二以上委员审核同意后方可列入采购供应目录。

抗菌药物品种或者品规存在安全隐患、疗效不确定、耐药率高、性价比差或者违规使用等情况的,临床科室、药学部门、抗菌药物管理工作组可以提出清退或者更换意见。清退意见经抗菌药物管理工作组一半以上成员同意后执行,并报药事管理与药物治疗学委员会备案;更换意见经药事管理与药物治疗学委员会讨论通过后执行。清退或者更换的抗菌药物品种或者品规原则上12个月内不得重新进入本机构抗菌药物供应目录。

2. 抗菌药物采购　医疗机构应当按照省级卫生行政部门制定的抗菌药物分级管理目录,制定本机构抗菌药物供应目录,并向核发其医疗机构执业许可证的卫生行政部门备案。未经备案的抗菌药物品种、品规,医疗机构不得采购。

医疗机构应当严格控制本机构抗菌药物供应目录的品种数量。同一通用名称抗菌药物品种,注射剂型和口服剂型各不得超过2种。具有相似或者相同药理学特征的抗菌药物不得重复列入供应目录。确因临床工作需要,抗菌药物品种和品规数量超过规定的,应当向核发其医疗机构执业许可证的卫生行政部门详细说明原因和理由;说明不充分或者理由不成立的,卫生行政部门不得接受其抗菌药物品种和品规数量的备案。

医疗机构应当定期调整抗菌药物供应目录品种结构,并于每次调整后15个工作日内向核发其医疗机构执业许可证的卫生行政部门备案。调整周期原则上为2年,最短不得少于1年。

3. 抗菌药物临时采购　因特殊治疗需要,医疗机构需使用本机构抗菌药物供应目录以外抗菌药物的,可以启动临时采购程序。临时采购应当由临床科室提出申请,说明申请购入抗菌药物名称、剂型、规格、数量、使用对象和使用理由,经本机构抗菌药物管理工作组审核同意后,由药学部门临时一次性购入使用。

医疗机构应当严格控制临时采购抗菌药物品种和数量,同一通用名抗菌药物品种启动临时采购程序原则上每年不得超过5例次。如果超过5例次,应当讨论是否列入本机构抗菌药物供应目录。调整后的抗菌药物供应目录总品种数不得增加。

医疗机构应当每半年将抗菌药物临时采购情况向核发其医疗机构执业许可证的卫生行政部门备案。

（四）监测抗菌药物临床应用情况

医疗机构应当开展抗菌药物临床应用监测工作,分析本机构及临床各专业科室抗菌药物使用情况,评估抗菌药物使用适宜性;对抗菌药物使用趋势进行分析,对抗菌药物不合理使用情况应当及时采取有效干预措施。

医疗机构应当建立本机构抗菌药物临床应用情况排名、内部公示和报告制度。对临床科室和医务人员抗菌药物使用量、使用率和使用强度等情况进行排名并予以内部公示;对排名后位或者发现严重问题的医师进行批评教育,情况严重的予以通报。按照要求对临床科室和医务人员抗菌药物临床应用情况进行汇总,并向核发其医疗机构执业许可证的卫生行政部门报告。非限制使用级抗菌药物临床应用情况,每年报告一次;限制使用级和特殊使用级抗菌药物临床应用情况,每半年报告一次。

（五）细菌耐药监测与预警

医疗机构应当根据临床微生物标本检测结果合理选用抗菌药物。临床微生物标本检测结果未出具前,医疗机构可以根据当地和本机构细菌耐药监测情况经验选用抗菌药物,临床微生物标本检测结果出具后根据检测结果进行相应调整。①主要目标细菌耐药率超过30%的抗菌药物,应当及时将预警信息通报本机构医务人员;②主要目标细菌耐药率超过40%的抗菌药物,应当慎重经验用药;③主要目标细菌耐药率超过50%的抗菌药物,应当参照药敏试验结果选用;④主要目标细菌耐药率超过75%的抗菌药物,应当暂停针对此目标细菌的临床应用,根据追踪细菌耐药监测结果,再决定是否恢复临床应用。

三、监督管理措施

(一)开展抗菌药物处方点评

医疗机构抗菌药物管理机构应当定期组织相关专业技术人员对抗菌药物处方、医嘱实施点评,并将点评结果作为医师定期考核、临床科室和医务人员绩效考核依据。

(二)对抗菌药物超常处方医师的处理

对出现抗菌药物超常处方3次以上且无正当理由的医师提出警告,限制其特殊使用级和限制使用级抗菌药物处方权。

(三)取消医师抗菌药物处方权的情形

医师出现下列情形之一的,医疗机构应当取消其处方权:①抗菌药物考核不合格的;②限制处方权后,仍出现超常处方且无正当理由的;③未按照规定开具抗菌药物处方,造成严重后果的;④未按照规定使用抗菌药物,造成严重后果的;⑤开具抗菌药物处方牟取不正当利益的。

四、典型案例

【案例1】 江苏省某市卫生监督员在对某医院检查时发现了5张含"注射用美罗培南(美平)0.5 g"字样的医嘱单,医嘱单上表明医师为王某。王某出示了医师资格证书和医师执业证书,未出示高级专业技术职务任职资格。经进一步调查核实,该医院存在未取得特殊使用级抗菌药物处方权的医师开具特殊使用级抗菌药物处方的违法行为。

区卫健委以该医院违反《抗菌药物临床应用管理办法》第24条第1款、第3款和《江苏省抗菌药物临床应用分级管理目录(2019年版)》的规定,根据《抗菌药物临床应用管理办法》第50条第1款规定责令其立即整改,并做出警告,罚款人民币3 000元的行政处罚决定。

【案例2】 2020年3月16日,河南省某区卫健委卫生监督员到某卫生院进行日常监督检查,现场发现该单位药房有医师董某开具注射用阿奇霉素处方笺,根据《河南省抗菌药物临床应用分级管理目录(2012年版)》的规定,注射用阿奇霉素属于限制使用级抗菌药物,董某现场未能出示中级以上专业技术职务任职资格证书。卫生监督员调查发现,该卫生院涉嫌使用未取得抗菌药物处方权的医师开具抗菌药物处方。

该卫生院的行为违反了《抗菌药物临床应用管理办法》第24条第2款的规定,区卫健委给予其相应的行政处罚。

以上两个案例涉及一个共同的问题:违反《抗菌药物临床应用管理办法》,需要承担什么法律责任?

(一)未取得抗菌药物相应处方权的法律责任

依据《抗菌药物临床应用管理办法》第50条第1项:使用未取得抗菌药物处方权的医师或者使用被取消抗菌药物处方权的医师开具抗菌药物处方的,由县级以上卫生行政部门责令限期整改,给予警告,并可根据情节轻重处以 3 万元以下罚款;对负有责任的主管人员和其他直接责任人员,可根据情节给予处分。

(二)管理责任

医疗机构有下列情形之一的,由县级以上卫生行政部门责令限期改正;逾期不改的,进行通报批评,并给予警告;造成严重后果的,对负有责任的主管人员和其他直接责任人员,给予处分。①未建立抗菌药物管理组织机构或者未指定专(兼)职技术人员负责具体管理工作的;②未建立抗菌药物管理规章制度的;③抗菌药物临床应用管理混乱的;④未按照规定执行抗菌药物分级管理、医师抗菌药物处方权限管理、药师抗菌药物调剂资格管理或者未配备相关专业技术人员的;⑤其他违反规定的行为。

(三)药品购销责任

医疗机构有下列情形之一的,由县级以上卫生行政部门责令限期改正,给予警告,并可根据情节轻重处以 3 万元以下罚款;对负有责任的主管人员和其他直接责任人员,可根据情节给予处分。①使用未取得抗菌药物处方权的医师或者使用被取消抗菌药物处方权的医师开具抗菌药物处方的;②未对抗菌药物处方、医嘱实施适宜性审核,情节严重的;③非药学部门从事抗菌药物购销、调剂活动的;④将抗菌药物购销、临床应用情况与个人或者科室经济利益挂钩的;⑤在抗菌药物购销、临床应用中牟取不正当利益的。

医疗机构的负责人、药品采购人员、医师等有关人员索取、收受药品生产企业、药品经营企业或者其代理人给予的财物或者通过开具抗菌药物牟取不正当利益的,由县级以上地方卫生行政部门依据国家有关法律、法规进行处理。

(四)药品使用责任

医师有下列情形之一的,由县级以上卫生行政部门给予警告或者责令暂停 6 个月以上 1 年以下执业活动;情节严重的,吊销其执业证书;构成犯罪的,依法追究刑事责任。①未按照规定开具抗菌药物处方,造成严重后果的;②使用未经国家药品监督管理部门批准的抗菌药物的;③使用本机构抗菌药物供应目录以外的品种、品规,造成严重后果的;④违反其他规定,造成严重后果的。

药师有下列情形之一的,由县级以上卫生行政部门责令限期改正,给予警告;构成犯罪的,依法追究刑事责任。①未按照规定审核、调剂抗菌药物处方,情节严重的;②未按照规定私自增加抗菌药物品种或者品规的;③违反其他规定的。

未经县级卫生行政部门核准,村卫生室、诊所、社区卫生服务站擅自使用抗菌药物开展静脉输注活动的,由县级以上地方卫生行政部门责令限期改正,给予警告;逾期不改的,可根据情节轻重处以 1 万元以下罚款。

第六节　抗肿瘤药物临床应用管理

肿瘤严重威胁公众的生命健康,肿瘤患者人群的增多加速了抗肿瘤药物的开发与应用,在传统化疗药物的基础上,蛋白酶抑制剂、单克隆抗体、免疫检查点抑制剂类等新型抗肿瘤药物相继研发上市。为加强抗肿瘤药物的临床使用管理,国家卫健委组织专家制定了《抗肿瘤药物临床应用管理办法(试行)》,将抗肿瘤药物的管理上升到法制层面。

一、抗肿瘤药物的概念与分级管理

（一）抗肿瘤药物的概念

抗肿瘤药物是指通过细胞杀伤、免疫调控、内分泌调节等途径,在细胞、分子水平进行作用,达到抑制肿瘤生长或消除肿瘤的药物,一般包括化学治疗药物、分子靶向治疗药物、免疫治疗药物、内分泌治疗药物等。

（二）抗肿瘤药物的分级原则

根据安全性、可及性、经济性等因素,将抗肿瘤药物分为限制使用级和普通使用级。

1. 限制使用级抗肿瘤药物　限制使用级抗肿瘤药物是指具有下列特点之一的抗肿瘤药物:药物毒副作用大,纳入毒性药品管理,适应证严格,禁忌证多,须由具有丰富临床经验的医务人员使用,使用不当可能对人体造成严重损害的抗肿瘤药物;上市时间短、用药经验少的新型抗肿瘤药物;价格昂贵、经济负担沉重的抗肿瘤药物。

2. 普通使用级抗肿瘤药物　普通使用级抗肿瘤药物是指除限制使用级抗肿瘤药物外的其他抗肿瘤药物。

抗肿瘤药物分级管理目录由医疗机构制定,并结合药品上市后评价工作,进行动态调整。地方卫生健康行政部门对抗肿瘤药物分级管理目录的制定和调整工作进行指导。

（三）抗肿瘤药物处方资格

医疗机构应当加强对本机构医师处方权的授予、考核等管理,明确可以开具限制使用级和普通使用级抗肿瘤药物处方的医师应当满足的条件,包括医师的专业、职称、培训及考核情况、技术水平和医疗质量等。医师按照被授予的处方权开具相应级别的抗肿瘤药物。

二级以上医疗机构应当定期对本机构抗肿瘤药物相关的医师、药师、护士进行抗肿瘤药物临床应用知识培训并进行考核。其他医疗机构的医师、药师、护士,由县级以上地方卫生健康行政部门或其指定的医疗机构组织相关培训并考核。

二、抗肿瘤药物临床应用管理

医疗机构应当严格执行《药品管理法》及其实施条例、《处方管理办法》、《医疗机构药事管理规定》、《医疗机构处方审核规范》等相关规定及技术规范,加强抗肿瘤药物遴选、采购、储存、处方、调配、临床应用和药物评价的全过程管理。

（一）设立抗肿瘤药物管理工作组

医疗机构应当建立抗肿瘤药物管理组织或由专(兼)职人员负责本机构的抗肿瘤药物管理工作。开展肿瘤诊疗服务的二级以上医疗机构,应当在药事管理与药物治疗学委员会下设立抗肿瘤药物管理工作组。抗肿瘤药物管理工作组由医务、药学、临床科室、医学影像、病理、护理、检验、信息管理、质控等部门负责人或具有相关专业高级技术职务任职资格的人员组成,共同管理抗肿瘤药物临床应用,医务、药学等部门共同负责日常管理工作。开展肿瘤诊疗服务的其他医疗机构,如不具备设立抗肿瘤药物管理工作组条件,可由专(兼)职人员负责具体管理工作。

医疗机构抗肿瘤药物管理组织的主要职责:贯彻执行抗肿瘤药物管理相关的法律、法规、规章,制定本机构抗肿瘤药物管理制度并组织实施;审议本机构抗肿瘤药物分级管理目录,制定抗肿瘤药物临床应用相关技术性文件,并组织实施;对本机构抗肿瘤药物临床应用情况进行监测,定期分析、评估、上报监测数据并发布相关信息,提出干预和改进措施;对医务人员进行抗肿瘤药物管理相关法律、法规、规章制度和技术规范培训,组织对患者合理使用抗肿瘤药物的宣传教育。

（二）开展肿瘤多学科诊疗

医疗机构开展肿瘤多学科诊疗的,应当将肿瘤科、药学、病理、影像、检验等相关专业人员纳入多学科诊疗团队,落实抗肿瘤药物管理要求,保障合理用药,提高肿瘤综合管理水平。

（三）抗肿瘤药物遴选和评估

医疗机构应当建立抗肿瘤药物遴选和评估制度,根据本机构肿瘤疾病诊疗需求制定抗肿瘤药物供应目录,并定期调整。抗肿瘤药物品种遴选应当以临床需求为目标,鼓励优先选用国家基本药物目录、国家基本医疗保险药品目录中收录、国家集中谈判或招标采购,以及国家卫健委公布的诊疗规范、临床诊疗指南、临床路径涉及的药品。

医疗机构抗肿瘤药物应当由药学部门统一采购供应,其他科室或部门不得从事抗肿瘤药物的采购、调剂活动。因特殊治疗需要,确需使用本机构抗肿瘤药物供应目录以外抗肿瘤药物的,可以启动临时采购程序,由临床科室提出申请,经本机构抗肿瘤药物管理工作组审核同意后,由药学部门临时一次性购入使用。

医疗机构遴选和新引进抗肿瘤药物品种,应当由临床科室提交申请报告,由抗肿瘤药物管理工作组出具初步意见,经药事管理与药物治疗学委员会讨论通过后执行。对于临床优势明显、安全性高或临床急需、无可替代的创新药物,医疗机构应当在充分评估的基础上,简化引进流程,及时纳入抗肿瘤药物供应目录。对于存在重大安全隐患、疗效不确定、成本-效果比差或者严重违规使用等情况的抗肿瘤药物,临床科室、药学部门、抗肿瘤药物管理工作组应当提出清退或者更换意见,经药事管理与药物治疗学委员会讨论通过后执行。清退或者更换的抗肿瘤药物品种或者品规原则上12个月内不得重新进入抗肿瘤药物供应目录。

（四）抗肿瘤药物临床应用

抗肿瘤药物临床应用应当遵循安全、有效、经济的原则。医疗机构和医务人员应当以循证医学证据为基础,以诊疗规范、临床诊疗指南、临床路径和药品说明书等为依据,充分考虑药物临床治疗价值和可及性,合理应用抗肿瘤药物,以达到治疗肿瘤、提高患者生存率、改善患者生存质量的目的。

1. **规范制定药物治疗方案**　医师应当根据组织或细胞学病理诊断结果,或特殊分子病理诊断结果,合理选用抗肿瘤药物。原则上,在病理确诊结果出具前,医师不得开具抗肿瘤药物进行治疗。

国家卫健委发布的诊疗规范、临床诊疗指南、临床路径或药品说明书规定需进行基因靶点检测的靶向药物,使用前需经靶点基因检测,确认患者适用后方可开具。加强对肿瘤细胞耐药发生机制及其对策的研究,针对不同耐药机制采取相应的应对策略,增加患者获益可能。

医疗机构应当遵循诊疗规范、临床诊疗指南、临床路径和药品说明书等,合理使用抗肿瘤药物。在尚无更好治疗手段等特殊情况下,应当制定相应管理制度、技术规范,对药品说明书中未明确但具有循证医学证据的药品用法进行严格管理。特殊情况下抗肿瘤药物使用采纳的循证医学证据,依次是其他国家或地区药品说明书中已注明的用法,国际权威学协会或组织发布的诊疗规范、临床诊疗指南,国家级学协会发布的诊疗规范、临床诊疗指南和临床路径等。

首次抗肿瘤药物治疗方案应当由肿瘤诊疗能力强的医疗机构,或省级卫生健康行政部门按照相应标准和程序遴选的其他医疗机构制定并实施。鼓励由三级医疗机构制定并实施首次抗肿瘤药物治疗方案。对于诊断明确、病情相对稳定的肿瘤患者,其他医疗机构可以执行上述医疗机构制定的治疗方案,进行肿瘤患者的常规治疗和长期管理。相关遴选标准和程序由省级卫生健康行政部门制定并公布。

2. **抗肿瘤药物调剂与用药监测**　抗肿瘤药物处方应当由经过抗肿瘤药物临床应用知识培训并考核合格的药师审核和调配。抗肿瘤药物的调配应当设置专门区域,实行相对集中调配,并做好医务人员职业防护。设有静脉用药调配中心的医疗机构,应当按照《静脉用药集中调配质量管理规范》进行集中调配;静脉用药调配人员应当经过相应培训并考核合格。

医疗机构应当开展抗肿瘤药物临床应用监测工作,分析本机构和各临床科室抗肿瘤药物使用情况,评估抗肿瘤药物使用适宜性;对抗肿瘤药物使用趋势进行分析,对抗肿瘤药物不合理使用情况应当及时采取有效干预措施。充分利用信息化手段,加强抗肿瘤药物临床应用的全过程管理,促进合理应用。通过治疗效果评估、处方点评等方式加强抗肿瘤药物临床应用的日常管理,每半年至少开展一次专项处方点评,评价抗肿瘤药物处方的适宜性、合理性。

3. 合理应用管理指标 医疗机构应当根据各临床科室专业特点,科学设定抗肿瘤药物临床合理应用管理指标,定期评估抗肿瘤药物合理应用管理情况。抗肿瘤药物临床合理应用管理指标应当包括:抗肿瘤药物分级管理制度执行情况;限制使用级和普通使用级抗肿瘤药物的使用率;抗肿瘤药物使用金额占比;抗肿瘤药物处方合理率与干预率;抗肿瘤药物不良反应报告数量及报告率;抗肿瘤药物临床应用监测及相关数据上报情况。

4. 安全风险防控 医疗机构应当加强抗肿瘤药物不良反应、不良事件监测工作,并按照国家有关规定向相关部门报告。制定抗肿瘤药物使用应急预案,对出现外漏或严重不良反应的,要及时启动应急预案。加强行风建设,规范抗肿瘤药物采购,对存在不正当销售行为或违规销售的企业,依法依规及时采取暂停进药、清退等措施。抗肿瘤治疗相关的医疗废物管理应当遵守《固体废物污染环境防治法》《医疗废物管理条例》《医疗卫生机构医疗废物管理办法》等法律、法规规定,做好分类收集、运送、暂存及机构内处置工作,并做好相关工作人员的职业卫生安全防护。

三、监督管理措施

(一)开展抗肿瘤药物处方点评

医疗机构应当将抗肿瘤药物处方点评和用药医嘱审核结果纳入医师定期考核、临床科室和医务人员业务考核。

(二)对抗肿瘤药物超常处方医师的处理

医疗机构应当对出现超常处方 3 次以上且无正当理由的医师提出警告,限制其处方权;限制处方权后,仍连续 2 次以上出现超常处方且无正当理由的,取消其处方权。

(三)取消医师抗肿瘤药物处方权的情形

医师出现下列情形之一的,医疗机构应当取消处方权:被责令暂停执业;考核不合格离岗培训期间;被注销、吊销执业证书;未按照规定开具抗肿瘤药物处方,造成严重后果的;未按照规定使用抗肿瘤药物,造成严重后果的;开具抗肿瘤药物处方牟取不正当利益的。

第八章　血液管理法律制度

第一节　国内外血液管理体系

早在史前时代,人类就在壁画上留下了被武器杀伤后出现的血迹图案,意味着人类开始意识到了血液的存在。血液和生命息息相关,古代时,人们视血液为赋予生命的力量,在祭祀或者宗教仪式中称颂、膜拜。

血液由血浆和有形成分(包括红细胞、白细胞、血小板)组成,简称血,是指全血、血液成分和特殊血液成分。血液是人体内循环系统中的液体组织,呈暗红色或鲜红色。自古以来,血液就有"生命之源"之称,对人的健康发挥了重要的作用。血液在人体生命活动中具有运输氧气和营养物质、体液调节、维持内环境稳定、调节体温、维持组织的兴奋性,以及防御外界有害因素的入侵等重要的保护和防御作用。

一、国外发达国家血液管理法律、法规体系建设

(一)美国血液管理法律体系

美国联邦政府行使血液管理权力的法律基础是《公共卫生服务法案》和《食品、药品与化妆品法案》。具体的法律条文位于《食品、药品与化妆品法案》的第 21 篇"食品与药品"中,以及《公共卫生服务法案》的第 42 篇"公共健康与社会福利"里面。这两部法案被编纂在《美国法典》(*United State Code Service*,*USCS*)中。为了执行联邦法律,联邦政府制定了一系列的行政规章,编纂成《美国联邦法规》,这是 *USCS* 的下位法,补充解释了国会的立法,并具有广泛的适用性和永久的法律效力,每年更新一次。美国联邦政府关于公共卫生事务的行政主管部门是美国卫生与公众服务部,该部门下设立的 FDA 是具体负责血液管理的政府行政机构。其负责执行联邦法律的规定,制定血液管理相关的行政规章。FDA 及其下设的生物制品评估与研究中心负责监督管理血液的采集、供应与使用。

根据《临床实验室改进修正法案》和《公共卫生服务法案》的规定,医疗保险和医疗补助服务中心负责对医学实验室的注册认证和监管检查,FDA 认可经医疗保险和医疗补助服务中心批准的实验室检查和批准。FDA 在献血者筛选标准、筛查试验项目、血液质量标准等方面,会跟随医疗技术的革新将新技术和新标准及时制定成行业的指南,建议相关血液机构应用。这些指南一般不具有法律效应,不强制执行实施。但部分指南中引用了特定的法律、法规,则具有对于技术标准要求的强制力,明确表明必须应用。指南通常还具有相当强的导向性,医疗机构或血液机构若实施了指南的推荐,则在接受检查时一般就被认为符合相关法律、法规的要求。美国血库协会,现已更名为血液与生物治疗促进会(Associated for the Advancement of Blood & Biotherapies,AABB),即一个国际性的非营利的行业协会组织,成立于 1947 年,致力于发展和提供行标、认证和教育项目,着重于优化患者和献血者的护理和安全。

(二)欧洲血液管理法律体系

欧洲联盟,简称欧盟,是由欧洲共同体发展而来的,在1993年,通过了《马斯特里赫特条约》而正式诞生,创始成员国为6个,目前拥有27个成员国。欧盟在宗旨原则、法律地位、组织机构职能及法律体系等方面都有自身的独特性,从立法机关、程序到规范性文件的执行、实施,都已建立起庞大的法规体系,成员国逐步趋向于法律一体化。1990年通过了《阿姆斯特丹条约》,其中第152条授予了欧盟在血液成分领域的立法权限。

欧盟委员会(EP)是欧盟唯一可以发起立法的下属常务执行机构,为杜绝血液安全隐患,保证血液持续安全的供应,欧盟和欧盟委员会可以对血液管理进行立法,发布指令。欧洲药品管理局也是欧盟的一个分支机构,主要职责是评价和监督人类及兽医使用的药物,从而保护和促进公共卫生。根据《欧盟药品GMP指南》,欧洲药品管理局下属的人类药用产品委员会主要参与对工业生产、分馏的血浆衍生物制品的评价。

欧洲委员会和欧盟是完全不同的两个组织,很容易被混淆。欧盟的所有成员国都是欧洲委员会的成员国。在卫生医疗领域,欧洲委员会一贯致力于解决伦理问题,最重要的是保证人源性物质,包括血液、组织和器官等的非商业化。欧洲委员会提出发布了多项建议,确保血液成分的治疗,并通过建议的形式发布了《血液和血液成分的制备、使用和质量保证指南》。欧洲药典委员会由欧洲委员会提议并创建,其制定了《欧盟药事法规》,其中第四卷《欧洲药品GMP指南》的第三部分附录14即人血液或血浆制品生产。

在欧盟,血液成分由欧盟的血液安全和质量相关指令进行监管。按照欧洲血液指令,关于血液及血液成分的安全和质量标准的法律框架载于指令2002/98/EC,涵盖了输血相关过程的全步骤,包括从献血、采集、监测、加工到储存和发放。欧盟和欧洲委员会各个成员国的当局密切合作,提出并通过了关于血液和血液成分的技术要求、关于严重不良反应和事件的追溯要求、关于建立血站质量体系的统一标准和规范等附加实施法案。必须指出的是,欧盟各成员国可以选择比上述法规更加严格的规定,来监管本国的血液和血液制品的安全和质量标准。

二、我国血液管理法规体系

我国血液管理法规体系是以我们国家的血液管理方针政策为指导,以血液管理的行政法规为框架,以《献血法》为核心,以国家标准、卫生健康标准及行政规范性的文件为支持。我国的血液管理法规体系是在长期的血液管理实践过程中逐步形成和发展起来的,涵盖了血液管理的各个方面。在我国进行社会主义法治国家的建设进程中,我国血液管理法治建设有了长足的进展,血液管理法规体系基本形成,政府主管部门依法进行行政管理,血液工作相关方面人员的守法意识有了极大的提高。然而,我国血液管理法规体系也存在修订不够及时的问题,不能完全满足我国血液管理工作的发展要求,需要进一步的健全和完善。

(一)我国血液管理法规体系的概念

法规体系是指一国现行的法律规范按照不同的法律部门分类组合、有机联系的统一整体。我国血液管理法规体系是为了保障血液的安全供应及献血者安全,对采供血和临床输血实践活动中产生的与血液相关的各种社会关系进行调整的法律规范的总称,是我国卫生健康管理法规体系重要的组成部分。同血液相关的各种社会关系包括参与采供血和临床输血的各主体间的关系,各主体同血液相关从业人员的关系,以及各主体、从业人员和相关政府主管部门间的关系等。

血液管理法规体系是规范性、强制性的,调整的关系是在血液供应链的运作过程中,关于采供血机构和临床用血的各种关系。它是由一系列法律、法规、标准和规范性文件所构成的一个有机整体,都围绕着血液管理来设定有关主体的权利和义务。其保护对象是献血者、受血者和血液相关从业者的身心健康和生命安全,以及血液相关生产资料和血液资源。

(二)我国血液管理法规体系的范围

法律和法规、部门规章、规范性的文件,以及血液管理的技术标准/规范都属于血液管理法规体系的范畴。《中华人民共和国标准化法》第10条及《献血法》第10、12条赋予血液技术标准/规范以法律效力。因此,我国血液管理法规体系涵盖的范围如下:全国人大及其常务委员会制定的血液管理相关的法律,国务院制定的血液管理相关的行政法规,国务院有关部门制定的血液管理相关的部门规章,各省、自治区、直辖市人大及其常务委员会制定的血液管理相关的地方性法规,各省、自治区、直辖市人民政府制定的相关地方政府规章,国务院或地方人民政府有关部门依法制定的血液管理相关的国家标准、行业标准及地方标准,血液相关社会组织制定的团体标准。

(三)我国血液管理法规体系的作用

保障血液安全和用血安全,最终是为了保障人民的生命安全,促进健康中国战略实现,这是国家的重要职能。我国血液管理法规体系的作用如下:①为保护血液供应链中人员(献血者、受血者和血液相关从业者)的安全与健康提供了法律保障。我国血液管理法规的目的是保障人员的生命安全和身心健康,因此,它强制性地规定了从业者的行为规范,也保障了献血者和患者的基本权利,从献血条件、血液技术规范、输血适应证等方面,规定了保障血液安全的精神和条件。②为血液供应链各方责任主体的相关行为提供了法律规范。采供血和临床用血涉及了多个责任主体,如献血宣传/组织单位、献血者、血站、医院、血液监督管理部门、临床医护人员、受血者等,任何一个责任主体的行为不规范,都可能直接影响血液安全,造成隐患,甚至酿成重大的血液安全事故。因此,需要通过立法来科学合理地规范各方责任主体的相关权利、义务,使各方切实履行血液安全责任,从而实现血液安全。③为政府主管部门依法监管血液安全提供了法律依据,明示了行为规范,是对血液安全违法违规行为进行惩戒处罚的重要依据。④为社会各方面(如媒体、社会大众、机关院校等)重视无偿献血和血液安全提供了浓厚的法律氛围,这使得相关人员能够从舆论监督、组织动员无偿献血、输血医学的培训和研究、技术支持等方面不断拓宽工作领域,从而推进和保持我国血液安全形势。

(四)我国血液管理法规体系的发展历程

20世纪50年代,中华人民共和国成立初期,我国开始建立血站,受国内外形势的影响,将血液作为战备资源进行管理,并将血站纳入战备单位,对血站的管理多沿用了战时管理模式。随后,北京、上海等地区的民用血站相继建立,我国开始探索改变战时管理模式,并开始研究国外血站的管理运行模式和法律法规。但直到1978年前,国内仍未有任何针对采供血活动的法规、规章或者标准,因此,此阶段也被业内称为"无标生产的30年"。1978年11月,国务院印发了《关于加强输血工作的请示报告》,1979年印发了《全国血站工作条例(试行草案)》,首次提出建立和健全全国各级输血机构,实行无偿献血的工作思路,确立了统一制定献血计划、管理血源、组织采血的"三统一"要求,这标志了我国血液管理工作规范化开始起步。但随后各地的输血工作发展极不均衡,无偿献血工作进展缓慢,受经济利益的驱动,各地区均争相举办采供血机构,血液监管不到位,以追求经济为目的的卖血引发的社会和安全问题极严重。

1993年是我国采供血机构模式改变的分水岭,卫生部颁布了《采供血机构和血液管理办法》,明确了采供血机构的分类和职责,随后,参照美国血站实施血液GMP管理的思路,颁发了《血站基本标准》和《单采血浆站基本标准》,对血站和单采血浆站的执业活动提出了详细的管理要求,形成了血站GMP的雏形。

1997年,卫生部颁布了《中国输血技术操作规程(血站部分)》,为各地采供血活动提供了规范化的技术依据支持,标志着我国的采供血正式进入了规范化和标准化的阶段,同年12月29日,第八届全国人大第二十九次会议通过了《献血法》,从 1998 年 10 月 1 日起施行。随后,卫生部颁发了《血站管理办法(暂行)》,替代了《采供血机构和血液管理办法》,并对《血站基本标准》和《单采血浆站基本标准》做了修订。2001 年,发布并实施了《献血者健康检查要求》(GB 18467—2001)和《全血及成分血质量要求》(GB 18469—2001)2 项国标。2005 年,卫生部对《血站管理办法》进行了修订,随后印发了《血站质量管理规范》和《血站实验室质量管理规范》2 项规范,自此我国血站管理进入了全面质量管理、体系化管理的新阶段。2011 年,印发了《血站技术操作规程(2012 版)》,随后修订并相继颁布了《献血者健康检查要求》(GB 18467—2011)和《全血及成分血质量要求》(GB 18469—2012)。这一系列法规、标准及规范性文件,使我国的血液管理法规体系得到了进一步完善。

(五)我国血液管理法规体系的框架

我国的血液管理法规体系是以《宪法》为立法根据,以《献血法》为核心,以各项行政法规和规章为主导,以各项规范性文件为配套,以行业标准为技术指导支持,以地方法规、规章等相关规定作为补充,按照一定的原则和要求,形成的多层级、多类型的文件体系和有机整体。

我国确立了一系列符合我国血液管理工作实际的法律制度,总结为七大基本制度:无偿献血制度、输血服务制度、血液监管制度、血液检测制度、血液利用制度、质量管理制度及责任追究制度。

第二节 无偿献血

血液被称为"生命之河"。无偿献血指的是公民自发自愿捐献自身血液,以挽救他人生命的行为。无偿献血是一种高尚的道德行为,是爱和奉献的体现。早在 1948 年,WHO 和红十字会与红新月会国际联合会就通过决议呼吁全球各国采取"无偿献血"和"免费输血"的原则。1973 年,第 22 届国际红十字大会通过决议,明确肯定了出于人道主义原则的自愿无偿献血是解决血液需求的最有效、最安全的方法,献血必须建立在无报酬的基础上。1991 年,在布达佩斯召开的红十字会和红新月会国际联合会第 8 届大会通过了关于无偿献血定义的第 34 号决议,该决议重申了无偿献血的含义,即出于自愿提供自身的血液、血浆或其他血液成分,并且不收取任何报酬的人们,被称为自愿无偿献血者。现金、礼品、休假和旅游等都被视为金钱的代替品,而小型纪念品、茶点及支付交通费是合理的。

一、无偿献血制度

(一)世界范围的无偿献血制度

1900 年,"血型之父"——奥地利血液学专家 Landsteiner 首先发现了人类红细胞上的 ABO 血型系统,并创立了科学的输血理论。之后,输血已成为现代医疗中必不可少的重要手段,在临床医学领域中为拯救外伤、大出血、严重烧伤等危重症患者,治疗白血病等疾病发挥着其他药物所不能替代的重要作用。截至目前,人们尚未发明能完全代替人类血液全部功能和作用的代血制品,因此,目前仍需要依靠健康公民来捐献血液,以供临床治疗、急救等使用。一个国家公民的献血制度的确立及完善程度,充分反映了一个国家的文明程度、社会公德水准及公民的道德水平。从全球范围看,目前许多国家和地区都已实行了无偿献血制度。一些世界范围的调查数据显示,艾滋病病毒和肝炎病毒的血液传播概率在自愿无偿献血的人群中是最低的;无偿献血者作为固定的血液捐献者,可使临床用血获得安全、稳定的血液来源。积极推行无偿献血毫无疑问是血液安全的保障和基础。为了感谢这些拯救生命的自愿无偿献血者,特别是多次捐献血液的个人,颂扬他们无偿捐助血液的无私奉献之举,WHO、红十字会与红新月会国际联合会、献血者组织国际联合会、国际输血协会于2004年联合发起,将每年的6月14日定为"世界献血者日"。

(二)我国的无偿献血制度

《献血法》第2条规定:我国实行无偿献血制度。国家提倡18~55周岁的健康公民自愿献血。"救人一命胜造七级浮屠",无偿献血是人道主义精神的一种体现,是出于利他主义的动机,无偿献血者将自己的血液免费捐献给有需要的患者,使其生命延续,重获新生。自1984年参与血液事业管理以来,以"人道、博爱、奉献"为宗旨的中国红十字会就秉承了红十字国际委员会的无偿献血的原则,积极配合国家卫生部门,广泛宣传无偿献血的意义,普及献血的科学知识,开展献血的社会公益性宣传,动员社会各界踊跃献血。我国的无偿献血目前包括单位组织计划无偿献血和公民个人自愿无偿献血。单位组织计划无偿献血是指献血者(有组织的群体或散在的适龄公民)定期参加本单位或者本居住地区组织的无偿献血活动的行为,在献血后,作为义务献血者可获得一定金额的营养补助费。对于公民个人自愿无偿献血者,《献血法》规定将发给由国务院卫生行政部门制作的无偿献血证书,有关单位可以适当给予补贴。无偿献血证书既是献血者的荣誉证书,又是享受法定优惠的主要凭证。无偿献血证书必须编号,加盖公章,发放无偿献血证书必须要做登记备案,当献血者需要用血时,凭无偿献血证书进行优惠用血。原则上献血者收取的补贴指少量必要的交通费、误餐费等费用和报酬,而非以往的高额补贴和其他变相补贴。通常,采供血机构会向献血者赠送一些纪念品,以感谢他们无私奉献的行动。这样的规定适合我国城乡各地的现实情况,并与国际红十字会和红新月会国际联合会提倡的关于无偿献血定义的精神也是相一致的。通过立法确立和推行无偿献血制度,我国从根本上保证了医疗临床用血需要和血液安全,保障了献血者、用血者的身体安康,促进了社会主义物质文明和精神文明的建立,有利于实现公众对血液的公平可及。

二、无偿献血的对象

《献血法》规定:为保障医疗用血安全,保障献血者和用学者身体健康,国家提倡18~55周岁的健康公民自愿献血。国家鼓励国家工作人员、现役军人和高等学校在校学生率先献血,为树立社会新风尚作表率。这些人群是我国精神文明建设的重要力量,也是实行无偿献血的基本队伍。依法鼓励这部分人群率先献血是保证《献血法》顺利实施,带动全社会树立救死扶伤社会新风尚的有力措施。

(一)献血的年龄

新版《献血者健康检查要求》(GB 18467—2011)是2011年11月30日经由国家技术质量监督检验检疫总局和国家标准化管理委员会批准后正式发布的,自2012年7月1日起正式实施,旨在加强和规范血液的质量管理,预防和控制经输血传播的疾病,保障献血者的身体健康及受血者的输血安全,并为各级卫生行政部门对血站进行的献血者的体检和检验工作的监督管理提供了科学依据。

根据《献血者健康检查要求》(GB 18467—2011)的规定,国家提倡献血年龄为18~55周岁;既往无献血反应、符合健康检查要求的多次献血者主动要求再次献血的,年龄可延长至60周岁。而《〈中华人民共和国献血法〉释义》指出,"本法提倡的十八周岁至五十五周岁的健康公民献血,是根据我国公民的身体素质和满足用血的需要等因素确立的。十八周岁是我国法定的完全行为能力人的年龄界限,无偿献血是公民自愿的行为,需要具备完全行为能力人来决定,本法规定十八周岁为无偿献血的最低年龄,与我国其他法律规定一致""考虑到我国公民的体质状况和各地的做法,法律规定五十五周岁为无偿献血的终止年龄。但法律规定的终止献血年龄，只是法律的一般规定，并不是超过终止年龄的不允许献血"。由此可见，《献血法》对献血年龄上限的规定并不是强制性的条款，新版《献血者健康检查要求》将献血年龄延长至 60 周岁的规定是与《献血法》相一致的，并没有超出《献血法》里对献血年龄的要求。

(二)献血的时间间隔

《献血法》第 9 条规定：血站对献血者每次采集血液量一般为 200 mL，最多不得超过 400 mL，两次采集间隔期不少于 6 个月。严格禁止血站违反前款规定对献血者超量频繁采集血液。为了保护献血者的健康安全，保证血液事业的蓬勃发展，对于违反规定的行为，也规定了相应的法律责任。新版《献血者健康检查要求》对于两次全血的献血间隔仍沿用《献血法》第 9 条的规定，而将捐献单采血小板的间隔时间调整为不少于 2 周，但不大于 24 次/年，特殊需要的情况下，经由医生批准，最短时间间隔不得少于 1 周；将全血献血后与单采血小板献血间隔由原来的不少于 6 个月调整至不少于 3 个月。新版《献血者健康检查要求》对单采血小板献血时间间隔的调整遵循医学科学的原则，借鉴了其他国家已经成熟的、经过检验的标准，同时结合我国实际情况，兼顾了献血安全和无偿献血的发展需要，符合我国的基本国情。

(三)无偿献血者的健康要求

血站对献血者必须免费进行必要的健康检查；身体不符合献血条件的，血站应当向其适当解释说明情况，注意保护其个人信息，不得采集血液。献血者的身体健康条件由国务院卫生行政部门规定。

根据《献血法》的规定，无偿献血在采集血液前应征集献血者的知情同意，并对其进行必要的健康征询、一般检查和血液检测，并不得收取任何费用。必要的健康检查，指的是通过化验血样等手段，既可以在短时间了解关于献血者的血液和身体健康状况的信息，又无须像平时到医疗保健机构进行的全面体检。献血者应该如实填写健康状况征询表，不真实填写者，因所献血液引发受血者发生不良后果，应按照相关法律规定承担责任。献血者献血前的一般检查和血液检测应以血站的结果为准，有效期为 14 天。献血前的健康检查结果只用于判断捐献的血液是否符合国家血液标准的要求，而不适用于诊断献血者是否感染或患有某种疾病。安全的血液可以挽救生命，而不安全的血液则会危害患者的生命与健康。安全的血液只能来自具有健康生活方式和具有利他行为动机的献血者。具有高危行为的公民不应献血，更不应为了化验而献血，如静脉药瘾史、男男性行为或具有经血传播疾病（艾滋病、丙型病毒性肝炎、乙型病毒性肝炎、梅毒等）风险的。献血者捐献具有传染性的血液会给受血者带来危险，应依法承担对受血者的相应的法律责任。根据《艾滋病防治条例》第 38、62 条及《传染病防治法》第 77 条的规定，若明知有高危行为而故意献血者，造成传染病传播、流行的，依法承担民事责任；构成犯罪的，将依法追究刑事责任。

无偿献血是《献血法》所确立的基本制度，也是每个公民应尽的光荣义务。保护献血者的身体健康、受血者的用血安全，是《献血法》立法的宗旨之一。新版《献血者健康检查要求》将选择安全的献血者、维护无偿献血者的健康作为核心理念，制定了严格的无偿献血评估程序，在保障血液安全的同时，维护无偿献血者和受血者的健康。新版的《献血者健康检查要求》更加符合我国无偿献血工作发展的需要，为无偿献血的发展提供了更加科学的政策和方针，该要求作为选择安全献血者的基本标准，将指导血站开展无偿献血者的筛选和咨询工作。

三、无偿献血的管理

(一)各级政府的职责

无偿献血最初是由红十字国际委员会组织倡导的，但由于红十字会是民间团体，在开展献血活动过程中遇到各种困难,因此需要政府大力支持,共同推进。为了加强血液管理、保障输血安全,各国通过立法等方式,确认了政府的责任,加强了对无偿献血工作的管理。如希腊献血法规定由卫生福利社会安全部门全权负责组织献血活动等。无偿献血关系到全体公民,涉及面广泛,是一项政策性很强的群众性工作,单靠卫生行政部门是不能很好完成的。因此,做好无偿献血工作,不仅是各级卫生行政部门的职责,还需各级政府统一规划、组织、协调。根据我国《献血法》的规定,地方各级人民政府领导本行政区域内的献血工作,统一规划并负责组织、协调有关部门共同做好献血工作。县级以上各级人民政府卫生行政部门监督管理献血工作。各级人民政府采取措施广泛宣传献血的意义,普及献血的科学知识,开展预防和控制经血液途径传播的疾病的教育。

(二)红十字会的职责

1946年在英国举行的第19次国际红十字大会与红新月会协会理事会最初以文件的形式通过了无偿献血原则。此后,红十字国际委员会一直把推进无偿献血工作作为自己的一项义务。从倡导之初到现在,红十字国际委员会一直在积极地参与推动无偿献血工作。1993年10月31日,第八届全国人大常委会第四次会议通过了《中华人民共和国红十字会法》(以下简称《红十字会法》),规定中国红十字会是中华人民共和国统一的红十字组织,是从事人道主义工作的社会救助团体。《献血法》规定:各级红十字会依法参与、推动献血工作,而并非完全负责献血工作。参与指的是根据《红十字会法》及有关献血工作的地方立法的规定,配合政府和卫生行政部门进行无偿献血的宣传、动员和组织工作。

(三)血站的职责

《献血法》规定:血站是采集、提供临床用血的机构,是不以营利为目的的公益性组织。设立血站向公民采集血液,必须经国务院卫生行政部门或者省、自治区、直辖市人民政府卫生行政部门批准。血站应当为献血者提供各种安全、卫生、便利的条件。各级政府都应按照规定,对血站的事业经费和人员经费纳入政府财政预算进行统筹安排,以保证血站正常、健康的运转,杜绝血液买卖、非法采供血活动。血站采集血液必须严格遵守相关的操作规程和制度。一方面,是为了保证献血者的健康安全,对受血者负责;另一方面,也是为可能出现的纠纷提供可参照的依据,具体的操作规程制度由国务院卫生行政部门规定。

根据《献血法》的规定,无偿献血的血液必须用于临床,不得进行买卖。血站、医疗机构不得将无偿献血的血液出售给单采血浆站或者血液制品生产单位。临床用血是献血者们无偿提供的,这是一种人道主义的行为,是一种救死扶伤的高尚行为,而非具有买卖关系的经济行为。因此,在无偿献血的整个过程中,任何单位和个人都不得利用公民无偿捐献的血液进行牟利。根据我国血液管理的法律、法规,将血液分为医疗临床用血和血液制品生产用血两部分,并进行分别管理。医疗临床用血实施无偿献血制度,献血者和献血组织者均不能以金钱利益为动机进行献血。根据国务院1996年12月30日发布的《血液制品管理条例》,供血浆者提供的血液制品生产用原料血浆是有偿的,因为目前根据我国国情,暂时无法做到原料血浆全部实行无偿。法律规定,临床用血不得出售给单采血浆站或血液制品生产单位,单采血浆站不得采集全血,严禁单采血浆站采集的原料血浆用于临床用血,否则县级以上卫生行政部门可以没收其违法所得,并可以处以10万元以下的罚款。

四、典型案例

【案例1】 20世纪90年代以前,我国临床使用的各类血液制品(如人血白蛋白、丙种球蛋白、凝血因子制剂等)几乎均由国外进口。1983年,一位血友病患者由于输注了美国产"冷沉淀因子Ⅷ"血液制品感染了人类免疫缺陷病毒,这是我国第一例艾滋病患者。鉴于此事,我国卫生部、对外经济贸易部、海关总署分别于1984年和1988年两次联合下发了关于限制进口血液制品防止艾滋病传入我国的通知:"鉴于资本主义国家中同性恋和静脉注射毒品已成为严重的社会问题,艾滋病又常见于男性同性恋者,而国外用于制造血液制品的血浆供应者中同性恋者又占很大比例。为防止该病传入我国,严格限制进口国外的血液制品。"而血液制品在全世界范围内都很稀缺,价格昂贵,且临床应用广泛,供不应求。为了解决医疗急救、缓和国内医疗所需,20世纪80年代末90年代初,国内开始大规模引进国外资金、技术和设备,兴建血液制品生产企业。至此,在庞大的市场需求和高额利润率刺激下,河南、河北等省份建立了众多的单采血浆站,成为生物制品公司重要的"血浆原料库"。当时的河南省作为人口大省,80%是低收入的农民,受经济利益驱动,一些"血头""血霸"私自设点,非法偷采血浆;一些地方和血液制品企业擅自在河南设立单采血浆站点,大量采集、收购原料血浆,不规范的操作、无菌意识的欠缺、医疗器械未充分消毒并重复使用等原因,为人类免疫缺陷病毒在有偿献血人群中的传播大开方便之门。1993—1994年,由于国家"适时"开放血液制品出口,更大地调动了采血的积极性,"血浆经济"达到登峰造极的地步。很长一段时间内,在驻马店、开封、周口、商丘的一些农村,卖血成了村民的一种生存状态,而当时对于血站的管理极其混乱,不规范的单采血浆方式最终造成了艾滋病在这些农民中的大规模流行。河南省上蔡县芦岗乡文楼村因此成为我国艾滋病感染人数最密集的地区之一,被称为"艾滋病村"。1995年8月23日,国家卫生部公布了河南省上蔡县芦岗乡文楼村的艾滋病疫情:文楼大队包括6个自然村,3170人口,1995年前有偿献血员约1310人,1999年河南省卫生厅调查有偿献血员中人类免疫缺陷病毒阳性率为43.48%。

从1996年3月开始,政府部门开始在全国范围内整顿血浆站,河南省关闭了所有的单采血浆站。1996年12月30日,国务院发布并实施了《血液制品管理条例》。中华人民共和国第八届全国人大第五次会议于1997年3月14日修订,1997年10月1日起实施的《刑法》第333条规定:非法组织他人出卖血液或以暴力、威胁方法强迫他人出卖血液者,将追究其刑事责任。1997年12月29日第八届全国人大常委会第二十九次会议通过了《献血法》(中华人民共和国主席令第93号),自1998年10月1日起施行。自此,我国正式完成了有偿献血向无偿献血的过渡。随后,卫生部于1998年9月21号发布了卫生部令第2号《血站管理办法》(暂行),代替了原有的《采供血机构和血液管理办法》,又相继对《血站基本标准》和《单采血浆站基本标准》进行了修订。2001年,发布并实施了2项中华人民共和国国家标准:《献血者健康检查要求》(GB 18467—2001)和《全血及成分血质量要求》(GB 18469—2001)。自2002年起,卫生部按WHO颁布的《安全血液和血液制品》的要求,加强了对血液和血液制品的管理和监督工作,确定了国家对于血液和血液制品工作的重心和要点,即要建立完善的、由国家统一管理协调的采供血机构;从定期的、自愿无偿的低风险人群献血者中采集血液;对于所有采集的血液需进行输血传播性疾病的检测,以及血型定型和配合性试验,通过血液检测保证临床用血的安全性;血液和血液制品在临床的合理应用,深入实施采供血机构全面质量管理、体系化管理项目,加强血站机构实验室建设和临床用血管理,保障血液安全。

【案例2】　2000 年,河南省汝州市警方捣毁了一个地下采血窝点,经化验发现此地采集的 400 多袋血液均有问题,其中丙型肝炎病毒检出率为 100%,梅毒螺旋体检出率为 97%,乙型肝炎病毒检出率为 41%。该市检察院以涉嫌非法采集、供应血液罪批准逮捕了 3 名嫌疑人。该市王寨乡农民任某、无业人员丁某和宿某长期在开封卖血。为了赚取更多的钱,他们预谋联合起来采血、卖血。由丁某出资,任某、宿某购买了分浆机等设备,先后以汝州市区张庄居民区、焦村乡一农舍为窝点,召集 20 多人吃住在窝点内,封闭进行采血,10 天之内采血 400 多袋,后被群众举报。汝州市检察院审查后认为,3 人均涉嫌非法采集、供应血液罪。

1990 年以来,卫生部相继颁发了《关于加强输血工作管理的若干规定》《采供血机构和血液管理办法》《血站基本标准》等一系列部门规章和标准,以规范血液管理工作。各级政府注意加强对输血工作的领导,实行了对输血工作的"三统一",即统一规划采供血机构、统一管理血源、统一采供血,基本保证了临床用血和战备用血。但近年来,在市场经济大潮的冲击下,输血工作的管理出现了一些混乱现象,一些不法分子乘机非法设立"地下血站",即未经国务院卫生行政部门或者省、自治区、直辖市人民政府卫生行政部门批准,擅自设立血站进行非法采集血液。这些非法设立的"地下血站"在采集血液时,根本不遵守国家规定的有关操作规程和制度,允许献血员重复登记,频繁抽血,甚至根本不体检、不化验,致使血液质量极为低劣,输血后引起肝炎或者其他疾病时有发生,对人体健康威胁很大。所以,对这类未经批准,擅自设立"地下血站"进行非法采集、供应血液的,必须严厉打击和惩处,由县级以上地方人民政府卫生行政部门对非法设立的血站予以取缔,没收违法所得,并可以处以 10 万元以下罚款的行政处罚;构成犯罪的,依法追究刑事责任。第八届全国人大第五次会议通过了对《刑法》的修订,修订后的《刑法》对非法采集、供应血液的行为明确规定了刑事责任。《刑法》第 334 条第 1 款规定:非法采集、供应血液或者制作、供应血液制品,不符合国家规定的标准,足以危害人体健康的,处 5 年以下有期徒刑或者拘役,并处罚金;对人体健康造成严重危害的,处 5 年以上 10 年以下有期徒刑,并处罚金;造成特别严重后果的,处 10 年以上有期徒刑或者无期徒刑,并处罚金或者没收财产。

【案例3】　2014 年,甘肃省武威市公安局破获了一起团伙组织以辱骂、恐吓、威胁、哄骗等手段胁迫多名未成年人参与卖血的案件。经公安机关查明,2013 年 11 月—2014 年 5 月,武威武南兰生单采血浆站(隶属于兰州生物制品研究所有限责任公司)副站长黄某为完成血浆采集的任务,以介绍初次供血浆者给予奖金为诱惑,授意犯罪嫌疑人张某寻找供血浆者。在利益驱动下,犯罪嫌疑人张某等人采取诱骗、言语威胁、暴力殴打等方式将受害人陈某等 10 人(其中未成年人 7 名)带至武威武南兰生单采血浆站,冒用他人身份证件登记后强迫卖血浆 48 人次。

判决情况　犯罪嫌疑人中除一人因年龄小外,其余人均被凉州区人民检察院批准逮捕,并依照《刑法》第 333 条追究其刑事责任。2014 年 8 月 19 日,武威武南兰生单采血浆站被甘肃省卫生计生委要求停业整顿,21 日甘肃省卫生计生委依照《血液制品管理条例》《单采血浆站管理办法》及有关规定,吊销武威武南兰生单采血浆站单采血浆许可证,并印发《关于进一步加强单采血浆站监管工作的通知》,要求落实责任,加强对单采血浆站的日常监管。武威武南兰生单采血浆站存在的问题如下:一是内部管理不规范,制度不健全,相关责任人法制观念淡薄,违规执业,严重侵害了未成年人的健康权益;二是血液制品生产企业对单采血浆站质量审计和管理不到位,疏于对供应原料血浆的单采血浆站进行质量审计和有效管理;三是当地相关行政部门监管不到位。武威武南兰生单采血浆站所在地卫生行政部门对该单采血浆站的监管存在薄弱环节,未及时掌握和查处该单采血浆站的违法采浆行为。

【案例4】 一方面,在市场经济的大潮中,一些人受经济利益的驱动;另一方面,一些卫生行政部门对群众献血工作的宣传动员不足,简单地向各单位分配献血指标。一些单位不是积极地宣传动员职工献血,而是采取高额补贴、旅游、休假等"金钱"手段刺激献血者的积极性。当这些单位因完不成指标,转而花大价钱雇佣他人冒名顶替本单位职工献血时,"血头""血霸"也就应运而生了。他们组织卖血,各霸一方,互争地盘,从卖血者那里盘剥取利,不择手段牟取暴利,有的甚至以暴力手段强迫未成年人出卖血液。1994年9月,在吉林省公主岭市大岭镇,就发生了一起强迫未成年流浪儿童卖血案,案犯包某、王某等侵吞卖血款5 000多元,被逼迫抽血的未成年人最小的仅14岁。"血头""血霸"的出现,不仅扭曲了无偿献血制度,助长了卖血现象,且严重损害了人民群众的利益,尤其是未成年人的身心健康,影响血液的质量,因此必须严厉惩处。

《刑法》第333条规定:非法组织他人出卖血液的,处5年以下有期徒刑,并处罚金;以暴力、威胁方法强迫他人出卖血液的,处5年以上10年以下有期徒刑,并处罚金。有前款行为,对他人造成伤害的,依照本法第234条的规定定罪处罚。

【案例5】 2018年年底至2020年2月,几名犯罪嫌疑人各自长期"蹲点"上海各大医院,大量收集急需献血证、用于输血治疗的客户信息。与此同时,他们通过网络平台发布、医院周边散发名片等方式散布有偿收购献血证等信息,以金钱为诱饵,招揽多人多次至指定医院捐献血小板。待这些人获取无偿献血证后,犯罪嫌疑人以几百元的价格从他们手中收购无偿献血证,随即再加价倒卖给客户,从中非法牟利。

除献血办公室或设区的市级以上卫生行政部门指定的血站以外的任何单位和个人,都不得组织血源供血。犯罪嫌疑人李某等人多次非法组织他人出卖血液的行为已触犯《刑法》第333条第1款的规定,构成非法出卖血液罪。血液是多种疾病的传染源头和渠道,为防止危害公共安全,确保人民群众生命安全和身体健康,相关卫生管理部门须堵漏建制,从源头上加强献血过程的管理,严格执行并加大宣传无偿献血工作制度。

【案例6】 2004年10月,国家卫生部、全国非法采供血液和单采血浆专项整治工作办公室发布联合通报,公布了全国十大非法采供血案查处情况。这十大案件是:①浙江省杭州市临安金某等人非法组织他人卖血案;②吉林省四平市伊通县刘某等人以胁迫手段强迫他人卖血案;③浙江省嘉兴市海盐县刘某和平湖市汪某等人非法组织他人卖血案;④上海市"血头"非法组织他人卖血案;⑤陕西省临潼单采血浆站违规采供原料血浆案;⑥广西壮族自治区大化县单采血浆站违规采浆案;⑦青海石油管理局职工总医院中心血库违规采供血案;⑧湖南省溆浦县基层血站违规采血、血源管理混乱案;⑨湖南省江华瑶族自治县第一人民医院非法自采自供血液案;⑩四川省荣县双古中心卫生院非法自采自供血液案。

我国《采供血机构和血液管理办法》在1993年由卫生部颁布,其中第13条规定:血站、单采血浆站执业及中心血库、医院输血科(血库)开展采供血业务必须进行登记或注册,领取相应的采供血机构执业许可证或采供血许可证。第25条规定:未取得采供血许可的单位和个人,不得开展采供血业务。第28条规定:采供血机构在采血前,必须按有关规定对献血者和供血者进行验证和健康检查,严禁采集验证或健康检查不合格者的血液。第39条规定:设区的市级以上卫生行政部门成立由血站管理、血源管理和血液质量管理等有关专家组成的血液质量管理委员会,协助卫生行政部门对采供血机构进行监督管理。

根据《献血法》第18条的规定,有下列行为之一的,由县级以上地方人民政府卫生行政部门予以取缔,没收违法所得,可以并处10万元以下的罚款;构成犯罪的,依法追究刑事责任。①非法采集血液的；②血站、医疗机构出售无偿献血的血液的；③非法组织他人出卖血液的。第19条规定：血站违反有关操作规程和制度采集血液，由县级以上地方人民政府卫生行政部门责令改正；给献血者健康造成损害的，应当依法赔偿，对直接负责的主管人员和其他直接责任人员，依法给予行政处分；构成犯罪的，依法追究刑事责任。第21条规定：血站违反本法的规定，向医疗机构提供不符合国家规定标准的血液的，由县级以上地方人民政府卫生行政部门责令改正；情节严重，造成经血液途径传播的疾病传播或者有传播严重危险的，限期整顿，对直接负责的主管人员和其他直接责任人员，依法给予行政处分；构成犯罪的，依法追究刑事责任。第22条规定：医疗机构的医务人员违反本法规定，将不符合国家规定标准的血液用于患者的，由县级以上地方人民政府卫生行政部门责令改正；给患者健康造成损害的，应当依法赔偿，对直接负责的主管人员和其他直接责任人员，依法给予行政处分。构成犯罪的，依法追究刑事责任。第23条规定：卫生行政部门及其工作人员在献血、用血的监督管理工作中，玩忽职守，造成严重后果，构成犯罪的，依法追究刑事责任；尚不构成犯罪的，依法给予行政处分。

卫生部于2005年发布了卫生部令第44号《血站管理办法》，其中第三章特殊血站管理，规定了脐带血造血干细胞库等特殊血站的管理条例。该规定自2006年3月1日起施行。1998年9月21日颁布的《血站管理办法》（暂行）同时废止。

第三节　采供血

一、血站

（一）血站的概念

《血站管理办法》（卫生部令第44号）是规定血站设置、职责、执业及其法律责任的规章。该办法规定，血站是指不以营利为目的，采集、提供临床用血的公益性卫生机构，由地方人民政府设立。血站开展采供血活动，应当向所在省、自治区、直辖市人民政府卫生行政部门申请办理执业登记，取得血站执业许可证。该办法强化和细化了对血站的规范化执业管理要求。

为了确保血液安全，规范血站执业行为，促进血站的建设与发展，2005年11月卫生部发布了新修订的《血站管理办法》，2006年4月、5月又先后印发《血站质量管理规范》和《血站实验室质量管理规范》，两个规范突出了WHO倡导的血站质量管理思想，在采供血各环节的管理要求中，引入了过程方法和持续改进等新的质量管理理念和原则，具有鲜明的血站行业特点。我国血站管理开始进入全面质量管理、体系化管理的新阶段。2011年12月《血站技术操作规程（2012版）》印发，包括献血者健康检查、全血采集、血液成分制备、血液检测、血液隔离与放行和质量控制6个部分，对所涉及的关键技术要点做出相应规定。随后，新修订的《献血者健康检查要求》（GB 18467—2011）和《全血及成分血质量要求》（GB 18469—2012）也相继发布。从2005年至今，我国血站管理相关的规范性文件和标准得到了较全面的更新和完善，血站管理法规体系中相关文件间达到了更好的协调和统一，更趋完整。2016年1月19日、2017年12月26日，国家卫生计生委对《血站管理办法》进行了修订。2005年卫生部下发了《采供血机构设置规划指导原则》。2006年，为进一步落实《中国遏制与防治艾滋病行动计划（2006—2010）》，控制经血传播艾滋病和其他疾病，强化地方卫生行政部门监管责任，完善单采血浆站监督管理体制，卫生部按照"管办分离、政事分开"的原则，卫生部门与单采血浆站脱钩，县级卫生行政部门不再设置单采血浆站，原由县级卫生行政部门设置的单采血浆站转制为由血液制品生产企业设置。通过转制,单采血浆站转由血液制品生产企业设置和管理。单采血浆站与血液制品生产企业建立"一对一"供浆关系。

血站是连接献血者和用血者的桥梁。各级政府应当把血站的事业经费和人员经费纳入政府的预算统筹安排,保证其正常、健康运转。血站作为专业性、责任性很强的社会公益性机构,必须以全部精力为公民用血和健康服务,在地方各级政府的支持和管理下依法做好采集、提供临床用血的工作。

(二)血站的类型

在我国,血站分为一般血站和特殊血站。一般血站包括血液中心、中心血站和中心血库。特殊血站包括脐带血造血干细胞库和国务院卫生行政部门根据医学发展需要批准、设置的其他类型血库。

(三)血站的设置和审批

国务院卫生行政部门根据全国医疗资源配置、临床用血需求,制定全国采供血机构设置规划指导原则,并负责全国血站建设规划的指导。

《血站设置规划指导原则》(卫计生发〔2013〕23 号)是指导各地做好属地血站设置规划的规范性文件。该原则对我国血站设置规划的总体目标,设置规划原则,血站服务体系设置标准,设置规划的内容、实施和保障进行了详细说明。

省、自治区、直辖市人民政府卫生行政部门根据国务院卫生行政部门制定的全国采供血机构设置规划指导原则,结合本行政区域人口、医疗资源、临床用血需求等实际情况和当地区域卫生发展规划,制定本行政区域血站设置规划,报同级人民政府批准,并报卫生部备案。

1.一般血站的设置和审批　血液中心、中心血站和中心血库由地方人民政府设立、审批。

(1)血液中心的设置:在省、自治区人民政府所在地的城市和直辖市,应规划设置一所相应规模的血液中心。

(2)中心血站的设置:在设区的市级人民政府所在地的城市,可规划设置一所相应规模的中心血站。中心血站供血半径应大于 100 千米。距血液中心 150 千米范围内(或在 3 小时车程内)的设区的市,原则上不单独设立中心血站;与已经设立中心血站距离不足 100 千米的相近(邻)设区的市原则上不单独设立中心血站。

(3)中心血库的设置:在血液中心或中心血站 3 小时车程内不能提供血液的县(市),可根据实际需要在县级医疗机构内设置一所中心血库,其任务是完成本区域的采供血任务,供血半径应在60 千米左右。距血液中心或中心血站 3 小时车程内的县(市)原则上不予设置。

根据《采供血机构设置规划指导原则》,一个城市内不得重复设置血液中心、中心血站。血液中心和中心血站可根据服务区域实际需要,设立非独立的分支机构、固定采血点、储血点。固定采血点、储血点不得进行血液检测。

2.特殊血站的设置和审批　特殊血站包括脐带血造血干细胞库和国务院卫生行政部门根据医学发展需要批准、设置的其他类型血库。

脐带血造血干细胞库是指以人体造血干细胞移植为目的,具有采集、处理、保存和提供造血干细胞的能力,并具有相当研究实力的特殊血站。

根据 1999 年卫生部颁布的《脐带血造血干细胞库管理办法(试行)》,国家对脐带血造血干细胞库实行全国统一规划、统一布局、统一标准、统一规范和统一管理制度。符合规划的省级行政区域范围内,只能设置一个脐带血造血干细胞库。脐带血造血干细胞库不得在批准设置地以外的省、自治区、直辖市设置分支机构或采血点。

国家不批准设置以营利为目的的脐带血造血干细胞库等特殊血站。任何单位和个人不得以营利为目的进行脐带血采供活动。

申请设置脐带血造血干细胞库等特殊血站的,应当按照国务院卫生行政部门规定的条件向所在地省级人民政府卫生行政部门申请。省级人民政府卫生行政部门组织初审后报国务院卫生行政部门。国务院卫生行政部门对脐带血造血干细胞库等特殊血站的设置审批按照申请的先后顺序进行。脐带血造血干细胞库等特殊血站执业,应当向所在地省级人民政府卫生行政部门申请办理执业登记。

(四)血站的职责

1. 血液中心的职责　血液中心应当具有较高综合质量评价的技术能力。其主要职责是:①按照省级人民政府卫生行政部门的要求,在规定范围内开展无偿献血者的招募、血液的采集与制备、临床用血供应、医疗用血的业务指导等工作;②承担所在省、自治区、直辖市血站的质量控制与评价;③承担所在省、自治区、直辖市血站的业务培训与技术指导;④承担所在省、自治区、直辖市血液的集中化检测任务;⑤开展血液相关的科研工作;⑥承担卫生行政部门交办的任务。

2. 中心血站的职责　中心血站的主要职责是:①按照省级人民政府卫生行政部门的要求,在规定范围内开展无偿献血者的招募、血液的采集与制备、临床用血供应、医疗用血的业务指导等工作;②承担供血区域范围内血液储存的质量控制;③对所在行政区域内的中心血库进行质量控制;④承担卫生行政部门交办的任务。

3. 中心血库的职责　中心血库的主要职责是按照省级人民政府卫生行政部门的要求,在规定范围内开展无偿献血者的招募、血液的采集与制备、临床用血供应、医疗用血业务指导等工作。

(五)血站执业登记

《献血法》规定:设立血站向公民采集血液,必须经国务院卫生行政部门或者省、自治区、直辖市人民政府卫生行政部门批准。《血站管理办法》规定:血站开展采供血活动,应当向所在省、自治区、直辖市人民政府卫生行政部门申请办理执业登记,取得血站执业许可证。没有取得血站执业许可证的,不得开展采供血活动。省级人民政府卫生行政部门应当根据血站业务开展和监督检查情况进行审核,审核合格的,予以继续执业。未通过审核的,责令其限期整改;经整改仍审核不合格的,注销其血站执业许可证。未办理再次执业登记手续或者被注销血站执业许可证的血站,不得继续执业。

二、血液的采集

采集血液是指以采血器材与人体发生直接接触的活动。

(一)基本要求

《血站管理办法》规定:血站应当根据医疗机构临床用血需求,制定血液采集、制备、供应计划,保障临床用血安全、及时、有效,并为献血者提供安全、卫生、便利的条件和良好的服务。血站应当建立献血者的信息和保密制度,为献血者保密。

(二)健康检查

为了保障献血者和用血者身体健康,血站应当按照国家有关规定对献血者进行健康检查和血液采集。

1. 健康检查　血站在每次采血前必须免费对献血者进行必要的身体健康检查。身体状况不符合献血条件的,血站应向其说明情况,不得采集血液。

2. 身份核对　血站采血前应当对献血者身份进行核对并进行登记。严禁采集冒名顶替者的血液。

3. 知情同意 血站采集血液应当遵循自愿和知情同意的原则，对献血者履行规定的告知义务，并取得献血者签字的知情同意书。

《献血者健康检查要求》（GB 18467—2011）是针对《献血法》《血站管理办法》《血站质量管理规范》中提出的保障献血者安全要求的技术性支持文件，也是开展无偿献血服务的最基本和首要的技术要求。该标准详细规定了一般血站献血者健康检查的项目和要求。

根据《献血者健康检查要求》（GB 18467—2011），告知内容如下。①献血动机：无偿献血是出于利他主义的动机，目的是帮助需要输血的患者。②安全献血者的重要性：不安全的血液会危害患者的生命与健康，具有高危行为的献血者不应献血，如静脉药瘾史、男男性行为或具有经血传播疾病（艾滋病、丙型病毒性肝炎、乙型病毒性肝炎、梅毒等）风险的。③具有高危行为者故意献血的责任。④实名制献血：冒用他人身份献血的，应按照相关法律规定承担责任。⑤献血者献血后回告：献血者如果认为已捐献的血液可能存在安全隐患，应当尽快告知血站。⑥献血反应。⑦应该如实填写健康状况征询表。⑧血液检测。⑨疫情报告：血站将向当地疾病预防控制中心报告艾滋病病毒感染等检测阳性的结果及其个人资料。

《献血不良反应分类指南》（WS/T 551—2017）是指导血站正确认识献血不良反应，并对其施行分类管理的行业标准，该标准对献血不良反应分类、严重程度评估和相关性评估做出了规定。

（三）质量管理

血站开展采供血业务应当实行全面质量管理，严格遵守《中国输血技术操作规程》《血站质量管理规范》和《血站实验室质量管理规范》等技术规范和标准。

《血站质量管理规范》（卫医发〔2006〕167号）是指导一般血站实现以血液质量和采供血服务质量为基础的体系化管理的规范性文件，是血站建立质量管理体系、实施质量管理的基本准则，是对《血站管理办法》相关管理要求的进一步细化。该规范要求血站建立和实施覆盖采供血全过程的质量管理体系，并负责组织实施和严格监控。

《血站实验室质量管理规范》（卫医发〔2006〕183号）为一般血站的血液检测实验室提供了一个基于质量管理体系的管理框架，是血站血液检测实验室获得专业血液检测的技术能力、实现有效质量管理目标的一个标准模式。该规范要求血站的血液检测实验室按照质量管理体系的思路，改进其工作流程，加强实验室的标准化、规范化、科学化建设，保证血液检测的准确性。

《血站技术操作规程》（国卫医函〔2019〕98号）是指导血站开展常规采供血实践的规范性文件。自1997年《中国输血技术操作规程（血站部分）》印发实施以来，随着我国血液事业的发展和行业技术进步，该规程几经修订，现行有效的是《血站技术操作规程（2019版）》。该规程围绕献血者健康检查、血液采集、血液成分制备、血液检测、血液隔离与放行和质量控制6个环节，为血站遵从《血站管理办法》《血站质量管理规范》和《血站实验室质量管理规范》进一步提供了技术路径。

《艾滋病防治条例》（国务院令第457号）是根据《传染病防治法》制定的，规定相关部门、单位及个人防控艾滋病的责任、权利和义务的一部综合防控艾滋病的行政法规。该条例规定：血站、单采血浆站应当对采集的人体血液、血浆进行艾滋病检测，医疗机构应当对因应急用血而临时采集的血液进行艾滋病检测。

血站应当建立对有易感染经血液传播疾病危险行为的献血者献血后的报告工作程序、献血屏蔽和淘汰制度；建立人员岗位责任制度和采供血管理相关工作制度，并定期检查、考核各项规章制度和各级各类人员岗位责任制的执行和落实情况。

《病原微生物实验室生物安全管理条例》（国务院令第424号）是规范我国病原微生物实验室及其从事实验活动的生物安全实践的法规。该条例规定：我国对病原微生物实行分类管理，对实验室实行分级管理，并实行统一的实验室生物安全标准。血站和单采血浆的血液检测实验室应划归生物安全二级实验室。《消毒管理办法》(卫生部令第 27 号)是规范医疗卫生机构、消毒服务机构清洁消毒实践,以及相关单位从事消毒产品生产、经营活动的部门规章。该办法将医院和血站明确纳入其管控范围,清洁和消毒是医院和血站在医疗服务和采供血实践的重要组成部分,必须严格执行该办法所规定的要求。

《献血法》规定:采血必须由具有采血资格的医务人员进行。根据《血站管理办法》,血站工作人品应当符合岗位执业资格的规定,并接受血液安全和业务岗位培训与考核,领取岗位培训合格证后方可上岗。血站工作人员每人每年应当接受不少于 75 学时的岗位继续教育。

(四)采血量和献血间隔

《献血法》规定:血站对献血者每次采集血液量一般为 200 mL,最多不得超过 400 mL,两次采集间隔期不少于 6 个月。严格禁止血站违反规定对献血者超量、频繁采集血液。《献血者健康检查要求》(GB 18467—2011)遵循医学科学的原则,借鉴其他国家及我国港台地区已经成熟的、经过验证的标准,对献血量和献血间隔做了调整。

1. **献血量**　全血献血者:每次可献全血 400 mL,或者 300 mL,或者 200 mL。单采血小板献血者:每次可献 1 ~ 2 个治疗单位,或者 1 个治疗单位及不超过 200 mL 血浆;全年血小板和血浆采集总量不超过 10 L。上述献血量均不包括血液检测留样的血量和保养液或抗凝剂的量。

2. **献血间隔**　全血献血间隔:不少于 6 个月。单采血小板献血间隔:不少于 2 周,不大于 24 次/年;因特殊配型需要,由医生批准,最短间隔时间不少于 1 周。单采血小板后与全血献血间隔:不少于 4 周。全血献血后与单采血小板献血间隔:不少于 3 个月。

(五)采血器材的使用

血站采集血液必须使用有生产单位名称和批准文号的一次性采血器材,不得使用可重复使用的采血器材和无生产单位名称和批准文号的一次性采血器材;同时,一次性采血器材一次使用后必须销毁,不得再次使用。

(六)血液检测

血站对采集的血液必须根据国务院卫生行政部门制定的献血者血液检验标准规定的项目进行检测,未经检测或者检测不合格的血液,不得向医疗机构提供。《血站管理办法》规定:血站应当保证所采集的血液由具有血液检测实验室资格的实验室进行检测。对检测不合格或者报废的血液,血站应当严格按照有关规定处理。

《全血及成分血质量要求》(GB 18469—2012)规定了一般血站提供临床输注用的全血及血液成分的安全性检测项目及质量监控指标,适用于一般血站针对不同的全血和血液成分而实施的血液产品放行、质量监控和过程评价活动。该标准给出了 19 种全血及成分血的质量标准,基本上涵盖了目前国内血站所提供的血液成分。

《全血及成分血质量监测指南》(WS/T 550—2017)是规范血站开展全血及成分血质量监控活动的标准。该标准规定了全血及成分血质量的监测方法、检查结果分析与利用原则,适用于对血站全血及成分血的采集、制备、储存过程的质量监测。

三、血液的供应

血液的供应由血站负责。

(一)发血

血站应当保证发出的血液质量符合国家有关标准,其品种、规格、数量、活性、血型无差错;未经检测或者检测不合格的血液,不得向医疗机构提供。

(二)血液包装、储存和运输

血站向医疗机构提供的血液,其包装、储存和运输应当符合《血站质量管理规范》的要求。

1. 血液的包装   对于临床用血,血站和医疗机构应当使用符合国家规定的卫生标准和要求的包装袋进行包装,以确保血液的质量;血液包装袋上应当标明:①血站的名称及其许可证号;②献血编号或者条形码;③血型;④血液品种;⑤采血日期及时间或者制备日期及时间;⑥有效日期及时间;⑦储存条件。

2. 血液的储存   血站应当加强对其所设储血点的质量监督,确保储存条件,保证血液储存质量,按照临床需要进行血液储存和调换。

《血液储存要求》(WS 399—2012)是具体规定血液储存条件的卫生健康行业标准,该标准对各类血液成分的储存温度和保存期建立了明确指标,共给出了6类共计26种全血及成分血的储存温度和保存期,适用于一般血站和医疗机构的血液储存实践。

3. 血液的运输   血站和医疗机构应当使用符合卫生标准的运输工具进行血液的运输,以确保血液不受污染。

《血液运输要求》(WS/T 400—2012)是规范血液运输过程的卫生健康行业标准,对血液的运输方式、运输设备、运输温度及质量监控要求进行了规定。

(三)特殊血站执业

《血站管理办法》规定,脐带血造血干细胞库等特殊血站执业除应当遵守一般血站的执业要求外,还应当遵守以下规定:①按照国务院卫生行政部门规定的脐带血造血干细胞库等特殊血站的基本标准、技术规范等执业。②脐带血等特殊血液成分的采集必须符合医学伦理的有关要求,并遵循自愿和知情同意的原则。脐带血造血干细胞库必须与捐献者签署经执业登记机关审核的知情同意书。③脐带血造血干细胞库等特殊血站只能向有造血干细胞移植经验和基础,并装备有造血干细胞移植所需的无菌病房和其他必须设施的医疗机构提供脐带血造血干细胞。④出于人道主义、救死扶伤的目的,必须向境外医疗机构提供脐带血造血干细胞等特殊血液成分的,应当严格按照国家有关人类遗传资源管理规定办理手续。⑤脐带血等特殊血液成分必须用于临床。

第四节　临床用血

一、临床用血的原则

临床用血是指用于临床的全血、成分血。《献血法》规定:医疗机构临床用血应当制定用血计划,遵循合理、科学的原则,不得浪费和滥用血液。医疗机构应当推行按血液成分针对医疗实际需要输血,具体管理办法由国务院卫生行政部门制定。《献血法》第11条规定:无偿献血的血液必须用于临床,不得买卖。血站、医疗机构不得将无偿献血者的血液出售给单采血浆站或者血液制品生产单位。国家鼓励临床用血新技术的研究和推广。

二、临床用血组织与职责

2012年6月7日发布的《医疗机构临床用血管理办法》(卫生部令第85号)规定:医疗机构应当加强临床用血管理,将其作为医疗质量管理的重要内容,完善组织建设,建立健全岗位责任制,制定并落实相关规章制度和技术操作规程。

（一）临床用血专家委员会

《医疗机构临床用血管理办法》第5条规定：国务院卫生行政部门成立临床用血专家委员会，协助制定国家临床用血相关制度、技术规范和标准；建立协调机制，协助指导全国做好临床用血管理和质量评价工作，提高临床合理用血水平，保证输血治疗质量；协助临床用血重大安全事件的调查分析，提出处理意见，承担国务院卫生行政部门交办的有关临床用血管理的其他任务。

（二）临床用血质量控制中心

《医疗机构临床用血管理办法》第6条规定：各省、自治区、直辖市人民政府卫生行政部门成立省级临床用血质量控制中心，负责辖区内医疗机构临床用血管理的指导、评价和培训等工作。

（三）临床用血管理委员会

《医疗机构临床用血管理办法》第7条规定：医疗机构应当加强组织管理，明确岗位职责，健全管理制度。医疗机构法定代表人为临床用血管理第一责任人。

《医疗机构临床用血管理办法》第8条规定：二级以上医院和妇幼保健院应当设立临床用血管理委员会，负责本机构临床合理用血管理工作。主任委员由院长或者分管医疗的副院长担任，成员由医务部门、输血科、麻醉科、开展输血治疗的主要临床科室、护理部门、手术室等部门负责人组成。医务、输血部门共同负责临床合理用血日常管理工作。其他医疗机构应当设立临床用血管理工作组，并指定专（兼）职人员负责日常管理工作。

《医疗机构临床用血管理办法》第9条规定，临床用血管理委员会或者临床用血管理工作组应当履行以下职责：①认真贯彻临床用血管理相关法律、法规、规章、技术规范和标准，制定本机构临床用血管理的规章制度并监督实施；②评估确定临床用血的重点科室、关键环节和流程；③定期监测、分析和评估临床用血情况，开展临床用血质量评价工作，提高临床合理用血水平；④分析临床用血不良事件，提出处理和改进措施；⑤指导并推动开展自体输血等血液保护及输血新技术；⑥承担医疗机构交办的有关临床用血的其他任务。

（四）输血科或者血库

《医疗机构临床用血管理办法》第10条规定：医疗机构应当根据有关规定和临床用血需求设置输血科或者血库，并根据自身功能、任务、规模，配备与输血工作相适应的专业技术人员、设施、设备。不具备条件设置输血科或者血库的医疗机构，应当安排专（兼）职人员负责临床用血工作。

《医疗机构临床用血管理办法》第11条规定，输血科及血库的主要职责如下：①建立临床用血质量管理体系，推动临床合理用血；②负责制订临床用血储备计划，根据血站供血的预警信息和医院的血液库存情况、协调临床用血；③负责血液预订、入库、储存、发放工作；④负责输血相关免疫血液学检测；⑤参与推动自体输血等血液保护及输血新技术；⑥参与特殊输血治疗病例的会诊，为临床合理用血提供咨询；⑦参与临床用血不良事件的调查；⑧根据临床治疗需要，参与开展血液治疗相关技术；⑨承担医疗机构交办的有关临床用血的其他任务。

三、临床用血管理

《医疗机构临床用血管理办法》第13条规定：医疗机构应当使用卫生行政部门指定血站提供的血液。医疗机构科研用血由所在地省级卫生行政部门负责核准。《医疗机构临床用血管理办法》第12条规定：医疗机构应当加强临床用血管理，建立并完善管理制度和工作规范，并保证落实。

（一）预警机制

《医疗机构临床用血管理办法》第13条规定：医疗机构应当配合血站建立血液库存动态预警机制，保障临床用血需求和正常医疗秩序。《医疗机构临床用血管理办法》第15条规定：医疗机构应当对血液预订、接收、入库、储存、出库及库存预警等进行管理,保证血液储存、运送符合国家有关标准和要求。

（二）临床用血核查

《献血法》第12条规定:临床用血的包装、储存、运输,必须符合国家规定的卫生标准和要求。第13条规定:医疗机构对临床用血必须进行核查,医疗机构不得将不符合国家规定标准的血液用于临床。

1. **接收血液核对** 《临床输血技术规范》第19条规定:全血、血液成分入库前要认真核对验收。核对验收内容包括运输条件、物理外观、血袋封闭及包装是否合格。《医疗机构临床用血管理办法》第16条也规定:医疗机构接收血站发送的血液后,应当对血袋标签进行核对。符合国家有关标准和要求的血液入库,做好登记;并按不同品种、血型和采血日期(或有效期),分别有序存放于专用储藏设施内。血袋标签核对的主要内容:①血站的名称;②献血编号或条形码、血型;③血液品种;④采血日期及时间或制备日期及时间;⑤有效期及时间;⑥储存条件。禁止将血袋标签不合格的血液入库。

2. **血液发放和输血核对** 《医疗机构临床用血管理办法》第17条规定:医疗机构应当在血液发放和输血时进行核对,并指定医务人员负责血液的收领、发放工作。

根据《临床输血技术规范》第25条、第26条的规定,取血与发血的双方必须共同查对患者姓名、性别、病案号、门急诊/病室、床号、血型、血液有效期及配血试验结果,以及保存血的外观等,准确无误时,双方共同签字后方可发出。凡血袋有下列情形之一的,一律不得发出:①标签破损、字迹不清;②血袋有破损、漏血;③血液中有明显凝块;④血浆呈乳糜状或暗灰色;⑤血浆中有明显气泡、絮状物或粗大颗粒;⑥未摇动时血浆层与红细胞的界面不清或交界面上出现溶血;⑦红细胞层呈紫红色;⑧过期或其他须查证的情况。

《临床输血技术规范》第27条规定:血液发出后,受血者和供血者的血样保存于2~6℃冰箱,至少7天,以便对输血不良反应追查原因。第28条规定:血液发出后不得退回。

（三）储血设施

《医疗机构临床用血管理办法》第18条规定:医疗机构储血设施应当保证运行有效,全血、红细胞的储藏温度应当控制在2~6℃,血小板的储藏温度应当控制在20~24℃。储血保管人员应当做好血液储藏温度的24小时监测记录。储血环境应当符合卫生标准和要求。

（四）输血治疗方案

《医疗机构临床用血管理办法》第19条规定:医务人员应当认真执行临床输血技术规范,严格掌握临床输血适应证,根据患者病情和实验室检测指标,对输血指征进行综合评估,制定输血治疗方案。《临床输血技术规范》第9条规定:患者治疗性血液成分去除、血浆置换等,由经治医师申请,输血科(血库)或有关科室参加制定治疗方案并负责实施,由输血科(血库)和经治医师负责患者治疗过程的监护。

（五）临床用血申请

《医疗机构临床用血管理办法》第20条规定,医疗机构应当建立临床用血申请管理制度:①同一患者一天申请备血量少于800 mL的,由具有中级以上专业技术职务任职资格的医师提出申请,上级医师核准签发后,方可备血;②同一患者一天申请备血量在800~1 600 mL的,由具有中级以上专业技术职务任职资格的医师提出申请,经上级医师审核,科室主任核准签发后,方可备血;③同一患者一天申请备血量达到或超过1 600 mL的,由具有中级以上专业技术职务任职资格的医师提出申请,科室主任核准签发后,报医务部门批准,方可备血。

以上规定内容不适用于急救用血。

(六)知情同意

《医疗机构临床用血管理办法》第21条、《临床输血技术规范》第6条均规定:在输血治疗前,经治医师应当向患者或者其近亲属说明输血目的、方式和风险(例如,输同种异体血的不良反应和经血传播疾病的可能性等),征得患者或家属的同意,并在输血治疗同意书上签字。输血治疗同意书入病历。因抢救生命垂危的患者需要紧急输血,且不能取得患者或者其近亲属意见的,经医疗机构负责人或者授权的负责人批准、备案后,可以立即实施输血治疗。

(七)临床用血不良事件监测报告

《医疗机构临床用血管理办法》第25条规定:医疗机构应当根据国家有关法律法规和规范建立临床用血不良事件监测报告制度。临床发现输血不良反应后,应当积极救治患者,及时向有关部门报告,并做好观察和记录。

《传染病防治法》第23条规定:疾病预防控制机构、医疗机构使用血液和血液制品,必须遵守国家有关规定,防止因输入血液、使用血液制品引起经血液传播疾病的发生。第70条规定:采供血机构未按照规定报告传染病疫情,或者隐瞒、谎报、缓报传染病疫情,或者未执行国家有关规定,导致因输入血液引起经血液传播疾病发生的,由县级以上人民政府卫生行政部门责令改正,通报批评,给予警告;造成传染病传播、流行或者其他严重后果的,对负有责任的主管人员和其他直接责任人员,依法给予降级、撤职、开除的处分,并可以依法吊销采供血机构的执业许可证;构成犯罪的,依法追究刑事责任。

(八)临床用血医学文书管理

《医疗机构临床用血管理办法》第28条规定:医疗机构应当建立临床用血医学文书管理制度,确保临床用血信息客观真实、完整、可追溯。医师应当将患者输血适应证的评估、输血过程和输血后疗效评价情况记入病历;临床输血治疗知情同意书、输血记录单等随病历保存。

(九)培训考核

《医疗机构临床用血管理办法》第29条规定:医疗机构应当建立培训制度,加强对医务人员临床用血和无偿献血知识的培训,将临床用血相关知识培训纳入继续教育内容。新上岗医务人员应当接受岗前临床用血相关知识培训及考核。《医疗机构临床用血管理办法》第30条规定:医疗机构应当建立科室和医师临床用血评价及公示制度。将临床用血情况纳入科室和医务人员工作考核指标体系。禁止将用血量和经济收入作为输血科或者血库工作的考核指标。

四、患者自身储血

《献血法》第15条规定:为保障公民临床急救用血的需要,国家提倡并指导择期手术的患者进行自身储血,动员家庭、亲友、所在单位及社会互助献血。

《医疗机构临床用血管理办法》第22条规定:医疗机构应当积极推行节约用血的新型医疗技术。三级医院、有条件的二级医院和妇幼保健院应当开展自体输血技术,建立并完善管理制度和技术规范,提高合理用血水平,保证医疗质量和安全。医疗机构应当动员符合条件的患者接受自体输血技术,提高输血治疗效果和安全性。

《临床输血技术规范》第6条规定:术前自身贮血由输血科(血库)负责采血和贮血,经治医师负责输血过程的医疗监护。手术室的自身输血包括急性等容性血液稀释、术野自身血回输及术中控制性低血压等医疗技术由麻醉科医师负责实施。

五、临时采集血液

《献血法》第15条规定:为保证应急用血,医疗机构可以临时采集血液,但应当依照本法规定,确保采血用血安全。

《医疗机构临床用血管理办法》第27条规定:省、自治区、直辖市人民政府卫生行政部门应当加强边远地区医疗机构临床用血保障工作,科学规划和建设中心血库与储血点。医疗机构应当制定应急用血工作预案。为保证应急用血,医疗机构可以临时采集血液,但必须同时符合以下条件:①危及患者生命,急需输血;②所在地血站无法及时提供血液,且无法及时从其他医疗机构调剂血液,而其他医疗措施不能替代输血治疗;③具备开展交叉配血及乙型肝炎病毒表面抗原、丙型肝炎病毒抗体、艾滋病病毒抗体和梅毒螺旋体抗体的检测能力;④遵守采供血相关操作规程和技术标准。

医疗机构应当在临时采集血液后10日内将情况报告县级以上人民政府卫生行政部门。

六、临床用血应急预案

《医疗机构临床用血管理办法》第26条规定:省、自治区、直辖市人民政府卫生行政部门应当制定临床用血保障措施和应急预案,保证自然灾害、突发事件等大量伤员和特殊病例、稀缺血型等应急用血的供应和安全。因应急用血或者避免血液资源浪费,在保证血液安全的前提下,经省、自治区、直辖市人民政府卫生行政部门核准,医疗机构之间可以调剂血液。具体方案由省级卫生行政部门制定。

七、典型案例

案例简介   2008年10月8日,已育一子、再次妊娠4个月的山东27岁孕妇董某住进济阳县(现济阳区)某医院准备做引产手术。术前血型检测为"O型",未检测Rh(D)血型。10月9日9时许,术中清宫时董某突发大出血,随后复查血型,检测结果为"Rh(D)阴性O型血",医生建议家属转上一级医院救治。10时20分,董某被送至山东大学某医院。山东大学某医院无稀有血液,13时10分向山东省血液中心提出用血申请。血液中心回复只有库存的冰冻血液,解冻至少需要5小时,若临时组织采血,按照《献血法》的规定,需要3小时才能完成检测。17时20分,4个单位(800 mL)的解冻血终于被送到病房,17时50分,董某因失血性休克、多器官功能衰竭死亡。18时4分,志愿者献出的7个单位(1 400 mL)血液被送至病房。

原告诉辩意见   ①济阳县某医院在实施引产手术前,严重违反诊疗规范,未按规定进行术前备血,致使董某失去术前发现Rh阴性血的机会,造成术中大出血时得不到及时的输血治疗,同时济阳县某医院违反了《医疗机构管理条例》第31条关于"医疗机构对危重病人应当立即抢救。对限于设备或者技术条件不能诊治的病人,应当及时转诊"的规定,在董某不需要转诊的情况下,不是积极联系血源、对董某实施立即抢救,而是违规将董某转往山东大学某医院,使董某失去了抢救的机会。②山东大学某医院不是争分夺秒地抢救董某,而是劝董某亲属将其转往其他医院,严重违反了《医疗机构管理条例》的相关规定,使董某在到达山东大学某医院1个多小时后才得到抢救,在明知董某失血性休克情况下,没有积极联系血源,而是拖延了2个多小时才向山东省血液中心提出供血申请,使董某再次失去了抢救的机会。同时,山东大学某医院明知山东省血液中心不能在短时间内提供同型血液,且在董某符合子宫切除术适应证的前提下,没有及时为董某实施子宫切除术以挽救其生命。此外,山东大学某医院没有正确理解《献血法》"保证临床用血"第一,"血液安全"第二的原则,违反《医疗机构临床用血管理办法》第27条在"危及病人生命,急需输血;所在地血站无法及时提供血液,且无法及时从其他医疗机构调剂血液,而其他医疗措施不能替代输血治疗"的情况下,可以紧急输血的规定,山东大学某医院置董某的死活不顾,坚持血液必须经过检验才能使用,拒绝为董某紧急输血,使董某失去了抢救的机会。③山东省血液中心接到山东大学某医院用血申请后,违反了《献血法》关于"保证临床用血"的规定,没有尽一切办法积极为董某供血,而是采取拖延和拒绝提供抢救用血的行为,使董某失去了获救的机会。

被告答辩意见　①济阳县某医院认为,对董某实施终止妊娠手术是正确的,术前、术中的医疗行为符合诊疗常规,不违反医疗卫生法律、法规的规定;相关诊疗规范并未规定术前必须对董某进行 Rh(D)血型检查;医院已进行了常规备血;医院病例记载真实客观,准确无误;医院对董某转院治疗的措施正确,转院的整个过程符合规范要求,操作无过错。②山东大学某医院认为,在为董某诊疗过程中,没有违反法律、法规、常规等,已尽到了充分的注意义务,董某的死亡后果与该院的医疗行为之间不存在因果关系。③山东省血液中心认为,该中心与死者及原告不存在直接的法律关系,本案并非因血液质量引发的医疗纠纷,因此与死者及原告不存在法定的权利与义务;在为山东大学某医院备血、采血、检测和送血的过程中,所有行为均符合法律规定。

法院认为,本案争议的焦点问题有3个:一是3个被告的行为对董某的死亡是否存在过错,以及过错与董某的死亡后果之间是否存在因果关系;二是3个被告应如何承担责任;三是如何计算赔偿标准。

(一)焦点问题1

综观董某整个医疗救治过程,结合鉴定结论的分析,对三被告的行为与董某的死亡是否存在过错及有无因果关系认定如下。

1. 关于济阳县某医院

(1)引产术前未按常规治疗:董某因入住济阳县某医院检查血红蛋白为 78 g/L,被诊断为中度贫血。针对董某的贫血特殊体质,济阳县某医院作为专业医疗机构的注意义务应当加重,预见可能发生的风险和后果,在引产术前首先采取措施纠正董某的贫血,并对术中可能出现的出血采取积极的防范措施,但济阳县某医院未采取任何措施,故存在医疗过错。

(2)对产后大出血可以避免而没能有效避免:在引产手术中,胎盘滞留是引产术后大出血的主要原因之一。当发生胎盘滞留时,济阳县某医院应先予以配血备用,然后再行清宫术。若能如此,仍有机会及时发现董某为稀有血型,在取得 Rh(D)阴性 O 型血后,再对胎盘滞留情况进行处理,则可以避免大出血不良后果的发生。当董某术中大出血后,济阳县某医院的操作未起到有效止血的作用,出血持续不止。所以,济阳县某医院对董某产后出血的处理亦存在过错。

(3)转院措施不当:根据《转院、转科制度》的规定,"医院因限于技术和设备条件,对不能诊治的病员……应提前与转入医院联系,征得同意后方可转院。"当济阳县某医院发现董某为 Rh(D)阴性 O 型血时,不是立即联合输血科、检验科、麻醉科、重症监护病房等科室共同抢救,而是急于将董某做转院处理,存在医疗过错。首先,董某不属于因医院技术和设备条件有限而不能诊治的病员;其次,济阳县某医院在没有充分与山东大学某医院联系,并已落实山东大学某医院确实存有 Rh(D)阴性 O 型血的情况下,贸然决定将董某转院,加之董某转院前因大出血已为重度贫血的危重病患者,转院途中要历时 1 小时左右,在未得到有效止血及输血的情况下,转院风险极大,实属处理不当。

(4)没有采用配合型输血原则积极抢救患者:根据《临床输血技术规范》第10条的规定,对于

Rh(D)阴性稀有血型患者,应采用自身输血、同型输血或配合型输血抢救生命。其中"配合型输血"就是指供受者配血相合,而非供受者血型完全相同。董某为 Rh(D)阴性 O 型血,在其既往无输血史,可以进行配合型输血以抢救生命情况下,济阳县某医院未对董某进行配合型输血,存在医疗过错。

综上分析,济阳县某医院对董某的医疗过错行为,与其死亡后果之间存在直接因果关系,且系主要过错。

2. 关于山东大学某医院   法院认为,从病历记载的抢救记录可以看出,董某转入山东大学某医院后,该院立即给董某查血常规、血凝四项,合血,同时向医院总值班汇报,并向山东省血液中心联系血源。给予药物促子宫收缩、止血,补液以抗休克,输注血浆、冷沉淀、血小板等治疗,急请介入科、呼吸科、神经内科、重症监护病房医师进行会诊,客观反映了该院采取各种措施积极抢救董某的过程。由于当时董某大出血未能纠治,且仍持续出血,生命体征不平稳,此种情况下也不宜对董某行子宫切除术。因此,山东大学某医院产科在处理董某大出血的救治方面并无明显的医疗过错。至于病历记载中部分时间不一致的问题,符合临床抢救的客观实际,与董某的死亡后果之间也无因果关系。

但是,根据山东大学某医院对董某所做的不规则抗体筛查,显示结果均为阴性,且董某虽系 Rh(D)阴性血型,但体内无抗-D,医院也为其输入了 Rh(D)阴性 O 型血的血小板,因此在病情危重而又在短时间内得不到 Rh(D)阴性 O 型血的情况下,为了抢救患者生命,应根据《临床输血技术规范》第 10 条的规定,对于 Rh(D)阴性和其他稀有血型患者,应采用自身输血、同型输血或配合型输血。同时第 15 条规定:急诊抢救患者紧急输血时可不查 Rh(D)。医院应当采用"配合型输血"的原则,给董某输注配血相合的 Rh(D)阳性红细胞,进行配合型输血。但山东大学某医院没有对其进行配合型输血,应属对 Rh(D)阴性血患者如何科学、安全输血未尽到高度注意义务,存在医疗过错,与董某死亡后果之间存在一定的因果关系。

3. 关于山东省血液中心   山东省血液中心作为山东省最权威的一家血液管理专业机构,应该对各医院规范、科学、合理、安全用血提供必要的指导。就本案而言,该中心应该指导并建议山东大学某医院对董某进行配合型输血,同时提供配合型血液。若能如此,董某仍有获救的机会,不至于因为苦等同型 Rh 阴性血而未能得到有效输血死亡。据此,山东省血液中心没有对董某进行配合型输血,属对 Rh(D)阴性血患者如何科学、安全输血未尽到高度注意义务,存在医疗过错,与董某死亡后果之间存在一定的因果关系。

4. 关于董某本人   董某在 2006 年 5 月生育第一胎时,产后出现中度贫血,本人拒绝输血以纠正贫血。此次董某因孕中期中度贫血伴难免流产入院,引产术后胎盘滞留,在清宫术中发生大出血。加之董某为 Rh(D)阴性 O 型血,系稀有血型,上述情况是其引产后大出血及后来抢救难度加大的不利因素。

(二)焦点问题 2

法院认为,济阳县某医院为董某实施的医疗行为存在过错,与董某死亡后果之间存在因果关系,系主要因素,医疗过错的参与度拟为 70% 左右;山东大学某医院为董某实施的医疗行为存在过错,与其死亡后果之间存在一定的因果关系,医疗过错的参与度拟为 10% 左右;山东省血液中心为董某实施的医疗行为存在过错,与其死亡后果之间存在一定的因果关系,医疗过错的参与度拟为 10% 左右。

关于董某本人是否承担责任问题,法院认为,对于侵权结果的责任承担,受害人有过错的,可以减轻加害人的责任。董某本人虽然为 Rh(D)阴性 O 型血,此种血型在中国汉族人群中占 3% ~ 4%,系稀有血型,加之其入院时为中度贫血体质,但这些因素不是其自身的过错,并不必然导致死亡后果的发生,且两者对导致其死亡后果的原因力相对较弱,所以董某在已承担了死亡后果的情况下,不应再承担责任。

(三)焦点问题3

法院认为,公民的生命健康权受法律保护。公民、法人由于过错侵害他人人身权利的应承担民事责任。因本案发生在《侵权责任法》实施之前,故应根据《中华人民共和国民法通则》和《人身损害赔偿解释》等相关法律规定,对原告的损害后果如何赔偿进行裁判。对于原告主张的医疗费、死亡赔偿金、丧葬费、被抚养人生活费、护理费、伙食补助费等请求,符合相关法律规定,法院予以支持。具体数额应按一审法庭辩论终结时上一年度的相关数据为准来计算确定,并依据上述分析确定的3个被告的责任比例计算各自的赔偿数额。

第五节　血液制品

在我国,血液制品特指各种人血浆蛋白制品,如人血白蛋白、人凝血因子、人免疫球蛋白等。

血液制品,按其组成成分可分为全血、血液有形成分(包括红细胞、白细胞、血小板)制品、血浆和血浆蛋白制品。

一、血液制品的管理

血液制品具有人源性和稀缺性的特点,但同时还具有潜在传染性,因此,生物制品产业具有特殊性和高风险性,除了需要高技术和高投入以外,还需要加强监管。我国的血液制品管理,经历了一个逐步完善的发展过程,从20世纪90年代初开始,我国相继出台一系列针对血液制品监管的法律法规,涵盖从原料血浆采集到血液制品生产和供应的全过程。目前,我国已建立了比较完整的血液制品管理法规体系。

(一)法律

1.《刑法》　《刑法》第6章妨害社会管理秩序罪第5节危害公共卫生罪中,规定了血液制品管理领域的犯罪及刑罚。

第334条规定:非法采集、供应血液或者制作、供应血液制品,不符合国家规定的标准,足以危害人体健康的,处5年以下有期徒刑或者拘役,并处罚金;对人体健康造成严重危害的,处5年以上10年以下有期徒刑,并处罚金;造成特别严重后果的,处10年以上有期徒刑或者无期徒刑,并处罚金或者没收财产。

经国家主管部门批准采集、供应血液或者制作、供应血液制品的部门,不依照规定进行检测或者违背其他操作规定,造成危害他人身体健康后果的,对单位判处罚金,并对其直接负责的主管人员和其他直接责任人员,处5年以下有期徒刑或者拘役。

2.《药品管理法》　《药品管理法》是加强药品监督管理,保证药品质量,保障人体用药安全,维护人民身体健康和用药的合法权益的法律规范。血液制品属于药品中的生物制品,生产和使用等应当严格遵守药品管理法的规定。

第2条规定了药品的定义,其中包括生物制品;第32条规定"药品上市许可持有人可以自行生产药品,也可以委托药品生产企业生产";第61条规定"疫苗、血液制品、麻醉药品、精神药品、医疗用毒性药品、放射性药品、药品类易制毒化学品等国家实行特殊管理的药品不得在网络上销售";第68条要求生物制品"在销售或进口时,应当指定药品检验机构进行检验";第137条规定"生产、销售假药、劣药"时,在本法规定的处罚幅度内从重处罚。

(二)法规

《血液制品管理条例》是为加强血液制品管理,预防和控制经血液途径传播疾病,保证血液制品的质量的法规。该条例对于我国境内从事原料血浆的采集、供应及血液制品的生产、经营活动实施监督管理。

(三)部门规章

《单采血浆站管理办法》是为加强单采血浆站的监督管理,预防和控制经血液途径传播的疾病,保障供血浆者健康,保证原料血浆质量,根据《血液制品管理条例》制定的规章。

(四)规范性文件

1.《单采血浆站质量管理规范》 《单采血浆站质量管理规范》(卫医发〔2006〕377号)是单采血浆站原料血浆采集管理的基本准则,适用于单采血浆站采集原料血浆的全过程。该规范是指导单采血浆站实施质量保证体系,规范开展单采血浆活动的规范性文件,是单采血浆站血浆采集管理的基本准则。

2.《单采血浆站技术操作规程(2022年版)》 《单采血浆站技术操作规程(2022年版)》(国卫办医函〔2022〕222号)是指导、规范单采血浆站采集供应全过程的规范性文件,该规程围绕血源管理,实验室技术,原料血浆单采技术,原料血浆的冻结、包装、储存与运输,仪器设备管理,物料管理,生物安全控制,原料血浆统计,以及单采血浆站质量控制等环节,为单采血浆站遵从《单采血浆站管理办法》和《单采血浆站质量管理规范》提供了技术实现路径,也为单采血浆站建立标准操作规程提供了模板。

3.《关于促进单采血浆站健康发展的意见》 《关于促进单采血浆站健康发展的意见》(国卫医发〔2016〕66号)是保障原料血浆供应和质量,维护供血浆者健康权益,落实血液制品生产企业对单采血浆站管理的主体责任,促进行业自律,提升单采血浆站业务能力的规范性文件。

近年来,我国单采血浆站设置数量和采浆量快速增长,单采血浆站内部管理体系不断健全,行业监管不断强化,有力保障了血液制品的质量和供应。该意见围绕保障原料血浆质量和供应的关键环节,进一步要求血液制品生产企业必须落实对单采血浆站管理的主体责任,推动单采血浆站健康发展,满足国内临床医疗对血液制品需求,提升我国血液制品企业核心竞争力,助力健康中国建设。

二、典型案例

案例简介　2019年11月19日,某市卫健委执法人员对某单采血浆有限公司进行监督检查发现,该血浆站在对新供血浆者(或称献血浆者)和固定供血浆者每年1次的胸片检查中,供血浆者蓝某和黄某2019年6、7月份胸片检查报告单意见为"考虑浸润型肺结核,建议进一步检查",但在血浆站的《疫情传染病卡片收发登记簿》《传染病病人登记簿》《疫情网络报告记录》及疫情报告网络直报平台上,均未见蓝某、黄某的疫情报告记录。在血浆站体检科2019年6月17日的献血浆者健康征询、体格检查及献浆综合评价表中,蓝某体检结论仍为合格,且有2019年6月17日—11月18日共12次采浆记录。经查明,2019年6月17日—2019年11月18日,该血浆站采集健康检查不合格者蓝某的血浆,但未按照规定报告蓝某、黄某的传染病疫情。

案件分析如下。

第一,《单采血浆站技术操作规程(2022年版)》附录1献血浆者健康检查的3.1.16条款要求,各种结核病患者不能献血浆。第 1 章献血者管理中,6.3 条款规定:健康检查结果有"附录 1 献血浆者健康检查要求"中规定的不能献血浆情况的,以及医生认为不能献血浆的其他情况,应当在单采血浆信息系统中将其永久淘汰,在单采血浆信息系统中注明永久淘汰的原因,能追溯献血浆者永久淘汰的日期。

本案中,供血浆者蓝某和黄某在血浆站的每年 1 次的胸片检查中,检查报告单意见为"考虑浸润型肺结核,建议进一步检查"。根据此结果,两位供血浆者应成为永久淘汰供血浆者,并在单采信息系统中注明永久淘汰的原因。

第二,《血液制品管理条例》第 12 条第 1 款规定:单采血浆站在采集血浆前,必须对供血浆者进行身份识别并核实其供血浆证,确认无误的,方可按照规定程序进行健康检查和血液化验;对检查、化验合格的,按照有关技术操作标准及程序采集血浆,并建立供血浆者健康检查及供血浆记录档案;对检查、化验不合格的,由单采血浆站收缴供血浆证,并由所在地县级人民政府卫生行政部门监督销毁。

根据《单采血浆站管理办法》第 63 条的规定,单采血浆站有下列情形之一的,按照《血液制品管理条例》第 35 条第 2 项规定予以处罚:采集非划定区域内的供血浆者或者其他人员血浆的;或者不对供血浆者进行身份识别,采集冒名顶替者、健康检查不合格者或者无供血浆证者的血浆的情况,由县级以上地方人民政府卫生行政部门责令限期改正,处 5 万元以上 10 万元以下的罚款。

本案中,供血浆者蓝某和黄某因检验不合格,须由单采血浆站收缴供血浆证,并由所在地县级人民政府卫生行政部门监督销毁。但该血浆站在供血浆者蓝某 2019 年 6、7 月份健康体检胸片检查不合格后,在 2019 年 6 月 17 日—11 月 18 日仍采集了其共 12 次血浆。该血浆站采集健康检查不合格者的血浆的行为,违反了《血液制品管理条例》第 12 条第 1 款的规定,依据《血液制品管理条例》第 35 条第 2 项的规定予以罚款。

第三,《传染病防治法》第 30 条第 1 款规定:疾病预防控制机构、医疗机构和采供血机构及其执行职务的人员发现本法规定的传染病疫情或者发现其他传染病暴发、流行及突发原因不明的传染病时,应当遵循疫情报告属地管理原则,按照国务院或者国务院卫生行政部门规定的内容、程序、方式和时限报告。《传染病防治法》第 70 条规定:采供血机构未按照规定报告传染病疫情,或者隐瞒、谎报、缓报传染病疫情,或者未执行国家有关规定,导致因输入血液引起经血液传播疾病发生的,由县级以上人民政府卫生行政部门责令改正,通报批评,给予警告。

本案中该血浆站未按照规定报告传染病疫情的行为,违反了《传染病防治法》第 30 条第 1 款的规定,依据《传染病防治法》第 70 条的规定应予以警告。

第四,本案中某市卫健委对该血浆站做出警告、罚款 65 000 元的行政处罚。2020 年 1 月 10 日发出《行政处罚事先告知书》,当事人放弃听证、放弃陈述和申辩。2 月 5 日发出《行政处罚决定书》。2 月 17 日当事人自觉履行处罚决定,本案结案。本案中的供血浆者蓝某因健康体检不合格已被列入永久淘汰名单,之前采集的 12 袋血浆均被追踪做了销毁处理。对因工作疏忽导致采集健康体检不合格者血浆的医护人员均已另行处理。

血液管理相关法律责任

第九章　突发公共卫生事件法律制度

突发公共卫生事件概述

一、应急条例的沿革

（一）立法背景

突发公共卫生事件是当前全球社会共同面临的严峻挑战，突发公共卫生事件应急管理能力建设已成为各国公共卫生工作的一项重要任务。2003年初，面对突如其来的传染性非典型肺炎（简称非典）疫情，党中央、国务院高度重视，沉着应对，本着对人民身体健康和生命安全高度负责的精神，采取了一系列果断、有效的措施。从非典防治工作暴露出来的问题看，我国处理突发公共卫生事件的应急处理机制还不够健全，在应急处理工作中还存在着信息不准、反应不快、应急准备不足等问题。针对实践中存在的问题，为了有效预防、及时控制和消除突发公共卫生事件的危害，保障公众身体健康与生命安全，维护正常的社会秩序，2003年4月14日，国务院第四次常务会议作出了制定《突发公共卫生事件应急条例》的决定，决定把突发公共卫生事件应急处理纳入法制化管理轨道。5月7日，《突发公共卫生事件应急条例》经国务院第七次常务会议审议通过，5月9日，时任国务院总理温家宝签署公布施行。2011年1月8日，国务院对《突发公共卫生事件应急条例》进行了修订。

《突发公共卫生事件应急条例》根据《传染病防治法》的规定，总结了非典防治工作中的经验教训，借鉴了国际一些好的做法，确定了应急处理指挥体制、制定应急预案及其启动程序、疫情的监测和预警制度、疫情报告、通报和发布制度，以及人员隔离、群体防护等应急处理具体措施，以保证突发公共卫生事件应急处理工作有力、有效、有序地进行。《突发公共卫生事件应急条例》的实施对建立和完善突发公共卫生事件应急处理体系，有效应对当前或今后可能发生的突发公共卫生事件的危害，保障公众身体健康与生命安全，维护正常的社会秩序都将发挥重要作用。

（二）相关法律体系

《突发公共卫生事件应急条例》是以《传染病防治法》及其实施办法、《国境卫生检疫法》及其实施细则等法律、行政法规为基础制定的。一方面根据新情况、新问题，把《传染病防治法》等有关法律规定的一些制度具体化，进一步增强可操作性；另一方面按照行政应急的特点，设立了一些新的制度、措施，特别是把党中央、国务院对防治非典所采取的一系列坚决、果断、有效的政策措施，通过行政法规的形式予以条文化、规范化，从法律角度进一步确立了应对突发公共卫生事件的快速处理机制，并强化了相应责任，提高了处置突发公共卫生事件的反应能力。

2007年8月30日，第十届全国人大常委会第二十九次会议通过了《中华人民共和国突发事件应对法》（以下简称《突发事件应对法》），自2007年11月1日起施行。《突发事件应对法》对突发事件的预防与应急准备、监测与预警、应急处置与救援、事后恢复与重建等做出了明确规定,包含了对于4类突发事件的应急处置的规定,属于《突发公共卫生事件应急条例》上位法。由于《突发公共卫生事件应急条例》制定在前,制定时缺乏上位法的指导,在实践中有产生相互矛盾,甚至冲突的可能。2011年,国务院对《突发公共卫生事件应急条例》进行了修订,进一步在《突发事件应对法》的指导下,结合卫生应急工作的特点,使《突发公共卫生事件应急条例》服从《突发事件应对法》的规定,捋顺了相关条款。

为了实施《突发公共卫生事件应急条例》,卫生部制定了《传染性非典型肺炎防治管理办法》《突发公共卫生事件与传染病疫情监测信息报告管理办法》《国家救灾防病与突发公共卫生事件信息报告管理规范》等一系列规章及规范性文件。《突发事件应对法》《突发公共卫生事件应急条例》及相关法规、规章构成了我国较为完善的突发公共卫生事件应对法律体系。

此外,《传染病防治法》《食品安全法》等一些与突发公共卫生事件应急密切相关的法律、法规、规章及规范性文件,在《突发公共卫生事件应急条例》颁布后分别进行了修订和调整,《突发公共卫生事件应急条例》需要与这些文件衔接,避免产生矛盾。

由于《突发公共卫生事件应急条例》是对传染病防治法和其他相关法律的具体化,因此,对本条例的贯彻实施的同时,也要认真学习贯彻与本条例有关的《传染病防治法》《国境卫生检疫法》《职业病防治法》《食品卫生法》等相关的法律,《传染病防治法》和其他相关法律与本条例共同成为应对突发公共卫生事件的法律依据(表9-1)。

表9-1　突发公共卫生事相关法律体系

法律法规规章	施行时间	最近一次修订/修正	发布部门
《中华人民共和国国境卫生检疫法》(简称《国境卫生检疫法》)	1987年5月	2018年4月	全国人大常委会
《中华人民共和国野生动物保护法》(简称《野生动物保护法》)	1989年3月	2022年12月	全国人大常委会
《中华人民共和国传染病防治法》(简称《传染病防治法》)	1989年9月	2013年6月	全国人大常委会
《中华人民共和国进出境动植物检疫法》(简称《进出境动植物检疫法》)	1992年4月	2009年8月	全国人大常委会
《中华人民共和国食品卫生法》(简称《食品卫生法》)	1995年10月	2009年6月废止	全国人大常委会
《中华人民共和国食品安全法》(简称《食品安全法》)	2009年6月	2021年4月	全国人大常委会
《中华人民共和国动物防疫法》(简称《动物防疫法》)	1998年1月	2021年1月	全国人大常委会
《中华人民共和国职业病防治法》(简称《职业病防治法》)	2002年5月	2018年12月	全国人大常委会
《中华人民共和国突发事件应对法》(简称《突发事件应对法》)	2007年11月	无	全国人大常委会

续表 9-1

法律法规规章	施行时间	最近一次修订/修正	发布部门
《中华人民共和国疫苗管理法》(简称《疫苗管理法》)	2019 年 12 月	无	全国人大常委会
《中华人民共和国基本医疗卫生与健康促进法》(简称《基本医疗卫生与健康促进法》)	2020 年 6 月	无	全国人大常委会
《中华人民共和国生物安全法》(简称《生物安全法》)	2021 年 4 月	无	全国人大常委会
《公共场所卫生管理条例》	1987 年 4 月	2019 年 4 月	国务院
《中华人民共和国进出境动植物检疫法实施条例》(简称《进出境动植物检疫法实施条例》)	1997 年 1 月	无	国务院
《国内交通卫生检疫条例》	1999 年 3 月	无	国务院
《使用有毒物品作业场所劳动保护条例》	2002 年 5 月	无	国务院
《突发公共卫生事件应急条例》	2003 年 5 月	2011 年 1 月	国务院
《病原微生物实验室生物安全管理条例》	2004 年 11 月	2018 年 3 月	国务院
《重大动物疫情应急条例》	2005 年 11 月	2007 年 10 月	国务院
《中华人民共和国国境卫生检疫法实施细则》(简称《国境卫生检疫法实施细则》)	1989 年 3 月	2019 年 3 月	卫生部
《中华人民共和国传染病防治法实施办法》(简称《传染病防治法实施办法》)	1991 年 12 月	无	卫生部
《传染性非典型肺炎防治管理办法》	2003 年 5 月	无	卫生部
《突发公共卫生事件与传染病疫情监测信息报告管理办法》	2003 年 11 月	无	卫生部
《突发公共卫生事件交通应急规定》	2004 年 5 月	无	交通部

(三)展望

2003 年非典疫情之后,我国逐步建立了相对完备的法律法规,如《突发事件应对法》《突发公共卫生事件应急条例》《突发公共卫生事件与传染病疫情监测信息报告管理办法》等,弥补了非典疫情流行时暴露的应急机制不够健全、信息不准、反应不快、应急准备不足等制度缺陷,标志着我国将公共卫生事件防治纳入法治化轨道。这些法律法规在至今短短十多年的时间内取得了巨大发展并发挥了重要作用。非典疫情过后,我国又经历了禽流感、甲型 H1N1 流感、新冠疫情等突发公共卫生事件,我国应急工作面临的形势和任务比以往任何时候都更严峻和艰巨。而这次新冠疫情防控,对我国公共卫生法律体系是一次重大而全面的检验,也暴露出我国突发公共卫生事件应急处理的短板和不足。

《突发事件应对法》《传染病防治法》《传染病防治法实施办法》《突发公共卫生事件应急条例》等法律法规存在衔接不畅,甚至在部分条款上自相矛盾。《突发事件应对法》是我国应急管理的基本法,施行时间是 2007 年,而《突发公共卫生事件应急条例》的颁布时间是 2003 年 5 月,在非典全国流行的特殊时期下紧急出台,在制定之时,缺乏上位法的指导和相关法律的衔接,不具备充分论证的时间和空间。且最近一次修订距今已满 11 年,由于自然环境和社会环境的变化,国际间交流合作日益紧密,各类突发事件不但在发生频率、规模、强度、持续时间等方面有较大变化,也表现出不同的特征,复杂程度加大,而且这种趋势将会越来越明显,如果仍按照现行的《突发公共卫生事件应急条例》的规定,有效应对的难度会大大增强。

我国卫生应急管理工作这几年取得了长足的发展,基本形成了应急管理"一案三制"体系,加之上位法《突发事件应对法》的出台和《传染病防治法》《食品卫生法》《职业病防治法》《国境卫生检疫法》及相关政策文件的制定和完善,有必要也有基础对《突发公共卫生事件应急条例》进行全方位、多角度、深入、具体的修订和完善。

二、突发公共卫生事件的概念 >>>

突发公共卫生事件是突发事件、突发公共事件的一个类型。《突发事件应对法》中对突发事件的界定是:突然发生,造成或可能造成严重社会危害,需要采取应急处置措施予以应对的自然灾害、事故灾难、公共卫生事件和社会安全事件;《国家突发公共事件总体应急预案》对突发公共事件的界定是:突然发生,造成或者可能造成重大人员伤亡、财产损失、生态环境破坏和严重社会危害,危及公共安全的紧急事件。辨析这两个概念,不难发现《突发事件应对法》中"突发事件"与《国家突发公共事件总体应急预案》中"突发公共事件"的实质是同义的。在我国,突发公共事件按照发生的原因、机理、过程、性质和危害对象的不同而被分为四大类,即自然灾害、事故灾难、突发公共卫生事件、突发社会安全事件。

2006 年卫生部颁布的《国家突发公共卫生事件应急预案》对突发公共卫生事件的表述为:突然发生,造成或者可能造成社会公众身心健康严重损害的重大传染病、群体性不明原因疾病、重大食物中毒及因自然灾害、事故灾难或社会安全等事件引起的严重影响公众身心健康的公共卫生事件。

重大的传染病疫情是指传染病在集中的时间、地点发生,导致大量的传染病患者出现,其发病率远远超过平常的发病水平。一般指《传染病防治法》规定的传染病或依法增加的传染病暴发、流行的重大疫情。

群体性不明原因的疾病是指在一定时间内,某个相对集中的区域内同时或者相继出现多个共同临床表现患者,又暂时不能明确诊断的疾病。这种疾病可能是传染病,可能是群体性癔症,也可能是某种中毒。

重大食物和职业中毒事件是指由于食物和职业的原因而发生的人数众多或者伤亡较重的中毒事件。

诱发公共卫生事件的原因是多元的,生物因素、自然灾害、人为事故、不明原因引起的群体性疾病、重大传染病疫情、群体性预防接种反应和群体性药物反应、重大食物中毒和职业中毒、重大环境污染事故等因素均会引起公共卫生事件。从非典到新冠疫情,可见重大传染病是突发公共卫生事件的重要原因之一。

三、突发公共卫生事件的分级

(一)《突发事件应对法》

《突发事件应对法》第3条规定:按照社会危害程度、影响范围等因素,自然灾害、事故灾难、公共卫生事件分为特别重大、重大、较大和一般4级。《突发事件应对法》仅规定了3类突发事件应当划分为4个等级,但却没有明确规定关于突发事件的分级标准,而仅仅规定由国务院或者国务院确定的部门制定。

(二)《国家突发公共事件总体应急预案》

国务院2006年1月发布的《国家突发公共事件总体应急预案》,根据突发公共卫生事件的发生过程、性质和机制,将突发公共事件主要分为自然灾害、事故灾难、公共卫生事件、社会安全事件4类。各类突发公共事件按照其性质、严重程度、可控性和影响范围等因素,一般分为4级:Ⅰ级(特别重大)、Ⅱ级(重大)、Ⅲ级(较大)和Ⅳ级(一般)。但国家层面并没有关于等级划分的统一标准。

(三)《国家突发公共卫生事件应急预案》

2006年2月,《国家突发公共卫生事件应急预案》发布,根据第1.3条的规定,突发公共卫生事件根据其不同性质、危害程度、涉及范围,划分为特别重大(Ⅰ级)、重大(Ⅱ级)、较大(Ⅲ级)和一般(Ⅳ级)4级。

1. 特别重大突发公共卫生事件(Ⅰ级) 　根据《国家突发公共卫生事件应急预案》,特别重大突发公共卫生事件主要包括:①肺鼠疫、肺炭疽在大、中城市发生并有扩散趋势,或肺鼠疫、肺炭疽疫情波及2个以上的省份,并有进一步扩散趋势;②发生非典、人感染高致病性禽流感病例,并有扩散趋势;③涉及多个省份的群体性不明原因疾病,并有扩散趋势;④发生新传染病或我国尚未发现的传染病发生或传入,并有扩散趋势,或发现我国已消灭的传染病重新流行;⑤发生烈性病菌株、毒株、致病因子等丢失事件;⑥周边及与我国通航的国家和地区发生特大传染病疫情,并出现输入性病例,严重危及我国公共卫生安全的事件;⑦国务院卫生行政主管部门认定的其他特别重大突发公共卫生事件。

2. 重大的突发公共卫生事件(Ⅱ级) 　《国家突发公共卫生事件应急预案》也仅规定了特别重大突发公共卫生事件的范围,并未规定其他三级的分类标准。在实践中,特别重大以下级别的突发公共卫生事件的分级标准一般交由地方突发公共卫生事件专项预案规定。一般情况,重大的突发公共卫生事件主要包括:①边远、地广人稀、交通不便地区发生肺鼠疫、肺炭疽病例,疫情波及2个及以上乡(镇),一个平均潜伏期内发病5例及以上,或其他地区出现肺鼠疫、肺炭疽病例。②发生传染性非典型肺炎续发病例;或疫情波及2个及以上市(地)。③肺鼠疫发生流行,流行范围波及2个及以上县(区),在一个平均潜伏期内多点连续发病20例及以上。④霍乱在一个市(地)范围内流行,1周内发病30例及以上;或疫情波及2个及以上市(地),1周内发病50例及以上。⑤乙类、丙类传染病疫情波及2个及以上县(区),1周内发病水平超过前5年同期平均发病水平2倍以上。⑥发生群体性不明原因疾病,扩散到县(区)以外的地区。⑦预防接种或学生预防性服药出现人员死亡。⑧一次食物中毒人数超过100人并出现死亡病例,或者已出现10例及以上死亡病例。⑨一次发生急性职业中毒50人以上,或死亡5人及以上。⑩一次放射事故超剂量照射人数101~200人,或轻、中度放射损伤人数21~50人;或重度放射损伤人数3~10人;或极重度放射损伤人数3~5人。⑪鼠疫、炭疽、非典、艾滋病、霍乱、脊髓灰质炎等菌(毒)种丢失。⑫省级以上人民政府卫生行政主管部门认定的其他严重突发公共卫生事件。

3. 较大的突发公共卫生事件(Ⅲ级) 　较大的突发公共卫生事件包括:①边远、地广人稀、交通不便的局部地区发生肺鼠疫、肺炭疽病例,流行范围在1个乡(镇)以内,1个平均潜伏期内病例数未超过 5 例;②发生非典病例;③霍乱在县(区)域内发生,1 周内发病 10~30 例,或疫情波及 2 个及以上县,或市(地)级以上城市的市区首次发生;④1 周内在 1 个县(区)域内乙类、丙类传染病发病水平超过前 5 年同期平均发病水平 1 倍以上;⑤在 1 个县(区)域内发现群体性不明原因疾病;⑥一次食物中毒人数超过 100 人,或出现死亡病例,或食物中毒事件发生在学校、地区性或全国性重要活动期间的;⑦预防接种或学生预防性服药出现群体心因性反应或不良反应;⑧一次性发生急性职业中毒 10~50 人,或死亡 5 人以下;⑨一次性放射事故超剂量照射人数 51~100 人,或轻、中度放射损伤人数 11~20 人;⑩地市级以上人民政府卫生行政主管部门认定的其他较大的突发公共卫生事件。

4. 一般的突发公共卫生事件(Ⅳ级)　一般的突发公共卫生事件包括:①鼠疫在县(区)域内发生,一个平均潜伏期内病例数未超过 20 例;②霍乱在县(区)域内发生,1 周内发病在 10 例以下;③一次食物中毒人数 30~100 人,且无死亡病例报告;④一次性急性职业中毒 10 人以下,未出现死亡;⑤一次性放射事故超剂量照射人数 10~50 人,或轻、中度放射损伤人数 3~10 人;⑥县级以上人民政府卫生行政主管部门认定的其他一般突发公共卫生事件。

四、突发公共卫生事件的特征和响应主体

案例简介　2019 年 12 月以来,湖北省武汉市部分医院陆续发现了多例有华南海鲜市场暴露史的不明原因肺炎病例,证实为新型冠状病毒引起的急性呼吸道传染病。截至 2020 年 1 月 24 日,河南省累计报告新型冠状病毒感染病例 37 例,涉及 11 个市(县)。2020 年 1 月 25 日,河南省启动重大突发公共卫生事件Ⅰ级响应。截至 25 日 15 时,广东、湖南、浙江、湖北、天津、安徽、北京、上海、重庆、江西、四川、山东、云南、贵州、福建、河北、广西、江苏、海南、新疆、河南、黑龙江、甘肃、辽宁共 24 个省、市、自治区启动重大突发公共卫生事件Ⅰ级响应。

案例涉及的问题　①如何确定为突发公共卫生事件?②不同等级突发公共卫生事件的响应主体是谁?

(一)突发公共卫生事件的特征

突发公共卫生事件是突发事件中的一种,判断一个事件是否属于突发公共卫生事件,主要看是否符合以下几个特征。

1. 突发性　突发公共卫生事件多为突然发生,且具有不确定性。首先是突发公共卫生事件的确切发生时间和地点具有不可预见性。其次是突发公共卫生事件的形成常需要一个过程,开始时其危害范围和程度较小,对其蔓延范围和发展速度、趋势和结局很难预测,但其发生和转归具有一定的规律性。随着科学技术的发展,公共卫生体制和预警机制的不断健全和完善,更多的突发公共卫生事件是有可能预料或预见的,我们可以有计划地应对。

2. 公共性　突发公共卫生事件所危及的对象不是特定的人,而是不特定的、广泛的社会群体,在事件影响范围内的人都有可能受到伤害,具有群体性和公众性,尤其是对儿童、老人、妇女和体弱多病者等特殊人群的影响更加突出。

3. 危害性　突发公共卫生事件可对人民群众的生命健康和生命安全、社会经济发展、生态环境等造成不同程度的危害,这种危害可表现为直接危害和间接危害。直接危害一般为事件直接导致的即时性损害,如常导致大量伤亡和妨害居民的身心健康、破坏交通、通信等基础设施,造成巨大的财产损失等;间接危害一般为事件的继发性损害,如事件引发公众恐慌、焦虑情绪,以及政治、经济、军事、文化等诸多领域的影响等。

4. 系统性　突发公共卫生事件不仅仅是一个公共卫生问题,往往涉及社会诸多方面,是一个社会问题。因此,突发公共卫生事件的应急处理必须由政府统一指挥、综合协调,需要各有关方面,乃

至全社会成员的通力协作、共同努力。

（二）突发公共卫生事件的响应主体

关于其响应主体的问题，《国家突发公共卫生事件应急预案》第4.3条规定：特别重大（Ⅰ级）突发公共卫生事件应急处理工作由国务院或国务院卫生行政主管部门和有关部门组织实施；而特别重大级别以下的突发公共卫生事件的等级标准由各地方自行制定，其应急处理工作由地方各级人民政府负责组织实施。对于超出本级应急处置能力时，地方各级人民政府要及时报请上级人民政府和有关部门提供指导和支持。根据《河南省突发公共卫生事件应急预案》，事件发生后，有关卫生行政主管部门要组织专家对事件进行综合评估，初步判断事件级别，并向同级应急指挥机构提出启动响应级别建议，由同级政府决定并宣布启动响应。当超出自身处置能力时，可向上一级政府提出请求，由其决定是否启动更高级别的响应。根据事件的影响范围、危害程度和发展态势，应急响应由高到低分为Ⅰ级、Ⅱ级、Ⅲ级、Ⅳ级4个等级。省级人民政府和卫生行政主管部门结合实际情况，对事件的分级标准适时进行补充和调整。

1. **Ⅰ级应急响应**　发生特别重大事件，国务院启动Ⅰ级应急响应，省应急指挥机构按照党中央、国务院决策部署及省委、省政府工作要求，组织协调应急处置工作。国务院未启动Ⅰ级应急响应的，由省政府根据事件级别和实际情况启动Ⅰ级应急响应，并报国务院备案。

2. **Ⅱ级应急响应**　发生重大事件，由省政府决定启动Ⅱ级应急响应，并向国务院报告。省应急指挥机构立即派出工作组赶赴事发地开展应急处置工作，并将有关情况迅速报告国务院及其有关部门。事发地政府按照省政府的统一部署，领导本级应急指挥机构及成员单位全力开展应急处置工作。

3. **Ⅲ级应急响应**　发生较大事件，由市级政府决定启动Ⅲ级应急响应，并向省政府报告。必要时，省应急指挥机构派出工作组赴事件发生地指导做好相关应急处置工作。

4. **Ⅳ级应急响应**　发生一般事件，由县级政府决定启动Ⅳ级应急响应，并向上一级政府报告。必要时，市级应急指挥机构派出工作组赴事件发生地指导做好相关应急处置工作。

第二节　应急组织体系

在以习近平同志为核心的中共中央坚强领导下，建立中央统一指挥、统一协调、统一调度，各地方各方面各负其责、协调配合，集中统一、上下协同、运行高效的指挥体系，为打赢疫情防控的人民战争、总体战、阻击战提供了有力保证。

习近平总书记高度重视疫情防控工作，全面加强集中统一领导，强调把人民生命安全和身体健康放在第一位，提出"坚定信心、同舟共济、科学防治、精准施策"的总要求，明确坚决打赢疫情防控的人民战争、总体战、阻击战。习近平总书记主持召开14次中央政治局常委会会议、4次中央政治局会议及中央全面依法治国委员会会议、中央网络安全和信息化委员会会议、中央全面深化改革委员会会议、中央外事工作委员会会议、党外人士座谈会等会议，听取中央应对疫情工作领导小组和中央指导组汇报，因时因势调整防控策略，对加强疫情防控、开展国际合作等进行全面部署；在北京就社区防控、防疫科研攻关等进行考察，亲临武汉一线视察指导，赴浙江、陕西、山西就统筹推进常态化疫情防控和经济社会发展工作、巩固脱贫攻坚成果进行考察调研；时刻关注疫情动态和防控进展，及时做出决策部署。

中共中央政治局常委、国务院总理、中央应对疫情工作领导小组组长李克强主持召开30余次领导小组会议,研究部署疫情防控和统筹推进经济社会发展的重大问题和重要工作,赴北京、武汉等地和中国疾病预防控制中心、中国医学科学院病原生物学研究所、北京西站、首都机场及疫情防控国家重点医疗物资保障调度等平台考察调研。中央指导组指导湖北省、武汉市加强防控工作,以争分夺秒的战时状态开展工作,有力控制了疫情流行,守住了第一道防线。国务院联防联控机制发挥协调作用,持续召开例会跟踪分析研判疫情形势,加强医务人员和医疗物资调度,根据疫情发展变化相应调整防控策略和重点工作。国务院复工复产推进工作机制,加强复工复产统筹指导和协调服务,打通产业链、供应链堵点,增强协同复工复产动能。

各地方各方面守土有责、守土尽责。全国各省、市、县成立由党政主要负责人挂帅的应急指挥机制,自上而下构建统一指挥、一线指导、统筹协调的应急决策指挥体系。在中共中央统一领导下,各地方各方面坚决贯彻中央决策部署,有令必行、有禁必止,严格高效落实各项防控措施,全国形成了全面动员、全面部署、全面加强,横向到边、纵向到底的疫情防控局面。

——《抗击新冠肺炎疫情的中国行动》

案例简介　从2020年6月国务院新闻办公室网站发布的《抗击新冠肺炎疫情的中国行动》的部分内容可见,自新冠疫情在武汉地区出现后,中国共产党和中国政府高度重视、迅速行动。用3个月左右的时间取得了武汉保卫战、湖北保卫战的决定性成果,疫情防控阻击战取得重大战略成果,维护了人民生命安全和身体健康,为维护地区和世界公共卫生安全做出了重要贡献。

案例涉及的问题　①突发公共卫生事件应急组织体系的构成是什么? ②突发公共卫生事件应急组织体系的职责是什么? ③突发公共卫生事件的应急管理体系应坚持怎样的原则?

一、我国应急管理体系的发展

从中华人民共和国成立到2003年以前,我国公共卫生工作重心坚持预防为主,实行全国性的卫生防疫体制。但是,2003年非典这场破坏力极强的疫情席卷中国,其严重的代价,让中国意识到加强应急管理工作的重要性。面对非典疫情对中国经济、社会安定等方面造成的负面影响,中国政府紧急出台了《突发公共卫生事件应急条例》,并且在抗击非典过程中,中共中央政治局常委和政治局多次召开会议,听取工作汇报,研究重大问题并做出重大决策和部署。2003年7月,时任国家主席胡锦涛在全国防治非典工作会议强调:“要大力增强应对风险和突发事件的能力,经常性地做好应对风险和突发事件的思想准备、预案准备、机制准备和工作准备,坚持防患于未然。”时任国务院总理温家宝在会上指出:“争取用3年左右的时间建立健全突发公共卫生事件应急机制”“提高突发公共卫生事件应急能力”。当年10月,《关于完善社会主义市场经济体制若干问题的决定》通过,第一次提出要建立和完善预警和应急机制,强化政府处置突发性公共事件的能力。自2003年非典以来,我国开始全面加强应急管理工作,该年也成为我国建设应急管理体系的起步之年。

2005年应急管理小组在国务院下设成立,同年7月,第一次全国应急管理工作会议在北京召开并通过了《关于全面加强应急管理工作的意见》,首次提出“一案三制”。“一案三制”是具有中国特色的应急管理体系,“一案”是指应急预案体系,“三制”是指应急管理体制、应急管理机制及应急管理法制。“一案三制”框架的建设标志着我国突发公共卫生事件应急管理走向制度化和规范化。

2006年,卫生部发布《国家突发公共卫生事件应急预案》和《国家突发公共事件卫生应急保障预案》,明确了卫生应急管理工作的应急组织体系和应急保障体系。2006年底,国务院应急管理办公室在国务院办公厅下增设,随后地方政府相继于政府办下设应急管理办公室。

2007 年,《突发事件应对法》颁布,以法律形式明确各级政府与部门职责,应急管理体制建设制度化。同年,针对基层政府应急管理工作相关内容、规定与举措的文件《关于加强基层应急管理工作的意见》下发至地方各基层政府。

2009 年,我国 30 个省(自治区、直辖市)卫生行政主管部门相继成立了应急办公室、中国疾病预防控制中心和部分省份的省级应急预防控制中心成立了专门的应急处置部门。我国应急管理体系在这些年不断的实践探索中基本建立。

2010 年、2011 年和 2012 年,卫生部相继印发了《关于加快突发公共事件卫生应急体系建设和发展的指导意见》《多部门突发公共卫生事件应急协调机制》《突发事件公共卫生风险评估管理办法》等文件,进一步指导卫生应急工作和提高公共卫生应急能力。

自党的十八大以来,公共安全得到了党和国家的高度重视,把公共安全上升到国家决策部署层面,我国应急管理体系建设进入新时期。在公共卫生应急队伍建设方面,2015 年和 2016 年先后发布《全国医疗机构卫生应急工作规范(试行)》和《全国疾病预防控制机构卫生应急工作规范(试行)》。

2017 年,《国家突发事件应急体系建设"十三五"规划》明确指出,到 2020 年我国要建成一个"全社会共同参与的突发事件应急管理体系"。2018 年 2 月,《中共中央关于深化党和国家机构改革的决定》和《深化党和国家机构改革方案》审议通过,要求对应急管理机构做出重要调整,对应急体系存在的部门协调缺乏、国家统一指挥力度弱、应急资源分散等问题进行针对性的解决。

2022 年 10 月,党的二十大报告指出,要完善国家应急管理体系,提高防灾减灾救灾和急难险重突发公共事件处置保障能力。《"十四五"国家应急体系规划》指出,到 2025 年,应急管理体系和能力现代化要取得重大进展,形成统一指挥、专常兼备、反应灵敏、上下联动的中国特色应急管理体制,建成统一领导、权责一致、权威高效的国家应急能力体系,安全生产、综合防灾减灾形势趋稳向好,自然灾害防御水平明显提升,全社会防范和应对处置灾害事故能力显著增强。到 2035 年,建立与基本实现现代化相适应的中国特色大国应急体系,全面实现依法应急、科学应急、智慧应急,形成共建共治共享的应急管理新格局。

二、应急组织体系的构成

(一)《突发事件应对法》

第 8~11 条规定:国务院在总理领导下研究、决定和部署特别重大突发事件的应对工作;根据实际需要,设立国家突发事件应急指挥机构,负责突发事件应对工作;必要时,国务院可以派出工作组指导有关工作。

县级以上地方各级人民政府设立由本级人民政府主要负责人、相关部门负责人、驻当地中国人民解放军和中国人民武装警察部队有关负责人组成的突发事件应急指挥机构,统一领导、协调本级人民政府各有关部门和下级人民政府开展突发事件应对工作;根据实际需要,设立相关类别突发事件应急指挥机构,组织、协调、指挥突发事件应对工作。

上级人民政府主管部门应当在各自职责范围内,指导、协助下级人民政府及其相应部门做好有关突发事件的应对工作。

国务院和县级以上地方各级人民政府是突发事件应对工作的行政领导机关,其办事机构及具体职责由国务院规定。

有关人民政府及其部门做出的应对突发事件的决定、命令,应当及时公布。

有关人民政府及其部门采取的应对突发事件的措施,应当与突发事件可能造成的社会危害的性质、程度和范围相适应;有多种措施可供选择的,应当选择有利于最大程度地保护公民、法人和其他组织权益的措施。

公民、法人和其他组织有义务参与突发事件应对工作。

(二)《突发公共卫生事件应急条例》

第3条和第4条规定:突发事件发生后,国务院设立全国突发事件应急处理指挥部,由国务院有关部门和军队有关部门组成,国务院主管领导人担任总指挥,负责对全国突发事件应急处理的统一领导、统一指挥。

国务院卫生行政主管部门和其他有关部门,在各自的职责范围内做好突发事件应急处理的有关工作。

在突发事件发生后,省、自治区、直辖市人民政府成立地方突发事件应急处理指挥部,省、自治区、直辖市人民政府主要领导人担任总指挥,负责领导、指挥本行政区域内突发事件应急处理工作。

县级以上地方人民政府卫生行政主管部门,具体负责组织突发事件的调查、控制和医疗救治工作。

县级以上地方人民政府有关部门,在各自的职责范围内做好突发事件应急处理的有关工作。

从《突发事件应对法》及《突发公共卫生事件应急条例》中可见,我国突发公共卫生事件应急组织体系和应急指挥都是由"中央-省-市(地)-县"4级构成。

三、应急指挥系统及其职责

按照《国家突发公共卫生事件应急预案》的规定,我国应急指挥机构分为全国应急指挥部和省级行政区应急指挥部。现行突发公共卫生事件应急指挥系统主要由以下机构构成。

(一)全国突发公共卫生事件应急指挥部

全国突发公共卫生事件应急指挥部是在国务院统一领导下,负责对特别重大突发公共卫生事件的统一领导、统一指挥,做出处理突发公共卫生事件的重大决策。指挥部成员单位根据突发公共卫生事件的性质和应急处理的需要确定。

(二)省级突发公共卫生事件应急指挥部

省级突发公共卫生事件应急指挥部由省级人民政府有关部门组成,实行属地管理的原则,负责对本行政区域内突发公共卫生事件应急处理的协调和指挥,做出处理本行政区域内突发公共卫生事件的决策,决定要采取的措施。

(三)市(地)级和县级突发公共卫生事件应急指挥部

地市级和县级突发公共卫生事件应急指挥部由地市级和县级人民政府有关部门组成,实行属地管理的原则,负责对本行政区域内突发公共卫生事件应急处理的协调和指挥部,做出处理本行政区域内突发公共卫生事件的决策,决定要采取的措施。

(四)日常管理机构

国务院卫生行政主管部门设立卫生应急办公室(突发公共卫生事件应急指挥中心),负责全国突发公共卫生事件应急处理的日常管理工作。各省、自治区、直辖市人民政府卫生行政主管部门及军队、武警系统要参照国务院卫生行政主管部门突发公共卫生事件日常管理机构的设置及职责,结合各自实际情况,指定突发公共卫生事件的日常管理机构,负责本行政区域或本系统内突发公共卫生事件应急的协调、管理工作。各市(地)级、县级卫生行政主管部门要指定机构负责本行政区域内突发公共卫生事件应急的日常管理工作。

(五)专家咨询委员会

国务院卫生行政主管部门和省级卫生行政主管部门负责组建突发公共卫生事件专家咨询委员会。市(地)级和县级卫生行政主管部门可根据本行政区域内突发公共卫生事件应急工作需要,组建突发公共卫生事件应急处理专家咨询委员会。专家咨询委员会负责:①对事件相关信息进行分析评估、趋势预测,对事件级别确定及需要采取的重要措施提出建议;②参与制定(修订)事件应急预案、专项应急预案和技术方案;③对事件的预防和处置、医疗救治、心理援助、公众沟通、科普宣教等提出意见建议,并给予技术指导;④对事件应急响应的启动、调整、终止和后期评估提出意见建议;⑤承担突发公共卫生事件日常管理机构和应急指挥机构交办的其他工作。

(六)应急处理专业技术机构

《突发公共卫生事件应急条例》第 29 条规定:省级以上人民政府卫生行政主管部门或者其他有关部门指定的突发事件应急处理专业技术机构,负责突发事件的技术调查、确证、处置、控制和评价工作。不同类别的突发事件需要根据实际情况指定专门的专业技术机构负责应急处理技术工作。突发事件发生后,有关应急处理专业技术机构应及时到达现场进行调查取证,如对传染病发病原因、发病情况、疾病流行的可能因素等方面的流行病学调查和相关的采样、检验工作;及时完成对于突发事件病因和传染病流行方式等的确定,为突发事件的预防控制工作提供科学依据;采取现场控制和有效预防处理措施;对整体技术工作的效果进行评估、对于突发事件未来的发展趋势和结果进行预测等。

四、突发公共卫生事件应急管理的原则 »»»

《突发事件应对法》规定:突发事件应对工作实行预防为主、预防与应急相结合的原则。《突发公共卫生事件应急条例》第 5 条规定:突发事件应急工作,应当遵循预防为主、常备不懈的方针,贯彻统一领导、分级负责、反应及时、措施果断、依靠科学、加强合作的原则。

(一)预防为主、常备不懈

预防为主是卫生工作的基本指导方针。做好预防工作,可以有效控制传染病的发生和传播,减少食物中毒、职业中毒和其他突发公共卫生事件。中国是发展中国家,特别是广大中西部地区和农村地区,人均收入水平还不高,公共卫生设施较为落后。一旦发生突发公共卫生事件,必将给广大人民群众的身体健康和生命安全带来严重伤害,也会使国家经济遭受巨大损失。因此,坚持预防为主,既是突发公共卫生事件应急处理的方针,也是卫生工作的基本指导方针。

(二)统一领导、分级负责

统一领导是指在突发事件应急处理的各项工作中,必须坚持由各级人民政府统一领导,成立应急指挥部,对处理工作实行统一指挥。各有关部门都要在应急指挥部的领导下,依照《突发公共卫生事件应急条例》的规定开展各项应急处理工作。分级负责是指全国性的突发事件或跨省、自治区、直辖市的突发事件,由国务院设立全国突发事件应急处理指挥部,负责统一领导和指挥全国的应急处理工作;地方性突发事件,由省级人民政府设立突发事件应急处理指挥部,负责统一领导和指挥本行政区域内的应急处理工作。

(三)反应及时、措施果断

反应及时、措施果断是指突发事件发生后,有关人民政府要成立应急处理指挥部,决定是否启动应急处理预案等。有关部门应当及时做出反应,搜集、报告疫情及有关情况,立即组织调查,组织医疗队伍,积极开展救治,并向政府提出处理建议,采取果断措施,有效控制突发事件的事态发展。

(四)依靠科学、加强合作

依靠科学、加强合作,就是突发公共卫生事件应急工作要充分尊重和依靠科学,要重视开展防范和处理突发公共卫生事件的科研和培训,为突发公共卫生事件应急处理提供科技保障。各有关部门和单位要通力合作、资源共享,有效应对突发公共卫生事件。同时,要广泛组织、动员公众参与突发公共卫生事件的应急处理。

(五)以人为本、生命至上

2019 年底的新冠疫情,是中华人民共和国成立以来传播速度最快、感染范围最广、防控难度最大的一次重大突发公共卫生事件。自疫情暴发以来,以习近平同志为核心的党中央高度重视疫情防控,坚持人民至上、生命至上,不断提高科学精准防控水平。全体中国人民同心抗疫、坚韧奉献,最大限度守护了人民生命安全和身体健康。在全体中国人民的共同努力下,中国疫情流行和病亡数保持在全球最低水平,统筹疫情防控和经济社会发展取得重大积极成果。实践充分证明,中国政府坚持以人为本、生命至上的理念及中国特色社会主义制度优势是中国取得疫情保卫战胜利的根本保障。

第三节　预防与应急准备

一、应急预案

(一)应急预案的概念

对于应急预案的概念,国外有学者从危机管理、突发事件管理、灾害管理的角度出发,认为应急预案应该是一个需要目标、策略、管理办法和实施计划的过程。国内有学者认为,应急预案是依据国家法律规定并结合本地实际情况和突发事件的类型,为有效应对突发事件而预先制定的行动方案。作为一种行动方案,应急预案解决的是"事前、事中、事后,谁来做、何时做、做什么、怎么做"的问题。

(二)应急预案的发展历程

突发公共卫生事件应急预案体系建设是加强突发事件预警、预测能力的基石,也是提高卫生应急处置能力的重要保障。2003 年前,我国并没有一个完整的突发公共卫生事件应急的预案。此前我国卫生行政主管部门曾制定过鼠疫、霍乱、地震等突发事件的应急预案,而这些预案大多属于技术层面,更像是救援工作的指南。在发生疫情时,多是根据《传染病防治法》《食品安全法》等进行应急处理,然而,突发公共卫生事件应急预案体系的不健全也会贻误时机。

2003 年非典疫情的发生,进一步凸显了公共卫生工作的指挥、检测、队伍建设等问题,制定突发公共卫生事件的应急预案迫在眉睫,党和政府全方位启动了应急预案体系的建设。卫生行政主管部门有计划、有系统地开展了卫生应急预案的编制工作。2005 年 1 月,国务院制定了《国家突发公共事件总体应急预案》,这标志着我国将在全国范围内开始大规模地建设应急预案体系。同年3 月,时任国务院总理温家宝同志在第十届全国人大第三次会议上宣布:我们组织制定了《国家突发公共事件总体应急预案》,以及应对自然灾害、事故灾难、公共卫生和社会安全等方面 105 个专项和部门应急预案,各省(区、市)也完成了省级总体应急预案的编制工作。短短几年的时间,应急预案体系的建设经历了从无到有、从部分到较为全面、从注重数量到注重质量的发展过程。

突发公共卫生事件应急预案体系的初步形成,是我国应急工作一个里程碑,应急预案既包括应急处理技术层面的内容,又解决了应急处理运行机制的问题,具有行政法规的效力,为卫生应急工作开创了新局面,使我国突发公共卫生事件的应急工作进入了一个崭新的阶段。

(三)应急预案的分类

目前的国家突发公共卫生事件应急预案体系是在《国家突发公共事件总体应急预案》的指导下,以《国家突发公共卫生事件应急预案》和《国家突发公共事件医疗卫生救援应急预案》两个专项预案为主体,包括22项单项预案、7项部门预案及1项《突发公共卫生事件社区(乡镇)应急预案编制指南(试行)》构成的预案体系,是国家突发公共事件应急预案体系的重要组成部分。

应急预案的分类可按行政区分为国家级、省级、市(地)级、县级;按时间分为常备预案和临时预案;按事故灾害情况分为自然灾害、事故灾害、突发社会安全事件、突发公共卫生事件。

其中公共卫生事件应急预案按照适用范围,可划分为总预案和单项预案,总预案往往针对一大类突发事件,内容涉及面广,涉及部门多。单项预案通常针对一种突发事件,对象明确,应对措施具体,例如非典预案。按照影响程度和反应级别,分为4级。

1. 国家级　突发公共卫生事件危害极大,超越了省级水平,需要从国家层面上来组织应对措施。

2. 省级　突发公共卫生事件危害较大,但都控制在一个单独的省份里。

3. 市(地)级　突发公共卫生事件发生在一个地市内,在该市范围内可以控制。

4. 县级　突发公共卫生事件发生局限于一个县内,凭借该县的力量能够将其控制。

(四)应急预案的内容

突发公共卫生事件应急预案体系是针对可能发生的突发公共卫生事件,为迅速、有序地开展应急处置工作而预先制定的一套行动计划或方案。它明确了事件发生前、发生过程中、结束后各个阶段的应急工作流程、参与应对各方的职责定位、相应的资源配备及应对策略等。《突发公共卫生事件应急条例》第2章第11条规定,全国突发事件应急预案应包括以下主要内容:①突发事件应急处理指挥部的组成和相关部门的职责;②突发事件的监测与预警;③突发事件信息的收集、分析、报告、通报制度;④突发事件应急处理技术和监测机构及其任务;⑤突发事件的分级和应急处理工作方案;⑥突发事件预防、现场控制,应急设施、设备、救治药品和医疗器械及其他物资和技术的储备与调度;⑦突发事件应急处理专业队伍的建设和培训。

(五)应急预案的编制程序

应急预案的功能就在于事先将应急方案固定下来,形成规范化、制度化的行为准则,以保障应急管理各环节有条不紊,从而及时控制事态发展,恢复社会秩序,最大限度地降低损害并保护公民、法人和其他社会组织的合法权益。一个规范的应急预案全流程应包括以下主要程序。

1. 编制　应急预案及其编制过程是通过多元主体协调以共同应对各类突发事件的行动基础,高质量的应急预案是应急管理工作有效性的前提和重要保障。编制一套行之有效的应急预案需要科学专业的人才团队,上下协调、通力合作。编制应急预案应遵循横向到边、纵向到底的原则,除了在内容上应体现基层应急预案的功能性特征以外,还应有合理的逻辑结构使应急预案上下紧密衔接,更应注重与其他部门之间的协同治理。

2. 评估　对应急预案而言,评估是贯穿始终的环节。在预案编制阶段,需要就一切可能的风险情景和事件进行评估;在预案草案拟定完成后,还要进行模拟推演或桌面推演,以检验预案内容是否切实可行;在应急预案出台后,需依据现实变化,不断评估其实用性,以保证应急预案与时俱进、接近实际。

3. 宣教　应急管理的社会宣教十分重要。这次新冠疫情迅速传播是公众危机意识淡薄的表现,因此强化风险意识也是提升全民应急处置能力的重要一环。应急预案编制完成后,需要通过宣传教育手段扩充覆盖面和提高知晓率,了解预案的内容和相关的救助知识,进而提升风险意识。同时,政府部门应定期开展宣传教育活动,让公众熟悉各种危急情况,既有利于提升公众对防灾减灾活动的关注度,也能提高公众的应急能力。

4.培训　不同的人员如何理解预案的文本规定存在着主观上的差异,对此,需要通过培训,答疑解惑,统一标准,进一步保证预案实施的规范性和有效性。要制订培训和演练计划,根据培训和演练过程中发现的问题对应急预案进行持续改进,使预案进一步得到完善。

5.演练　应急预案的推演环节不容忽视,优秀的应急演练可以在重大危机突发时,有效地减小危机所带来的冲击力。应急预案是否切实可行,必须经过演习、实践来发现问题,避免"纸上谈兵"。应定期开展应急实践演练,结合当地的实际情况做好场景模拟,把应急培训和应急演练落到实处,并且建立应急预案的评审和修订机制。在切实进行的实践演练中,发现问题、解决问题,不断细化和推广应急预案,以提高基层政府的应急管理能力和处置危机的综合水平,持续推进应急体系建设。

6.发布　应急预案是否需要公布,通过什么方式、什么流程予以公布,也是预案管理规范化的一个重要步骤。

7.启动　预案制定得再好,若关键时刻不予启动或延迟启动,也将错过良好时机。因此,应急预案的启动也是一个十分重要的环节。时机的把握与预案编制时突发事件分级分类划分标准的确定密切相关。

8.修订　预案文本是相对稳定的,但风险却是变化发展的。以确定的预案应对不确定的风险,滞后性和被动性表露无遗。因而,应急预案应当对桌面推演、局部演练、全程演练和功能演练的结果进行评估,根据评估结果和情景变化,对预案进行动态修正,以保证预案内容具有较强的现实针对性。

二、突发公共卫生事件的预防

"预防为主"是我国卫生工作的基本方针,从1950年第一届全国卫生会议召开至今,"预防为主"贯穿于我国每一时期的卫生工作方针中。对于突发公共卫生事件,更应该落实"预防为主"的工作方针,使有限的投入产生更高的效益,强化人民群众的防护意识,真正做到保护、促进和维护公众的健康。

(一)机构设置

为应对突发公共卫生事件,《国家突发公共卫生事件应急预案》中应急组织体系建设要求加强应急指挥机构、日常管理机构、疾病预防控制机构、应急处理专业技术和专家委员会的建设,推动公共卫生服务与医疗服务高效协同、无缝衔接,完善公共卫生事件风险研判、评估、决策、防控协同机制。进一步建立健全公共卫生一个机制、四大体系建设:健全突发公共卫生事件应急机制、疫情信息网络体系、疾病预防控制体系、疾病医疗救治体系和卫生执法监督体系。

(二)健全应急管理体系

加强公共卫生法律法规和预案建设,建立指挥有力、责任明确的应急指挥机制,不断完善疾病预防控制体系,建立多部分应急协调机制,强化重大疫情救治体系等。《突发公共卫生事件应急条例》第10条规定:国务院卫生行政主管部门按照分类指导、快速反应的要求,制定全国突发事件应急预案,报请国务院批准。省、自治区、直辖市人民政府根据全国突发事件应急预案,结合本地实际情况,制定本行政区域的突发事件应急预案。

(三)加强监测预警

《国家突发公共卫生事件应急预案》要求国家建立统一的突发公共卫生事件监测、预警与报告网络体系。各级医疗、疾病预防控制、卫生监督和出入境检疫机构负责开展突发公共卫生事件的日常监测工作。省级人民政府卫生行政主管部门要按照国家统一规定和要求,结合实际,组织开展重点传染病和突发公共卫生事件的主动监测。国务院卫生行政主管部门和地方各级人民政府卫生行政主管部门要加强对监测工作的管理和监督,保证监测质量。各级人民政府卫生行政主管部门根据医疗机构、疾病预防控制机构、卫生监督机构提供的监测信息,按照公共卫生事件的发生、发展规律和特点,及时分析其对公众身心健康的危害程度、可能的发展趋势,及时做出预警。

《突发公共卫生事件应急条例》第14条规定:县级以上地方人民政府应当建立和完善突发事件监测与预警系统。县级以上各级人民政府卫生行政主管部门,应当指定机构负责开展突发事件的日常监测,并确保监测与预警系统的正常运行。第15条规定:监测与预警工作应当根据突发事件的类别,制订监测计划,科学分析、综合评价监测数据。对早期发现的潜在隐患及可能发生的突发事件,应当依照本条例规定的报告程序和时限及时报告。

(四)开展卫生应急知识普及宣传教育

《突发公共卫生事件应急条例》规定:县级以上各级人民政府卫生行政主管部门和其他有关部门,应当对公众开展突发事件应急知识的专门教育,增强全社会对突发事件的防范意识和应对能力。通过电视、广播、网络及新媒体等进行有效的卫生健康教育,普及疾病预防知识,促使群众的疾病预防意识得到提升,且能够积极主动地进行相关的疾病预防,从而提升自我保护能力。

(五)开展常规性突发公共卫生事件风险隐患排查工作

各级政府及有关部门建立突发公共卫生事件联防联控工作机制,组织开展相关工作。

加强突发公共卫生事件防控知识的培训,切实增强医务人员特别是乡镇卫生院、村卫生室、社区卫生服务中心等基层医务人员的传染病防控意识、责任意识和敏感性,增强其早发现、早报告、早诊断、早处置的能力。

结合阶段性工作重点,围绕以下内容开展风险排查:①重大传染病疫情;②群体不明原因疾病;③重大食物中毒和职业中毒,饮用水安全;④新发传染性疾病:⑤群体性预防接种反应和群体性药物反应;⑥重大环境污染事故;⑦影响公共安全的毒物泄露事件、核事故、放射性事故;⑧生物、化学、核辐射恐怖事件;⑨影响公共健康的自然灾害(如洪涝灾害、干旱灾害、森林火灾、雪凝灾害、地质灾害等);⑩其他严重影响公共健康事件。

三、突发公共卫生事件的应急保障　>>>

突发公共卫生事件应急处理应坚持预防为主,平战结合,建立健全突发公共卫生事件预防控制体系,完善应急保障工作,保证突发公共卫生事件应急处理工作的顺利开展。《国家突发公共卫生事件应急预案》中对突发公共卫生事件应急处置的保障工作有以下几个方面。

(一)技术保障

1. 信息系统　建立突发公共卫生事件应急决策指挥系统的信息、技术平台,承担突发公共卫生事件及相关信息收集、处理、分析、发布和传递等工作,采取分级负责的方式实施。要在充分利用现有资源的基础上建设医疗救治信息网络,实现卫生行政主管部门、医疗救治机构与疾病预防控制机构之间的信息共享。

2. 专业机构　建立完善疾病预防控制体系,提高事件监测报告、风险评估、预警预测、流行病学调查、实验室检测、健康教育、科研创新能力;建立健全应急医疗救治体系,强化急救、传染病救治、化学中毒救治、核辐射救治、创(烧)伤救治、心理危机干预能力。

3. 应急救治体系　按照"中央指导、地方负责、统筹兼顾、平战结合、因地制宜、合理布局"的原则,逐步在全国范围内建成包括急救机构、传染病救治机构和化学中毒与核辐射救治基地在内的,符合国情、覆盖城乡、功能完善、反应灵敏、运转协调、持续发展的医疗救治体系。

《突发公共卫生事件应急条例》规定:县级以上各级人民政府应当加强急救医疗服务网络的建设,配备相应的医疗救治药物、技术、设备和人员,提高医疗卫生机构应对各类突发事件的救治能力。设区的市级以上地方人民政府应当设置与传染病防治工作需要相适应的传染病专科医院,或者指定具备传染病防治条件和能力的医疗机构承担传染病防治任务。

4.卫生执法监督体系　国家建立统一的卫生执法监督体系。各级卫生行政主管部门要明确职能,落实责任,规范执法监督行为,加强卫生执法监督队伍建设。对卫生监督人员实行资格准入制度和在岗培训制度,全面提高卫生执法监督的能力和水平。

5.应急卫生救治队伍　卫生行政主管部门要按照平战结合、因地制宜、分类管理、分级负责、统一管理、高效运转的原则,根据需要组建医疗救治、传染病、食物中毒、生物恐怖、群体性不明原因疾病、核事故和突发放射事件、职业中毒和化学污染中毒等各类卫生应急救援队伍。根据应对事件的类型,从疾病预防控制机构、医疗机构、卫生监督机构、海关、医学高等院校中择优选拔队员,并根据工作需要进行动态调整。卫生行政主管部门要建立卫生应急救援队伍人力资源库,定期组织培训和演练,提高应急处置能力。支持高校建设高水平公共卫生学院,开展病原学检测、形势研判和传播规律研究、流行病学调查、实验室检测等专业教育,培养公共卫生人才。

6.应急演练　《突发公共卫生事件应急条例》规定:县级以上地方人民政府卫生行政主管部门,应当定期对医疗卫生机构和人员开展突发事件应急处理相关知识、技能的培训,定期组织医疗卫生机构进行突发事件应急演练,推广最新知识和先进技术。各级人民政府卫生行政主管部门要按照“统一规划、分类实施、分级负责、突出重点、适应需求”的原则,组织开展突发公共卫生事件应急处置演练,结合阶段性工作任务和防控形势开展针对性的防控演练或桌面推演,提高相关机构、人员的应急处置水平和协作能力,完善部门间、地区间联防联控工作机制。

7.科研和交流　国家有计划地开展应对突发公共卫生事件相关的防治科学研究,包括现场流行病学调查方法、实验室病因检测技术、药物治疗、疫苗和应急反应装备、中医药及中西医结合防治等,尤其是开展新发、罕见传染病快速诊断方法、诊断试剂及相关的疫苗研究,做到技术上有所储备。同时,开展应对突发公共卫生事件应急处理技术的国际交流与合作,引进国外的先进技术、装备和方法,提高我国应对突发公共卫生事件的整体水平。

(二)物资、经费保障

1.物资保障　各级人民政府要建立处理突发公共卫生事件的物资和生产能力储备。发生突发公共卫生事件时,应根据应急处理工作需要调用储备物资。卫生应急储备物资使用后要及时补充。对市场供应充足的卫生应急物资可采用资金储备形式,对较为稀缺的卫生应急物资采用实物储备形式,常用的卫生应急物资由省卫生行政主管部门(或指定医疗机构和疾病预防控制机构等)进行适量实物储备。

各级政府要布局建设均衡合理的公共卫生应急物资生产、储备基地,提升生产动员能力,构建多方参与的公共卫生应急物资储备体系,保障应急设施、设备、救治药品、医疗器械、防护用品等应急物资的生产、储备、供应。

工业和信息化部门要会同有关部门制定药品、试剂、疫苗、医疗器械、救护设备、防护用品等卫生应急物资储备目录,明确物资储备的类别、品种、方式、数量、责任单位等。

储备责任单位要根据卫生应急物资储备目录,做好应急物资储备工作,加强储备物资管理,完善储备物资接收、保管、养护、补充、调用、归还、更新、报废等制度。

2.经费保障　应保障突发公共卫生事件应急基础设施项目建设经费,按规定落实对突发公共卫生事件应急处理专业技术机构的财政补助政策和突发公共卫生事件应急处理经费。应根据需要对边远贫困地区突发公共卫生事件应急工作给予经费支持。国务院有关部门和地方各级人民政府应积极通过国际、国内等多渠道筹集资金,用于突发公共卫生事件应急处理工作。财政部门要按照规定落实事件应急处置专业技术机构的财政补助和事件应急处置经费,所需资金已在部门预算中核定的要按照有关快速拨款程序及时拨付,未在部门预算中核定的要通过调整部门预算内部支出结构和追加预算等方式及时安排和拨付。

(三)通信保障

各级应急医疗卫生救治队伍要根据实际工作需要配备通信设备和交通工具。

通信系统的正常运转对于保障居民的通信需求、相关部门的监测监督具有重要的意义。对此,《突发事件应对法》第33条规定:国家建立健全应急通信保障体系,完善公用通信网,建立有线与无线相结合、基础电信网络与机动通信系统相配套的应急通信系统,确保突发事件应对工作的通信畅通。另外,《中华人民共和国电信条例》第63条规定:在发生重大自然灾害等紧急情况下,经国务院批准,国务院信息产业主管部门可以调用各种电信设施,确保重要通信畅通。疫情发生后,相关部门应当积极采取各项措施,保障民众在疫情防控期间的水电、食品、医疗、通信等正常使用。

(四)交通保障

《突发公共卫生事件应急条例》第32条规定:突发事件发生后,国务院有关部门和县级以上地方人民政府及其有关部门,应当保证突发事件应急处理所需的医疗救护设备、救治药品、医疗器械等物资的生产、供应;铁路、交通、民用航空行政主管部门应当保证及时运送。各级交通运输部门要协调有关企业开展突发公共卫生事件中处置人员及医疗救护设备、救治药品、医疗器械等物资的运送工作;督促有关企业配合落实交通工具上的传染病确诊患者、疑似患者、无症状感染者及其密切接触者的防控措施,并及时移交有关部门,防止危害因素通过交通工具扩散;优先放行卫生应急车辆和人员,并根据需要开设卫生应急救援交通"绿色"通道,协助做好有关标本的紧急运送工作;指导运营企业按照有关规定对公共交通工具采取必要的人员限流和防护措施;突发公共卫生事件预警信息发布后,及时在交通场站播发预警信息。

(五)法律保障

根据《国家突发公共卫生事件应急预案》相关规定,国务院有关部门应根据突发公共卫生事件应急处理过程中出现的新问题、新情况,加强调查研究,起草和制订并不断完善应对突发公共卫生事件的法律、法规和规章制度,形成科学、完整的突发公共卫生事件应急法律和规章体系。国务院有关部门和地方各级人民政府及有关部门要严格执行《突发公共卫生事件应急条例》等规定,根据本预案要求,严格履行职责,实行责任制。对履行职责不力,造成工作损失的,要追究有关当事人的责任。

在突发公共卫生事件发生或即将发生时,既定的现行立法往往不够用,不能适应突如其来的公共卫生事件危机,而地方政府作为突发公共卫生事件所属地,其配套法律、法规及紧急立法在危机暴发的第一时间能够及时有效地发挥作用。地方政府在突发公共卫生事件应急管理过程中应以《突发事件应对法》为基本准则,以《突发公共卫生事件应急条例》为指导,再深入结合本地疫情真实情况,不断充实应急管理制度,理论联系实际,使得中央相关法律、法规运用到地方实践中也保持较高的实用性、有效性。地方立法,有助于明确公民、政府、社会组织在应急管理中分别承担的管理责任或社会责任。

第四节　报告与信息发布

【案例与思考】

　　案例简介：某年春天，A市B医院发现了不明原因的群体性疾病，相关病例不断增加。B医院立即将该情况报告给了A市卫生行政主管部门。该部门负责人接到报告后，安排工作人员到B医院进行现场核实调查，确定了这是一起突发公共卫生事件。该市卫生行政主管部门认真研讨，2日后将此情况报给了A市人民政府。

　　思考问题：①A市卫生行政主管部门负责人的做法是否符合应急报告制度？②B医院收集到相关病例信息时，如何向有关部门进行报告？③突发公共卫生事件应急报告制度具体是怎样规定的？

　　当前，我国突发公共卫生事件的报告与信息发布制度是由突发公共卫生事件报告制度、突发公共卫生事件通报制度、突发公共卫生事件信息发布制度3个方面所构成的三维一体的信息制度体系。

一、突发公共卫生事件的报告

（一）突发公共卫生事件报告制度

　　突发事件应急报告制度是指有责任报告的下级单位对突发事件，及时向上级汇报的制度。《突发公共卫生事件应急条例》第19条规定：国家建立突发事件应急报告制度。国务院卫生行政主管部门制定突发事件应急报告规范，建立重大、紧急疫情信息报告系统。

　　1.报告的情形　各级政府、上下级卫生部门、被授权的相关组织如突发事件监测机构、卫生防疫站、医疗卫生机构等，如发现以下4种情形之一者，需按照相关法定时间标准要求，实行逐级上报制度：①发生或者可能发生传染病暴发、流行的；②发生或者发现不明原因的群体性疾病的；③发生传染病菌（毒）种丢失的；④发生或者可能发生重大食物中毒和职业中毒事件的。

　　2.报告内容　初次报告内容主要包括事件名称、初步判定的事件类别和性质、发生地点、发生时间、涉及的地域范围、发病人数、死亡人数、主要临床症状、可能原因、已采取的措施、报告单位、报告人及通信方式等，随着事件的进展，要定期进行进程报告，内容包括事件的发展与变化、处置进程、事件的判断和原因或可能因素、势态评估、控制措施等，同时对初次报告进行补充和修正。

（二）突发公共卫生事件报告的时限要求

　　《突发公共卫生事件应急条例》第20条规定了在不同的责任主体间其报告的时间标准不同。

　　（1）国务院卫生行政主管部门对可能造成重大影响的突发事件应立即向国务院报告。这里报告的法定时间标准是"立即"，报告的法定情形是可能造成重大社会影响的突发事件。突发事件只要具有造成重大社会影响的潜在性、可能性就应立即报告。

　　（2）省、自治区、直辖市人民政府如发现上述4种情形之一的，应当在接到报告1小时内，向国务院卫生行政主管部门报告。

（3）突发事件监测机构、医疗卫生机构和有关单位如发现上述4种情形之一的，应当在2小时内向所在地县级人民政府卫生行政主管部门报告。

（4）县级人民政府卫生行政主管部门在接到监测机构、医疗卫生机构及其相关单位报告后，应当在2小时内向本级人民政府报告，并同时向上级人民政府卫生行政主管部门和国务院卫生行政主管部门报告。可见，县级人民政府卫生行政管理部门除了向本级人民政府、上级人民政府卫生行政主管单位报告外，同时需要向国务院卫生行政主管部门报告，完成"一点多线"的报告体系。这样，国务院卫生行政主管部门就可以在第一时间内获得第一手突发事件信息，避免了单一依靠层层上报，逐级上报导致的信息失真。

（5）各级政府之间在接到报告的2小时内，向其上级政府报告。这是一种逐级上报的报告制度。这为各级政府在采取调查和应急措施方面起着关键性的作用。此外，地方人民政府、卫生行政管理部门对报告事项的调查确证情况也应及时报告。

由此可见，本案中A市卫生行政主管部门某负责人的做法是不正确的，作为市级卫生行政主管部门的负责人，他应当严格按照时限的要求向上级报告。按照《突发公共卫生事件应急条例》的规定，当发现紧急疫情的隐患时，他应当在2小时内向A市人民政府报告，同时还要向上级和国务院卫生行政主管部门进行报告，这才符合要求，及时报告才能便于政府部门进行相应的应急处理。

对于医院发现患者情况，认为有疫情隐患时，应按照属地报告原则，履行疫情报告义务，按照《突发公共卫生事件应急条例》对医疗卫生机构的规定，应当在2小时内向所在地县级人民政府卫生行政主管部门报告。

（三）突发公共卫生事件的报告主体

案例简介　李某是W省Y市某医院的一名医生，在某年冬季值班期间接连发现多例患者出现发热、咳嗽、无力、胸闷等相似症状，且具有类似症状的病例越来越多，个别患者病情严重。李某就自己专业知识和从医经验判断，这是一种传染性较强的病毒性肺炎。于是，李某向所在医院主管部门进行了报告，并以个人名义将这种情况向当地卫生行政主管部门进行报告，并表示可能会有疫情发生，希望相关部门能够尽快采取措施。Y市的卫生行政主管部门工作人员在接到报告后回复说，李某作为医院的职工，无权报告突发事件隐患，需要先行汇报医院主管部门，然后由所在医院向卫生行政主管部门报告。

案例涉及的问题　①医疗机构医务人员能否直接向上级主管部门报告突发公共卫生事件的隐患？②对于突发公共卫生事件及其隐患的报告主体是如何规定的？③如果发生了瞒报、谎报、缓报疫情的情况，该如何处理？

为了及时发现突发公共卫生事件的隐患，防止传染病等疫情的扩散，尽可能大地发挥全社会的监督作用，《突发公共卫生事件应急条例》第24条规定：国家建立突发事件举报制度，公布统一的突发事件报告、举报电话。任何单位和个人有权向人民政府及其有关部门报告突发事件隐患，有权向上级人民政府及其有关部门举报地方人民政府及其有关部门不履行突发事件应急处理职责，或者不按照规定履行职责的情况。接到报告、举报的有关人民政府及其有关部门，应当立即组织对突发事件隐患、不履行或者不按照规定履行突发事件应急处理职责的情况进行调查处理。对举报突发事件有功的单位和个人，县级以上各级人民政府及其有关部门应当予以奖励。

《国家突发公共卫生事件应急预案》同样规定：任何单位和个人都有权向国务院卫生行政主管部门和地方各级人民政府及其有关部门报告突发公共卫生事件及其隐患，也有权向上级政府部门举报不履行或者不按照规定履行突发公共卫生事件应急处理职责的部门、单位及个人。

根据《突发公共卫生事件应急条例》与《国家突发公共卫生事件应急预案》的规定，任何单位和个人都有权向国务院卫生行政主管部门和地方各级人民政府及其有关部门报告突发公共卫生事件及隐患。

1. **责任报告单位**　责任报告单位包括县级以上各级人民政府卫生行政主管部门指定的突发公共卫生事件监测机构、各级各类医疗卫生机构、卫生行政主管部门、县级以上地方人民政府和检验检疫机构、食品药品监督管理机构、环境保护监测机构、教育机构等有关单位。

2. **责任报告人**　责任报告人包括执行职务的医疗卫生机构的医务人员、检疫人员、疾病预防控制人员、乡村医生和个体开业医生等。

因此,本案中的李某作为医疗机构的医务人员,在发现可疑传染病疫情隐患时,是可以直接向上级主管部门报告的。Y市的卫生行政主管部门工作人员的做法是错误的,应当按照《突发公共卫生事件应急条例》第22条的规定,立即组织力量对报告事项调查核实、确证,采取必要的控制措施,并及时报告调查情况。

(四)避免瞒报、谎报、缓报

从事传染病防治工作的人员在得知本地已有传染病病例时,必须积极应对,坚持信息公开原则,依法履行传染病疫情通报、报告或者公布的职责,不得隐瞒、缓报、谎报。《突发公共卫生事件应急条例》第21条规定:任何单位和个人对突发事件,不得隐瞒、缓报、谎报或者授意他人隐瞒、缓报、谎报。《传染病防治法》第37条规定:依照本法的规定负有传染病疫情报告职责的人民政府有关部门、疾病预防控制机构、医疗机构、采供血机构及其工作人员不得隐瞒、谎报、缓报传染病疫情。

《突发公共卫生事件应急条例》第45条规定:县级以上地方人民政府及其卫生行政主管部门未依照本条例的规定履行报告职责,对突发事件隐瞒、缓报、谎报或者授意他人隐瞒、缓报、谎报的,对政府主要领导人及其卫生行政主管部门主要负责人,依法给予降级或者撤职的行政处分;造成传染病传播、流行或者对社会公众健康造成其他严重危害后果的,依法给予开除的行政处分;构成犯罪的,依法追究刑事责任。《传染病防治法》第66条也有相同的规定。

二、突发公共卫生事件的通报

突发公共卫生事件通报制度是指掌握突发事件信息有关的行政机关向其他行政机关及时通报信息的制度。《国家突发公共卫生事件应急预案》规定:国务院卫生行政主管部门及时向国务院各有关部门和各省、自治区、直辖市卫生行政主管部门及军队有关部门通报突发公共卫生事件情况。对涉及跨境的疫情线索由国务院卫生行政主管部门向有关国家和地区通报。《突发公共卫生事件应急条例》第23条对突发公共卫生事件通报做了具体要求。

(一)国务院卫生行政主管部门

国务院卫生行政主管部门应当根据发生突发事件的情况,及时向国务院有关部门和各省、自治区、直辖市人民政府卫生行政主管部门及军队有关部门通报。

(二)省、自治区、直辖市人民政府卫生行政主管部门

突发事件发生地的省、自治区、直辖市人民政府卫生行政主管部门,应当及时向毗邻省、自治区、直辖市人民政府卫生行政主管部门通报。接到通报的省、自治区、直辖市人民政府卫生行政主管部门,必要时应当及时通知本行政区域内的医疗卫生机构。

(三)县级以上地方人民政府有关部门

县级以上地方人民政府的有关部门,对已经发生或者发现可能引起突发事件的情形时,应当及时向同级人民政府卫生行政主管部门通报。

突发公共卫生事件通报制度是一种纵横协调的信息通报系统,突发案件信息通报的义务主体

极其广泛,既有卫生行政主管部门之间的纵向通报,又有其他行政主管部门对卫生行政主管部门的横向通报;既有自上而下的国务院卫生行政主管部门的通报,又有毗邻省际的通报。这种主体的全方位的通报制度有利于调动全社会的一切力量来集中对突发公共卫生事件进行预防与歼灭,特别是对未出现突发公共卫生事件的地区,做好预防和预警准备工作有着非常重要的现实意义。

三、突发公共卫生事件的信息发布　»»»

> **案例简介**　某省近期暴发传染性高致病性流感,但是相关部门迟迟没有发布疫情的相关信息,例如何地出现确诊病例及死亡病例的数量。在疫情持续发展中,网络上出现了各种关于流感的报道、评论和视频,人们一时难以辨别真假。同时,市民也在迅速地转发各种小道消息,造成了一定程度的公众恐慌现象。
>
> **案例涉及的问题**　①某省疫情信息应该由哪个部门公布? ②国家对于突发公共卫生事件的通报和信息发布有何规定?

(一)信息公开的必要性

突发公共卫生事件本身会对人民群众的生命健康和生命安全、社会经济发展、生态环境等造成不同程度的危害威胁,伴随而来的社会舆论也会产生巨大的社会影响,应对不当会加剧社会风险的形成,需要迅速采取包括公共信息发布、与公众互动等风险沟通策略在内的多层面大范围应对措施,这对于有效控制和减轻疾病传播,维持社会秩序至关重要。2003 年,非典疫情暴发后,WHO 总结了从非典疫情中所汲取的教训,强调科学有效的公共信息发布需要"在了解公众态度、关切、知识和处境的基础上,通过结合多种沟通技术和各类媒体渠道引导公众做出理性选择,并尽早发现、及时应对谣言、错误信息及其他沟通困境,以减少疾病暴发等威胁所造成的伤害"。

在重大突发公共卫生事件发生时,及时、透明和积极主动的风险沟通至关重要。公共信息发布作为重大突发公共卫生事件风险沟通的核心组成部分,其有效、规范程度不仅与危机所造成的伤害程度有关,也直接影响公众对政府的信任程度。尤其需要注意的是,在新时代多媒体终端、跨媒体平台的条件下,人人都有"麦克风",突发公共卫生事件所引爆的网络舆论传播速度更快,信息表现形式更多样,增加了引发次生舆情的风险。公众对有可能发生在自己身上的传染病风险,需要有更强和更理性的认知,因此,及时公布权威准确的信息,能够缓解公众的焦虑情绪,消除疑虑,避免产生公众大规模恐慌,便于引导公众积极正确地应对和防护,遏制疫情蔓延扩散。

(二)突发公共卫生事件信息发布制度

《突发公共卫生事件应急条例》第 25 条规定:国家建立突发事件的信息发布制度。突发事件信息发布制度是指由法定的行政机关将其在行使职能的过程中所获得或拥有的突发事件信息向社会公众公开的制度。

根据《突发公共卫生事件应急条例》相关规定,突发公共卫生事件的发布主体涉及的法定行政机关是指国务院卫生行政主管部门;必要时,经国务院卫生行政主管部门的授权,省、自治区、直辖市人民政府卫生行政主管部门可以在本辖区内向社会公众发布突发事件信息。发布突发事件信息,应当及时、准确、全面。我国《中华人民共和国政府信息公开条例》第 19 条规定:对涉及公众利益调整、需要公众广泛知晓或者需要公众参与决策的政府信息,行政机关应当主动公开。第 20 条进一步明确了需要主动公开的 15 条具体信息,"突发公共事件的应急预案、预警信息及应对情况"位列其中。疫情信息属于涉及公民切身利益和需要社会公众广泛知晓和参与的政府信息,行政机关应主动公开。同时,《传染病防治法》第 38 条规定:国家建立传染病疫情信息公布制度。国务院卫生行政主管部门定期公布全国传染病疫情信息。省、自治区、直辖市人民政府卫生行政主管部门定期公布本行政区域的传染病疫情信息。传染病暴发、流行时,国务院卫生行政主管部门负责向社会公布传染病疫情信息,并可以授权省、自治区、直辖市人民政府卫生行政主管部门向社会公布本行政区域的传染病疫情信息。公布传染病疫情信息应当及时、准确。

上述案例,某省暴发的传染病实际为人感染高致病性禽流感,属于传染病疫情,应当由该省卫生行政主管部门对禽流感疫情信息进行权威发布,从而为有序顺畅地开展疫情防控提供保障,缓解民众恐慌心理。

第五节　应急处理

【案例与思考】

案例简介:2020年初,随着新型冠状病毒感染病例的快速增加,疫情侵扰了包括我国在内多个国家和地区。截至2020年1月25日15时,广东、湖南、浙江、湖北、天津、安徽、北京、上海、重庆、江西、四川、山东、云南、贵州、福建、河北、广西、江苏、海南、新疆、河南、黑龙江、甘肃、辽宁启动重大突发公共卫生事件Ⅰ级响应,涵盖总人口超过12亿。

思考问题:①我国突发公共卫生事件应急响应机制是如何建立的? ②在重大突发公共卫生事件发生后,如何判断是否需要启动突发事件应急预案? ③应急响应启动后,政府及有关部门将采取哪些应急处理措施?

一、应急预案的启动

(一)响应机制

突发公共卫生事件的应急响应机制是由政府推出的针对各种突发公共事件(如自然灾害、事故灾难、公共卫生事件、社会安全事件等)而设立的各种应急方案,通过这种方式使损失减到最小。当突发公共卫生事件发生后,判断应该属于哪一级别的响应,需要省指挥部立即组织专家进行分析研判,由省人民政府决定启动应急响应,并向各有关单位发布启动相关应急程序的命令。一般来说,Ⅰ级响应由国务院组织实施,各省级人民政府在国务院统一领导和指挥下组织协调省内应急处置工作;调整为Ⅱ级响应,由省级人民政府领导和指挥本行政区域内的应急处置工作;调整为Ⅲ级响应,由市级人民政府领导和指挥本行政区域内的应急处置工作;调整为Ⅳ级响应,由县级人民政府领导和指挥本行政区域内的应急处置工作。上一级人民政府可根据实际情况给予下级人民政府指导和支持。

(二)响应启动

1.响应准备　突发公共卫生事件发生后,卫生行政主管部门应当组织专家对突发公共卫生事件进行评估,提出是否启动突发公共卫生事件应急预案的建议。启动应急预案的建议,主要考虑以下几个方面:①突发公共卫生事件的类型和性质;②突发公共卫生事件的影响面及严重程度;③目前已采取的紧急控制措施及控制效果;④突发公共卫生事件的未来发展趋势;⑤启动应急处理机制是否需要。通过以上分析,省、自治区、直辖市卫生行政主管部门综合专家的意见和建议,认为需要紧急启动有关突发公共卫生事件应急预案的,向省、自治区、直辖市人民政府提出启动建议。

对于跨省、自治区、直辖市范围内发生的或者可能波及多个省市及有可能在全国范围内发生的突发事件,如传染病的暴发、流行,突发的不明原因的群体性疾病,以及其他在全国范围内有重大影响、对公众健康已经或者可能造成重大损害的突发事件,国务院卫生行政主管部门要组织相关领域的专家对事件进行评估,分析是否需要在跨省、自治区、直辖市范围内或者在全国紧急启动有关突发事件应急预案。

2. 响应原则　发生突发公共卫生事件时,各级政府部门要按照分级响应原则及时启动响应,原则上只能逐级上调或下调应急响应级别。事件发生地之外的地方接到事件情况通报后,要及时通知相应的单位,组织做好应急处置所需的人员与物资准备,采取必要的预防控制措施,防止事件在本行政区域内发生,并服从上级应急指挥机构的统一指挥和调度,支援事件发生地的应急处置工作。

《突发公共卫生事件应急条例》第31条规定:应急预案启动后,突发公共卫生事件发生地的人民政府有关部门,应当根据预案规定的职责要求,服从指挥部的统一指挥,立即到达规定岗位,采取有关的控制措施。医疗卫生机构、监测机构和科学研究机构,应当服从突发事件应急处理指挥部的统一指挥,相互配合、协作,集中力量开展相关的科学研究工作。

(三)响应分级

突发事件发生后,由同级政府根据专家评估意见决定并宣布启动响应。当超出自身处置能力时,可向上一级政府提出请求,由其决定是否启动更高级别的响应。根据事件的影响范围、危害程度和发展态势,应急响应由高到低分为Ⅰ级、Ⅱ级、Ⅲ级、Ⅳ级4个等级,具体内容见本章第一节。

(四)响应调整

根据不同类别事件的性质、特点和各类监测数据,各级卫生行政主管部门要组织专家开展事件风险分析和评估,注重分析时间的发展趋势,对事态和影响不断扩大的事件,要及时上调响应级别;对范围局限、不会进一步扩散的事件,要相应下调响应级别。

二、应急处理措施

《国家突发公共卫生事件应急预案》规定了各级人民政府、卫生行政主管部门、疾病预防控制机构、医疗机构、卫生监督机构、出入境检验检疫机构及非事件发生地区的应急反应措施。

(一)各级人民政府

突发公共卫生事件发生后,各级人民政府依据相关程序并按照应急预案明确响应级别,组织应急指挥机构各成员单位按照职责参与应急处置工作;包括但不限于以下措施。

(1)根据突发公共卫生事件处置需要,调集本行政区域内各类人员、物资、交通工具和相关设施、设备参加应急处理工作。

(2)划定管控区域:甲类、乙类传染病暴发、流行时,根据《传染病防治法》的规定,划定并宣布疫区范围,实施相应控制措施;发生群体性不明原因疾病、新发传染病或国内尚未发现传染病时,快速通过大数据技术确定患者活动轨迹及接触范围,评估事件影响后划定控制区域;发生职业中毒事件时,根据危害因素波及的范围划定控制区域;发生食物中毒事件时,根据污染食品扩散波及的范围划定控制区域。在转入常态化防控阶段后,针对零星和多点散发病例、聚集性疫情、社区传播等不同情形,按照最小单元科学精准划定管控范围。

(3)事件控制措施:实施分区、分级防控策略,统筹事件控制和社会生产生活秩序。根据区域风险评估,在本行政区域内采取和调整限制措施,包括停止集市、集会、游园、灯会、影剧院演出、体育比赛及其他人群聚集活动;停工、停产、停业、停课和指导复工、复产、复学等;采取封闭或封存被传染病病原体污染的公共饮用水源、食品及相关物品等紧急措施;临时征用房屋、交通工具及相关设施和设备。采取限制其他行政区域人流、物流、商流的措施,要依法实施并明确实施主体和相应工作权限,必要时请示上一级政府同意。

（4）重点人群管控：对风险人群及时落实防控措施；对传染病患者、疑似患者，坚持早发现、早报告、早隔离、早治疗原则，按属地管理原则就地隔离、就地观察、就地治疗；对密切接触者根据情况采取集中或居家医学观察措施。应用"健康码"等个人风险状态识别技术对重点人群进行精准管控。

（5）交通卫生检疫：组织卫生行政、交通运输、铁路、民航、海关等部门在交通站点和出入境口岸设置临时交通卫生检疫站点，实施交通卫生检疫，指导交通站点做好交通工具消毒和工作人员防护工作，对出入境、进出疫区和运行中的交通工具及乘运人员、物资、宿主动物进行检疫查验，对患者、疑似患者及其密切接触者临时隔离、留验和向指定的机构移交，对查获的活体禽畜进行留置并向动物防疫机构移交。

（6）事件信息发布：依法、及时、准确向社会发布事件基本情况、防控措施和个人防护知识等，披露信息、澄清谣言，回应社会关切问题。同时注重信息安全和个人隐私保护。

（7）开展群防群控：乡镇政府、街道办事处、村（居）民委员会协助卫生行政主管部门和其他部门做好卫生知识宣传，事件信息的收集、查验、报告和人员分散隔离及公共卫生措施的实施工作。及时调解处理可能引发社会安全事件的矛盾纠纷，组织宣传传染病防治法律、法规及科学防治的相关知识，提高公众防范意识和自我保护能力。

（8）维护社会稳定：组织有关部门保障防护用品、消杀药品和日常商品供应，平抑物价，防止哄抢；严厉打击造谣传谣、哄抬物价、囤积居奇、制假售假等违法犯罪和扰乱社会治安的行为。

（9）采取防止发生次生或衍生事件的必要措施。

（二）卫生行政主管部门

（1）在有关政府及应急指挥机构领导下，组织开展事件风险评估、事件发展趋势研判，提出启动、终止应急响应或调整级别的建议。

（2）组织制定事件防控技术方案和医疗救治方案，组织开展病原溯源、追踪调查，制定和调整防控措施，发布公众健康指引。

（3）整合调度各类医疗资源，开展医疗救治。

（4）组织疾病预防控制机构、医疗卫生机构、卫生监督机构按照各自职责开展疾病防控、事件调查处置、患者救治及监督执法。

（5）会同有关部门适时启用集中医疗救治点、集中医学观察隔离点。

（6）省级卫生行政主管部门组织省级医疗卫生机构及市、县级卫生行政主管部门开展事件应急预案、工作方案、规范标准、应急处置技术等内容的培训，并对其事件应急处置工作进行督促指导。

（7）根据事件性质，有针对性地开展健康教育，普及防治知识，提高公众健康素养和自我防护能力，开展心理危机干预，消除公众心理恐慌。

（三）疾病预防控制机构

坚持边调查、边控制原则，现场工作步骤和重点可根据现场性质、特点进行必要调整；根据需要与当地相关机构或人员等组成联合工作组，在当地政府或应急指挥机构的统一领导下开展工作。

（1）做好事件的信息收集、报告与分析工作。

（2）事件发生地疾病预防控制机构尽快制定流行病学调查计划和方案，对事件关联人群的发病情况、分布特点进行调查分析，提出并实施有针对性的预防控制措施；对传染病患者、疑似患者、病原携带者及其密切接触者进行追踪调查，查明传播链，加快病源查寻和病因诊断。

（3）县级以上疾病预防控制机构按照有关技术规范采集足量的标本，开展检测工作，查找致病原因。

（4）省级疾病预防控制机构负责培训市、县级疾病预防控制机构专业技术人员。

（5）按照防控技术方案要求对医疗机构进行指导和培训。

（6）编制防疫（病）知识技能等科普信息和宣传资料，开展健康教育。

（四）医疗机构

《突发公共卫生事件应急条例》明确指出：医疗卫生机构应当对因突发事件致病的人员提供医疗救护和现场救援；采取卫生防护措施，防止交叉感染和污染；收治传染病患者、疑似传染病患者，依法报告；对传染病做到早发现、早报告、早隔离、早治疗，切断传播途径，防止扩散。国家相关文件也进一步明确了医院应对突发公共卫生事件的职能和能力建设要求，主要包括信息监测上报、医疗救治、紧急医学救援、传染病预防和控制、卫生防护等能力。

1. 监测与信息上报　很多突发公共卫生事件（特别是传染病或者不明原因疾病暴发），早期在患者感到身体不适时，多到附近的医疗机构就诊，接诊机构能否及时、准确地观测到这些早期征兆就成为影响突发公共卫生事件监测效果的关键因素。医院对可疑病例的信息采集、快速识别判断、及时准确上报信息的能力，将影响整个突发公共卫生事件应急体系启动的时效。

2. 医疗救治　《传染病防治法》第 39 条规定：医疗卫生机构应当对因突发事件致病的人员提供医疗救护和现场救援，对就诊患者必须接诊治疗，并书写详细、完整的病历记录；对需要转送的患者，应当按照规定将患者及其病历记录的复印件转送至接诊的或者指定的医疗机构。按照相关规定和要求，医院在突发公共卫生事件发生后应当具备院内收容救治、隔离救治等能力及与之匹配的检验检查能力、设施设备、药材物资保障能力。特殊时期，医疗卫生机构的表现形式也可以多样，如2020 年，随着武汉市新型冠状病毒感染确诊病例数量不断攀升，医疗资源特别是收治确诊病例的病床数量严重不足，导致部分确诊患者无法及时收入院隔离治疗，严重影响了群众的生命安全和身体健康。为有效落实党中央"应收尽收，不漏一人"的最高指示，疫情防控指导组果断决策，筹建方舱医院集中收治新型冠状病毒感染轻症患者。武汉首批方舱医院于 2020 年 2 月 5 日投入使用，至2020 年 3 月 10 日方舱医院最后一批新型冠状病毒感染患者出院，其间武汉正式建成 16 家方舱医院，共收治超过 1.2 万名新型冠状病毒感染轻症患者。特殊时期，特别是在面对大规模疫情传播时，方舱医院的使用，对减少社区交叉感染，阻止疫情传播蔓延发挥了重要作用。

3. 紧急医学救援　医学救援是医疗卫生机构的一项重要职能。《国家卫生计生委办公厅关于进一步加强公立医院卫生应急工作的通知》明确了公立医院的主要任务是突发公共事件紧急医学救援和突发公共卫生事件应急处置。新冠疫情发生后，党中央坚持全国一盘棋，统筹调度，集中资源和力量驰援湖北省和武汉市。数据显示，自 2020 年 1 月 24 日至 2020 年 3 月 8 日，全国共调集346 支国家医疗队、4.26 万名医务人员、900 多名公共卫生人员驰援湖北省。

4. 院内感染防控　《传染病防治法》第 21 条规定：医疗机构必须严格执行国务院卫生行政主管部门规定的管理制度、操作规范，防止传染病的医源性感染和医院感染。2015 年《国家卫生计生委办公厅关于进一步加强公立医院卫生应急工作的通知》要求医院严格执行院内感染控制相关规定，严格消毒隔离、个人防护、医疗垃圾和污水处理等措施。2003 年发生的非典疫情，以医院内传播和医护人员感染为突出特点，造成的流行或暴发流行，显露出国内医院感染管理在突发公共卫生事件的应急处理机制方面存在缺陷。2020 年新冠疫情发生后，国务院联防联控机制非常重视医院感染防控工作，先后多次对医疗机构感染预防与控制工作提出具体要求。医院作为突发公共卫生事件患者的收容治疗场所，也是抗击传染病疫情的主战场，医院的建筑布局、服务流程、人员防护、医疗废物转运和处理等都需要符合医院感染控制和传染病疫情防控的要求，只有加强医院感染管理控制能力建设，充分做好院内感染管理控制，防止交叉感染，才能避免医院成社会面传播的放大器。

5. 应急储备　突发公共卫生事件具有不确定性的特点，往往是一旦发生，短时间内对医疗人员、床位、设备、物资等医疗资源的需求量急剧增加，只有提前加强医院应急储备能力建设，才能快速有效地应对突发公共卫生事件。2015年出台的《全国医疗机构卫生应急工作规范》明确指出,医疗机构应建立健全卫生应急工作体系,重点做好本单位应急管理制度建设、应急预案建设、应急队伍管理、装备物资管理、培训演练建设等各项准备工作。

(五)其他部门

案例简介　截至2020年11月23日,社区(村)层面,T市758个社区、634个村已全部成立疫情防控处置工作落实小组,全面负责新冠疫情防控各项工作。小区层面,已有2 816个小区成立疫情防控处置工作协调办公室,吸收物业服务企业、居民党员、志愿者等力量。在疫情防控期间,社区工作人员有条不紊地做好信息采集、秩序维护、物资配送、信息登记、重点保障等工作。街道社区仔细排查、认真登记居民情况,并根据居民需求进行工作安排,确保物资配送到位,保障居民基本需求。下沉干部和志愿者们身穿红色马甲,为信息采集、秩序维护贡献着力量。

案例涉及的问题　①在疫情发生后,各街道、基层社区应采取哪些措施?②受疫情影响时,单位和公民有哪些责任和义务?③针对流动人口,该如何进行管理?

疫情发生后,相关部门应主动按照职责开展防控工作,完成由同级政府或应急指挥机构下达的各项工作任务。

1. 街道、基层社区应采取的措施　《突发事件应对法》第55条规定:突发事件发生地的居民委员会、村民委员会和其他组织应当按照当地人民政府的决定、命令,进行宣传动员,组织群众开展自救和互救,协助维护社会秩序。第29条第1款、第2款规定:县级人民政府及其有关部门、乡级人民政府、街道办事处应当组织开展应急知识的宣传普及活动和必要的应急演练。居民委员会、村民委员会、企业事业单位应当根据所在地人民政府的要求,结合各自的实际情况,开展有关突发事件应急知识的宣传普及活动和必要的应急演练。《突发公共卫生事件应急条例》第40条也规定:传染病暴发、流行时,街道、乡镇及居民委员会、村民委员会应当组织力量。团结协作,群防群治,协助卫生行政主管部门和其他有关部门、医疗卫生机构做好疫情信息的收集和报告、人员的分散隔离、公共卫生措施的落实工作,向居民、村民宣传传染病防治的相关知识。

根据前述规定可知,发生疫情之后,街道办事处和居民委员会、村民委员会应当积极组织力量,按照当地人民政府的决定和命令开展工作,做好宣传教育工作,组织人民群众进行自救、互救,协助有关部门开展疫情信息的摸查和报告工作、人员的分散隔离工作、卫生处理工作。例如,根据区域内居民(村民)信息,访查是否与传染病患者、疑似患者等有过密切接触,近期是否到访或途经过疫点、疫区等。

在疫情结束之后,街道办事处和居民委员会、村民委员会还应当积极地组织群众开展有关突发公共卫生事件应急知识的宣传普及活动及必要的应急演练活动,增强人民群众对相关事件和知识的认识,提升其应对突发事件的能力。可见,街道办事处和居民委员会、村民委员会在疫情防控中承担了许多细致的工作,始终走在抗疫第一线。

2. 单位突发公共卫生事件后的具体应对措施　《突发事件应对法》第56条规定:受到自然灾害危害或者发生事故灾难、公共卫生事件的单位,应当立即组织本单位应急救援队伍和工作人员营救受害人员,疏散、撤离、安置受到威胁的人员,控制危险源,标明危险区域,封锁危险场所,并采取其他防止危害扩大的必要措施,同时向所在地县级人民政府报告;对因本单位的问题引发的或者主体是本单位人员的社会安全事件,有关单位应当按照规定上报情况,并迅速派出负责人赶赴现场开展劝解、疏导工作。突发事件发生地的其他单位应当服从人民政府发布的决定、命令,配合人民政府采取的应急处置措施,做好本单位的应急救援工作,并积极组织人员参加所在地的应急救援和处置工作。《突发公共卫生事件应急条例》第36条规定:国务院卫生行政主管部门或者其他有关部门指定的专业技术机构,有权进入突发事件现场进行调查、采样、技术分析和检验,对地方突发事件的应急处理工作进行技术指导,有关单位和个人应当予以配合;任何单位和个人不得以任何理由予以拒绝。因此,单位应当服从人民政府的决定和命令,积极配合其采取的应急处置措施,如卫生处理、停产停业等,做好单位的应急处置工作。

3. 针对流动人口采取的具体措施   《突发公共卫生事件应急条例》第41条规定:对传染病暴发、流行区域内流动人口,突发事件发生地的县级以上地方人民政府应当做好预防工作,落实有关卫生控制措施;对传染病患者和疑似传染病患者,应当采取就地隔离、就地观察、就地治疗的措施。

流动人口指的是在传染病暴发、流行地区中现居住地不是户籍所在地,异地从事务工、经商、就学等活动的人员。当发生传染病暴发、流行等突发事件时,发生地的各级人民政府在各自的职责范围内对辖区内的流动人口可以采取以下控制疫情的措施。

(1)对尚未染病人员采取的措施:①开展防病知识的宣传;②改善居住环境;③改善公共卫生设施,如加强粪便管理、清理垃圾污物;④加强对饮用水的管理;⑤对生产、生活场所及周边环境进行必要的消毒;⑥预防性服药;⑦对身体健康进行监测;⑧加强对外出人员的管理,实行必要的封闭式管理,劝阻人员返乡。

(2)对传染病患者和疑似传染病患者采取的措施:就地隔离、就地观察、就地治疗。在疫情暴发时,任何人都需要配合政府、社区等做好疫情防控等工作,主动报告和隔离是每个公民的责任,也是法定义务,只有人人做到主动报告、自觉隔离,才能有效阻断传染病毒的传播途径。《突发公共卫生事件应急条例》第44条规定:在突发事件中需要接受隔离治疗、医学观察措施的患者、疑似患者和传染病患者密切接触者在卫生行政主管部门或者有关机构采取医学措施时应当予以配合;拒绝配合的,由公安机关依法协助强制执行。此外,《传染病防治法》第39条第2款也同时规定:拒绝隔离治疗或者隔离期未满擅自脱离隔离治疗的,可以由公安机关协助医疗机构采取强制隔离治疗措施。

第六节   终止与善后

【案例与思考】

案例简介:2009年2月5日,Z省在采取了一系列综合防治措施后,专家组认为1月底在Y市发生人感染高致病性禽流感疫情的隐患和相关危险因素已被控制,终止已启动8天的突发公共卫生事件Ⅱ级应急响应。

事件经过:据悉,1月26日,B区发生1例人感染高致病性禽流感,Z省卫生厅当日即启动了突发公共卫生事件Ⅱ级应急响应。省、市联合制定了措施进行综合防治。疾病预防控制人员围绕发生疫情的疫点,对周围进行了消毒。卫生部门在当地监测5 716人次,没有发现新增可疑人感染高致病性禽流感病例。卫生部门还对与患者有过密切接触的28名人员进行了严密的医学观察,结果均未出现发热等异常症状。根据人感染高致病性禽流感密切接触者判定标准和处理原则,卫生部门已对这28名人员全部解除了医学观察。Y市水产畜牧兽医部门对疫点及3千米范围内的禽类进行紧急监测,无人感染高致病性禽流感疫情发生。

事件结果:2月2日,Y市卫生局组织专家组,对此次人感染高致病性禽流感病例疫情应急处置和防控工作进行了评估。专家组认为,此次人感染高致病性禽流感疫情的隐患和相关危险因素已被控制。

思考问题:①如何进行应急响应级别的调整? ②应急响应终止的标准是什么?

一、应急状态的终止

(一)应急响应级别的调整

发生突发公共卫生事件时,事发地的县级、市(地)级、省级人民政府及其有关部门按照分级响应的原则,做出相应级别应急响应。同时,要遵循突发公共卫生事件发生发展的客观规律,结合实际情况和预防控制工作的需要,及时调整预警和反应级别,以有效控制事件,减少危害和影响。同时,也要根据不同类别突发公共卫生事件的性质和特点,注重分析事件的发展趋势,对事态和影响不断扩大的事件,应及时升级预警和反应级别;对范围局限、不会进一步扩散的事件,应相应降低反应级别,及时撤销预警。

(二)应急响应的终止

《突发事件应对法》规定:突发事件的威胁和危害得到控制或者消除后,履行统一领导职责或者组织处置突发事件的人民政府应当停止执行依照《突发事件应对法》规定采取的应急处置措施,同时采取或者继续实施必要措施,防止发生自然灾害、事故灾难、公共卫生事件的次生、衍生事件或者重新引发社会安全事件。

根据《国家突发公共卫生事件应急预案》,突发公共卫生事件应急反应的终止需符合两个方面的条件:一是突发公共卫生事件隐患或相关危险因素消除,或末例传染病病例发生后经过最长潜伏期无新的病例出现;二是要经过批准程序。

1. 一般的突发公共卫生事件(Ⅳ级)　由县级卫生行政主管部门组织专家进行分析论证,提出终止应急响应的建议,报请县市区人民政府或县市区突发公共卫生事件应急指挥部批准后实施,并向上一级卫生行政主管部门报告。

2. 较大的突发公共卫生事件(Ⅲ级)　由市(地)级卫生行政主管部门组织专家进行分析论证,提出终止应急响应的建议,报市人民政府或市突发公共卫生事件应急指挥部批准后实施,并向省卫生行政主管部门报告。

3. 重大的突发公共卫生事件(Ⅱ级)　由省卫生行政主管部门组织专家进行分析论证,提出终止应急响应的建议,报省人民政府或省卫生应急指挥部批准后实施,并向国务院卫生行政主管部门报告。

4. 特别重大突发公共卫生事件(Ⅰ级)　由国务院卫生行政主管部门组织有关专家进行分析论证,提出终止应急响应的建议,报国务院或国务院突发公共卫生事件应急指挥部批准后实施。

上级卫生行政主管部门根据下级卫生行政主管部门的请求,应及时组织专家对突发公共卫生事件应急响应的终止的分析论证提供技术指导和支持。

二、复工与重建

案例简介　2013年3月底以来,H7N9禽流感疫情蔓延,家禽业受到重大冲击。进入5月中下旬,禽流感的阴霾渐渐散去,H市、J市等地相继终止禽流感应急响应,鸡肉价格止跌回升,家禽业正从低谷走出。H市政府推出了冷鲜鸡销售试点,冷鲜鸡的货源都来自H市统一指定的屠宰点,所有产品都经过统一检验检疫、屠宰、加工、冷鲜保存等。当地政府还计划引导、扶持养殖企业做大做强,实现转型升级,有条件的企业可以发展全产业链模式,有效降低风险。记者从各地了解的信息看,不少禽类养殖专业户开始补栏,生产逐渐恢复。

案例涉及的问题　在突发公共卫生事件后,该如何进行善后处理工作?

(一)恢复生产

恢复与重建是应对突发事件工作的最后一个阶段,政府部门应当及时取消限制性措施,及时组织和协调公安、交通、铁路、民航、邮电、建设等有关部门恢复社会治安秩序,尽快修复被损坏的交通、通信、供水、排水、供电、供气、供热等公共设施。开展恢复重建工作需要上一级人民政府支持的,可以向上一级人民政府提出请求。上一级人民政府应当根据受影响地区遭受的损失和实际情况,提供资金、物资支持和技术指导,组织其他地区提供资金、物资和人力支援。国务院根据受突发事件影响地区遭受损失的情况,制定扶持该地区有关行业发展的优惠政策。

(二)调查与评估

根据《突发公共卫生事件应急预案》的规定,在突发公共卫生事件结束后,由各级卫生行政主管部门在本级人民政府的领导下,组织有关人员对突发公共卫生事件的处理情况进行评估。其中评估内容主要包括事件发生经过、现场调查处置概况、患者救治情况、卫生学评价、所采取措施的效果评价、应急处置过程中取得的经验和存在的问题及改进建议。评估报告上报本级人民政府和上一级人民政府卫生行政主管部门。

各级政府对事件处置期间紧急调集、征用有关单位、企业、个人的物资和劳务进行评估。

审计等部门对补偿物资和资金的安排、拨付和使用进行监督,必要时实施跟踪审计。

保险监管部门负责督促保险机构及时开展保险受理、赔付工作。

《突发事件应对法》也同样要求在结束应急处置工作后,由统一领导职责的人民政府立即组织对突发事件造成的损失进行评估,组织受影响地区尽快恢复生产、生活、工作和社会秩序,制订恢复重建计划,并向上一级人民政府报告。

(三)社会救助

民政部门对因事件造成生活困难人员,及时给予临时救助;符合条件的按规定纳入低保或特困人员保障范围,保障群众基本生活。

红十字会、慈善组织依法依规开展慈善活动,及时做好信息公开工作。

司法行政部门统筹法律援助力量,依法审查受理请求医疗事故人身损害赔偿且因经济困难没有委托代理人的事件涉及人员的法律援助申请。

工会、共青团、妇联、红十字会等群团组织,协助有关部门及时组织开展心理健康评估、心理咨询、抚慰等心理危机干预工作。

三、奖励抚恤

案例简介　2020 年 9 月 8 日上午,全国抗击新冠疫情表彰大会在北京人民大会堂隆重举行。中共中央总书记、国家主席、中央军委主席习近平向国家勋章和国家荣誉称号获得者颁授勋章、奖章并发表重要讲话。

　　…………

栗战书宣读习近平签署的中华人民共和国主席令。主席令指出,为了隆重表彰在抗击新冠疫情中做出杰出贡献的功勋模范人物,弘扬他们忠诚、担当、奉献的崇高品质,根据第十三届全国人大常委会第二十一次会议的决定,授予钟南山"共和国勋章",授予张伯礼、张定宇、陈薇"人民英雄"国家荣誉称号。

案例涉及的问题　突发公共卫生事件中的救治、奖励、补偿机制等有哪些?

(一)相关规定

在2020年初的突发新冠疫情防控工作中,各界、各部门工作人员、志愿者等不忘初心、坚守岗位、尽职尽责,为抗疫工作尽自己最大的努力,得以让疫情得到有效的控制,确保了社会正常运转。这些为疫情防控工作做出积极贡献的单位和个人,都应受到相应的肯定与表彰。

《突发事件应对法》规定:受突发事件影响地区的人民政府应当根据本地区遭受损失的情况,制定救助、补偿、抚慰、抚恤、安置等善后工作计划并组织实施,妥善解决因处置突发事件引发的矛盾和纠纷。公民参加应急救援工作或者协助维护社会秩序期间,其在本单位的工资待遇和福利不变;表现突出、成绩显著的,由县级以上人民政府给予表彰或者奖励。县级以上人民政府对在应急救援工作中伤亡的人员依法给予抚恤。

《突发公共卫生事件应急预案》规定:县级以上人民政府人事部门和卫生行政主管部门对参加突发公共卫生事件应急处理做出贡献的先进集体和个人进行联合表彰;民政部门对在突发公共卫生事件应急处理工作中英勇献身的人员,按有关规定追认为烈士。地方各级人民政府要组织有关部门对因参与应急处理工作致病、致残、死亡的人员,按照国家有关规定,给予相应的补助和抚恤;对参加应急处理一线工作的专业技术人员应根据工作需要制定合理的补助标准,给予补助。突发公共卫生事件应急工作结束后,地方各级人民政府应组织有关部门对应急处理期间紧急调集、征用有关单位、企业、个人的物资和劳务进行合理评估,给予补偿。

(二)突发公共卫生事件人员救治工作

《突发公共卫生事件应急条例》第13条规定:县级以上各级人民政府应当提供必要资金,保障因突发事件致病、致残的人员得到及时、有效的救治。具体办法由国务院财政部门、卫生行政主管部门和劳动保障行政主管部门制定。因突发事件致病、致残的人员是突发事件的受害者,保证他们得到及时、有效的救治,体现了人民政府对人民的高度负责,体现了实行人道主义的要求,也是避免社会出现恐慌情绪的关键。在这些受害者中,有的是经济上有困难的人员,有的是没有医疗保障的人员,因此,需要在医疗费用等方面采取救助办法,以防止他们无法得到及时诊治,造成健康损害和生命危险。要确保无一患者漏治,无一患者漏查,除了医疗机构要满足治疗要求外,县级以上各级人民政府必须提供必要的资金,以保障医疗机构有财力收治患者。

医疗机构无资金后顾之忧,就可以实行先救治后结算费用的办法,简化入院手续、及时开展救治工作,避免因为费用问题延误救治或推诿患者。突发事件发生后,卫生行政主管部门要及时了解医疗机构救治情况和资金周转、使用情况,并将有关情况审核汇总上报同级财政部门;财政部门要及时审核拨付补助资金;医疗保险经办机构要及时和医疗机构结算参保患者的医疗费用,必要时,可以采取预拨款项的形式;民政部门要做好城市低保对象和农村贫困群众的医疗救助工作。由于不同的突发事件遇到的医疗救治情况不一样,采取的医疗救助办法有所区别,所以本条规定,具体办法由国务院财政部门、卫生行政主管部门和劳动行政主管部门制定。

(三)新冠疫情防控中的补助、奖励机制

1. 患者救治费用补助政策　根据《关于新型冠状病毒感染肺炎疫情防控有关经费保障政策的

通知》(财社〔2020〕2号),对于确诊患者发生的医疗费用,在基本医保、大病保险、医疗救助等按规定支付后,个人负担部分由财政给予补助。所需资金由地方财政先行支付,中央财政对地方财政按实际发生费用的60%予以补助。

2. 针对防疫工作者

(1)防疫津贴:根据《关于新型冠状病毒感染肺炎疫情防控有关经费保障政策的通知》(财社〔2020〕2号),对参加防治工作的医务人员和防疫工作者给予临时性工作补助。对于直接接触待排查病例或确诊病例,诊断、治疗、护理、医院感染控制、病例标本采集和病原检测等工作相关人员,按照每人每天300元予以补助;对于参加疫情防控的其他医务人员和防疫工作者,按照每人每天200元予以补助。

(2)薪酬待遇:在卫生防疫津贴政策基础上,疫情防控期间,将湖北省(含援鄂医疗队)一线医务人员临时性工作补助相应标准提高1倍,中央财政对湖北省全额补助;及时核增医疗卫生机构一次性绩效工资总量,将湖北省一线医务人员薪酬水平提高2倍;扩大卫生防疫津贴发放范围,确保覆盖全体一线医务人员,所需经费按现行渠道解决。

(3)职称评聘倾斜:参加疫情防治的一线医务人员在职称评聘中优先申报、优先参评、优先聘任。医务人员参加疫情防治经历可视同为1年基层工作经历。参加疫情防治的一线医务人员晋升职称、晋升岗位等级不受本单位岗位结构比例限制。

(4)生活保障:为一线医务人员提供基础性疾病药物、卫生用品及干净、营养、便捷的就餐服务。征用医院周边有条件的宾馆、招待所等固定场所,为一线医务人员提供舒适的生活休息环境和与家人隔离的必要条件。采取专车接送,解决定点医院一线医务人员通勤问题。

(5)其他:如有困难家庭的照顾帮扶、烈士褒扬和先进表彰等。

突发公共卫生事件相关法律责任

参考文献

[1]陈云芳.住院医师法律能力与职业道德实践[M].上海:上海交通大学出版社,2016.

[2]黄丁全.医事法新论[M].北京:法律出版社,2013.

[3]李兰娟,任红.传染病学[M].9版.北京:人民卫生出版社,2018.

[4]刘铁民.应急体系建设和应急预案编制[M].北京:企业管理出版社,2004.

[5]刘鑫,陈伟,张宝珠.中华人民共和国医师法理解与适用[M].北京:中国法制出版社,2022.

[6]刘鑫.医事法学[M].2版.北京:中国人民大学出版社,2015.

[7]世界卫生组织.社区应急准备:管理及政策制定者手册[M].北京:人民军医出版社,2002.

[8]宋瑞霖.中华人民共和国执业医师法释义[M].北京:中国法制出版社,1999.

[9]汪建荣.卫生法[M].5版.北京:人民卫生出版社,2018.

[10]王利民,程啸.中国民法典释评[M].北京:中国人民大学出版社,2020.

[11]王陇德.预防接种实践与管理[M].北京:人民卫生出版社,2006.

[12]杨立新.医疗损害责任研究[M].北京:法律出版社,2009.

[13]张永伟,周海平,刘志军.医师执业法律常识[M].2版.郑州:河南科学技术出版社,2017.

[14]周嘉,信彬.卫生法规[M].北京:人民卫生出版社,2015.

[15]周少林.中医学基础[M].2版.北京:中国医药科技出版社,2017.

[16]周佑勇.行政法原论[M].3版.北京:北京大学出版社,2018.

[17]曹波,文小丽.非法行医罪因果关系的司法认定:基于双层因果关系判断模式的展开[J].中国卫生法制,2022,30(3):67-72.

[18]曾见.论新时代卫生法学的学科建设问题[J].南京医科大学学报(社会科学版),2021,21(3):292-295.

[19]陈婷,刘太一,刘乐玫,等.国际关注的突发公共卫生事件治理经验及启示[J].中国卫生事业管理,2020,37(5):324-328.

[20]陈伟伟,刘毅.论卫生法学学科定位、逻辑起点与体系建构[J].社会科学研究,2022(1):106-112.

[21]楚玉荣,宫凌涛,楚智慧.近亲结婚的危害与遗传病的发病率[J].生物学教学,2004,29(2):55-56.

[22]褚宸舸,王阳.突发公共卫生事件政府预警信息发布制度的完善:兼论我国《传染病防治法》的修订[J].厦门大学法律评论,2021(1):161-175.

[23]董艺蕾,万里涛.医疗责任保险理论与实践进展[J].九江学院学报(自然科学版),2022,37(1):125-128.

[24]杜若甫,赵宗良,徐玖瑾,等.中国不同民族的近亲结婚率与类型[J].中华医学杂志,1981,61(12):723-728.

[25]郭为禄.探寻公共卫生法学教育之道[J].法学,2020(4):3-18.

[26]国家卫生健康委办公厅.国家卫生健康委办公厅关于加强重点地区重点医院发热门诊管理及医疗机构内感染防控工作的通知[J].中国护理管理,2020,20(2):161-162.

[27]韩敏,黄伟,肖柳珍,等.医疗损害鉴定制度的挑战与反思[J].中国卫生事业管理,2020,37(4):291-293.

[28]侯波.和谐医患关系构建过程中的新闻媒体责任感[J].新闻研究导刊,2020,11(5):145-146.

[29]胡国清,饶克勤,孙振球.突发公共卫生事件应急预案编制初探[J].中华医学杂志,2005,85(31):2173-2175.

[30]胡伟力.加快制定《基本医疗卫生法》的现实意义[J].人民论坛·学术前沿,2018(8):116-119.

[31]胡晓翔.浅议传染病疫情预警和信息发布机制[J].南京医科大学学报(社会科学版),2020,20(1):1-4.

[32]黄越胜,李志强.知情同意制度的不足与完善:兼论《民法典》第一千二百一十九条[J].医学与法学,2022,14(3):117-120.

[33]贾淑英.试论我国的卫生立法体制[J].中国卫生法制,1998(6):12-14.

[34]焦明丽,吴群红,郝艳华,等.卫生行政机构突发事件应急预案影响因素分析[J].中国公共卫生,2007(4):443-444.

[35]解志勇.卫生法基本原则论要[J].比较法研究,2019(3):5-7.

[36]李丹,李淮涌,尚娟,等.突发公共卫生事件医院应对能力解析和建设思考[J].转化医学杂志,2022,11(3):181-183.

[37]李茜.非医学胎儿性别鉴定的法律规制:以基因非医学胎儿性别检测为视角[J].医学与法学,2018,10(1):22-25.

[38]李延明.劳动报酬的确定应遵循派生于市场机制的两大原则[J].人文杂志,1989(6):19-22.

[39]梁立波,孙明雷,邹丹丹,等.新冠疫情下完善卫生应急预案体系思考[J].中国公共卫生,2020,36(12):1693-1696.

[40]刘童童,陈清峰,李雨波,等.艾滋病防治宣传教育实践与挑战[J].中国艾滋病性病,2021,27(11):1179-1181.

[41]刘霞,石东风.关于卫生法学学科建设的探讨[J].医学与法学,2020,12(2):35-38.

[42]刘鑫.医师的权利及其维护[J].实用检验医师杂志,2013,5(4):259-260.

[43]麻昌华,陈震.侵权责任法中医疗损害责任的冲突与融合:与《医疗事故处理条例》比较为主线[J].学习与实践,2013(4):79-84.

[44]麻昌华,张罡.医疗损害责任的规制逻辑与适用路径:以《民法典》与"医事法"的协调为视角[J].河北法学,2022,40(2):43-60.

[45]马吉祥.学党史·悟马克思主义中国化真谛:论"三大法宝"指导"健康中国"建设[J].预防医学论坛,2021,27(7):484-485,519.

[46]毛群安.实施健康中国战略推进健康中国行动[J].健康中国观察,2022(8):36-39.

[47]倪征."医乃仁术"的内涵及其现代价值[J].医学与社会,2000,13(2):53-54.

[48]钱斌,葛焕青,周东,等.加强患者病历管理在防范医疗纠纷中的作用[J].医学信息,2014,27(11):315.

[49]冉欣,刘建武.敬业精神的内涵与发生机制[J].中北大学学报(社会科学版),2019,35(5):122-125.

[50]沈银忠,李太生.从我国艾滋病诊疗指南的变迁看艾滋病防治工作的进展与成效[J].新发传染病电子杂志,2022,7(4):1-5.

[51]田肖配.突发公共卫生事件背景下地方应急法律体系研究:以新冠肺炎疫情发展为例[J].中国卫生法制,2021,29(1):95-99.

[52]王烈,沈彧轩,刘睿.医疗风险分担机制的实践与探索[J].现代医院管理,2022,20(3):10-12.

[53]吴留保.浅析患者的权利和义务[J].江苏卫生事业管理,2003,14(3):34-36.

[54]许安标.深入贯彻疫苗管理法 切实保障公众健康[J].行政管理改革,2021(10):26-39.

[55]杨邓红,刘翠林.突发公共卫生事件的报告与信息发布制度[J].理论界,2006(7):17-18.

[56]杨翔,奉鑫庭.民事调解主动调解机制论[J].湘潭大学学报(哲学社会科学版),2019,43(1):76-81.

[57]余燕,黄胜开.医疗自主权与患者家属决定权、医院特殊干预权的冲突与协调:以陕西榆林孕妇跳楼事件为视角[J].西部法学评论,2018(1):26-33.

[58]张波,平翠香.从法律视角加强病历管理防范医疗纠纷[J].临床医药实践,2014,23(5):399-400.

[59]张寒冰,李俊峰,李建涛.医师工作时间及其影响因素的分析[J].山西医药杂志,2016,45(23):2743-2744.

[60]张鸣,温吉元.我国医师资格考试制度的建立与完善[J].中华医院管理杂志,2001,17(8):453-455.

[61]张培凤,张楠.新时代重大疫情应急预案编制的精准化研究[J].经营与管理,2021(8):130-134.

[62]赵彩飞,刘宇,郑雪倩,等.传染病分类及预警问题探究[J].中国医院,2021,25(1):18-20.

[63]中华全国人民调解员协会.《医疗纠纷人民调解指引(试行)》释义(一)[J].人民调解,2022(3):57-59.

[64]中华全国人民调解员协会.《医疗纠纷人民调解指引(试行)》释义(二)[J].人民调解,2022(4):57-59.

[65]中华全国人民调解员协会.《医疗纠纷人民调解指引(试行)》释义(三)[J].人民调解,2022(5):60-61.

[66]中华全国人民调解员协会.《医疗纠纷人民调解指引(试行)》释义(四)[J].人民调解,2022(6):58-59.

[67]中华全国人民调解员协会.《医疗纠纷人民调解指引(试行)》释义(五)[J].人民调解,2022(7):58-59.

[68]中华全国人民调解员协会.《医疗纠纷人民调解指引(试行)》释义(六)[J].人民调解,2022(8):53-56.

[69]中华全国人民调解员协会.《医疗纠纷人民调解指引(试行)》释义(七)[J].人民调解,2022(9):58-59.

[70]中华医学会超声医学分会妇产超声学组,国家卫生健康委妇幼司全国产前诊断专家组医学影像组.超声产前筛查指南[J].中华超声影像学杂志,2022,31(1):1-12.

[71]中华医学会围产医学分会胎儿医学学组,中华医学会妇产科学分会产科学组.双胎妊娠临床处理指南(2020年更新)[J].中国产前诊断杂志(电子版),2021,13(1):51-63.

[72]周伟.关于非法行医的概念和构成要件[J].中国社区医学,2004,10(4):75.

[73]朱宁.关于过度医疗案例界定的思考[J].医学与哲学,2019,40(10):5-9.

[74]WOLSTENCROFT J, WICKS F, SRINIVASAN R, et al. Neuropsychiatric risk in children with intellectual disability of genetic origin: IMAGINE, a UK national cohort study [J]. Lancet Psychiatry,2022,9(9):715-724.

[75]胡伟力.中华人民共和国传染病防治法制研究[D].重庆:重庆大学,2019.

[76]齐欣.突发公共卫生事件政府信息公开法律问题研究[D].上海:上海财经大学,2021.

[77]孙嘉来.我国医疗损害赔偿制度研究[D].沈阳:沈阳师范大学,2018.

[78]田肖配.重大突发公共卫生事件应急管理保障机制优化研究:以新冠肺炎疫情为例[D].大连:辽宁师范大学,2021.

[79]余想.防御性医疗背景下医疗责任保险制度建设研究[D].南宁:广西大学,2020.